马可·波罗画像

通往威尼斯军工厂的入口（卡纳莱托画于 1732 年）

这里是威尼斯共和国大规模制造军舰的地方。

马可·波罗在库尔佐拉战役中指挥的就是类似这样的战舰

教皇格列高利十世向尼科洛和马费奥授予教皇文书

表现马可·波罗 1271 年从威尼斯出发时情景的画（创作于 15 世纪）

《诗篇》中所载马可·波罗时代的世界地图

著名的《1375 年加泰罗尼亚地图》（1375）中所描绘的波罗家族一行

马可·波罗到达霍尔木兹，即将开始他的中国之行

素有“世界屋脊”之称的帕米尔高原

马可·波罗说这里空气稀薄，连鸟都难以飞越。无论是在古代还是在现代，“丝绸之路”之旅都是一场需要历经数月的艰苦旅程。

沿“丝绸之路”偏远的戈壁沙漠上的一处佛教寺庙

由于长期接触佛教，马可·波罗逐渐接受了佛教教义。

崎岖不平的塔克拉玛干沙漠是“丝绸之路”中最艰辛的一段路程

其名称含义是“不归之路”。

尼科洛和马费奥单膝跪地向忽必烈汗献上了教皇的书信

忽必烈汗赐给波罗兄弟金牌，确保他们在蒙古帝国畅行无阻

忽必烈

世界上最大的内陆国家的皇帝。

忽必烈的皇后察必

她对忽必烈的影响很大。

忽必烈用膳图

皇妃和王公贵族与他围坐在一起。

卢沟桥（马可·波罗桥）上的动物雕像

北京郊外的卢沟桥（马可·波罗桥）

威尼斯人马可·波罗走过这座桥，开始他为大汗效力的中原之行。

15 世纪《图书的奇迹》中所展现的杭州城

该作品是根据马可·波罗对当时世界上最大城市的描写而创作的。

身着蒙古服饰的威尼斯旅行家马可·波罗

《图书的奇迹》中的插图

该作品所表现的是忽必烈汗观看他的使臣用纸币做贸易的情景，纸币在马可·波罗时代的西方还是一种完全不为人所知的舶来品。

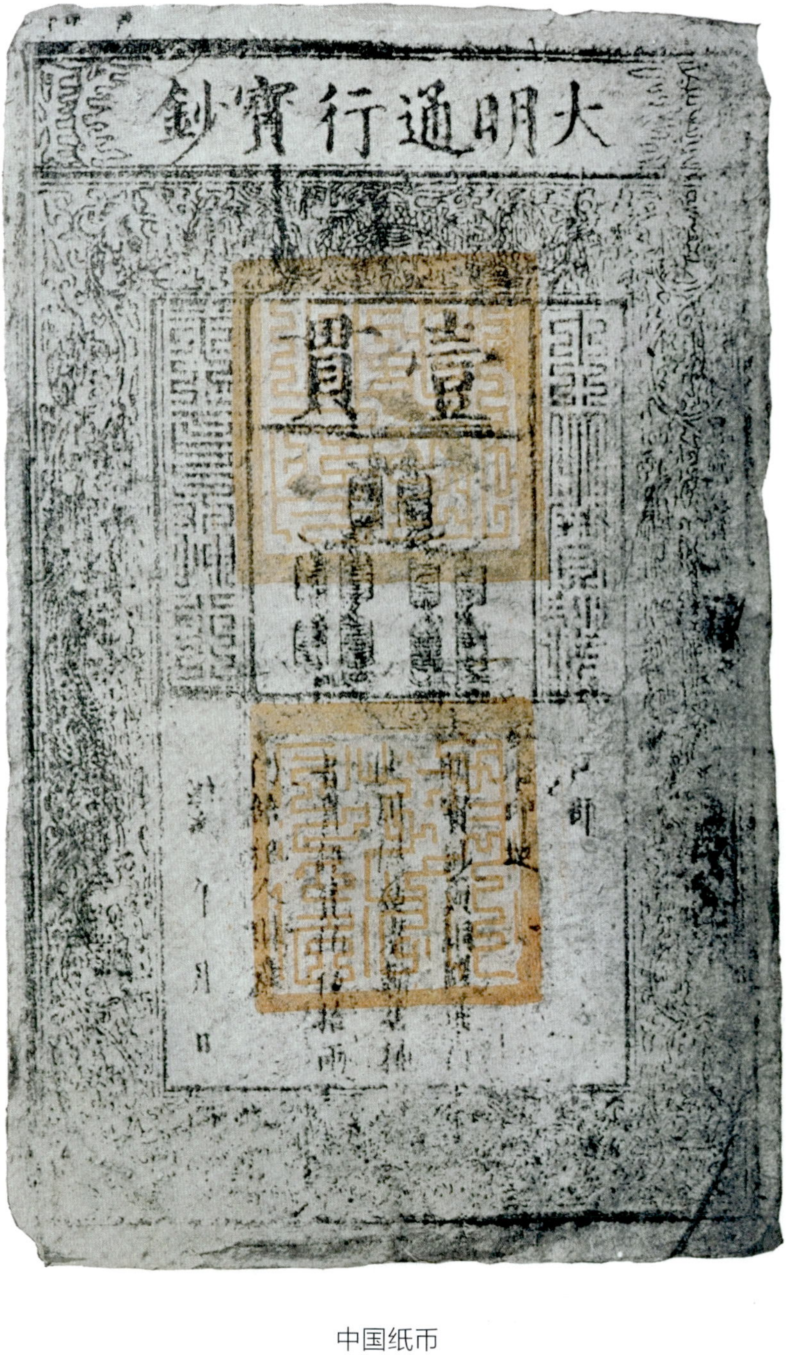

中国纸币

忽必烈汗任用西方人担任税收官员来管理税收

马可·波罗有可能曾担任此职。

马可·波罗笔下的忽必烈汗对穷人的慷慨和大方让西方人为之动容

忽必烈汗坐在象背上的狩猎图

蚕茧

这曾是中国主要的财富来源。

杭州城外的佛像

杭州城外的佛像给马可·波罗留下深刻印象，他曾把佛像称为偶像。

中世纪画家描绘的中国龙

《马可·波罗游记》对龙形象而生动的描述，误导了中世纪画家对中国龙的创作。

反映缅甸蒲甘城的一部作品

这里的金银塔给马可·波罗留下了深刻印象。

忽必烈汗进攻他的对手乃颜

圣多马像

马可·波罗对圣多马被流放的事很感兴趣，这是意大利画家卡拉瓦乔笔下的圣多马（画于1601—1602）。

忽必烈汗的军舰

为了实现领土扩张，忽必烈汗的军舰多次对高丽和日本发动进攻，但均以失败告终。

欧洲人绘制的表现一艘蒙古船只在海上失事的画

马可·波罗曾在返回威尼斯途中的一次船只失事事件中死里逃生。

《图书的奇迹》中的插图

表现的是蒙古军攻打日本的情景。在马可·波罗提及这次意义重大的海战之前，欧洲人对此一无所知。

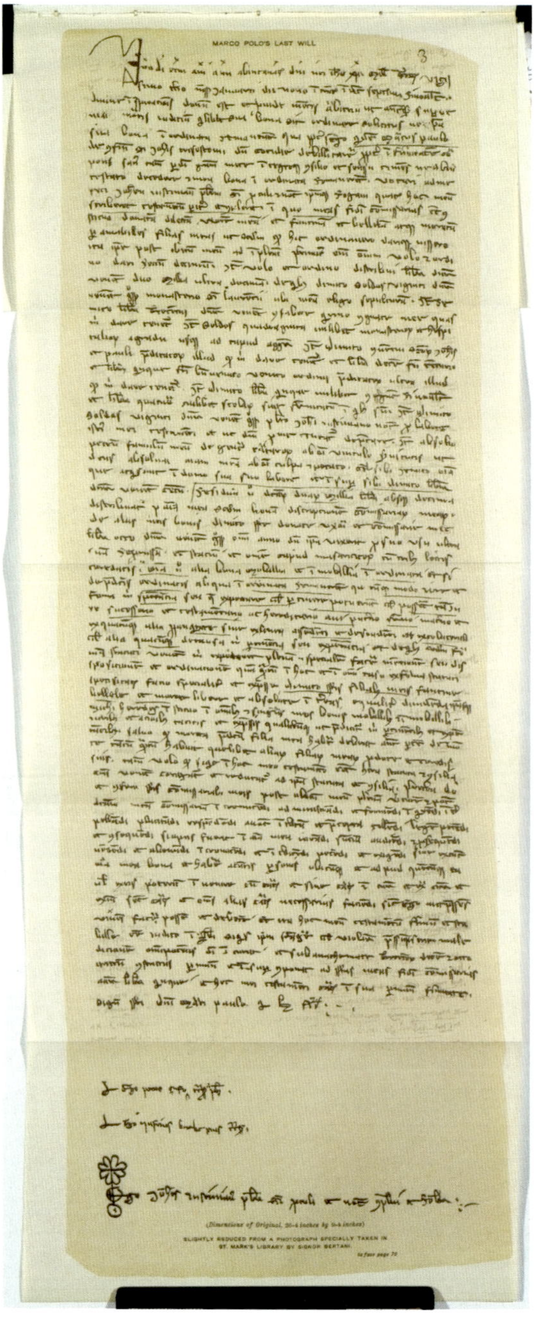

马可·波罗的遗嘱

他仔细分割了自己的遗产，事实证明他在生命的最后一刻仍不失为一位精明的商人。

《马可·波罗游记》一个早期版本中的首页插图

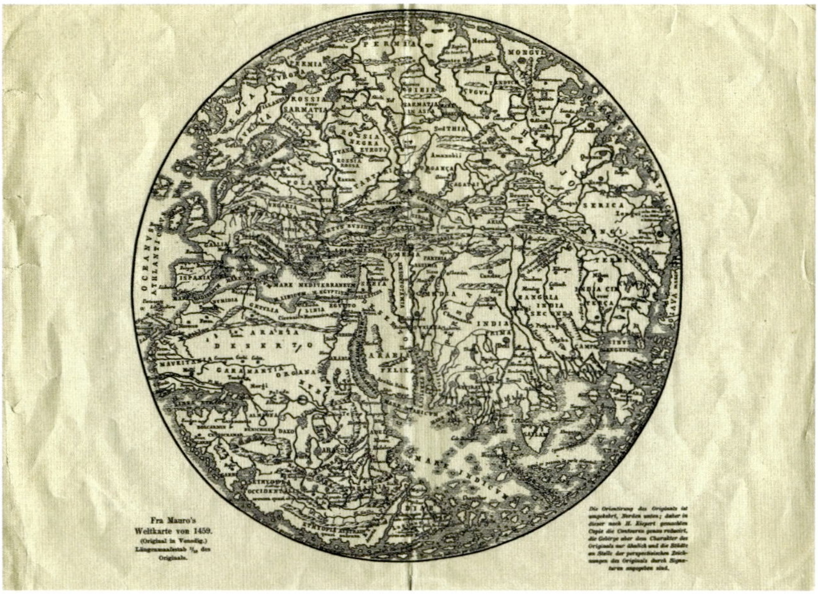

著名画家弗拉毛罗根据马可·波罗的叙述绘制出的世界地图（1459）

德国纽伦堡 1477 年出版的《马可·波罗游记》的首页插图

意大利画家卡纳莱托笔下 18 世纪的威尼斯运河

MARCO POLO

丝绸、瓷器与人间天堂

[美] 劳伦斯·贝尔格林 ◎著
Laurence Bergreen

周侠 ◎译

新世界出版社
NEW WORLD PRESS

北京版权保护中心引进书版权合同登记号：图字 01-2021-5455 号

图书在版编目（CIP）数据

丝绸、瓷器与人间天堂 /（美）劳伦斯·贝尔格林著；周侠译 . -- 北京：新世界出版社，2022.8
ISBN 978-7-5104-7381-4

Ⅰ．①丝… Ⅱ．①劳… ②周… Ⅲ．①马可·波罗 (Marco Polo 1254-1324) －传记 Ⅳ．① K835.465.89

中国版本图书馆 CIP 数据核字 (2021) 第 259252 号

丝绸、瓷器与人间天堂

作　　者：[美] 劳伦斯·贝尔格林（Laurence Bergreen）
译　　者：周　侠
策　　划：中资海派
执行策划：黄　河　桂　林
责任编辑：贾瑞娜
责任校对：宣　慧
责任印制：王宝根
出版发行：新世界出版社
社　　址：北京西城区百万庄大街 24 号（100037）
发 行 部：（010）6899 5968　（010）6899 8705（传真）
总 编 室：（010）6899 5424　（010）6832 6679（传真）
http：//www.nwp.cn　　http：//www.nwp.com.cn
版 权 部：+8610 6899 6306
版权部电子信箱：frank@nwp.com.cn
印　　刷：深圳市精彩印联合印务有限公司
经　　销：新华书店
开　　本：787mm × 1092mm　1/16
字　　数：400 千字　　**印　张**：27
版　　次：2022 年 8 月第 1 版　　2022 年 8 月第 1 次印刷
书　　号：ISBN 978-7-5104-7381-4
定　　价：98.00 元

忽必烈问马可："爱卿返回西方后，会给那里的人重复这些你讲给朕的故事吗？"

马可回答："会的，不过听者肯定会有所选择地听。要知道，陛下您愿意听的内容和我回去后给码头搬运工、船夫讲述的内容肯定有所不同，恐怕和我将来写下来的也会有所区别。决定故事内容的不是讲故事的人，而是故事的听众。"

"……我从你的声音里听出了使城市存在的隐秘的原因，也许正是这些原因致使城市一度消亡，但最终又会使它们恢复以往的生机。"

——伊塔洛·卡尔维诺（Italo Calvino）

《看不见的城市》（*Invisible Cities*）

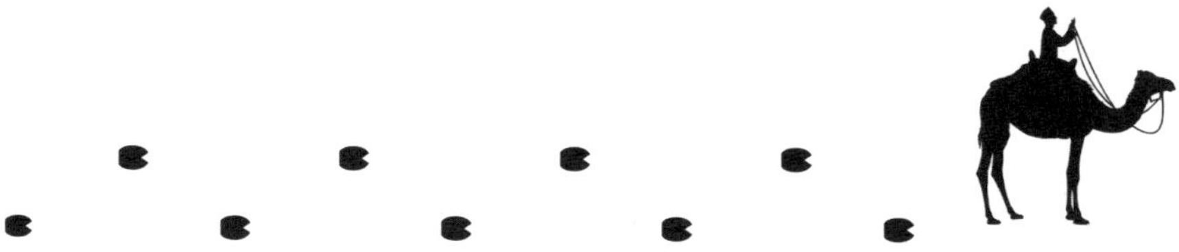

谨以此书献给我的母亲

阿黛尔·格贝尔·贝尔格林

权威推荐

MARCO POLO

入选出版总署向青少年推荐百种优秀图书

央视《读书》栏目专题播出

史景迁（Jonathan Spence）

美国历史学会主席、世界著名汉学家、耶鲁大学教授

本书是对马可·波罗永恒故事的热情再现。劳伦斯·贝尔格林根据大量现存的马可·波罗手稿，创作了一幅令人信服的马可·波罗的肖像，描述了马可·波罗如何到达13世纪的中国，以及他到达那里时的所见所闻、所作所为。不熟悉马可·波罗历险的读者会在这本书中找到很多乐趣。

赵启光

同济大学中华文化传播中心主任、美国卡尔顿学院亚洲研究系主任

劳伦斯·贝尔格林写一个人，这个人就“再生”……马可·波罗游记震撼和动摇了西方延续一千年的黑暗时代，在西方出现了波澜壮阔的文艺复兴运动……马可·波罗是中国人不花钱的最好的公关。

《纽约时报》（*New York Times*）

我们都知道马可·波罗为欧洲打开了通往亚洲的贸易之门。此外，我们对他几乎一无所知。劳伦斯·贝尔格林弥补了这一点，他在这本如欢乐旅行日记般引人入胜的书中证明了马可·波罗的历史地位，及其存在的重要性。贝尔格林曾为路易斯·阿姆斯特朗、詹姆斯·阿吉和欧文·柏林作传，他还在《黄金、香料和殖民地》一书中记述了伟大探险家麦哲伦的环球航行。我是《黄金、香料和殖民地》这本书的忠实读者，而读了《丝绸、瓷器和人间天堂》之后我发现，这部作品无疑更加精彩。

《纽约太阳报》（*New York Sun*）

著名传记作家劳伦斯·贝尔格林在其精彩的《丝绸、瓷器和人间天堂》一书中生动地再现了马可·波罗的伟大冒险。为了使本书区别于传统的传记，贝尔格林参考了大量的学术文献。无论原始资料是以汉语、蒙古语还是波斯语写成的，他都求助于该方面专家，不厌其烦地进行吸收与借鉴。他将各种复杂的、时常相互矛盾的素材编织成了文笔优美，充满戏剧性的故事。最重要的是，他亲自追溯了马可·波罗在蒙古和中国难以捉摸的足迹，所以当我们阅读时，可能会常常落后这位好奇的威尼斯人一步。作品中还有着大量精美的插图，涵盖了彩色的中世纪细密画及丝绸之路上各国景点的壮观照片，带来了超凡的身临其境之感。

《书签》（*Bookmarks*）

全球知名书评杂志、被读者评为“书迷的人间天堂”

劳伦斯·贝尔格林重走马可·波罗穿越蒙古和中国的路线，以他丰富的研究和故事，让我们得以一窥当时鲜为人知的异域风情。这部作品部分是传记，部分是游记，部分是学术分析。贝尔格林认为马可·波罗采纳了一些忽必烈的理念并将其带回了欧洲，他证明马可·波罗不仅是一位思想开放的旅行者，更是全球化的早期推动者。

西蒙·温彻斯特（Simon Winchester）

畅销书《大西洋的故事》《教授与疯子》作者

马可·波罗终于又复活了！毫无疑问，劳伦斯·贝尔格林，这位美国最具活力的传记作家对他笔下人物的成功塑造是无人可比的。

《出版人周刊》（*Publishers Weekly*）

在这本引人入胜的传记中，马可·波罗为令人畏惧的蒙古人绘制了一幅引人共情，且影响深远的画像。劳伦斯·贝尔格林发现马可·波罗的观察大致是准确的，借助马可·波罗零散的叙述，贝尔格林在书中再现了彼时中国，乃至亚洲地区的风土民情和社会现象。

《华盛顿邮报图书世界》（*The Washington Post Book World*）

这是一场豪华的阅读盛宴。劳伦斯·贝尔格林在丰富研究的基础上，有血有肉、生动灵活地再现了马可·波罗的奇异之旅。

《费城询问报》（*The Philadelphia Inquirer*）

这是令人着迷的一本书，其中丰富的细节和富有启发性的观点能带我们穿越时间与空间，去到一个极具异域风情的时代，领略当地的风土人情，走遍当时的山川湖海。

《纽约时报书评》（*New York Times Book Review*）

像有趣的旅行日记一样迷人。

《娱乐周刊》（*Entertainment Weekly*）

贝尔格林以其优美的语言、权威性的讲述，让马可·波罗的世界成为了永恒。

《图森公民报》（*Tucson Citizen*）

非常令人着迷……这是一段生动而详尽的历史，注定会成为关于马可·波罗及其数十年冒险的权威记述。

《圣彼得斯堡时报》（*St. Petersburg Times*）

很有启发性……一扇通向最奇异的地方和时代的窗户。

《老实人报》（*The Plain Dealer*）

太迷人了……充满了不断的惊喜和快乐。

《书单》（*Booklist*）

本书是对马可·波罗非凡生活的激动人心的重现……有着令人印象深刻的调查研究和熟练的写作技巧。

目 录

MARCO POLO

第二卷 亚洲

序 幕

MARCO POLO

编织东方梦的传奇故事家

1298 年夏，欧洲海军强国之一热那亚集结兵力准备对最尊贵的威尼斯共和国舰队进行埋伏袭击。

尽管此前双方正式签署了休战协定，但为了争夺通往东方的海上商路，两国间的海上拉锯战已经持续了数十年之久。素以“足智多谋、骁勇善战”而著称的热那亚人在旷日持久的对峙中一直处于上风。1294 年，热那亚人利用“将所有战舰连在一起形成的战舰方阵”不但粉碎了威尼斯军队发起的进攻，还迫使其狼狈逃窜。第二年，热那亚人又将威尼斯海上商舰击沉，从而最终确立了自己“海上霸主”的地位。海战得利之后，热那亚人继续围追堵截直至把威尼斯人逼退到陆地。1296 年，热那亚人在君士坦丁堡大肆屠杀威尼斯战俘，给世人留下了“贪婪且凶残”的印象。

但威尼斯人并没有因为遭到这一连串的打击而一蹶不振，随着时间的推移，他们又重整旗鼓。勇敢的威尼斯海军司令指挥着军队再次袭击热那亚舰队，挑起了两个不可一世的城邦共和国之间著名的“库尔佐拉战役”。

库尔佐拉之战

在新任海军司令兰巴·多里亚的指挥下，拥有 88 艘战舰的强大的热那亚海军很快便借着周围的有利地形，顺利停泊在靠近突尼斯的温暖水域，并企图“通过守株待兔的方式”来诱惑威尼斯舰队进入他们的埋伏圈。但是精明的威尼斯人并不上当，无奈的热那亚人只能靠偷袭取得一些小小的胜利。双方僵持了一段时间后，多里亚司令终于失去了耐心，他指挥热那亚舰队北上进入威尼斯湾。由于北上途经城市实际上都在热那亚人的掌控中，所以热那亚舰队在沿途没有遭遇较大规模抵抗的情况下，在距离威尼斯城东南四百多英里（1 英里约为 1.61 千米）的库尔佐拉海岸附近抛锚停靠。不久，热那亚军队遭到一场暴风雨袭击，导致六艘战舰受损。待天气稍稍好转，热那亚人便迫不及待地开始在岛上大肆烧杀抢掠，以此来羞辱躲藏起来不肯迎战的威尼斯军队。

1298 年 9 月 6 日，天气异常闷热，威尼斯皇裔安德烈亚·丹多洛亲自指挥的一支由 96 艘战船组成的舰队突然在浓雾中出现。威尼斯战舰外形酷似巨大的贡多拉[①]，整个舰体轻盈纤长，航行时灵活且速度快，靠居于舰身两侧身强力壮的水手来划行。即便在波涛汹涌的海浪中航行，这种战船也能迅速调转方向驶向迎面而来的敌人。

但是由于船桨只有在海水较浅区域才能充分发挥作用，所以威尼斯战船吃水很浅，不足三英尺（1 英尺 =30.48 厘米）。此外，战船上的条件也很差：士兵们活动空间狭小，由于搭载能力有限，船上仅能装载一周的生活物资，所以士兵们的给养非常有限。为

---

①贡多拉，又名“公朵拉”，独具特色的威尼斯尖舟，造型轻盈别致，为居住在潟湖上的威尼斯人代步的工具。据说，由 7 世纪时威尼斯第一任总督命名。——编者注

了克服这些不利因素，威尼斯舰队通常只在夜间发动进攻，并设法在不超过三四天的时间内尽快完成战斗任务。内心充满复仇怒火的威尼斯人将这些纤长的战船停靠在岸边，准备随时向热那亚舰队发动进攻。

这支舰队中就有三年前刚刚从中国归来的马可·波罗的一艘战船。44 岁的马可是这次海战中最年长的参战者之一，他也是所有人中游历最广的一位。拥有威尼斯贵族头衔的马可自己出资打造了他的战船，并请富有经验的水手掌舵。在围攻过程中，这位从 17 岁起就周游世界的旅行家泰然自若，信心满怀，大展所长。参加库尔佐拉战争，为马可赢得了很高的赞誉。在此之前，他的威尼斯同乡曾一度怀疑过他的中国之行。

安德烈亚·丹多洛率领威尼斯士兵绕到库尔佐拉岛背后，下令士兵在此登陆并迅速隐蔽起来。双方停战期间，热那亚统帅多里亚在大致估算了威尼斯舰队的规模后，得出了一个错误的结论：威尼斯人之所以迟迟不肯迎战，是因为担心自己根本不是实力强大的热那亚舰队的对手。

但第二天早晨，也就是 9 月 7 日星期日清晨，威尼斯人突然穿过库尔佐拉岛直逼热那亚兵营。此时，多里亚正迫不及待地想和威尼斯人进行正面交锋，于是他指挥部下从水上和陆地同时迎战：陆地上弓箭遮天蔽日，海上战船激烈碰撞引发了大火。双方的战斗很快进入白热化。有一天，就在多里亚带着儿子奥塔维奥巡视战场的过程中，突然威尼斯人射来的一支箭直中奥塔维奥，他跌倒在父亲的脚下顿时丧命。战舰上的所有人都对多里亚深表同情，但遭到了他的回绝。“把我儿子的尸体抛入海中，”他命令道，“这将是他最好的归宿。”

借着有利的风势，威尼斯人在丹多洛的指挥下很快占据了主动权，共俘获了10只热那亚战船，就在他们为这次胜利而欣喜若狂时，自己的战船却不幸搁浅了。之后长达49小时的激战使威尼斯人精疲力竭，最终束手就擒。在这场战斗中，热那亚人总共俘获84艘威尼斯战船，他们将其中一些战船击沉后，又在岸边焚毁了剩余船只。曾经不可一世的威尼斯舰队此次伤亡惨重，最后仅有为数不多的战船侥幸逃脱。在这场战斗中热那亚军队一共俘获8 000名威尼斯战俘，这在当时是一个令人咋舌的数字，因为威尼斯总共不过10万人口。在与热那亚人长达数十年的战争中，这是威尼斯人所遭受的最惨重的一次打击。

这次失利让威尼斯统帅丹多洛羞愧难当，他命人将自己绑在旗舰的桅杆上，然后不断地用头撞击桅杆，直至头颅破裂而死。热那亚人清点完俘获的威尼斯战船后，不禁为这次的胜利和好运气欣喜不已。而在数千名战俘中，就有威尼斯贵族马可·波罗。接下来的四周，热那亚舰队与俘获的船只一同朝南行驶一段时间后，又向西绕到意大利的东北部，最后向北行驶，于1298年10月6日抵达热那亚。马可·波罗的战船最先被拖进了海港，船帆在风中飘舞，战旗歪歪斜斜地挂在桅杆上，而它的舰长此时已沦为身戴镣铐的战俘。

狱中岁月

据有关记载，马可·波罗一上岸便被热那亚人关进了监狱。羁押战俘的这座监狱气势宏大，建筑所用的石材都是热那亚人从位于君士坦丁堡的威尼斯领事馆里偷来的。此外，作为建筑装饰用的石狮全部按威尼斯城的石狮样子雕刻。狮子在威尼斯是权力的象征，所以热那亚人的这种做法似乎是在向世人宣告他们已经征服了威尼斯。所以从某种意义上说，这座监狱称得上是热那亚人强大军事力量的见证。

威尼斯人感到震惊的同时也被热那亚人对他们的蔑视行为所刺痛，他们声称战俘在热那亚监狱吃不饱饭，而热那亚人却坚持说他们对战俘始终以礼相待。外人谁也说不清楚究竟是怎么回事，也许真相介于两种说法之间。值得一提的是，所有威尼斯战俘在监狱里可以自由行动，甚至可以托人从家里取来奢侈品享用。像马可·波罗这样的重要战俘，一般都被关押在条件较好的单人牢房，他们所使用的床帐是用非常华美的织物做成的，而且还有仆役侍奉左右。牢狱生活并不像外人所想象的那么残酷，但的确是枯燥乏味。

威尼斯舰长的身份使马可·波罗在狱中一直受到优待，所以长期的牢狱生活并没有让他一蹶不振。相反，他所讲述的亚洲之行的奇闻逸事很快使他在监狱上下，甚至整个热那亚都名声大振，其实早在马可被俘前，他的亚洲之行在威尼斯就已经是妇孺皆知了。马可特别善于引起别人对自己的关注并以此来改变境遇。他凭借着自己在蒙古帝国和印度生活期间培养的生存能力，想方设法去迎合周围人的猎奇心理，很快便引起了大家对他的关注，就连热那亚人也因此给他很高的待遇。

《马可·波罗游记》的诞生

最早撰写马可·波罗传记之一的中世纪学者赖麦锡在自己的书中提到："全热那亚城的人竞相来狱中探望马可，希望能有机会与他交谈。没人把他当作战俘，相反却把他看作是一位值得尊重的绅士。大家都非常喜欢他，所以每天都有人带着生活用品来监狱探访他。"

牢狱生活使马可·波罗远离了世俗的约束及生意上的烦恼，他很快成了一名传奇故事家。他给大家讲述自己的历险故事，并津津乐道于中国元朝的创始皇帝忽必烈汗的传奇故事，他还声称自己曾亲眼见过忽必烈。赖麦锡写道："看到大家对中国蒙古大汗的故事如此感兴趣，于是马可便一遍又一遍地讲给他们听。在此过程中，有人提议马可把这些故事写下来。"

就在日复一日的讲述使马可感到有些身心疲惫时，他遇到了鲁斯蒂谦。鲁斯蒂谦是一位专门撰写亚瑟王传奇故事的作家，并深得英王爱德华一世赏识。他是在 1284 年 8 月 6 日，热那亚与比萨两国发动的梅洛里亚海战中被俘的，在这场战争中比萨遭到了严重打击。鲁斯蒂谦一直想找到某种方式来打发无聊的牢狱生活，威尼斯人马可亚洲之行的奇闻逸事使他眼前一亮。在当时大多数欧洲人心目中，忽必烈是一位极具传奇色彩的人物，他统治的蒙古帝国是一个非常野蛮、险象环生的王国。而现在鲁斯蒂谦面前的这个人，不仅见过和了解忽必烈本人，而且曾在忽必烈汗朝中为官，并游遍了亚洲。

用鲁斯蒂谦的话说："马可在忽必烈汗朝廷为官的十七年间，经常奉命外出执行公务。而马可每次都不辱使命，给忽必烈汗带回各国的信息，所以大汗非常赏识他。忽必烈很欣赏马可的办事能力，对他恩宠有加，以至于朝中其他官员对马可心存嫉妒。"

马可游历甚广且善于观察，所以他有着非常丰富的阅历。在热那亚监狱中，一些受过良好教育的战俘时常会编写一些故事作为消遣，所以监狱似乎是一个云集了贵族作家和准作家的文学领地。在这些人当中，思维敏捷的鲁斯蒂谦更善于用历险、传奇和战争素材编写故事来迎合贵族读者的阅读兴趣。鲁斯蒂谦意识到马可·波罗的东方见闻将会是他一生中所能听到的最好的故事。

于是他立刻找到马可，怂恿马可与他共同创作一部伟大的游记。因为牢狱生活的沉闷乏味，鲁斯蒂谦对自己这一举动的解释是：“我不想成天无所事事，觉得应该把这些故事写下来以飨读者。”

马可善于利用逆境，为自己传奇的一生增添色彩。现在让自己的传奇经历被世人传颂的机会终于到来了，他托人从家中取回过去的笔记，立刻与拍档开始了游记的创作。

第一卷 欧洲

第1章

威尼斯商人

所有的咒语都失去了效力
迷人的魅惑世界亦就此消逝
只留下了数千只圆环

威尼斯周围有118座纵横交错的岛屿，这些岛屿构成了天然的御敌屏障。整个威尼斯城被运河所环绕，各种防御工事和民宅也都建在水中的木桩和石头上，城里潮湿、阴暗的修道院星罗棋布，熙熙攘攘的人群在狭窄的街巷之间穿梭往来。在马可·波罗看来，除了那些雄伟的拜占庭式大教堂和一些小教堂，威尼斯城中的大多数建筑物看上去似乎都是从水中拔地而起的。

马可·波罗时代的威尼斯正处在“黑夜走向黎明”的过渡时期，老百姓愚昧、迷信、保守而且不守礼法。城内街巷错综复杂，即便是世居威尼斯的人，也时常会在没有任何警示的死巷中迷失方向。昏暗幽深的巷道中时时会传来密谋造反的声音，烛光摇曳的窗前不时飘出暧昧的调笑声。每到傍晚时分，运河上水汽升腾犹如密密的蛛网，给整个城市平添了许多寂寥，临河的街道上挂着的灯笼，在夜幕中如影如幻。从运河中蹿出来的老鼠穿梭在码头和街道之间，它们不仅会啃噬城中极易受到破坏的各种建筑物的根基，也给这个城市传播着各种疫病。

威尼斯城内地形复杂，宛若迷宫，有些街道和廊桥非常狭窄，仅能容一人通行。大运河穿城而过，将整个城市一分为二，城外不远处就是烟波浩渺的亚得里亚海。

每年冬天，威尼斯都要举办嘉年华（也就是四月封斋期前的狂欢节）。无论在城市还是乡村，一年一度的嘉年华是人们尽情狂欢的日子。就在举国欢庆的日子里，各种违法乱纪的行为也甚嚣尘上，歹徒会借机使用诸如投毒、勒死等卑劣手段伤害无辜，并趁乱逃脱责罚。

虽然身处动荡不安的时代，但13世纪的威尼斯人始终怀有坚定的信念。笃信宗教的威尼斯人相信：太阳是绕着地球转的，地球表面完全是平的，而且宇宙万物的产生比罗马帝国的创建还要早4484年。他们还相信，耶路撒冷是世界的中心，在地球的某个地方有通往天堂和地狱的入口。

威尼斯人将一天分成了多个祈祷时段：午夜时分进行晨祷，三小时后唱赞美诗，破晓之时再行晨祷，早晨九点进行第三次祷告，正午做午间祈祷，日落时分进行晚祷，睡觉前再做一次祷告，通常他们在下午不安排祈祷活动。在那个基督教至上的年代，科学在很大程度上与炼金术和占星术有着千丝万缕的联系：当时的炼金术主要是从一些基础金属中提炼黄金，而占星术则与天文学息息相关。

人们将风、水、动物作为动力。在彼时的西欧，煤已经是一种重要能源，而纸币和印刷术则是200年后才出现的。造船业采用了当时最先进的技术，人们把尚存在很多未知风险的船运业看作交通运输方面的一大创举。

在欧洲人看来，旅行是一种耗时又危险的行为。那些横渡英吉利海峡的人更是在用自己的生命开玩笑，曾成功横渡英吉利海峡的冒险家纷纷对外宣布自身的健康受到了严重影响。当时徒步旅行的速度可以达到每天8 ~ 10英里，如果条件有利的话，也可以达到 15 ～ 20 英里。因为迷信，所以旅行者不敢走夜路，到了晚上就只能投宿在虱蚤遍布的简陋客栈里，几个人挤在一张床上更是常有的事。一般情况下，乘坐马车从巴黎到威尼斯至少需要三周的时间。

然而在面积不算大但经济繁荣的威尼斯，情况变得完全不同。当时的威尼斯已逐渐进入一个经济文化快速发展、商业活动限制日渐减少的蓬勃发展时期。处于发展上升阶段的旅游业亦不例外，所以几乎所有的威尼斯人都梦想着有朝一日成为旅行家或是商人。罗马时代的欧洲曾一度四分五裂，动荡不安，但目前政权已经集中在一些像威尼斯这样拥有治国有方的统治者和精良的军事装备的城邦共和国手中。各城邦共和国的商业发展极大地促进了艺术、技术、探险及经济等其他领域的发展。指南针、钟表、风车、水车这些对欧洲经济的稳步发展起重大作用的东西一一出现，一些非常知名的大学也是在此时创建的。正是在上述各个领域的进步和发展的基础上，威尼斯共和国开始在欧洲崛起。

通往东方财富的门户

处处充满机遇与诱惑的水城威尼斯是 13 世纪欧洲最重要的商业和文化中心，一个凭借贸易而欣欣向荣、蓬勃发展的城邦国家。强大的威尼斯海军屡次击退来犯的热那亚人和阿拉伯人的进攻，从而为国家经济发展提供了保障。与其他城邦共和国不同，威尼斯没有坚实的城墙和城门，而这些在威尼斯也是没必要的，因为那些随处可见的湖泊和沼泽便是威尼斯抵御外侵的天然屏障。

作为通往东方财富的门户，威尼斯产生了一批精明的商人贵族阶层，这其中就包括有过多次东方之旅经历的波罗家族。他们曾多次到过东方，尤其是君士坦丁堡，找寻珠宝、丝绸和香料。

被大小岛屿和劲敌团团包围的威尼斯人的互助意识非常强。史学家约翰·尤利乌斯·诺维奇说：“威尼斯人被限定在一个有限的空间内，因此这里的老百姓形成了一种独特的团结与合作精神，这种精神不仅表现在人们面对国家危难的时刻，也会在他们处理日常事务的时候有所表现。有钱的威尼斯贵族商人彼此熟识且相互信任，而在其他城市，只有家庭成员之间才会如此。”

威尼斯人以其高效、务实的商业经营理念和能力而享誉欧洲。诺维奇说：“在交易所内，任何生意都能在几小时内完成，哪怕是需要大量的前期投资，可能要历时多年，甚至存在很大风险的生意也不例外。商人们的合作方式灵活多样：既有个人之间的合作，也有因为需要资助大型商船或跨洲的驼队而只能在颇具实力的大商号之间的合作。但无论采取哪种合作方式，双方的合作都是建立在互信的基础上，而且这种信任不容亵渎。”

威尼斯人几乎个个经商，就连寡妇也会积极投身商业活动，而身无分文的年轻人也经常自诩为商人。虽然经商存在很大的风险，但难以想象的巨额财富始终对那些喜欢冒险、勇于付出甚至是没有头脑的人充满着诱惑。在威尼斯，财富的聚敛和散失可能就在一夜之间，往往仅凭一次成功的君士坦丁堡之行就有可能带来万贯家财。

威尼斯商人想出各种巧妙的办法来应对日常生活和跨国贸易中出现的突发事件。由于当时各国没有统一的标准汇率，所以不同的流通货币给交易带来诸多不便。比如，拜占庭王国在使用拜占庭币，阿拉伯国家以银币作为流通货币，而佛罗伦萨人则使用金币。为了解决货币不统一的问题，威尼斯人想出了用黄金和白银与某种货币的兑换比例决定其价值的方法，以此来解决货币流通过程中出现的问题。为了杜绝换算过程中出现不必要的麻烦和货币贬值问题，有些精明的商人还会直接用宝石、珍珠进行交易。

为了满足复杂的对外贸易需要，威尼斯建立了当时西欧最先进的银行体系,欧洲大陆最早的存款银行就出现在威尼斯。1156年，威尼斯共和国成为有史以来世界上第一个提供公共贷款的国家，后来他们还制定了欧洲第一部银行法来规范新兴的银行业。这些经济改革措施使威尼斯商业在欧洲遥遥领先。

为了满足商人们与东方的贸易往来，威尼斯沿袭了罗马人制定各种合约的习俗。他们制订了严格的海上借贷和贸易条例来规范船主和商人之间的权责关系，1253 年，威尼斯出现了委托保险业务。在威尼斯方言中，“贸易协议”等同于“商业投资”，它指的是一种买卖双方普遍适用的贸易规则，但暂时还不具有现代意义上贸易协议的法律效力。也许在我们今天看来，十二三世纪人们制定的那些合约尚显稚嫩，但商人们要求进行准确经济核算的愿望是具有前瞻性的，这也表明资本主义经济制度在当时的欧洲已经开始萌芽了。

威尼斯人认为地球是平的，而整个世界则是由天然形成或人为划定的疆界与国界连在一起的。他们认为世界是从陆地和海上延伸出来的、由没有边界的商路和贸易机遇所构成的一个巨大网络。为了找寻珍贵的香料、珠宝和纺织品，威尼斯商人借助商船和驼队，足迹遍布世界各个角落。通过在非洲、中东和西欧开辟的复杂商路，他们将矿石、盐、蜡、药品、樟脑、阿拉伯树胶、没药、檀香木、肉桂、豆蔻、葡萄、无花果、石榴、织物（尤其是丝织品）、兽皮、武器、象牙、羊毛、鹦鹉的羽毛、珍珠、铁、铜、沙金、黄金、白银及亚洲的奴隶，源源不断地运到了威尼斯。

一些外国商船甚至把从君士坦丁堡、希腊和埃及遭到破坏的神庙和建筑物上拆下的大理石柱、柱基、石板和石块也运到了威尼斯。但运回的这些珍贵的古代文明的遗迹并没有被重视，只是被随意堆放在威尼斯各个码头，或者散落在圣·马可广场的某个角落，要么干脆被用作了某位公爵或者有钱人豪宅的建筑石材。

莎士比亚曾借用《威尼斯商人》中安东尼的话来评论种类繁多的商品："贸易和丰厚的利润成就了所有的国家。"当时，"威尼斯贸易"几乎成了"全球化"的代名词，而在那个时代，"全球化"仅仅是一个刚刚催生的理念。为了扩大贸易范围，威尼斯人打破种族和宗教分歧与各个国家的商人进行贸易，他们先后与阿拉伯人、波斯人、土耳其人、希腊人甚至与蒙古鞑靼人建立了合作关系。由于马可·波罗的原因，虽然波罗家族不是首批到达亚洲的威尼斯商人，但他们在威尼斯的知名度却是最高的。

威尼斯城的守护神

无论走到哪里，威尼斯人独特的口音和方言很快便能表明其身份。和其他罗曼斯语一样，威尼斯语也是以拉丁语为基础的，还引入了其他语言的词汇、句法及发音，如德语、西班牙语和克罗地亚语，甚至还融入了一些法语。同时，威尼斯语中的一些典型词汇也被引入英语中。

贡多拉是一个源自威尼斯语的词汇。尽管人们何时便开始使用这种纤长、优雅的黑色航行工具无从考据，但在马可·波罗的时代，贡多拉被用来泛指在运河上行驶的各种大型航船、小划艇及平底船等不同船只。

威尼斯人所使用的"军工厂"一词来自阿拉伯语中的"作坊"，主要是指制造和储备武器的地方，在马可·波罗时代的欧洲，它主要指威尼斯的造船中心。在造船中心，工匠们熟练地操作着早期的流水线，在很短的时间内就可以用事先加工好的龙骨、桅杆等标准化预制件制造出一艘船来。一位名叫佩罗·塔富尔的西班牙人曾这样描述过战船下水的过程："一只被小船拖着的战船映入我们的眼帘，只看见所有物品都通过窗口运送并从各处集中在了一起，有船上专用的绳索、食物、各种武器，还有投石器和迫击炮等物品。当船行驶到街道尽头时，水手们便带着做好的船桨纷纷登船，就这样，一只装备齐全的战船便完成了。"

塔富尔估算了一下，工匠们在六小时之内就能完成十只战船的装配，也就是说，完成一只战船差不多仅需三十六分钟。威尼斯人从制造船的龙骨到完成船上的所有装备的速度是其他欧洲国家的船厂所无法企及的。船体本身是黑色的，但船长可以给它涂上自己想要的其他颜色。

在一定程度上，威尼斯人赤诚的公民意识和宿命论促进了国家的繁荣和发展，在这点上威尼斯神话功不可没。马可的同名者，圣·马可是威尼斯城的守护神。公元828年，一伙威尼斯商人经过密谋特地将圣·马可的圣体从亚历山大墓地抢回，并转交给了威尼斯总督。为了给自己的行为辩解，商人们声称是为了保护圣·马可的圣体不受穆斯林的破坏。为此，他们还杜撰出一个故事：

当年，圣·马可乘坐的船在亚得里亚海域遇到了暴风雨，搁浅在威尼斯总督府所在地。后来，一位天使出现在圣·马可的梦中告诉他："就在此安身吧！"天使的这句话一语双关，既暗示圣·马可最终能躲过这场劫难，也暗示着他本该属于威尼斯。在基督教史上，这恐怕是最著名的一次圣物盗窃事件了。

从此以后，圣·马可的圣体就一直存放在威尼斯总督府里。在威尼斯，只有总督府才可以称作“宫殿”，其他任何人的住宅都只能称作“家”。所以人们至今都把波罗家族的房子称为“波罗之家”。

威尼斯实行集权统治，其统治集团由150名商人贵族组成，也就是说，不足威尼斯总人口1%的贵族操控着全城99%的人的命运，不过偶尔也会有个别普通家族冲破重重阻碍而跻身贵族之列。到1297年止，集权统治在威尼斯成为历史。威尼斯议会开始允许中产阶级建立行会来扩大贸易，同时负责培训工人和工匠，扶持贫民，甚至还要为雇佣者提供医疗服务保障。当时波罗家族为了取得最大的商业利益，可能也加入了一个或几个行会。虽然他们是威尼斯城的成功商人，但绝对算不上是统治阶层，要不是马可·波罗那些令人难以置信的事迹和他的自我吹嘘与宣传，波罗家族在威尼斯恐怕也不会那么有名。

“总督”是威尼斯语，也是一个威尼斯独有的概念。这个词最早源自拉丁文的“统治者”，最初的威尼斯总督是由拜占庭国王任命的军事指挥官。但战乱不断的威尼斯不仅需要军事首领，还需要有自己的政治领袖。因此，长期以来“总督”在威尼斯被赋予了一种地方特色。

总督与圣人之间需要维系一种紧密的联系。威尼斯人信奉万神殿里的圣·马可，他们认为，圣·马可为威尼斯带来了庇护和福祉，所以总督在任期间必须肩负起保护圣物的重任，而且总督的世俗权力与圣·马可的宗教权威的结合不仅能决定威尼斯人的命运，也能决定威尼斯共和国的政治命运。

威尼斯总督是一个神秘人物，通常公众很难一睹其容。威尼斯人深信，总督还维系着威尼斯和大海之间神秘的“婚姻关系”。在每年春天举行的仪式上，总督都要将一枚金戒指抛进亚得里亚海，来重申和巩固他们之间的“联姻”。

“耶稣升天节”是威尼斯最重要的节日，每一位新任总督的身份只有在这天举行的仪式上才能得到确认。这一节日是为了纪念公元 1000 年，威尼斯人在总督的带领下成功占领达尔马提亚这件事。自此以后，包括总督、普通公民和教士在内的所有威尼斯人都要祈求神灵保佑亚得里亚海并记住这一事件。威尼斯人生性喜欢在各种热闹的场合展示自己色彩斑斓的服饰，到了耶稣升天日更是如此。

仪式开始时，威尼斯官员们手捧祈福的圣水、盐和橄榄枝登上护航舰开始起航，总督乘坐的豪华指挥舰也会在途中加入进来，一起驶向利多岛。牧师们吟唱着赞美诗，主教向上帝祷告：“主啊！请允许我们驶入大海吧！”

后来，这一仪式渐渐演变成为专为总督和亚得里亚海举行的一场象征性的婚礼仪式，所以整个仪式的准备过程也就更加精心了。1177 年，教皇亚历山大三世特地送给威尼斯总督一枚戒指，并宣布：“这枚戒指代表你和你的子孙后代拥有亚得里亚海永远的统治权。”在欢快的鼓乐声中，总督从座位上站起来，奋力将教皇赠送的戒指投进了亚得里亚海，大声说道：“海啊！但愿我们的结合能确保最尊贵的威尼斯共和国的长治久安！”

参加完弥撒，总督会举办盛大的宴会来款待教士和贵宾，圣・马可广场上也要举行为期八天的庆祝活动。在此期间，还会举行欧洲贸易博览会，展出来自世界各地的商品。整个威尼斯都沉浸在欢乐之中，就连教会也会参加这些庆典活动。

1268 年，马可 14 岁那年，总督洛伦佐・提埃坡罗的就职仪式盛况空前。新任总督在友好的气氛中会见了所有的敌对者和持不同政见者，以期寻求彼此间的支持与信任。当就职仪式接近尾声时，威尼斯舰队司令指挥着舰队从总督府前驶过，来自周围岛屿的各种船只紧随其后，一路上所有人均为新任总督和共和国祷告："愿圣·马可保佑！"各式各样的大小船只在运河上破浪前进，场面很是壮观。

海上游行结束后，庆祝活动会转移到陆地。威尼斯城里所有行会成员四人一排，身着代表各自行会的服装在威尼斯街头举行盛大的游行活动，游行队伍要从新任总督及总督夫人面前经过。

> 水手们身着白色的、配有耀眼的红色星星的服装；毛皮商人身披用貂皮做装饰的斗篷；
>
> 纺织工人们佩戴着用各种橄榄枝做成的花环；
>
> 工匠们穿着金色或紫色的衣服；
>
> 缝制棉被的匠人们穿着用鸢尾装饰的斗篷，头上戴着珠子串起来的饰品；
>
> 鞋匠、理发匠和吹制玻璃器皿的工匠们身穿饰有毛皮的大红色的披风。

所有这一切似乎都是在向世人显示威尼斯的财富与奢华。

在豪华庆典的背后，威尼斯普通百姓的生活其实是很悲惨的。威尼斯妇女被认为是二等公民，一直以来被当作男人们的附属品。奴隶买卖随处可见，女奴不仅在身体上受到虐待，而且常常会遭到男主人的性侵犯。一些社会习俗也阻碍了妇女社会地位的提高，当时威尼斯流行着对准丈夫们的一个忠告："女人们羸弱的身体决定了她们不具备任何正确的判断力，所以丈夫绝对不能接受妻子的任何建议。"

拥有众多私生子和奴隶的波罗家族却在这种社会环境中生活

得稳定而安宁。在威尼斯这个丑闻充斥的城市里，他们家很少有流言蜚语传出。

十字军攻占君士坦丁堡

圣·马可的圣体被运回威尼斯还不到200年，威尼斯共和国就开始了征服亚得里亚海和周边地区的霸业。

威尼斯舰队首先与法国诺曼底人发生了战事，由罗伯特·吉斯卡尔指挥的法国舰队一度扬言要阻断威尼斯通向地中海的通道。双方舰队在亚得里亚海域的激烈交战中，威尼斯舰队因受阻而无法入港，被迫连成一片形成一个浮岛来抵挡敌舰。当敌舰靠近时，威尼斯水兵乘坐小船，靠投掷木头来袭击对方的战船。不过诺曼底人最终还是占领了都拉斯。就在威尼斯舰队在海上与敌人激战的同时，商人们也没闲着，他们的商船徜徉在地中海上寻找着每一个商机。也许在世界上其他任何一个国家，“贸易战”和军事战争绝不可能在同一时间进行，而在威尼斯，贸易和战争几乎就是同义词。威尼斯共和国常年战事不断，似乎与战争有不解之缘。他们时而会发动一场游击战，时而与对手打起旷日持久的拉锯战，时而又要与顽敌展开激战，当然在这些战争中威尼斯也并非总处于上风，但威尼斯民众对军队寄予厚望，期望他们能为促进威尼斯的贸易繁荣而英勇作战。

威尼斯人的航海经验和冒险精神，是任何一个城邦共和国都无法与之比拟的。不但威尼斯商人在欧洲家喻户晓，而且素以作战勇猛和冷酷而闻名的威尼斯海军也常令敌人闻风丧胆。马可·波罗很善于把握机会，让自己拥有了和平时期的商人和战时的舰长两种身份。

1204 年，在第四次十字军东征时，威尼斯联合欧洲其他军事力量成功占领了君士坦丁堡。

暂时的胜利并不能让基督教国家高枕无忧。因为罗马教会一直在伺机通过与伊斯兰教、蒙古鞑靼人、希腊正教甚至自身内部间的斗争为自己争得一席之地。宗教信仰时代可以说是一个险象环生、战乱不断的时代。

十字军远征的最初目的很简单：为基督教徒争取去位于耶路撒冷的耶稣圣墓朝圣的权利。从公元 8 世纪起，朝圣者们就已经开始了朝圣，但到了公元 1009 年，法蒂玛王朝的哈里发——开罗穆斯林统治者哈基姆发起了对圣墓的破坏，使得情况发生了突变：在耶路撒冷，基督教徒和犹太教徒随时会惨遭迫害，城中的基督教区因被高墙阻隔而无法通行。五年不到的时间里，成千上万的教堂不是被焚毁就是被洗劫一空。

一系列暴力事件使基督徒们去耶路撒冷朝圣的愿望更加强烈。于是，为了从穆斯林统治者手里夺回圣地，教会发动了八次十字军远征。最初十字军东征是为了打击迅速发展壮大的伊斯兰教，但他们自己却在不断的政治纷争和军事掠夺战中遭受重创。到了第四次东征时（1202 ~ 1204），一些欧洲世俗领袖权力和影响力的扩大使得教皇失去了对这场宗教战争的掌控。后来，一些君主甚至招募了自己的十字军。

第四次东征的主要原因是教皇英诺森三世想取得对穆斯林军队的控制权。他们想得到威尼斯的支持后，然后取道埃及一举攻占耶路撒冷。

一直以来，威尼斯人恪守其商业信条始终与十字军保持着一定的距离，但这次威尼斯执政者们却觉得可以利用这场战争大发横财。在他们看来，这是一场具有政治和经济双重收益的战争，而且这一看法很快得到了威尼斯大众的理解和支持。经过八天的谈判，威尼斯最终同意派出一支由骑士、武士、步兵组成的三万五千人的军队，以及四千五百匹战马和一些特别装备的战船，当然威尼斯同意出兵是以获取高额回报为条件的。十字军的法国统帅们一直想联合强大的威尼斯海上力量，为此他们愿意付出任何代价。但由于之前谈妥的费用没能兑现，所以威尼斯援军驻扎在现在的利多始终按兵不动，士兵们成天百无聊赖，不是赌博就是嫖娼。

看到法国人根本无法如期兑现他们的承诺时，威尼斯人提出了一个建议：他们可以免除对方的债务，但条件是让十字军帮助他们攻下位于亚得里亚海之滨的叛乱城市扎拉。法国人爽快地接受了这一建议，很快双方便协力攻下了扎拉，事后还均分了战利品。这次成功的“合作”使十字军东征从最初的宗教战争逐渐演变成了一场带有商业性质的战争。

得到威尼斯军事援助的十字军信心倍增，随即开始向拜占庭帝国首都君士坦丁堡挺进。君士坦丁堡是以公元 4 世纪罗马统治者君士坦丁大帝命名的，是东罗马帝国的首都。虽然这是一个多种宗教信仰共存的城市，但东正教占了主导地位，极度的富庶使得君士坦丁堡历来都是一个兵家必争之地。

令君士坦丁堡引以为耀的并不是它强大的军事力量，而是馆藏丰富的图书馆、各种珍贵的艺术品以及随处可见的文物古迹。这里的建筑既传承了以拱门、圆柱为特点的罗马建筑理念，又兼具各种东方建筑元素。君士坦丁堡拥有一百多万人口，是威尼斯人口的十倍多。

1204 年 4 月，十字军开始了蓄谋已久的攻占君士坦丁堡的计划。他们在城里进行了为期三天的疯狂抢掠、破坏和杀戮，包括平民、教士、妇女、儿童在内的所有人都倒在了血泊中。当十字军的暴行告一段落后，他们又冲进教堂，砸坏祭坛，大肆抢夺圣物。醉酒的士兵把抢来的圣衣盖在马背上，一个喝醉酒的妓女站在大主教的座椅上边唱边跳，古墓和古代雕塑不是被砸毁，就是被盗。后来，君士坦丁堡人只能设法将城内一些珍贵的艺术品、手稿和宗教用品秘密运送到了偏僻的乡村、小镇和修道院等一些相对安全的地方。而事实上，即便在十字军撤离君士坦丁堡之后，抢掠行为依然持续了数年。

威尼斯人非常善于趁火打劫。他们从君士坦丁堡抢到了许多精美的宗教用品、雕塑及价值不菲的宝石。威尼斯人用来装点圣·马可教堂门面的四匹铜马是他们从君士坦丁堡抢夺的所有赃物中最上乘的物品。

众多优秀的玻璃制品艺人、银匠、金匠、画家、雕刻家也被带回了威尼斯。匠人们很快便开始靠自己的一技之长在威尼斯谋生，并逐渐安定了下来。

教皇英诺森三世坦言，当得知君士坦丁堡遭到抢掠的消息和十字军打着基督教国家的旗号所犯下的暴行后，他感到非常震惊。同时当得知这些暴徒已经事先被赦免了时，他意识到这些顽固不化的对手早已不把他这个教皇放在眼里了。除了下令将大量的十字军驱逐出基督教会外，他束手无策，只能眼睁睁看着君士坦丁堡的财富源源不断地涌向罗马教堂。

东正教无法原谅威尼斯人在这次劫难中所扮演的不光彩的角色，君士坦丁堡再也没能恢复往日的荣耀。攻克君士坦丁堡打破了各国军事力量势均力敌的局面，威尼斯人从此控制了拜占庭帝国的大部分土地。虽然君士坦丁堡后来逐渐又恢复了其商业中心的地位，并且成为让马可·波罗和其他商人通向东方的门户，但它已经失去了昔日的凝聚力和光彩。希腊人、威尼斯人、埃及人和土耳其人成了君士坦丁堡的主要人口，较之其他城市，这个城市受到关注的不再是它昔日的辉煌而是频繁发生的战乱。

相比之下，威尼斯在世人眼中则是一个由一些有权势的家族治理的安定、统一的国家。

尽管马可·波罗的祖先们在威尼斯拥有显赫的地位，但并算不上是最富有或最有声望的家族。在威尼斯，只有出了数位总督和威尼斯舰队司令的芝诺、奎尔尼斯和丹多洛家族才能算是权势家族。在等级森严的威尼斯，尽管波罗家族家境殷实且受人尊敬，但他们的社会地位远不及上述三大权势家族。

对波罗家族的起源存在诸多说法。一般人们认为，波罗家族是 1033 年从希贝尼克的达尔马提亚移居至威尼斯的，希贝尼克一直被匈牙利人和克罗地亚人所统治，后来可能并入了罗马帝国；还有一种说法认为，马可·波罗出生在库尔佐拉，也就是他后来被热那亚人俘获的那个岛屿；第三种说法认为，波罗家族在上述两种可能性存在之前，就已经生活在威尼斯了。不管马可的身世如何，他亲历了日渐衰败的古代文明和萌芽于欧洲的文艺复兴却是一个不争的事实。

“波罗”这个名字出自拉丁语，早在公元 971 年就频繁出现在威尼斯城市档案中。记录显示，曾有个叫多梅尼科·波罗的商人提交了一份请愿书，希望禁止与阿拉伯人的贸易。其他几位记录在册的波罗氏，有人拥有土地和盐矿，甚至还有人担任过威尼斯法官。由此可以推测，马可·波罗的祖先们就生活在威尼斯和达尔马提亚。

波罗家族的贸易目的地一直延伸至君士坦丁堡。1168 年的拜占庭帝国正处在鼎盛时期，当时的资料显示，与马可·波罗同名的马可的叔祖在君士坦丁堡拥有一艘自己凑钱装备的战船，他的这一做法与小马可在库尔佐拉之战中的做法如出一辙。

在威尼斯，波罗家族的其他成员为争得财富和荣誉一直努力奔忙着。马可·波罗的祖父、圣菲利斯教区的安德烈亚·波罗有三个儿子，其中包括马费奥和马可的父亲尼科洛，当时他们已经是威尼斯的贵族阶层了。据威尼斯档案记载，年轻的马可也是一位贵族，而且他本人非常看重自己的贵族头衔，因为这一头衔可以在他所到之处给他带来地位和荣誉。马可认为，“威尼斯贵族”这一头衔不仅是他走向世界的通行证，而且有助于他免遭窃贼的洗劫和无赖的纠缠。无论身处何地，也无论接待他的主人之前多么陌生或是让人生畏，马可总会设法让对方明白：他是一位威尼斯贵族，应该得到与他贵族身份相符的款待。

波罗兄弟踏往东方的征程

马可·波罗的父亲尼科洛和叔叔马费奥本来在威尼斯经营着一份生意兴隆的家族产业，但1253年，兄弟俩决定离家，踏上了去东方寻求发展的征程。可尼科洛临行前也许并不知道，他的妻子已经身怀六甲，就在他走后的第二年，也就是1254年，马可·波罗出生了。

马可出生时，他的父亲和叔叔正在君士坦丁堡。1204年那场大劫掠之后，受威尼斯人控制的君士坦丁堡昔日的繁华已成了过眼烟云，以当时的条件来看，威尼斯和君士坦丁堡这两个贸易中心之间的旅途是相当危险的。往来其间的基本上是威尼斯的商船，所有乘客除了自带行李箱、被褥、水和干粮外，还得做好随时参加战斗的心理准备，一旦商船与沿途袭击他们的敌人发生冲突，船上的所有乘客就得加入到战斗的队伍中。

因此，即便是一次称得上顺利的航行，也让人难以忍受，潮湿拥挤的船上随处可见腐烂的食物和人的粪便，臭气熏天。波罗兄弟和船上所有乘客，成天不得不与蟑螂、虱子、老鼠为伍，而失眠、晕船更令他们苦不堪言。在这种艰苦的环境中煎熬了一两个月后，波罗兄弟俩终于到达了君士坦丁堡，此后，他们没有急于开始新的艰苦旅程，而是在这里待了六年。六年间，他们与来自世界各地，尤其是东方的商人进行贸易，为自己开创了一片新的天地。

此时，君士坦丁堡正陷入无尽的债务纠纷之中。最后一位拉丁国王鲍德温二世被迫将一些价值连城的圣器卖给了威尼斯，以此来偿还债务和勉强维持自己摇摇欲坠的王位。事态甚至严重到，他用据说是耶稣圣物的荆棘之冠向威尼斯银行家做了贷款抵押，而且还主动让自己的儿子做人质。就在法国国王路易斯九世准备援助鲍德温时，佩利奥洛格斯王朝的迈克尔八世联合热那亚攻占了君士坦丁堡。君士坦丁堡再次沦陷后，动荡不安的政局多次引发了生活在这里的威尼斯人、热那亚人和希腊人的骚乱。

尼科洛和马费奥兄弟俩决定离开这座多事之城，前往索耳得亚（即苏达克城），位于黑海之滨克里米亚半岛上的索耳得亚是一处重要的军事要塞。（顺便提一下，波罗时代的人们对“黑海”这一名称还比较陌生，当时人们只把它称作“海”。）波罗兄弟在索耳得亚并没有多大名气，说明当时他们的生意规模并不大。

波罗兄弟最渴望的就是回到威尼斯的家中，但路途遥远且危险重重。无论是陆地上横行霸道的窃贼，还是海上贪婪无耻的海盗都成了波罗兄弟短期内无法返回威尼斯的障碍。

而前往东方的所有商路和航线情况就要好很多。这主要是由于当时蒙古人已经攻占了大部分亚洲大陆，并且占领了欧洲一些重要地区，他们的势力范围直达多瑙河东岸。（蒙古人也被欧洲人称作鞑靼人，但事实上，鞑靼只是蒙古帝国的部落之一。早期俄罗斯人把蒙古人和其他东方的入侵者全部称为鞑靼人，后来欧洲人仿效俄罗斯人也把蒙古人称作鞑靼人。）

当时欧洲人一直认为，蒙古人就是恶魔的子孙，是世界上最野蛮、最邪恶、最不遵守法纪的民族。1260 年，教皇亚历山大四世发布训令，号召基督教国家团结起来防范蒙古人："耳畔不绝响起的马蹄声，警示我们绝不能再掉以轻心，战斗的号角宣告一场席卷全球的毁灭性战争即将来临。之前所发生的一系列事件业已证明，这些犹如从神秘的地狱中突然冒出来的野蛮的鞑靼人，必使天下大乱。"

然而，就在教皇公开向外界宣称蒙古人带来的威胁之际，蒙古人却突然改变了他们一贯的对外政策。野心勃勃的成吉思汗在位时一直奉行无限扩张帝国疆域的政策，而他的孙子忽必烈汗则一改祖父的做法，施行了相对平和的统治策略。威尼斯史学家阿尔维斯·索尔西如此评价忽必烈汗："他是一个追求集权统治的君主，但绝不暴戾野蛮，他善于汲取他人之长来实现自己的目标。他不断地寻求有效手段来稳固政权，为了达到目的，他更多的是采取宗教施压的办法，而不是单纯依靠暴力手段。"

忽必烈汗手中最有利的武器不是利剑长矛，也不是枪炮毒药，而是与其他国家建立贸易关系。事实上，为了能够在自己缔造的世界新秩序中生存，蒙古人非常需要来自欧洲、波斯、阿拉伯的商品和技术。为此，他们开辟了很多商路，并为 19 世纪后广为人知的"丝绸之路"奠定了基础。"丝绸之路"不仅是为东西方输送诸如宝石、织物、香料、贵重金属、武器等货物的要道，而且也是输送数不清的佛教僧侣、基督教传教士和来自各地的商人的通道。

为了确保东西方贸易和宗教文化交流的顺畅，忽必烈汗在蒙古帝国疆域内实行高压集权政策，索尔西认为，蒙古帝国的和平是“建立在战争废墟上的和平”。但正是因为有忽必烈汗的专制统治,“丝绸之路”才成为一条非常安全的商路,往来其间的人声称“妇女可以头顶金托盘无所顾忌地走在这条路上”。对于像波罗兄弟这样的商人们来说，就算深入亚洲和蒙古帝国腹地，人身和财产安全也完全有保障。

蒙古帝国的“丝绸之路”和威尼斯的商船使世界变成了“坦途”。在一个没有阻碍，能够相互交流的世界里，贸易往来及宗教、文化、思想的交流与融合极大地促进了各国的经济繁荣与发展。尼科洛和马费奥沿着“丝绸之路”北端向东进入到蒙古帝国腹地。

在途经今天的伊拉克的时候，马可说，父亲和叔叔来到了别尔哥汗的王国。别尔哥是成吉思汗的孙子，也是蒙古帝国各部落中最有文化、最开明的一位君主，有人称他为西汗。别尔哥盛情款待了波罗兄弟，马可说：“兄弟俩给别尔哥汗献上从君士坦丁堡带去的珠宝，这让别尔哥龙颜大悦。为了不让出手大方的客人觉得自己吝啬，他赐给兄弟俩两倍于他们礼物的珠宝和其他一些贵重物品。”两位来自威尼斯的商人在蒙古帝国找到了一处临时避风港。

兄弟俩用带去的珠宝、银币和织物与其他商人做生意，由此掘到了他们在蒙古帝国的第一桶金。他们就像在经营一个流动售货摊，任何有钱可赚的货品都在其经营范围之内，马可在书中经常提到父亲和叔叔经营着各种织物，比如，棉布、锦缎，当然还有丝绸。不难想象，兄弟俩与穆斯林、犹太人和其他来自欧洲的商人做着各种生意，当时热那亚商人比威尼斯商人在亚洲更有名，但波罗兄弟俩的生意做得非常红火。兄弟俩偶尔还做奴隶交易，后来还把一个阿拉伯奴隶带回了威尼斯。

虽然蒙古人热情好客，但一年后兄弟俩还是想回家了，但恰在此时，别尔哥和成吉思汗的另外一个孙子旭烈兀发动了一场内战。马可说：“经过一番激烈血腥的厮杀，旭烈兀大获全胜。这场内战导致以前所有可以安全通行的商路从此不再有保障，波罗兄弟俩无法从原路返回威尼斯了。这时有人告诉他们，顺着别尔哥汗王国的边界走是通往君士坦丁堡的最佳路线，兄弟俩听取了这一建议，但沿途他们遇到了很多困难。他们曾途经一片有十七天路程的沙漠，在沙漠中赶路的十七天里，除了住在帐篷里的蒙古人和他们的牲畜，兄弟俩没有看到其他任何城市和建筑物的踪影。”

兄弟俩在旅程中慢慢熟悉了圆形的蒙古包和经发酵酿制的马奶酒，起初他们根本不习惯这种浓烈而且有股特殊酸味的马奶，后来勉强能喝点的时候，给他们敬酒的蒙古人就会使劲揪着他们的耳朵，强行让他们把酒咽下去。后来兄弟俩还慢慢适应了蒙古人很少洗澡的生活习惯，当然那个时代的威尼斯人也不经常洗澡，但蒙古人生性不喜欢水，再加上成天和马、牛、羊等牲畜在一起，所以身上常会发出一股味道，这让与他们生活在一起的西方人很反感。不过，波罗兄弟很快克服了这种反感心理，开始与他们的主人融洽相处了，最重要的是，他们学会了与蒙古人沟通和交流，这点远比能喝下马奶酒更有意义。

后来，波罗兄弟来到位于今天乌兹别克斯坦的布哈拉城，这里是东西方商人的必经之地，从 9 世纪到 13 世纪期间，有多个帝国曾在此定都。布哈拉商人主要经营丝绸、瓷器、香料、象牙和丝毯，兄弟俩发现住在这里的人非常好客，但布哈拉以外的地区却动荡不安，部落之间不断的冲突使得“丝绸之路”的部分路段根本无法通行，波罗兄弟这才意识到想短期内回家已经不可能了。

马可对此只做了简单评述，“兄弟俩无法再继续赶路，只好在这里住了三年”。这次延误改变了他们的命运。

在布哈拉滞留期间，尼科洛和马费奥邂逅了“一位非常有才华的重要人物”，此人便是旭烈兀派去拜谒蒙古最高首领忽必烈汗的大使。如果波罗兄弟能够说服这位大使，那么他很可能会给兄弟俩指引一条通往蒙古帝国的道路。

第2章

未竟的探寻

很快
一切美好的碎片
再次组合重现
水面又成了明镜

尼科洛和马费奥用了好几天时间与那位蒙古大使交流，终于赢得了大使对他们的信任和尊重。马可对此的评价是："在此之前，这位蒙古大使从未见过意大利人，所以能认识精通蒙古语的波罗兄弟并和他俩交谈，他感到特别高兴。"当初波罗兄弟充分利用旅途中的闲暇时间，刻苦学习蒙古语，现在终于派上了用场。果不出所料，这位不曾留下姓名的大使提出想向大汗举荐兄弟俩，还向他们保证"大汗一定会盛情款待他们，并会赐给他们很多礼物"。

此时的尼科洛和马费奥别无选择，因为返回威尼斯几乎已经不可能了。相反，大使向兄弟俩承诺：一路上有他的陪同，他们绝对安全。于是，波罗兄弟决定前往东方去朝见那位让欧洲人尤其是教皇既恨又怕的君主。这件事是他们以前从来没有想过的。

他们走了一年才到达蒙古帝国。马可没有明确指出忽必烈汗接见兄弟俩的地点，估计应该是在蒙古国都大都。当时蒙古人很愿意与外国商人做生意，并向他们学习和交流，所以大都有一片划定的区域专门供来蒙古做生意、进行思想文化交流的外国人及建立外交关系的外国使团居住。

虽然蒙古朝廷官员以蒙古人居多，但是随着越来越多来自亚洲其他国家的人和欧洲人的到来，朝廷任命了一些热那亚人、威尼斯人、犹太人、穆斯林、维吾尔族人、俄罗斯人还有波斯人来协助处理国家事务中的敏感问题，尤其是税收问题。为了防范官员滋生腐败、保持蒙古族人在众多汉人中的特殊地位，蒙古政府实施了民族隔离政策，明令禁止汉人学习蒙古语言，汉人不得擅自携带武器也不能与蒙古人联姻。

教皇使节成为蒙古大使

极其恶劣的自然条件使沿“丝绸之路”的旅行成为一种严峻考验。马可说，肆虐的暴风雪和山洪经常会阻挡行人前进的脚步。但当波罗兄弟俩终于见到了蒙古大汗时，他们觉得以前所吃的一切苦头都是值得的。

初次见到忽必烈汗着实让他们大吃一惊，大汗彬彬有礼，与此前蒙古人给外界留下的野蛮凶残的印象完全不一样。他对意大利和基督教充满了好奇，热衷并支持蒙古人与外界进行贸易。让忽必烈汗感到高兴的是来自异国的波罗兄弟俩竟然能用蒙古语与他交流。

马可一直认为他的父亲和叔叔是“最早来到蒙古帝国的意大利人和基督徒，他们受到了热情款待并得到了优厚待遇”，但这一说法遭到了人们的质疑。事实上，早在波罗兄弟之前，已经有很多来自欧洲的传教士和武士到过蒙古帝国，有些人还留下了详细的旅行记录。也许波罗兄弟俩常年囿于商界，并不清楚在他们之前是否有人到过蒙古帝国，所以才认定自己是最早亲眼见过忽必烈汗的欧洲人。

席间，忽必烈汗询问了两位外国客人一些有关“西方世界、罗马皇帝和其他基督教国王和王公贵族们的情况”，而且他对“西方国家财政、治国方略及战时政策”特别感兴趣，最后他还问了一些有关教皇、教会的事务，以及基督教信仰和教义问题。身为商人的波罗兄弟俩虽然并不熟悉所有的话题，但“他们还是用流利的蒙古语恰如其分地向大汗一一做了答复”。忽必烈汗对他们的回答非常满意，之后经常召见他们，一起聊一些有关基督教国家的话题。

多次交谈之后，尼科洛和马费奥取得了大汗的信任，他们之间的关系也日渐融洽。后来，大汗决定让兄弟俩做他的西方使臣，承担出使教皇的任务。大汗很善言辞，委婉地向波罗兄弟提出了自己的计划，用马可的话说就是，“大汗恳请兄弟俩能陪同他的一位叫科加达尔的宠臣前去面见教皇”。

一开始兄弟俩还有些犹豫不定，他们告诉大汗：“我们离开欧洲已经很长时间了，沿途的情况肯定发生了变化，所以我们也不清楚途中会发生什么事或者该做些什么，恐怕会辜负陛下的一番心意。”不过最终他们还是同意赴命，当然也很可能是被迫同意的。

忽必烈汗在给教皇的官文中提出，希望能派“100 名学识渊博，熟悉七艺，能言善辩且熟悉基督教教义的智者来教化他的子民”。这些人要在蒙古人中宣传基督教，也就是说，“要能让他和蒙古帝国的偶像崇拜者们，以及皈依了其他宗教的信众明白，他们现在的宗教信仰是错误的，而且供奉在家中的神灵都是邪恶的”。教皇派来的使者要“让所有的人都相信，基督教比其他宗教信仰好得多”。

这番话在深信忽必烈就是恶魔之子的教皇看来，绝对是不可思议的。事实上，这倒也符合忽必烈喜欢探究和尝试新事物的性格特点。如果教皇和他的使者们真能按照忽必烈所希望的那样去做的话，那么“大汗和所有蒙古达官显贵就都有可能成为基督教徒”，不过这并不意味着他们会弃绝其他宗教信仰。

忽必烈还希望“他们带回一些耶路撒冷耶稣墓冢上方点灯的灯油，他认为耶稣是能给人类带来福祉的神之一，所以他对耶稣非常崇敬”。不过，他只是想让耶稣成为蒙古万神殿中众多神灵之一，而不是取代其他的神灵。忽必烈的这一想法和教皇的期望之间有很大出入，而且他的想法根本不会得到罗马教廷的认可。但此时波罗兄弟只想着个人安危，哪里还有心思去和忽必烈理论神学，为了能安全返回威尼斯，他们再三向忽必烈保证一定会按他的要求完成使命：带回 100 名智者并且从圣墓取回灯油。不知兄弟俩是否真的认真考虑过自己是否有能力去完成所承诺的每一项任务，至少在当时的条件下，仅带 100 名智者原路返回蒙古这一项就根本无法实现，而从圣墓中取回灯油（据说能医治身心疾患）则另当别论，因为他们早就知道亚美尼亚的教士靠出售圣灯油而大肆敛财，所以波罗兄弟才认为他们完全可以出高价买回灯油。

为了确保两位威尼斯客人的人身安全，忽必烈汗按照蒙古习俗为他们配发了一块刻有自己印章和签名的金牌。这块金牌是蒙古皇室的通行牌，证明尼科洛、马费奥及科加达尔三人是忽必烈汗的钦差，沿途所有的官府都必须像见到大汗本人一样，给他们提供住宿、马匹和护送。任何人不得违抗，否则便有“犯上之嫌”。

一行人离开大都 20 天后，科加达尔便因身染重病而被迫放弃。在随后的行程中，波罗兄弟仰仗着大汗所赐的金牌一路畅通无阻。

不久，兄弟俩顺利到达位于小亚细亚幼发拉底河西岸的一个小港口城市莱亚苏斯，并在这里登船开始了他们最危险的一段旅程。在陆地上时，他们只是担心会遭遇敌人，但上了船后，他们内心充满了恐惧，因为在当时，只有勇猛无畏或者走投无路及头脑发热的人才会选择水路，将自己的生命托付给凶险莫测的海浪。但是这次，命运之神似乎格外眷顾兄弟俩。1296年，他们平安到达目的地，即位于现在黎巴嫩以南，以色列北海岸的一个古老的海港城市阿迦城。

阿迦城是一座历史悠久的城市，很早就有人类生活在这里，历史上曾数易其主。1191年，法国菲利普二世和英格兰狮心国王理查德从穆斯林苏丹萨拉丁手中抢夺了阿迦城，并从此把它当作耶路撒冷王国的首都。有段时间，这里还曾被当作十字军的大本营。

1350年，日耳曼神父鲁道夫称“这是一座宏伟的阿迦城”。他说：“阿迦城里的建筑物石材多采用方形的石头，城里到处都是高耸坚实的塔楼，街道非常整洁，所有房屋的围墙都用石头砌成，整齐划一。更令人叹为观止的是，建筑物的围墙上装有玻璃窗和装饰画，街道上还专门架设着柔软的布料和一些精美的帆布用来遮挡太阳光。”

对于前往东方的波罗兄弟和所有基督教十字军、穆斯林士兵和犹太商人来说，阿迦城是必经之地。让鲁道夫感到吃惊的是，“这里的贵族出门时就好像在举行皇家游行活动。经过一番精心打扮的贵族头戴金冕，身后跟着武士、随从、雇佣兵还有仆人，他们的衣服和战马都用金银装饰过，似乎在互相攀比衣着的华美和所用物品的新奇”。

波罗兄弟觉得与阿迦城的商人比起来，自己的财富实在是不值一提。按照鲁道夫的说法，“阿迦城是当时世界上最富庶的地方，住在阿迦城的有钱的王公贵族将世间所有精美的物品汇聚在这里”。

波罗兄弟做任何事似乎总是一波三折。1268年11月23日教皇克莱芒特四世在维泰博去世，几个月后，波罗兄弟才听说此事，眼看他们此行的计划又一次落空了。马可说："在绝望中，兄弟俩辗转找到一位博学的教士，这位名叫泰奥巴尔多·皮亚琴察的教士是罗马教皇驻埃及使节。"波罗兄弟跪在地上，向泰奥巴尔多讲述了他们受蒙古大汗之托前来拜见教皇之事。

使节听完两人的述说感到"非常诧异"，同时他认为，如果能满足忽必烈汗的愿望，一定会让所有基督教国家受益。他劝两位焦急不安的威尼斯人暂时留下来，并向他们保证"一旦新教皇继位，他们肯定能完成使命"。但遴选新教皇的事情一拖再拖始终没有结果。尼科洛和马费奥决定先回威尼斯等消息，然后再返回阿迦拜见教皇。他们从尼加庞岛（即现在的尤比亚）乘船回到了威尼斯。

波罗兄弟离开威尼斯已有 16 年了。在这 16 年间，他们两次穿越了辽阔的亚洲大陆，他们凭借自己的智慧，在世界上最强大、最令人生畏的统治者身边享受荣华富贵。虽然行程中处处充满危险，但是他们的无畏精神和实践经验，为后来带着小马可的旅行打下了坚实的基础。

而在威尼斯还有一些意外的事情在等着他们。到家后，尼科洛才得知自己的妻子已经去世，让他更为震惊的是，妻子给他"留下了一个 15 岁的叫马可的孩子"，这个孩子就是从小在威尼斯长大，从没见过自己父亲，并自认为是孤儿的马可·波罗。

很快两年时间过去了，尼科洛和马费奥一直在焦急地等待着教皇敕封的消息。与此同时，尼科洛和以前素未谋面的儿子彼此熟悉起来，也算是一件令他感到欣慰的事情。但有资料显示，事情并不这么简单，因为回到威尼斯不久，尼科洛很快再婚，婚后不久妻子就有了身孕。

虽然马可在刚见到自己的父亲和叔叔时感到很陌生，但他们的历险故事却深深地影响了他，并决定了他今后的命运。他特别喜欢听父亲和叔叔讲述“丝绸之路”，以及蒙古人、蒙古包和马奶酒的故事。最令马可神往的就是他们还见过不可一世的忽必烈汗，他觉得与忽必烈相比，威尼斯总督都有些相形见绌，马可渴望能和父辈一样成为一位旅行家，一位远赴东方的行者。

最后，尼科洛和马费奥决定带着17岁的马可一起返回阿迦城等候教皇敕封的消息。他们认为，这样一旦有了消息，他们就可以尽快拿到教皇的回复官文了。他们并没有过多考虑是否能成功带回100名智者和圣灯油，而是一心想带着小马可去给忽必烈汗复命。

如果说波罗兄弟第一次去蒙古帝国纯粹出于偶然，除了将自己的生意从一个地方转到了另一个地方再无其他目的可言，那么这次他们的目的就很明确了。他们身负重托而且不是以威尼斯共和国或者教皇使节的身份，而是做了蒙古帝国的大使。忽必烈汗钦赐的金牌保证了他们在危机四伏的亚洲地区的人身安全，再加上他们精通蒙古语，这让他们充满了自信。

马可·波罗随父亲和叔叔远赴蒙古帝国

1271年春天，马可随尼科洛和马费奥一起离开威尼斯开始了漫长而又艰辛的旅程。马可在两年前刚刚见面的父亲和叔叔的陪同下，要远赴蒙古帝国去觐见一位神秘的统治者。

波罗一行加入了一个威尼斯商船队，他们将沿着亚得里亚海东海岸缓慢前行，沿途船队需要在一些熟悉的港口停靠来补充给养。船队最初一直朝东南方向航行，后来分成五路驶向各自不同的目的地。

波罗一行人搭乘的商船的目的地是阿迦城，船上除了包括准备前去赴命的两位富有经验的旅行家和一位即将独立的翩翩少年波罗外，其他乘客都是去圣地和耶路撒冷的朝圣者。

被称作阿迦的这座要塞城市，13 世纪曾被穆斯林和其他民族占领，也因此给前耶路撒冷王国留下了痛苦的回忆。城内被分隔成几个区域，各个区域都有来自像威尼斯和热那亚这样一些水火不容的国家的居民居住。由于过往船只太多导致港口非常拥挤，所以很多船只被迫停靠在较远的地方，朝圣者们在这里重新搭船涌向去耶路撒冷的朝圣之路。

有两个人让城市面积狭小的阿迦城引以为荣。一位是爱德华王子，这位曾联合蒙古人与嫡系十字军共同讨伐穆斯林的英格兰王子在武士的护卫下经常出现在阿迦城，另外一位就是教皇的使节泰奥巴尔多。在阿迦城这个小小的天地里，爱德华和泰奥巴尔多·皮亚琴察彼此很熟悉，所以有人推断爱德华王子也认识波罗兄弟。

到达阿迦后，波罗兄弟马不停蹄地找到老朋友泰奥巴尔多叙旧，并提出想从圣墓获得灯油的请求，这次，泰奥巴尔多爽快地同意他们前往耶路撒冷购买圣灯油。

耶路撒冷有着辉煌的历史。当年所罗门王在这里建立了圣庙，后来耶稣在此被钉上了十字架。因为先知穆罕默德在这里与世长辞，所以穆斯林把耶路撒冷称为圣地。从最初的罗马人到后来的穆斯林，征服者源源不断地来到耶路撒冷，不管是谁也不论其宗教信仰如何，所有人都会宣称这座城市非自己莫属。所以当波罗一行来到耶路撒冷的时候，这座城市已经有了长达两千年的沦陷史，耶路撒冷的百姓对纷争与祈祷早已司空见惯，战乱业已成为民众生活的一部分。

在向导的指引下，朝圣者们在各个圣殿之间奔走往来。为了争夺通向这些圣殿和圣物遗迹的道路及其所属权，穆斯林和基督徒之间的摩擦不断。波罗兄弟也加入了朝圣者的队伍，来到位于奥利弗山下的圣墓为忽必烈汗取灯油。

尽管研究《圣经》的学者们对圣墓是否真是耶稣的墓地持怀疑态度，但是教徒们对这里依然充满敬仰，包括波罗三人，他们从来都没有怀疑过圣墓的真实性。

鲁道夫谈到这座位于今天耶路撒冷旧址的圣墓时说："住在圣墓教堂里的古格鲁吉亚人掌管着圣墓礼拜堂的钥匙，所有的食物、供奉物品、蜡烛及圣墓的照明灯油都是朝圣者们从教堂南门的小窗送进来的。"和所有的朝圣者一样，波罗一行慷慨捐赠后也领到了灯油。然后，他们便以最快的速度返回了阿迦城。

他们不在阿迦城的这段日子，没有什么太大的变化。泰奥巴尔多告诉他们，尽管经过了两年多的酝酿，但枢机主教们依然没能选出新的教皇。因为兄弟俩已经得到了灯油，所以他们不想再漫无目的地等下去，而是打算马上返回蒙古帝国向忽必烈汗复命。

兄弟俩恳请泰奥巴尔多以教皇使节的身份给他们出具一纸公文说明：因为克莱芒特教皇去世后暂时没有选出新的继位者，所以他们没能完成使命。根据马可的记载，他们向泰奥巴尔多表示："阁下，这么长时间都没能选出新的教皇，我们不能再耽搁了，得尽快返回蒙古帝国。我们会向忽必烈汗转达您对他的问候，同时我们还想请您以教皇使节的身份出具一封公文解释一下事情的原委。"

从兄弟俩的这番话可以看出，他们很擅长与那些具有影响力的人物进行协商，最终他们得到了想要的答复："既然你们想回去见大汗，我对此表示高兴。"泰奥巴尔多是否把忽必烈称作大汗值得怀疑，但有一点是显而易见的，那就是他想通过波罗三人与蒙古帝国的统治者建立外交关系。他答应一旦选出新的教皇，一定会设法通知忽必烈汗。

一切基本就绪后，波罗三人立刻动身前往亚美尼亚的莱亚苏斯港准备返回蒙古帝国。三年前，波罗兄弟也是从这里踏上了回家之路。虽然莱亚苏斯港面积狭小，但马可称："这里云集了来自威尼斯、波斯、热那亚和所有内陆地区的商人，为了方便做生意，商人们在这里兴建了很多货仓。"

就在他们即将动身的时候，这里突然爆发了一场叛乱，马可说："为阻止敌人的围追堵截，成吉思汗的一个孙子命人在沙漠中开挖出很多战壕和地沟，导致多条主要道路被毁。"

这次叛乱将波罗三人困在了莱亚苏斯。就在他们无奈地等候叛乱平息的同时，一位罗马教廷的信使给他们带来一个惊人的消息：1271 年 9 月 1 日，在经过有史以来最长的一次酝酿后，枢机主教们终于选出了新的教皇，而新教皇不是别人，正是他们熟悉的泰奥巴尔多。马可称："兄弟俩听到这个消息后高兴不已。"

信使同时还带来新教皇的命令，让他们返回阿迦。于是，在武装护卫下波罗三人重新回到了阿迦城。这次去阿迦，波罗兄弟可谓收获颇丰，已身为基督教界最高领袖的泰奥巴尔多设宴款待了他们。教皇还仔细考虑了忽必烈提出的心愿，认为这是在蒙古帝国尤其是在整个中原地区传播基督教的一次很好的机会，于是教皇同意派出两位修士与波罗三人同行。

按照马可的叙述："这两位修士是整个主教区最为博学和高尚的人。"他们享有很多特权，而且"在教皇的权力范围之内，这两位修士可以不受限制做很多事，甚至可以像教皇一样任免主教和牧师。教皇还让两位修士带上送给蒙古大汗的水晶、珠宝及其他礼物"。总之，朋友荣升为教皇并因此给他们带来这么多好处对波罗兄弟来说，的确是一件幸事。于是他们满怀憧憬地踏上了东去的征途。

征途总有波折。在途经亚美尼亚时，波罗三人冒犯了当地的首领比巴拉苏丹。比巴拉扬言要监禁三人，两位修士出于安全考虑拒绝再与他们同行，波罗三人已经为此事历经千辛万苦并耗费了大量时间，所以他们是绝不会轻易放弃的。三人一致认为，可以和部落首领通过谈判来解决问题，当然最管用的还是用珠宝贿赂他们。最终，虽然没有了教皇侍卫的陪同，尼科洛、马费奥和马可仍然坚持东进。

1272 年 3 月 27 日，泰奥巴尔多在罗马被正式封为格列高利十世。而此时，为了教廷，为了蒙古帝国和东西方微妙复杂的关系，波罗一行三人正在遥遥无期、风险莫测的旅途当中艰难跋涉。

在基督教徒看来，他们三人在各种极为不利的条件下坚持去东方，无异于踏上了一条不归路。成功的机会微乎其微，如果真能生还绝对是个奇迹。

然而，波罗三人的看法却截然相反。他们深信东方遍地是贸易机会，并且只要做事稳妥就一定会有收益。他们以商人自居，而不是把自己当作基督教的卫道士或者使者。在他们看来，贸易可以冲破一切文化差异和冲突的阻碍，而他们正好可以利用这次机会将自己的想法通过实践来进行检验。如果想法是正确的，那么他们将荣归故里，声名显赫。如果想法错误，他们将从此隐姓埋名，不为人知。

第3章
踏上“丝绸之路”

这里是茂密的森林、绵延起伏的丘陵
还有洒满阳光的、一望无际的大草原

三人已经没有了退路。除了在威尼斯、阿迦和耶路撒冷三地滞留之外，波罗三人丝毫不敢有所懈怠，最后终于到达了亚美尼亚。在马可看来，直至这里他们才算是真正开始了前往蒙古帝国的旅程。让他们感到意外的是，没有了教皇侍卫的招摇和官场上的繁文缛节，他们的行程反倒比以前顺利。

很快，他们又一次陷入困顿中。横亘在三人面前的错综复杂的道路让擅长外交和谈判的尼科洛和马费奥感到手足无措。宗教信仰时代，想完成一次成功的远行必须要事先做好充分的准备，需要丰富的旅行知识，还得凭借一些运气，而且这三者要恰到好处。在以后的几个月里，马可一行遇到了很多困难。

他们原计划使用骆驼和牛，从亚美尼亚南行，如果可能的话，徒步走完绵延数百英里的山路到达位于波斯湾的重要港口城市霍尔木兹，然后从那里乘船跨过霍尔木兹海峡进入印度洋。马可没有透露他们当时是否已有明确目的地，也许他们打算先抵达霍尔木兹，再依照具体情况来确定下一步的行动计划。当时，大多数往来于印度洋的商人会把印度洋西海岸的一些主要港口城市作为他们理想的目的地，所以波罗一行可以从这些城市出发，踏上前往蒙古帝国的艰辛之旅。

事先没有制订清晰的计划的确给他们带来了很大的麻烦。马可发现，亚美尼亚是他们走过的条件最艰苦的地区之一，他甚至想，要是时光能倒流到公元前330年亚历山大大帝统治亚美尼亚地区的时代就好了。马可之所以提到这个年轻的军事统帅，是因为亚历山大在欧亚大陆产生了巨大影响，马可甚至认为他的后裔遍布欧亚各地。通过一些有关亚历山大的传奇故事和虽有出入却非常有趣的英雄事迹，马可慢慢对这位征服者有了更多的了解。当地的人们对他的英雄故事更是耳熟能详，就连住在那里的蒙古人也有他们自己版本的亚历山大传奇故事。

继亚历山大军队之后，穆斯林、土耳其人、埃及的马穆鲁克人及后来欧洲的十字军先后来到亚美尼亚，每次征服都要经过血腥的战争。波罗一行来到亚美尼亚的时候，“这里已经属于忽必烈汗了”。马可写道，“尽管这里的居民都是基督教徒，但他们并不像罗马人那般虔诚。换句话说，他们曾经也是很虔诚的教徒，但现在只能算是在这片‘乐土’上沉醉于享乐的异教徒”。很早以前，亚美尼亚人曾以其勇敢和彬彬有礼而著称，“但是现在他们野蛮、吝啬、好吃懒做，毫无美德可言”。也许在当地人眼里，波罗一行看上去只是初来乍到的三个普通的威尼斯人，也许是因为当时形势比较有利，他们竟然顺利度过了穿越亚美尼亚的那段艰苦岁月。

找寻“世界之舟”

在途经土库曼省，也就是今天的土耳其的时候，马可他们再次经历了在亚美尼亚度过的那种胆战心惊的日子。马可认为，这个地区的居民与他以前所经过地区的人们有很大的差异，所以他和其他欧洲人一样很反感这些人，过了很长时间他才逐渐克服了这种心理。他这样描述当地人的游牧生活："土库曼人不耕种土地，他们一般很少定居下来，过着游牧生活，他们在选择临时居住地时，完全取决于是否有可供放牧的草场，所以他们有时候住在高山上，有时候住在旷野里，他们常年与自己的牧群为伴，身上穿的是兽皮，住的房子也是用毛毡和兽皮做成的。"

马可对这里制作工艺达到很高水平的地毯产生了浓厚的兴趣。每次他赞美这些地毯时就好像是在给读者推销商品，"这里除了绚烂夺目的堪称世界之最的地毯外，还有紫红色的绸缎及其他各种丝绸织品，色彩纷呈，品种繁多"。从他的这些溢美之词可以推断他很渴望做这种可以有高额利润回报的地毯生意，由此也可见，波罗三人对于做生意的兴趣并不亚于旅行。

为了能尽量适应陆地上的生活，马可必须学会适应各种文化和宗教，尤其是在语言、饮食和服饰方面。他惊叹："蒙古人根本不信仰上帝。只要他们对大汗效忠并按期献上贡品，就可以得到大汗的恩惠，做自己想做的事情。"受蒙古帝国统治的任何人，无论他是犹太人、异教徒还是撒拉逊人，也不管他是基督徒还是穆斯林，都可以做自己想做的任何事情。

蒙古人在宗教方面的自由让年轻的马可感到诧异，但是他们对基督教的态度又让他感到困惑。"蒙古人承认耶稣就是上帝，又认为耶稣很傲慢，凌驾于其他神灵之上，不能与其他神灵共存。但有的蒙古人却把金质或银质的耶稣像挂在胸前，认为耶稣是基督教徒最崇高的神。"

马可必须得让自己明白："丝绸之路"不是一个只允许正统教派和单一思维方式存在的地方。

在土库曼，马可听说了有关停靠在亚拉腊山顶的挪亚方舟的故事。马可急切地想找到《圣经》中提到的“世界之舟”的证据，他记得《创世记》上说“第七个月的第七天，挪亚方舟停靠在了亚拉腊山上”。

出于一种虔诚的宗教信仰，马可决定设法找寻这些证据，但结果却令他失望，亚拉腊山上根本不可能有方舟。“从远方似乎可以看到方舟，传说中方舟停靠的那座山太高，而且常年积雪，所以远距离可依稀看到在皑皑白雪中有一个黑色的东西。可一旦靠近它，就什么都看不到了”。实际上，那个从远处依稀可辨的东西可能只是一座结冰的火山岩，随着冰雪的消融时隐时现，但绝不是一条船。

马可在给大家讲述方舟故事的时候，似乎已经没有了最初的那种热情。他暗示亚拉腊山上根本就没有挪亚方舟，至少他没有亲眼看到。如果真有的话，那该多好啊！

商贸云集、宽阔富饶的两河河谷

波罗三人到达位于底格里斯河畔繁华的商业中心摩苏尔后，马可似乎才回到了现实之中。摩苏尔热闹异常的集市，琳琅满目的商品让他开始对沙漠国家有了一些真正的认识。1182 年，蒙古人攻占了摩苏尔，在此之前，这里一直受穆斯林的严格控制。波罗一行到这里的时候，摩苏尔人已经开始信奉包括基督教在内的很多宗教。《旧约》上所说的先知迦南的墓冢就在这里，不过马可并不知道此事。身为商人的马可似乎更熟悉当地产的一种结实耐用且织造细密的原色薄棉布。

在摩苏尔，马可遇到了聂斯托利派教徒。5 世纪，君士坦丁堡大主教宣称耶稣既有人性也有神性，是二者的结合，所以聂斯托利派称之为结合体，按照史学家爱德华·吉本的观点，只有聂斯托利派区分了“上帝耶稣的人性和神性”。尽管事情本身要比吉本所做的这个评价微妙复杂得多，但在马可时代的罗马基督教看来，这一观点无异于异端邪说。聂斯托利派的教义中，玛利亚之所以受人尊敬是因为她是耶稣的母亲而不是上帝的母亲，而罗马方面则坚持“三位一体”或者耶稣基本的两性统一。两种不同观点引发了学者们激烈的争论，但他们争论的焦点是探讨对宗教所涉及的希腊哲学术语的不同解释，而不是两种观点之间的实际差异。而这两种不同观点也正是聂斯托利派和罗马正教之间的永久性分歧。

在巴格达，聂斯托利派创立了教派，其影响范围包括叙利亚、小亚细亚、伊拉克、波斯乃至中国。735 年，聂斯托利派提请唐朝皇帝允许他们在长安（今天的西安）建立教堂。后来这一要求得到获准，于是他们把长安建成聂斯托利派传教中心，在这里给广大信众宣讲《新约》和《旧约》，偶尔他们也会吸收一些汉人或其他民族的人入教。尽管不断受到查禁，但聂斯托利派在中国还是逐渐发展壮大，直到 907 年唐朝灭亡，才被瓦解。

大部分西欧人始终对聂斯托利派这个所谓的“东方教派”无法理解和接受，虽然马可常提及他所遇到的聂斯托利派教徒，但他始终觉得这些人神秘而卑微。坦率地说，就连马可本人也觉得这一教派是异端邪说。

在马可生活的时代，位于摩苏尔东南 220 英里之外的巴格达是聂斯托利派教会所在地。马可谈到巴格达的时候总是一副驾轻就熟的神情，但实际上他很有可能并没有去过那里。为了弥补这一缺失，马可讲述了一个冗长的有关巴格达的穆斯林统治者第 37 代哈里发和一个卑微的基督教鞋匠之间的传奇故事。这个故事明显带有鲁斯蒂谦的用笔痕迹，而且还有一个令人不可思议的结局：哈里发最后竟然改信了基督教。

马可饶有兴趣地讲述了最终落入蒙古人手中的哈里发的悲惨结局，他这次的叙述基本上反映了事情的真相。1255 年（实际上是在 1258 年），成吉思汗的孙子旭烈兀汗发誓要征服巴格达并要将其并入正在迅速扩张的蒙古帝国版图。早在四百多年前，哈里发哈伦·拉西德统治的鼎盛时期过后，巴格达就已经开始走向衰败了，但面对旭烈兀的进攻他们还是强装出一副势不可当、无所畏惧的样子。为了先发制人，哈里发派出使者拜见旭烈兀并警告他："一旦哈里发不幸被杀，整个世界必将陷入混乱，从此太阳不再出现，天上不再下雨，万物停止生长。"

旭烈兀不但不为所动，反而被这些警告所激励，他"决心不动用武力，而要智取哈里发。尽管他手下仅骑兵就有一万多人，但他想给哈里发和他的部下造成一种兵少将寡的印象"。当旭烈兀带着一小部分士兵前来攻城时，"哈里发看到他们这么少的兵力，就根本没当回事"。于是，旭烈兀"假装溃逃诱使哈里发进入了设有蒙古伏兵的丛林，中伏的哈里发军队被一举击溃，哈里发被俘，巴格达城不久也就沦陷了"。蒙古大军冲进城里屠杀了大约八千名巴格达居民，幸好旭烈兀信仰基督教的妻子出面干预，才使得城内的基督教徒幸免于难。

马可讲述了蒙古人处死哈里发的奇特方式，他们将这位穆斯林统治者囚禁在他藏有珍宝的塔中，让他在大堆的奇珍异宝中活活饿死了。而实际上，哈里发死得更为惨烈。

尽管在外人看来蒙古人以野蛮著称，但是"他们并不喜欢看到流血"。他们所谓"不见血"的行刑方式就是在死囚嘴里填满石子和粪便使其窒息而死，但哈里发却受到了虽能保持尊严但更为严酷的刑罚。1258 年 2 月 10 日，他被裹在一个毯子里被马匹踩踏而死。据说，除了他的一个女儿后来给旭烈兀的女眷做了婢女而免于一死外，家中其他人全被处死，无一幸免。

巴格达被蒙古人攻陷后，人口迅速减少到被占领前的十分之一。尽管如此，它依然保持着先前商业和文化中心的地位，尤其是以其做工精美的条纹布、馆藏丰富的图书馆和宽阔富饶的两河河谷而著称，据说，在巴格达城仅公共浴室就有 27000 个。巴格达辉煌的历史及有关哈里发哈伦·拉西德的传说深深吸引着马可·波罗。

在随后的叙述中，马可将关注目标从巴格达转向了大不里士。据称，大不里士是由哈伦·拉西德的妻子建造的，其奢华的宫殿是著名的《一千零一夜》的故事背景。马可·波罗曾亲自到过大不里士，并对这个繁华的商业中心留下了深刻印象，认为这是一座“最宏伟的城市”。马可对大不里士的介绍就好像在为旅行者们编写一本导游手册，他说，“集贸市场上云集了来自印度、巴格达、摩苏尔和霍尔木兹的商品。盛产优质水果的大不里士，是一个非常值得一游的地方，即便是看看周边那些诱人的果园也会让人觉得不虚此行”。

马可对大不里士发达的商业赞赏有加，但一提到当地居民，他显得颇为失望，“这里的人形形色色而且几乎全都一无所长”。生活在大不里士的有亚美尼亚人、聂斯托利派教徒、詹姆士二世的拥护者、格鲁吉亚人还有波斯人，虽然大不里士经济繁荣，但是宗教暴力事件却频频发生。马可说，“这一地区的撒拉逊人阴险狡诈”，甚至让他觉得这里的穆斯林根本不信教。针对大不里士法制混乱的现象，马可说：“穆斯林可以随意处置那些不认可大不里士法律或是偷盗货物的人，而他们自己却不会受到任何责罚。如果穆斯林被基督徒伤害或者致死，甚至会被追认为烈士。”马可说，“鞑靼人和其他国家之所以会借鉴大不里士的法规，可能就是因为这些法律条文对一些不道德行为的宽容”。

大不里士有一个修道院，里面住着一些托钵僧人。马可从着装判断他们应该是属于卡迈尔派的修士，他还特别说明这些修士把大部分时间用于织羊毛巾。做弥撒的时候，修士们会把放在祭坛上的羊毛巾分送给朋友和贵族，他们认为这些羊毛巾可以帮助人们消除痛苦。马可提及此事的时候很自然，似乎对此没有任何质疑。

在大不里士经商的威尼斯人并不多，不过热那亚商人在此却很有名。对热那亚商人和其他亚洲商人来说，大不里士是一个非常重要的甚至可以算是世界上最大的珍珠市场，闻名遐迩的波斯湾珍珠就出自这里。波罗一行发现在大不里士的珍珠市场人们讨价还价时有自己的一套严格的规矩：他们讨价还价绝不大声喧哗，以防成交价格被旁边的人偷听而抢了生意。商人们谈价时，通常是两人面对面盘腿而坐，把手掖在一个布袋里，紧握对方的手指和手腕来描述和讨论货物的质量及成交的数量。这种奇特的谈判方式使旁观者根本无从知道交易的真实情况，此外，货物的价格也会因每笔交易的不同而有所差别。

“富庶的避风港”：霍尔木兹港

离开大不里士，马可一行来到了位于波斯的萨瓦赫，后来又到达以波斯地毯而闻名的科曼。在科曼，马可对伊斯兰教的关注稍稍有所减少，他开始喜欢上了这里宜人的气候和附近山中的绿松石。他对当地人制作骑士装备的高超技艺表示赞赏和钦佩，“马笼头、马鞍、马刺、剑、弓箭、箭囊及各式各样的盔甲”应有尽有。当地人精湛的针线活手艺和宏大的驯鹰场面更让马可着迷。

马可在科曼第一次看到了驯鹰，而且驯鹰成了他日后在亚洲周游时最喜爱的贵族运动。无论在东方还是西方，对任何人来说，驯鹰这项体现力量和优雅的运动都不是轻易能够看到的。马可说，“山中驯养着世界上最好的猎鹰，胸、腹及尾部长着红色的羽毛，飞行速度快而且动作矫健，恐怕其他任何鸟都无法与之匹敌”。年轻的马可扫视苍穹，仔细观赏着一场充分体现人类掠夺行为的空中战斗。

马可没有明确说明他们在波斯逗留期间，究竟何时或者是否真去过《马可·波罗游记》中所描述的地方，他只是会偶尔详细地叙述一下他早期的游览经历。离开波斯王国境内的卡曼尼亚后，展现在他们面前的是一幅辽阔的画卷，马可写道：“离开卡曼尼亚城后，我们穿越了一座需要骑马走七天时间的高原，沿途可以看到很多小镇、村庄和民宅，树林里随处可见各种猎物和松鸡，这段经历让人感到非常愉悦。”不久后，他们面前出现一段“陡坡”，“从这里开始道路突然变得陡峭起来，整段路程需要耗时两天，期间还路过了一个盛产水果的村庄。过去这里是有人家的，但现在却荒无人烟，只有偶尔路过的游牧部落会在此暂住。主要原因是，在卡曼尼亚城和‘陡坡’之间的地区，冬季气候非常恶劣，几乎任何衣物都难以抵御这里的严寒”。

马可还注意到了波斯地区剧烈的地质活动，活跃的地壳运动和活火山给当地带来严重的地质灾难。在位于波斯西北部的阿尔伯兹山上的鲁德巴尔镇，波罗一行才算是找到了一处相对比较安全的环境。拥有辽阔牧场的鲁德巴尔镇是一个商贾云集的地方，牧场上如诗如画般的美景激发了马可的写作潜能，这为他日后成名奠定了坚实的基础。他说:"我想先介绍一下这里的牛，它们体形硕大，非常健壮。由于当地气候炎热，所以牛的体毛短而光滑，且毛白如雪，牛角又短又粗，两条前腿之间有一块两巴掌厚的隆起。它们恐怕是世界上最温顺、最可爱的牛，如果有人让它们驮东西，它们就会像骆驼一样跪下，待装好货物之后才会慢慢起身。这里的羊长得像驴一样大，尤其是尾巴异常肥大，差不多有三十磅（1磅≈0.45千克）重，且肉质肥美。"

就在马可沉浸在怡然自得的波斯乡村生活的时候，他们遇到了“像横行乡间的强盗劫匪一样”的卡闹那斯人。卡闹那斯人以放牧为生，但可怕的是，据说他们擅长施一种魔咒，能把骑马七天所走的路段的白天瞬间变成黑夜。马可说，“这帮歹徒对这一带地形非常熟悉，通常都是乘着夜色，并肩骑行进行抢掠，有时候甚至会出动数万人以极快的速度完成抢劫。所到之处的人、牲畜和货物都是他们打劫的目标”。

波罗一行只好逃往港口城市霍尔木兹，途中他们曾几次邂逅那伙暴徒。马可说:"我敢打赌，就算是圣·马可本人也难以从这帮强盗施法制造的黑暗中逃脱。最后，我们侥幸逃到一个叫卡玛沙尔的小镇，与我们同行的人当中，凡是被那伙强盗抓住的，不是惨遭毒手就是被卖作奴隶。"

马可后来再没有提及这段危险的经历，因为下一站发生的事情更加惊心动魄。

在波斯湾地区，霍尔木兹港一直享有“富庶的避风港”之美誉。波罗一行计划在这里乘船到达印度，然后再继续前往中国。马可说："从印度乘船来到霍尔木兹港的商人带来了各种各样的香料、珍贵的宝石、珍珠、丝织品、黄金、象牙和其他器皿，同时也带来了世界各地不同的风俗习惯。在这个繁华的贸易中心，来自世界各地的商人自由地交易着各自的货物。”

对于漂泊不定的波罗一行来说，在干旱的沙漠中度过了几个月时间之后，突然看到这么多水，一下子勾起了他们对故乡威尼斯和亚得里亚海的美好回忆，同时也唤起了他们的一些灵感。而实际上，霍尔木兹并非外人眼中一个“如宝石般无瑕的地方，一旦有外地客商意外身亡，国王就会下令立即将他所有的财产充公”。这里的气候对于毫无防备的旅行者也是一大潜在威胁，从周围沙漠上突然吹来的风“异常炙热，除非人们预先知道它的到来，并迅速跳进水中让水浸过脖子来躲避炎热，否则肯定会死于非命”。

在霍尔木兹期间，马可听说这种能将人置于死地的“热风”袭击了六千多名士兵（其中包括五千名步兵和一千名骑兵），“他们热得透不过气，最后全部窒息而死，以至于没人能给他们的国王去报个口信”。霍尔木兹人得知这一消息后，决定把所有的尸体掩埋起来以免传染疫病，但“当他们想拽着已经被烤焦的死者的胳膊把尸体移到掩埋地点时，刚一触及死者，胳膊就从尸体上脱落了，无奈之下，他们只能就近挖坑把尸体移到里面进行填埋”。

期盼中准备搭乘的船只让他们大失所望。马可写道：“船只的情况特别糟糕，由于船体只是用棕绳缝在了一起而没有用铁钉固定，所以很多地方已经渗水了。”船上没有一处地方能让他们悬着的心稍稍感到宽慰，“船上仅有一根桅杆，一张帆，一个舵，而且没有甲板，所以一些准备运到印度去卖的马匹就站在用皮革遮盖的货物上面”。马可觉得，只有那些配有双舵、双桅杆并且铺设甲板的船只航行起来才会更加安全。乘坐这种破败不堪的船，一旦遭遇恶劣天气，只能是自找麻烦。马可说，更糟糕的是“他们在造船时，竟然没有使用铁钉而只是用绳子把木头楔子缝合在一起。这样的船在印度洋的大风大浪中航行是非常危险的，随时都有沉没的危险”。此外，四处渗漏的船身竟然没有使用沥青而只是“涂了一种特殊的鱼油”进行防水处理。

看到眼前这种情形，经验丰富的波罗一行断定此行太危险了，想要乘船到印度是绝对不可能的。

于是，他们离开了霍尔木兹返回卡曼尼亚，重新考虑该如何到达中国去见忽必烈汗。他们考虑再三后认为，不能把自己的前途和生命托付给风险未卜的航船，而只能沿着著名的“丝绸之路”，在骆驼沉闷而又稳健的脚步声及驼铃声的陪伴中到达目的地。

驼背上发现了第一个绿洲

他们赶着驴和骆驼向沙漠进发，马可不无担忧地写道，“在这个长达 60 英里的沙漠中，绝大多数时候很难找到饮用水”。波罗一行不仅为自己的生命财产安全担忧，而且也担心与他们在沙漠中相依为命的骆驼和驴的安危。在三天里他们只找到“一些又咸又涩，根本无法下咽的水”，这种水即便勉强喝下去的话，也很危险。因为“哪怕就只是一小口，也会立刻引起严重呕吐。当地水中产的盐也是如此，吃下去一小粒便会导致严重腹泻”。有一次，骆驼和驴实在渴极了就喝了一点水，结果大病一场。

即便如此，他们的驼队依然顽强地在前进。为了驮运货物，更是为了利于生存，马可一行的驼队全是由双峰驼组成的，早在《圣经》时代，双峰驼就已经在“丝绸之路”上陪伴旅行者了。这种骆驼有一高一低两个储存脂肪的驼峰，脖子较长，耳朵不大，牙齿很大而且有些还比较尖利。双峰驼颜色较多，从浅灰色到深褐色都有，很贴近沙漠本身的颜色。

骆驼非常适合在沙漠中生活。它们宽大的偶蹄踩在松软的沙子上时不会下陷，而且骆驼的鼻孔很大，里面长满了绒毛，呼吸时，就像是一个阀门可以防止流沙进入鼻腔。双峰驼非常健壮，身上有一层很厚的毛皮可以保护它们的身体，所以就算让它们睡在坚硬的石子上也不成问题。骆驼可以在没水的情况下行走很多天，如果行程途中能找到植物来补充体力的话，它们坚持的时间还会更久些。

人们很早就发现，骆驼似乎有种奇特的第六感觉可以在沙漠中帮助旅行者。公元3世纪，有位中国作家曾这么描写骆驼："它是一种很奇特的家养动物，背上有一个肉峰，即便走在流沙中也是如履平地。在危险的地方，它们更能发挥优势而且对于水源似乎有种与生俱来的敏感。"

虽然骆驼身上发出的难闻的气味一直让他们难以适应，但马可与父亲和叔叔三人还是慢慢了解了骆驼的生活习性。骑在驼背上时，马可感觉比刚开始时平稳了很多，不会再东倒西歪了。一般情况下，一头健壮的骆驼能驮六百磅重的货物而且每天能走三十英里，所以在沙漠中，没有任何动物能与骆驼匹敌。

在驼背上度过了艰苦的几天之后，筋疲力尽、口干舌燥的旅行家们终于到达了他们行程中的第一个绿洲。

萨普甘城是"一个美丽、富饶、物质充裕的小镇"，只有在这里，马可他们才仿佛看到了生的希望。在干旱的沙漠中，一排排白杨树苍翠的叶子显得特别富有朝气和活力。当地产一种甜瓜，香甜可口，"堪称世界之最"。据马可观察，"当地人会把甜瓜晾干后切成像皮带一样的薄片"，所以人们常年都能吃到甜瓜。

马可他们一直在沿着波斯境内的山区行走，不久就到了一个叫塔诺罕的地方。刚刚步入成年的马可对女性产生了兴趣，他开始用大量的溢美和华丽之词来赞美女性，这点正好和鲁斯蒂谦叙事时的内敛含蓄形成了鲜明对比。马可称塔诺罕的妇女是“世界上最美的女人”，她们令马可意乱神迷。他时时会想起那里的女人，但却未提及当地居民都是虔诚的穆斯林。他甚至一改以往的写作风格，开始大量使用夸张的辞藻，这点足以说明沿途的经历使马可的世界观发生了一些变化。

马可还提到了塔诺罕附近的“干树”。他并没有想专门给读者介绍这棵树的重要意义，但由于“干树”在基督教神话中出现过，而且在亚历山大大帝的传奇故事中，它还代表着一种神奇的力量和不朽的精神，所以马可特地臆想出生长在干旱地区的“干树”，不仅是出于对“干树”的仰慕之情，也是为了表示人类对树或者对大自然的一种原始崇拜。为了表明自己曾亲眼见过“干树”，马可详细地对它进行了描写：“干树长得很高大而且非常茂盛，它的树叶的表面是绿色的，背面却是白色的，结出的果实带有类似于栗子的那种刺，剥开后里面没有果肉，也不好吃。但‘干树’木质非常坚硬，还可以用来制造香脂。”有人认为，上述对“干树”的描写很可能是马可道听途说来的。

不觉之中，马可一行来到了对当地军事首领和统治者构成极大威胁的阿萨辛教派的驻地。阿萨辛派在西欧恶名昭著，原因是他们行刺了后来成为爱德华二世的爱德华王子，致使他身受多处重伤，不得不返回了英格兰。这一事件使这个秘密组织成员从此蒙上了一层恐怖分子的神秘面纱。他们喜欢发动突袭。马可和他的合作者鲁斯蒂谦意识到过多地讲述这些恐怖故事只会给读者蒙上一层心理阴影，因此，在叙事过程中，他们主要侧重于揭示这个邪恶组织的神秘性。

马可说，组织中声名狼藉的刺客都是被称作“老人”的一个神秘人物的追随者，“老人”控制着一个叫阿拉穆特，意为“鹰巢”

的山寨。阿萨辛人的名字源于阿拉伯语，意为“吸食大麻的人”，而这些强盗们行动前正是通过吸食大麻来麻醉自己的神经的。马可还讲述了“老人”是如何用大麻来控制自己的手下让其为自己死心塌地做事的全过程：“‘老人’想要刺杀某个国王或者仇敌前，他先会让四个、十几个甚至二十多个年轻人吸食鸦片，让他们陷入昏睡状态。等睡上三天三夜之后，他就派人把这些年轻人送到一个乐园中，让他们慢慢苏醒。”在到处都是潺潺流动的牛乳和美酒的乐园中，清醒后的年轻人与乐园中的美女歌舞嬉戏，恣意调情取乐，此时他们感觉自己仿佛进入了“天堂”。马可的描述夸大了阿萨辛派所使用的大麻的迷幻作用，因为当时除了阿萨辛教徒，这一地区的人们使用毒品的现象非常普遍。

斗志昂扬的阿萨辛派让周边地区的老百姓闻风丧胆。马可说，“许多国王和君主害怕‘老人’会随时派人刺杀自己，所以纷纷给‘老人’进贡并与他建立一种友好的关系”。这种状况一直持续到1256年，这一年忽必烈汗的兄弟旭烈兀在鹰巢围剿了阿萨辛派。马可说，这是一次长达三年的围剿行动，最终以“那帮危险的匪徒被饿死”而收场。马可自信地说，“现在，‘老人’和他的阿萨辛派已经不复存在了”。严格来说，直到马可时代这一教派的残余势力都还一直隐藏在山中，只不过他们对周边的威胁已经大大减小了，但他们的恶名却常常让人不寒而栗。

通过富于表现力的描述，马可让西方人对阿萨辛派的邪恶与无耻留下了深刻印象。但据他后来承认，这些叙述并不是他的亲身经历而是道听途说来的。而且现实中，这个由哈桑·伊本·萨巴赫于1090年创立的教派，远比马可所知道的要复杂得多。这一教派属于伊斯兰什叶派的伊斯玛仪支派的尼扎里耶派，教徒主要居住在位于里海南部的一个叫阿拉穆特堡的地方。随着教派的不断壮大，他们的影响范围逐步扩大到波斯和叙利亚，其信徒被严格地分为不同等级，其中殉道者和刺客被列为最高等级。有一点马可本人也并不了解，那就是就连穆斯林也认为尼扎里耶派信徒是异教徒，而且出于对他们的恐惧，有时候也会污蔑他们。

在巴尔赫的苦难与希望中穿行

波罗一行惊恐不安地离开那个令人胆战心惊的山寨后，“穿过美丽的峡谷和风景如画的山坡”，到达了一处草木茂盛的平原，这里“绿草如茵、牧草肥美，盛产水果和各种粮食作物”。

他们到达了今天的阿富汗境内。七百年后具有传奇色彩的英国旅行家南希·海奇·杜普雷在她的书中描述了这条通往巴尔干的道路：“在皑皑冬雪的映衬下，那些因为潮湿而发黑的大树的虬枝，会显现出许多不同的图案。随着春天的到来，冰冷的画面逐渐变得温柔起来，随处可见盛开的郁金香和嬉戏玩耍的孩童，竞相怒放的樱桃、李子、梨和杏花在蓝天和偶尔飘过的白云的映衬下越发显得妖娆。进入夏季，山谷里的树木更加葱郁，到处都是一派丰收的景象。飒飒的秋风仿佛在一夜之间就把所有的东西都装扮成了金色、黄色和红色。不久，冬天的脚步又要临近了。”书中描述的这番如画的美景此时正好进入了波罗一行的眼帘。

他们在这个风景如画的、遍布着穆斯林村庄和城镇的山谷中走了六天。

他们的下一站是巴尔赫城（也称大夏），是阿富汗一个战事频发的著名的大都会。正如马可言：“这是一座高贵而宏伟的城市，也是我们一路经过的地区中最大和最漂亮的城市。”

一般人们认为，公元前628年，先知琐罗亚斯德就出生在巴尔赫。琐罗亚斯德创立了琐罗亚斯德教（即拜火教），这一教派结合了人们对火的崇拜和对超自然力量的信仰，相信神灵和他们的身体都在火神庙里燃烧着永恒的火焰。琐罗亚斯德教派在世界上传播范围很广，影响深远。据说，这位先知 77 岁时在巴尔赫举行的一次拜火仪式上，被一个流浪汉谋杀。再后来，阿拉伯人侵占巴尔赫后，带来了他们信奉的伊斯兰教，并把这里誉为“母亲城”加以保护。马可说，“蒙古人入侵巴尔赫后，却疯狂地对它进行了破坏”。马可这里所指的是“1220 年，成吉思汗率领十万骑兵侵袭巴尔赫城并很快将其夷为平地”这件事。

蒙古大军的手段极为野蛮和残忍。根据 13 世纪波斯史学家诸瓦尼的描述：成吉思汗“将巴尔赫全城的男女老少驱赶到一块平地上，按蒙古人的习惯将他们分成百人或千人一组，然后全部刺死”。进入巴尔赫城后，他又下令“杀死那些躲藏起来的幸存者，推倒城内所有的断壁残垣，同时还毁掉了所有的文化遗迹”。

对蒙古人来说，这些野蛮残忍的做法是他们奠定帝国根基所采取的必要手段，而对那些受害者来说，蒙古人发动的侵略战争，则是一场没有尽头的浩劫。诸瓦尼接着说，“这次大屠杀之后，巴尔赫城彻底变为了废墟，绝大部分居民死于非命，死者的遗骨变为了尘埃，即便是昔日的有权有势者也从此家道中落，流离失所”。作为伊斯兰教城市巴米扬门户的巴尔赫城遭到这次毁灭性破坏后，人们便称其为“喧闹之城”“沉默之城”“哭泣之城”甚至是“诅咒之城”。虽然巴尔赫是通往“丝绸之路”和中国财富的必经之路，但它始终没能从这次大屠杀中恢复元气。

在巴尔赫，马可常常能感受到一种无言的痛苦。他仿佛听到了曾一度享受繁华的受害者们的哭泣声，同时他也能想象得出这里被残忍的入侵者践踏之前的那种文明盛况。所以当马可沿着巴尔赫早期的入侵者亚历山大大帝统帅的大军的足迹继续赶路时，不禁对他多了几分欣赏。马可认为，这一地区蓝眼睛的居民都是亚历山大士兵的后裔（虽然士兵们未必是蓝眼睛），而且当地的羊和马也有亚历山大大帝军队马匹和羊的血统。据说，亚历山大大帝的坐骑布西法拉斯就是漫步在当地崇山峻岭间的所有马匹的祖先。

马可被亚历山大超凡的经历所激励，年轻的将军可以在这些危险地带生活并应对自如，那么他也应该可以。当然波罗他们只是商人而不是征战者，不过有一点是相似的，那就是在通往寻求财富的道路上，他们都面临着很多的困难。波罗一行就像是穿行在充满了暴力和杀戮的历史行程中的一支找寻巨额财富的军队。

第4章
惊魂阿富汗

溪水潺潺的花园里，
到处都弥散着香息树的幽香……

在塔伊罕（现阿富汗塔里堪省），波罗一行终于找到了他们一直在苦苦寻找的财富。他们在当地发现了一种珍贵的商品——盐，更确切地说，是一座用铁镐才能撬开的坚固无比的“世界上最优质的”盐山。

盐在当时不仅被当作一种流通货币（它曾是罗马士兵的军饷）和储备物资，更是一种刺激古代和中世纪经济发展的动力。

塔伊罕商人把周围风景迷人的果园和田野里出产的杏仁、阿月浑子（开心果）和玉米拿到市场上出售，波罗一行对这些非常感兴趣，他们打算留下来在当地做生意。

令马可难以容忍的是，这里“窃贼、强盗和杀人犯”横行，马可说：“这些人成天泡在酒馆里酗酒，在酒精的刺激下无恶不作。”当然，对他们狩猎时表现出的勇敢，马可很是钦佩：“在围捕豪猪时，猎人会先放出凶猛的猎狗去追赶逃跑的豪猪，豪猪边跑边晃动身上的刺来袭击猎人和猎狗。大多数情况下，虽然猎狗会多处受伤，但聪明勇敢的猎人总能设法成功将猎物捕获”。

不久后，马可和父亲、叔叔再次踏上了新的旅途。

欧洲传教士

在那个时代，包括波罗三人在内的任何人都还不会说自己要取道“丝绸之路”，因为当时“丝绸之路”之说还不成立。所有经营珠宝、香料、丝绸及其他织物的商人都是通过那些年代久远的羊肠小道、山间小路和隘口往来于中亚和中国之间，在途中他们还时常能邂逅到传教的僧人和教士。直到 1877 年，德国地理学家费迪南·冯·李希霍芬男爵才将这些沟通中亚和中国的交通路线命名为“丝绸之路”。尽管这一名称让听者联想到的是浪漫、柔情与奢华，但实际上，“丝绸之路”完全是人们为了寻找财富、发动战争和谋求生路而踏上的一条充满艰辛和危险的路。

“丝绸之路”从中亚一直延伸至东方的中国（其实没人能说得清楚它究竟是从哪里开始的），途中有部分路段向南从印度境内穿过。而波罗一行差不多是从“丝绸之路”的最西端开始了他们的东方之旅。和其他商人们一样，最初他们加入了一个商队，而且很快就越来越依赖沿途为过往商队提供住宿和马厩的客栈。

这些客栈通常建在河边或沙漠绿洲上的村庄里，村庄里的清真寺会给投宿者们一种安全感。客栈的围墙底部有通风孔，顶部开有小窗，投宿者从一个骆驼和其他牲畜都能通行的大门进入客栈，一般到了夜间，为了安全这道门会用铁链锁起来。客栈入口处常会有位侍者，负责给客人端饭送水并维持院墙内的秩序。客人一走进院内，就可以看到铺着小石子的水池周围卧着很多拴在走廊上的骆驼和驴，走廊边上是货仓和马厩。四四方方的院子里的一个角落里炊烟袅袅，不时散发出饭菜的香味，客房一般设在二楼，楼下则是客商们拴牲口的马厩。

在阿富汗，“商队客栈”这个词最早是指拴马的缰绳。波罗一行在阿富汗境内遇到了很多这样的客栈，而且各个客栈彼此间相距不是很远，一般不会超过二十英里，差不多走一天就能到达下一站。商人们的驼队由训练有素的骆驼和驴组成，驴一般走在骆驼前面，尾巴和骆驼的头绑在一起，骑手通常骑在第一头骆驼上。商人们就靠着这些简单而实用的办法常年跋涉在穿越亚洲的绵延数万里的艰苦旅途中。

在马可之前，“丝绸之路”上已经走过了一代又一代的蒙古人、土耳其人、阿拉伯人、雇佣军及僧侣，所以马可他们既不是“丝绸之路”最早的旅行者，也不是最早记录下亚洲之旅的西方人。早在一百多年前，本杰明·图德拉和纳瓦尔的犹太教教士就已经撰写了亚洲游记。本杰明曾记录了众多当地的官员、商人和其他人物，此外他还描写了巴塞罗那和君士坦丁堡、巴格达及亚洲其他一些城市之间的商业贸易情况。

本杰明编写的《游记》涉及1160年至1173年间发生的事，收录了有关巴勒斯坦、底比斯、安提俄克、提尔和帕纳萨斯山的一些很有价值的资料。他还记录了犹太商人、染工、造船工、农民和劳工，以及复杂的犹太教派活动仪式，并且提到了波斯的伪弥赛亚和神秘主义者大卫·阿尔罗伊。本杰明凭借这本游记迅速出名，他的书中总共记录了整个犹太教徒居住区的248位教区领袖。

好奇心使本杰明对后来让马可·波罗感到震惊的阿萨辛派非常崇拜。他在谈到阿萨辛教派教主时说：“对教主所提出的要求，教徒们哪怕赴汤蹈火也会完成。”他的这番话被后来马可的叙述所证实。

本杰明并没有像后来的商人们那样深入亚洲腹地。他最远到过巴格达，然后取道西西里安全返回了西班牙，一路上经历了很多奇闻趣事。虽然他很了不起，但在欧洲除了少数犹太人，他和助手用希伯来语完成的这部游记并没有太多的读者，所以这本书直到 1543 年才首次正式出版，17 世纪时被译为其他文字发行。

据说，基督教领袖祭司王约翰一直控制着欧洲，并曾在亚洲或非洲建立了富庶的帝国，虽然流传着很多类似的说法，但并没有人知道那个帝国究竟在哪里，而基督教会也一直想和祭司王联手对付居住在海湾地区的无宗教信仰者。虽然后来证实，祭司王约翰只是个假想人物，但其影响力非常大，正是他激励着基督教教士们走上了赶赴东方的朝圣之路。1253 年起，教皇发布了一系列敕令，准予亚洲传教士们拥有比欧洲教士更大的宗教权力，他们可以与异教徒对峙，驳斥宗教分裂论者，规劝无宗教信仰者信奉基督教。换句话说，就是允许他们采取一切手段，设法让那些不了解罗马教会或者其他宗教信仰者成为基督教徒。

最早来到中国传教的是设在科隆的天主教方济各会的传教士乔瓦尼·迪皮安·德尔·卡尔皮尼，他来中国时所走的路线基本上和波罗一行后来的行程一样。方济各会修道士和佛教徒相似，恪守清贫的生活，只潜心于福音布道，所以他们能很快适应“丝绸之路”上的艰苦生活。

1254 年，卡尔皮尼和另外一位方济各会的教士贝内迪克特·波伦带着教皇英诺森四世的书信，历尽千辛万苦来到了位于蒙古帝国以西的第聂伯河的一个港口，然后又辗转到达伏尔加河下游的另外一个蒙古外港。他们承受着巨大的屈辱，答应了或者说被迫屈从了蒙古人提出的举行斋戒仪式的要求，甚至还被燃烧的烈火炙烤。

因为两位教士必须等人把教皇的文书从拉丁文翻译成俄语、阿拉伯语和蒙古语，所以这期间他们只能靠用雪水煮的小米粥为生，结果差点被活活饿死。他们没料到事情会弄到如此地步，但他们也许并不了解蒙古人其实非常尊重圣人，一旦他们的教士身份能得以确认，很快就能被放行。

两位教士前方将是一段长达 3 000 多英里的穿越蒙古大草原和干旱沙漠的艰苦旅程。15 个月后，当他们终于到达蒙古都城哈拉和林时，正值大汗贵由即将继位。贵由接待了两位西方教士，在得知他们肩负着传播基督教的使命后，贵由告诉他们除非教皇和欧洲所有世俗君主都能来哈拉和林宣布效忠于他，他才会接受基督教。用新大汗本人的话来说："所有的国王必须亲自来拜见我，以此证明他们的诚意和忠心。如果他们不顾神的旨意而违背我的命令，那么蒙古人就会将所有承认自己是上帝之子的人视为敌人，并将其灭亡。"贵由的这番话令两位不辞辛苦来到蒙古的教士感到沮丧和失望。

1246 年 11 月，两位教士带着令英诺森四世失望的消息，冒着刺骨的暴风雪踏上了回乡的旅程。虽然此行并没完成预期目标，但不可否认，这是一次了不起的探险之旅。卡尔皮尼被认为是公元 900 年后，第一位东行到达巴格达并成功走出亚洲的人迹罕至之地，最终安全返回欧洲的西方人。

卡尔皮尼撰写了第一本综合描写蒙古人生活的著作《蒙古史》，也有人将其称为《鞑靼史》。与马可富于戏剧性变化和夸张的叙事方式不同，卡尔皮尼的作品以简洁明了见长。此书前八章主要介绍蒙古的国家、气候、礼仪、宗教、人物、历史、政策和军事战略方面的内容，第九章介绍了卡尔皮尼沿途经过的一些地方的情况。卡尔皮尼笔下的蒙古人是一个不同凡响且足智多谋的民族，他的描述有助于西方读者更真实地认识和理解蒙古人。

卡尔皮尼详细描述了蒙古人有些奇特但很高贵的相貌，他认为，单从其长相来看，就注定他们会统治整个亚洲甚至欧洲。"从外表来看，鞑靼人的长相确实与众不同，他们眼睛细长，眼角上挑，而且眼睛之间的距离很宽。鼻子很小巧且鼻梁低，颧骨凸出。几乎所有人都是中等身材，除了少数人外，绝大部分人长得都比较匀称。男子的胡须不太浓密，他们似乎没有蓄须和修剪胡须的习惯。”

卡尔皮尼对蒙古人极有特色的“秃顶”做了细致的描述：“按照风俗，他们头顶只留一搭约两指宽的头发，两侧除留下三指宽度的两搭头发外，其余头发全部要剃光。头顶的这搭头发通常留至眉毛处，而且中间短，两侧较长。两侧的头发留得很长，而且像女人一样编成辫子垂于耳边。”

卡尔皮尼还详细描写了蒙古人的着装：已婚妇女都身着紧身束腰长袍，她们头上戴着用树枝或者树皮做骨架的镶有头饰的圆形帽子，表面用粗麻布、丝绒或者锦缎经过包裱，边上有一根长而柔软的金银打制的甚至是木头或羽毛做成的藤条一直垂到肩头。通过帽子可以识别蒙古女子的身份，而且如果女人不戴帽子的话，是不允许抛头露面的。

卡尔皮尼发现，虽然有的蒙古男人可能会有多达五十甚至一百个老婆，但他对蒙古女子的贞烈及蒙古人总体所表现出的真诚赞赏有加。在论及蒙古人对萨满教的狂热时，他不但没有表示担心，反而也充满了兴趣。蒙古人似乎没有“下地狱”的概念，但他们却相信有“来生”，而且相信每个人的“来生”和目前的生活环境会完全一致。

卡尔皮尼还特别提醒旅行者要注意“丝绸之路”上极端严酷的气候，“那里的天气说变就变。即便是在仲夏时节，也许某个地方酷热难当，雷电交加，但在另一个地方很可能正狂风肆虐，大雪纷飞”，更糟的是，“骤然刮起的狂风会增加旅行者骑马的难度”。

他所描述的这些情况正是马可远赴中国的长途跋涉中将要面临的一切。

卡尔皮尼把在个人观察和亲身经历的基础上收集到的资料写成手稿在欧洲广为流传。他收集的这些珍贵资料后来被文森特·博韦撰写的《世界镜鉴》收录,《世界镜鉴》是中世纪一部百科全书式的著作。

从结构和涉及的内容及范围来看，卡尔皮尼的《蒙古史》要早于马可·波罗的《游记》。尽管马可来中国前并没有读到过卡尔皮尼的手稿，但有迹象表明，马可在撰写自己的经历时似乎已经对卡尔皮尼的叙述了然于胸，并且从中汲取了一些有价值的线索，因此相比之下，马可的内容显得更加详尽。和卡尔皮尼相同的是，马可也从不同侧面对蒙古人的生活进行了描述，他希望把这个强大的民族进行更加人性化的展示。与那位本分而又含蓄的方济各会修士相比，马可性格张扬，好冲动，他对蒙古人的描写更具人性化，除了不吝笔墨对他们大加赞扬外，还融入了很多自己的切身感受和体验。

受卡尔皮尼的影响，其他的旅行者们也纷纷取道“丝绸之路”远赴东方，并在返回后记录下各自的所见所闻。

两位方济各会修士威廉·鲁不鲁乞教士和巴塞洛缪·克雷莫纳带着一个从君士坦丁堡买来的奴隶、一个翻译和几辆适合穿越蒙古沙漠的牛车出发了。威廉生动描述了远赴东方旅行的勇士们沿途所遇到的一些不可思议的事情和他们艰难的处境，他说:“当我们身处这些异乡人当中时，完全步入了另外一个世界。”

他和同伴们能够忍受旅途中饥渴的折磨和寂寞的煎熬，但他说:“我们却无法承受在聚居地所遭受的不幸，我无法形容我们到达后的那种惨状。”

在威廉看来，蒙古人最感兴趣的似乎是成天饮酒作乐，而不是传闻中的迫害基督徒，他们是有人性的，而并非此前欧洲人所认为的野蛮人。威廉对蒙古女子的妆容做了详细描述，他这样描写一位部落首领的妻子："她的鼻子好像被削掉了一块似的，鼻头上翻，犹如狮鼻，上面涂着黑色的油脂，眉毛也涂得很黑，我们觉得她的样子有些吓人。"他还介绍了蒙古人的婚姻状况，"男人可以随便娶很多妻子，也可以把家中的女仆纳为小妾"。蒙古女子一到婚嫁年龄，她的父亲甚至会协助求婚者娶走自己的女儿。

西方学者、贵族和教士们对威廉的这些记叙非常感兴趣，欧洲人眼中的蒙古人形象发生了变化：他们安居乐业与自然环境和谐相处，对待外来者宽厚仁慈而且尊重其他宗教信仰。（这与所谓的"文明的欧洲人"多么不同啊！）事实证明，蒙古人的各种情况远比早先卡尔皮尼的描述要复杂得多。

上帝与佛

为了能见到传说中信奉基督教的大汗，威廉克服了"丝绸之路"上的种种艰辛。和卡尔皮尼一样，最艰难的时候他也只能喝凉粥度日，偶尔才能补充点没有化冻的生肉。威廉终于到达了哈拉和林，这里简直像个小村庄，还没有巴黎城外的圣丹尼斯大（法国国王王宫所在地）。哈拉和林的居民不仅有蒙古族，还有其他民族，威廉写道，"哈拉和林被分为两个区域：大多数集市设在撒拉逊人（穆斯林）居住区，因为皇宫在这个区，所以鞑靼人也聚居在这里。另一区的居民主要是汉人，他们大多都是手工艺人。城里有十二座庙宇，里面供奉着不同宗教信仰的神灵，有两座清真寺，城郊还有一座基督教堂"。哈拉和林是一个繁忙的对外交流中心，不仅要接待教皇的使节，而且还要接待那些不畏艰辛穿过亚洲和东欧严寒地带来到蒙古国的各个君主、苏丹和国王的使团。

尽管哈拉和林有宗教多样性的氛围，而且蒙古人对宗教信仰非常宽容，但威廉只为六个人施了洗礼。在这个遥远的国度，威廉似乎丧失了宣扬神学的能力，因为这里的宗教信仰与他所熟悉的神学是有出入的。威廉曾遇到过一个“手上画着一个十字架的人”，他本想把此人当作基督徒，“因为他能像真正的基督徒那样回答威廉提出的问题”，但最终威廉修士还是认定此人并不是正统的基督徒，因为在教义方面，这些所谓的基督徒从一开始就没有得到正确的引导。

有一天，威廉·鲁不鲁乞偶然来到了哈拉和林的一个寺庙，他说，“寺庙里会按照每个人的能力和地位，热情友好地接待所有信徒”，庙里的宗教氛围深深吸引了他。“这里的佛教寺庙一般为东西走向，佛堂坐北朝南。如果整座庙宇是正方形的，那么佛堂或诵经的地方要建在庙宇的中间。佛堂里面摆着一张又大又长的案子，案上摆放着蜡烛和供品。案子后面是朝南而立的主佛像，通常主佛周围还有一些地位较低的佛像，而且所有佛像都是鎏金的。寺庙里还有一口和教堂里差不多大的大钟。”

威廉修士和后来的马可一样,对佛教僧人非常感兴趣。威廉说：“所有僧人都是光头而且也不留胡须，他们身穿橙黄色的袍子，通常一个寺庙里会有一两百名剃度僧人。诵经的时候，僧人们手拿经书坐在长凳上，有时候也会把经书放到凳子上，边上的人几乎听不到他们的声音。僧人们个个神情专注，我曾想让他们回答我的问题，但始终没人理睬我。”

佛教经文很有感染力和说服力，“僧人们诵读的经文一般都是从右到左竖写在纸上，所以僧人们会一边诵读，一边把经卷从左向右卷起来，经卷一般都比较短小，这座寺庙中似乎藏有很多这种纸质的经卷”。

细心的威廉还观察到了不同类型的书面文字，“汉人使用的是和画笔一样的笔，由好几部分构成的一个简单图形就代表一个字。西藏人和我们一样，按从左到右的顺序来写，而且他们的文字看上去也和我们的字比较相似。西夏回鹘人写字时和阿拉伯人差不多，是从右到左、从下到上”。

威廉提到当时蒙古人使用的货币印在“巴掌大小的棉质纸上”，他比马可·波罗提到纸币早了几十年。蒙古人这种比西方先进得多的贸易制度，让当时的欧洲人始终无法理解。

威廉还与佛教徒进行了一场有关神学方面的激烈辩论，辩论的结果让他对佛教更加不能理解。他问到：“你们相信上帝吗？”佛教徒的回答让修士感到困惑，“是的，我们相信世间只有一个上帝。”这并不是威廉想要的答案，他原想从这些异教徒口中听到对佛教的崇拜。

他又追问：“你们认为上帝是有肉身的呢？或者只是一种精神？”

答曰：“上帝是一种精神。”

威廉确信这不过是种托词，于是进一步追问原因，如果他们认为佛也是种精神的话，为什么还要造这么多的塑像来代表他。为此，他又提问：“既然你们认为佛不是人，是没有肉身的，那你们又为何让它的形象与人如此相似呢？”

僧人答复威廉：“不，是你搞错了。这些形象并不代表佛本身，而是有钱人去世之后，亲属为了纪念他们而做的塑像，因为我们同样很尊重死去的人。”

威廉轻蔑地说：“那么你们这么做，仅仅是出于友情或者献媚于他人？”

答："不，我们只是为了纪念死者。"话音刚落，僧人们一怒之下掀翻了桌子。"那么你说的上帝又究竟在哪里？"他们问威廉。

威廉反唇相讥："你们的灵魂在哪里？"僧人们回答说他们的灵魂就在躯体里。

威廉开始了他的长篇大论："难道灵魂不是遍布你的身体，支配着你的整个身体，而你根本看不见它吗？所以，上帝也是无所不在的，他充满了学识和智慧，掌控着世间万物，只是我们根本看不到他而已。"

就在威廉准备开始切入主题的时候，他的翻译"累了"，于是这场辩论戛然而止。

成吉思汗的孙子蒙哥汗对宗教的理解缓解了哈拉和林严冬的寒意，他解释说，上帝让每个人的手上长五个指头，就表明上帝想让不同的民族有不同的宗教信仰。蒙古人意识中的这种宗教信仰自由的观念，对作为基督教修士的威廉提出了挑战，他无法否认蒙哥汗的这一观点对自己很有吸引力。

在与威廉进行了一番有趣的对话后，蒙哥汗表达了"自己想有所保留地与西方基督教国家建立外交关系，并希望双方能进行对话"的愿望："如果你们能听命于我们并派出使节前来觐见，我们就能判断出你们究竟是想要战争还是和平。"

威廉没有把蒙哥汗的这番话带回去，从1253年到1255年，他花了两年时间总算让自己此行有了收获。正是他的出现才使蒙古人从此不仅对西方宗教，而且对西方贸易也产生了浓厚的兴趣。

随着旅行和探险活动的深入以及事后人们所做的各种记叙的增多，欧洲人觉得自己生活的这个世界并不像事先所想象的那样"越来越小，易于驾驭，相反却变得越来越大，越来越混乱了"。所有探险家和旅行家都谈到了漫漫旅途中遇到的不堪忍受的艰难困苦，以及沿途各个国家和地区在文化、语言、风俗及宗教等方面存在的难以调和的差异。本杰明·图德拉、乔瓦尼·迪皮安·德尔·卡尔皮尼和威廉·鲁不鲁乞笔下所反映的就是欧洲之外一个复杂混乱、充满危险而又相互融合的世界。

马可·波罗成了瘾君子

与前人的叙述相比，我们不难看出《马可·波罗游记》的重要意义。早期前人所做的都是单向且平铺直叙的评论，而马可将事实与想象、个人经历与传说巧妙地糅合在一起，在如实记录所到之处的人和事的过程中，他还做了夸大和渲染，这使得他的记叙更加生动有趣。

到达阿富汗东北部偏远的巴达赫尚省之前，马可一直痴迷于国王叙事诗中的描述，巴达赫尚省是古老的大夏王国的一部分。随着真正意义上的东方之旅的开始，马可不达目的誓不罢休的性格再次得到了体现。

阿富汗向北延伸到突厥斯坦，东北到有蒙古人居住的中国，南到印度次大陆，西至波斯。作为一个多种文化、语言和宗教的交汇点，阿富汗逐渐发展成为东西方贸易中心和交通枢纽。无论在阿富汗干旱的平原、繁茂的谷地还是终年白雪皑皑的高山上，到处都留下了像波罗这样的商人们的足迹。

阿富汗境内四通八达的道路也引起了侵略者的兴趣，数百年来，所有侵略者都想把阿富汗变成战场，这里曾一度落入塞琉古人、白匈奴人和土耳其人手中。成吉思汗指挥的蒙古大军攻占阿富汗后，才结束了土耳其人对这里从 6 世纪起就开始的统治。

蒙古人对阿富汗基础设施的破坏达到了史无前例的地步。蒙古大军人数众多，往往一支六七万骑兵的队伍会突然出现在他们想要攻打的地区。蒙古骑兵个个身手不凡，在全速飞奔的马背上，一分钟之内可以向前后射出六支箭。1220 年的一场战役中，成吉思汗闯进一座清真寺，亲手杀死了在里面躲避战乱的百姓，甚至还下令用装《古兰经》的箱子盛放战马的草料。蒙古军还破坏了当地的灌溉系统，把原本肥沃的良田变成了后来的旅行者所看到的不毛之地，他们凭借武力和绝对的军事优势，把自己变成了这片土地的主人。蒙古帝国的快速扩张让所有人都意识到，与蒙古人为敌只能是自取灭亡。

年轻的马可对“丝绸之路”之行的记叙从另一个角度反映出他和家人面对恶劣环境时的软弱与无奈，教皇的书信可以在基督教区保护他们，但不能免却途中遇到的劫匪和宗教狂人对他们的威胁。马可从未提及他们是否随身带有防卫武器，他也没有提到是否采取了什么特别的措施使他们免于饥饿、疾病或者歹徒的侵袭和伤害。干旱、沙尘暴、疾病、杀气腾腾的盗贼、心怀叵测的竞争对手、闻风而来的劫匪、有毒的泉水、毒虫蛇蝎咬伤、各种寄生虫和突如其来的暴风雪和雷电等，任何看似普通的事都足以让他们前功尽弃。

虽然要面对诸多的困难和危险，但是波罗一行还是有自己的优势。一方面，老波罗兄弟以前曾走过这条路；另一方面，三个威尼斯人并不孤单。因为在“丝绸之路”上，无论他们走到哪里都能遇到其他来自各地的商人和包括聂斯托利教派的基督教徒在内的一些神职人员和佛教徒，虽然它叫“丝绸之路”，但从这条路上输送的绝不仅仅只是丝绸。波罗一行沿途遇到了很多小业主和客栈老板，他们为那些天不亮就得冒着严寒动身赶路的旅行者们提供了便利的食宿。

马可一行骑着骆驼走了三天才穿过了一片很荒凉的地区，这里“除了能给马找到足够的草料和水以外，找不到可以供人住宿的地方，也没有任何可吃的食物”。马可说“这是一个有十二天路程的穆斯林聚居区”。马可认为，巴达赫尚的统治者都是亚历山大大帝和他的妻子波斯国王大流士女儿的后裔。

几百年前马可·波罗看到的巴达赫尚和现在一样，是沙漠中的一片绿洲。经过几周的旅途劳顿到达这里后，马可一行一下子感觉好像来到了“一个能为筋疲力尽的旅行者提供休闲娱乐”的庇护所。不久，马可就发现这个城市的财富和知名度更多的是由于这里出产的红宝石，而不是有关亚历山大大帝的种种传说。“红宝石产在深山的岩石里，所以开采起来非常困难，就在当地人费尽心思在山中钻洞探寻红宝石时，同时发现了金矿和银矿。”按照马可的说法，国王曾亲自下令挖掘红宝石，并将整个宝石矿据为己有，一旦发现有人未经允许擅自偷采，就会被处死。马可说:“国王这么做纯粹是为了保证红宝石的价值，来维护自身利益。因为随意开采势必会使红宝石由于数量的激增而导致贬值，国王从中便无利可图了。”对于其他矿物，如蓝宝石、白银、铜、黄金和铅矿，国王也采取同样的限制政策。虽然马可没有明确指出，但他的父亲和叔叔很有可能与国王的手下用他们带来的黄金做过宝石交易。然后，他们把换来的宝石缝在袍子的褶边里，无论白天黑夜都贴身带着。骆驼需要水和草来生存，像波罗这样的商人们则需要宝石才能大发横财。

年轻的马可又被巴达赫尚彪悍的骏马所吸引，这些马甚至不用钉马掌就可以在路上飞跑。“崎岖难行的山路也不会伤及它的蹄子，所以它们可以驰骋在其他牲畜无法到达甚至不敢到达的地方。”马可还讲了一个故事：很久以前，这个地区所有的马都“长着角，而且由于当地的牝马怀了亚历山大大帝战马的种，所以生下的马驹额头上都有一个标记。但后来，由于掌管种马的皇叔拒绝给自己的皇帝侄子提供马匹而被处死，他的遗孀盛怒之下，杀死了所有的种马，从此这种马就绝种了”。

在巴达赫尚，马可看到了天空中翱翔的鹰隼，田野里种着各种农作物，掩映在崇山峻岭之间的城镇就好像一座座堡垒，在周围峭壁悬崖的映衬下，一切都显得那么矮小。

当马可满心欢喜地沉浸在迷人的自然风光中时，不幸突然降临到他身上。对此他很少提及，“由于突然患病，他不得不在这里逗留了差不多一年时间。后来有人建议他到高山上去休养，不久身体果然康复了”。虽然只有寥寥数语，却暗示着马可经历了一场浩劫。

有人猜测马可感染了疟疾，但这种可能性并不大，因为当地海拔高，根本不可能有携带疟疾病菌的蚊子。也有一种可能是他得了梅毒或者是出现了严重的精神问题，不过最有可能的就是他得了肺结核。马可孩提时代，肺结核在欧洲曾盛行一时，而且这种病有较长一段时间的潜伏期，如果他当时就已经被感染了，那么艰苦的长途旅行会诱使病情发作。很可能由于他当时发高烧、咳嗽，便使用鸦片进行治疗。康复以后，他对鸦片可能上瘾了。

在马可生活的年代，巴达赫尚还是阿富汗最主要的罂粟产地，而且至今阿富汗都是世界上主要的鸦片生产地之一。马可看到的田野里盛开的鲜花就是罂粟，但他可能从没想到它就是罪恶之花，在这个年轻小伙子的眼里，这些在微风中轻轻舞动的色彩艳丽的花朵应该不会对人产生任何害处。而事实上只要使用得当，它们的确无害，罂粟小小的黑色种子可以用作烹饪作料，其特有的类似坚果的香味能使各种食物更加可口。

为了治病或者仅仅是为了试一下鸦片治疗肺结核的效果，马可开始吸食鸦片，准确来说，是开始吸食鸦片膏。他之所以在阿富汗逗留时间较长的一种解释是：由于康复期他对鸦片上瘾，他必须留下来戒除毒瘾。戒毒期间将会出现一系列不良反应，如恶心、出汗、抽搐、呕吐、腹泻、抑郁、食欲减退、焦虑及情绪波动等，所以这是一个漫长而痛苦的过程。

万幸的是，阿富汗的高山对他的健康极为有利。马可感叹："山顶上的空气特别清新，在此居住非常有益健康。居住在附近城市和平原峡谷中的人，一旦不幸染上热病，家人会赶紧把他送上山，病人一般在山上住两三天后，就会很快痊愈。"

马可的这种说法是有科学的医学解释的，一直以来，高海拔和清新的空气被认为是辅助治疗肺结核的有效方法之一。因为高山上的空气含氧量低，会在某种程度上抑制病菌的生长，而且高海拔区充足的光照能加速人体内维生素 D 的合成，而维生素 D 又可以进一步破坏病原体。阿富汗高山生活使马可很快摆脱了肺结核的折磨，但遗憾的是，这个年轻人从此成了瘾君子。

无论马可在阿富汗期间发生了什么事，当他离开这里时，他已经成长为一名经验丰富的旅行家，能够自如应对"丝绸之路"上和今后生活中可能遇到的各种困难和危险了。

第5章 西域之旅

哦！富有传奇色彩的深渊
横亘在阴郁的苍松之间
宛若一片荒原！

阿富汗的延误使波罗他们的行程比原计划整整滞后了一年。1273年，他们离开出发地两年之后，才开始了真正意义上的中国之行。

马可身体康复之后，他们继续沿着“丝绸之路”到了一处海拔更高的地方，这里到处都是一种被称为“盘羊”的野羊，马可说：“盘羊喜欢群居，通常一群有四五百只甚至六百多只。虽然遭到人们的不断猎杀，但盘羊的数量并没有明显减少。”后来，人们也称盘羊为“马可·波罗羊”，很受当地猎户的青睐。提到当地的猎人，马可说，“他们是优秀的弓箭手，由于当地衣料稀少且价格昂贵，所以大部分人都穿兽皮，只有权贵之家的女子才能穿得起布衣服”。

当地女性的着装引起了马可的注意。经过一番仔细观察，他做了如下描述：“女人们穿着用棉布或丝绸做的类似于裤子的衣服，长及脚面，看上去和男装差不多。她们喜欢身上带着麝香，‘裤子’里面是用亚麻或棉布做成的缠带，层层叠叠地把她们缠了起来，有人使用的缠带甚至长达100埃尔（相当于114.3厘米）。”

可能是山里的肥羊使当地女性格外青睐夸张的体型。“男子们喜欢肥胖的女人，在他们眼中，臀部丰满的女人才算得上是美女。

所以当地女子喜欢用密密匝匝的缠布把自己缠起来，以显示自己丰满的臀部。”马可病愈后，身体一直比较虚弱，所以这次涉及异性的内容与他之后的描写相比，显得比较保守和拘谨。

穿越帕米尔高原

马可的注意力逐渐从着装怪异的美女转向即将面对的艰辛旅程。他们走了大约 12 天，途经了一些穆斯林、聂斯托利派教徒和佛教徒聚居的村庄。最后，他们的驼队到达一个被马可称为沃坎省的地方，这个地方面积不大，是巴达赫尚的领地。在沃坎省短期停留之后，他们又沿着崎岖陡峭的山路继续赶路，一路上“几乎一直是在群山中爬行，有些地方海拔特别高，简直可以算是世界上最高的地方之一”。马可这次的确没有夸大其词，他们要沿着海拔很高的山口地区前进，然后从这里穿过“被认为是东西方分界线”的帕米尔高原，才能进入中国最偏远和最荒芜的西部地区。

在突厥语中，“帕米尔”的意思是绵延起伏的高山牧场。由于海拔高，气候恶劣，所以帕米尔高原只有在宜人干燥的夏季才能通行，夏季的帕米尔会变成一个在欧洲不多见的充满生机的辽阔牧场。帕米尔高原林木稀少，水资源匮乏，冰川融化后形成的地表径流是当地主要的水源。由于海拔高，空气稀薄，对于旅行者来说，呼吸是一大难题，而且因为阳光中的紫外线几乎得不到过滤，所以这里的太阳很毒。马可一行穿越的是海拔 14000 英尺，被誉为“世界屋脊”的一座高原，世界最高峰珠穆朗玛峰就在附近，此地海拔实在太高了，根本无法把饭煮熟，就连把水烧开都特别困难。马可无法估算帕米尔高原的海拔，但他注意到“由于海拔高，气候严寒，这里找不到任何食物，鸟类在此都无法生存”。

帕米尔高原艰苦的条件要求波罗一行人必须得具备坚忍的耐力，只有这样，他们才有可能穿越这个连鸟都飞不过去的地方。他们并不是最早一批经受古老的帕米尔高原考验的旅行者，坚强的游牧民族几百年来一直生活在这里。忽必烈的祖父成吉思汗正是沿着这条路，指挥蒙古大军开始了征服之旅。

波罗一行在帕米尔地区见到了地球上最令人称奇的地质构造。占地面积约150平方英里的帕米尔高原是一个四周被终年积雪的高山环绕的四边形。附近著名的世界最高山脉有西北部的兴都库什山脉，东北部的天山山脉，以及东南部的喀喇昆仑山脉和喜马拉雅山。

帕米尔高原是4 000万年前，印度次大陆板块和欧亚大陆板块碰撞而引发的一次著名的地质运动中出现的地貌。通常情况下，剧烈的地质活动会形成岩石圈也就是地壳，帕米尔高原的地质活动导致地壳变形，巨大的冲击力蔓延到欧亚大陆内部，将西藏地区的地势提升，并在蒙古边境形成了断层（直到今天，这种碰撞和变形仍在继续）。地质学家认为，帕米尔高原所处的板块一直处于水平或上下运动之中，而且这种水平运动比较特别，是数百万年来地球因冷却收缩而引起的。

波罗一行在“世界屋脊”上途经的这个“因地质运动而形成的高原”是一个令人称奇的世外桃源。“两座高山之间是一片辽阔的牧场和一个美丽的湖泊，据说这个湖是一条大河的源头”，更不可思议的是，“这个牧场恐怕是世界上最肥沃的，因为不论多么瘦弱的牲畜，只要在这里放牧十日，便可以长得膘肥体壮”。马可还特地提到“一群野羊”，它们长着巨大的羊角，“有的羊角竟然有六掌大（45 ~ 60 厘米）”，这种羊角可以被用来制作碗和其他器皿，甚至还可以做成篱笆来圈养其他牲畜。在帕米尔高原，大自然并不像它表面看上去的那么温和，到了夜间，从山里跑出来觅食的饿狼会钻进羊圈“咬死并吃掉很多羊”。

旅行家们历时 12 天终于走出这个狂野的“天堂”，这里“除了沙漠，找不到任何可以容身的地方和可吃的东西”。一路上，气温越来越低，空气也变得越来越稀薄，因为缺氧，点燃的篝火也是奄奄一息，所产生的热量根本不可能把饭煮熟。

接下来的 40 天，他们顺着一条小路穿过了一片山谷和坡地，沿途看到了一堆堆先驱们留下的给后来者指引方向的动物尸骨。在“40 天的行程中，他们没有找到任何能投宿的客栈，也没有发现任何吃的东西，甚至连可以暂时结伴同行的人也没有见到”。

终于，马可遇到了当地的山民，但他们的野蛮让他深感不安。“当地人是偶像崇拜者，他们非常野蛮，身上穿的是兽皮，靠捕猎为生”，这是一个“极其残忍、邪恶的民族”。尽管天寒地冻，山高路远，但波罗一行还是顺利完成了这段行程。

在塔克拉玛干沙漠体验“心灵的绿洲”

波罗一行来到位于中国西部塔克拉玛干沙漠边缘的一个繁华的绿洲于阗，这是“丝绸之路”上的一个重要驿站。在于阗，他们虽然不必过多担心安全问题，但是他们面前的这片沙漠更加可怕，据说，塔克拉玛干是“死亡沙漠”或者“不归之地”的意思。沙漠中的气候变化非常大，一天之内的气温变化幅度高达 68 华氏度（约 20.6 摄氏度）。在这里，时常感到口干舌燥的马可常会产生一种不知自己身处何地的困惑。从某种程度上来说，他的这种感觉是对的，因为于阗是世界上距离海洋最远的内陆城市。

处于忽必烈汗管辖范围内的于阗是一个佛教中心，通过这里的佛教徒，马可了解了佛教的宗教体系和思想。刚开始的时候，他对佛教还有些排斥心理，随即便产生了浓厚的兴趣，直至后来他竟然对佛教教义钦佩不已。当地居民的祖先是来自印度的移民和汉人。公元 73 年，于阗被汉人攻占，紧接着又被来自西方的库沙拉帝国占领，后又几经辗转落入西藏人手中。西藏人通过“丝绸之路”把佛教带到了于阗，很快佛教便在这里迅速发展，拥有成千上万僧众的寺庙随处可见。虽然在公元 1000 年，穆斯林把佛教徒驱逐出了于阗，但是从佛像和位于山崖边的古老寺庙仍然可以看出佛教对于阗产生的深远影响。

起初，马可压抑着内心对佛教的排斥和反感，设法让自己去了解它。佛教认为，人生来就是为了受苦，而对己、对他人，以及对他物的爱是一切痛苦的根源；世间的一切都是暂时的，是由人的内心不断催生的难以满足的欲望而引起的。世间包括动物和昆虫在内的万物都处在一个受罪的循环或者轮回之中，不断轮回的最终结果就是制造了更多的苦难和爱。由于万物会不断再生，所以即便它们死后，这种轮回仍然可以继续。

让马可稍感欣慰的是，有一种办法可以使人摆脱苦难并最终获得涅槃，想到这里时，马可的目光移向了隐匿在山中的寺庙和寺庙里那些抛却爱恨情仇、潜心念佛的出家人。像马可一样的商人对佛教的这些说法不会感到生疏，因为他们完全可以从中看到自我。商人们终年过着颠沛流离、饥寒交迫和穷困潦倒的生活，时常得承受孤独寂寞与酷暑严寒的折磨，他们的前途和生活就像即将踏上的旅途一样风险莫测，永远不可预知。对他们而言，人生并没有多少乐趣可言，下一个目的地永远是那么遥不可及。

经过了穿越“世界屋脊”的困顿之后，马可让自己学会适应于阗为旅行者们提供的奢华享受。马可说，与他们先前在山中遇到的那些怪人相比，于阗的居民非常“高贵”，而且于阗这个城市本身与它周围的环境也可以用“高贵”来形容。马可说：“这里土地肥沃，物产丰富，大面积种植着棉花、亚麻、大麻、油料作物、小麦及谷物，人们还会酿造葡萄酒。好像当地人种植的各种作物与我的家乡威尼斯差不多。”他还补充道：“这里的居民都不是尚武之人，看上去文静怯懦。”马可这番话预示着生活在于阗人中间会让他觉得比较安全。

罗布沙漠中的“鬼魂”

为了尽快弥补在巴达赫尚耽搁的时间，马可一行在于阗短暂停留后重新出发了。

一路东行，他们穿越了长达四千多英里的草原地带，期间偶尔也会遇到一些山路，俄罗斯人称这一带为“大草原”。人们习惯把它分为东西两部：西部草原从多瑙河畔一直延伸到西伯利亚的阿尔泰山山脉，这里牧草如茵，有很多河流和小溪，人们称其为“草的海洋”。西部大草原道路宽阔平坦，为商队和骑手们提供了良好的通行环境。

东部大草原向东一直延伸至蒙古境内。这一带气候干旱，自然条件恶劣，牧草稀疏，小溪常常断流。只有那些勇于冒险且具备坚韧毅力的旅行者才会不畏艰难险阻，穿越条件艰苦的东部大草原。

离开于阗五天后，波罗一行到达穆斯林聚居的贝恩省。贝恩省境内有条河盛产一种珍贵宝石，当地居民大多就靠开采宝石为生。马可觉得这里的一切都很有意思，但美貌的女子给他留下了更为深刻的印象。“如果丈夫有事外出超过二十或三十天，家中留守的妻子可以选择另嫁他人”，当然，外出的丈夫也可另娶妻室。我们不知道年轻的马可是否有足够的毅力去抵制这些寂寞女子的诱惑。

波罗一行途经的车尔城地区的老百姓似乎总是在迁徙。从成吉思汗时代起，蒙古人就经常洗劫车尔城，“但凡鞑靼军队路过此地，友好一点的军队就只是抢夺宰食牲畜，而那些不友好的军队则会把车尔城洗劫一空”。为了躲避蒙古人的侵扰，当地人常常被迫带着家中所有物品，拖儿带女穿越沙漠，行程两三天“暂居到其他牧场和有水源的地方”，等候敌人撤离。

这些居无定所的村民的遭遇让马可觉得既可怜又可悲，所以在他的描述中充满了对他们的同情。马可此前还没有正面遭遇过蒙古人，所以他只能去揣测残暴的蒙古人给村民内心造成的极大恐慌。

波罗一行在沙漠里走了五天，期间偶尔会找到绿洲停下来歇息。一路上有些绿洲很漂亮，有些则不然，最后他们到达罗布。位于中国西北部的以危险著称的罗布泊是一个巨大干涸的盐湖，据说，一旦进入罗布泊，即便是最谨慎的旅行者也可能会迷失方向。

马可说，“罗布是位于沙漠边缘的一座城市，从这里可以进入到罗布沙漠”，马可注意到忽必烈汗的势力范围已经扩大到了这里。他提醒旅行者，“沙漠之行所需的一切物品罗布应有尽有，但凡是想穿越罗布沙漠的旅行者应务必在此休整至少一周的时间来养精蓄锐。穿越罗布沙漠差不多需要一个月，休整之后旅行者们便可带足一个月的给养出发”。

罗布沙漠的面积是一般人难以想象的，所以马可特别想让欧洲人对它的空旷和辽阔有个大致的认识。从最窄的地方穿越罗布沙漠，骑马需要一个月的时间，想要“从最宽的地方走基本上是不可能的，因为谁也无法事先准备那么多的食物和水，四周除了荒漠和沙丘，根本找不到可住的地方，也没有任何可吃的东西”。在马可看来，“无论商队规模再大，也绝不可能一次带足供五十至一百个人和牲畜的饮用水”，当时五十人的商队规模已经算是很大了，穿越沙漠时，五十个人得像羁押犯一样共同经受旅途中酷热、沙尘暴和缺水的考验。马可说：“经常是走了一天一夜也找不到能喝的水。沙漠里寸草不生，所以根本见不到任何飞鸟和其他动物。”

马可对罗布沙漠的严酷环境做了细致入微的描写：整个沙漠地区海拔不到三千英尺，长度和宽度基本相当，放眼望去只能看到一望无垠的黄色沙砾。波罗一行遇到过一次强风暴，一时间飞沙走石，风暴卷走沙砾的地方甚至留下了一个深达二十英尺的壕沟。马可没有特别说明他们穿越罗布沙漠的时间，如果当时是春天的话，有人认为“他们可能遭遇了沙尘暴的侵袭”。沙漠里气温变化幅度特别大，马可他们要忍受白天高达一百华氏度（约 37.8 摄氏度）的酷热和夜间降至冰点以下的严寒。

在寸草不生的罗布沙漠中，马可发现了一种特别的美景，让他感受到了一种超自然的美。 马可还在沙漠中看到了一种很可怕的幻象，尤其是到了夜间，由于人的直觉变得敏锐而使恐惧感增强，所以这种幻象变得更加可怕。马可说：“沙漠里的鬼魂会接近旅行者，等他们产生美妙的幻觉后，再将其置于死地。商人或者旅行者在穿越沙漠的时候，经常会听到鬼魂凄厉的声音，甚至会呼喊他们的名字。一旦有人寻声而行便会迷失方向，从此杳无音信，再也无法回到前进的队伍当中。”

为了强调此事的真实性，马可还特别指出：“这种事情不但发生在夜间，就连白天也常能听到鬼魂的声音。此外，人们还经常可以听到空中仿佛有各种乐器在演奏，尤其是鼓声，特别响亮，有时候还会听到各种兵器碰撞的声音。”沙漠中流沙发出的声音就好像是“从另一方向涌来的熙熙攘攘的人流”，心烦意乱的旅行者往往会寻声“追随行进中的大军”。等到天亮才发现自己被鬼魂捉弄，已经彻底迷路了。

“丝绸之路”上勇敢的旅行者们逐渐掌握了一些对付这种危险幻觉的办法：“大家在穿越这片沙漠时会格外小心，任何情况下都要紧跟大部队，绝不能落伍。旅行者们还给马和牲畜系上铃铛，这样一来，铃铛声会使他们打起精神，不至于昏昏欲睡，神情恍惚。”即便是大白天，采取一些预防措施也很有必要，因为“有时候，鬼魂会变幻为人形找掉队者伺机下手。一旦有人掉队，他的同伴也只能弃他于不顾，任其自生自灭了”。有时候，鬼魂还会“将自己伪装成一伙强盗使旅行者们闻风而逃，罗布沙漠太大了，行人一旦迷失方向，最终只能被活活饿死”。

为了让读者相信自己所说的都是事实而非杜撰，马可补充说：“流沙发出的声响绝对可以称得上是天籁之音，让人无法相信竟然会是鬼魂所为。”

马可试图想让大家相信他所说的鬼魂，但事实上，他所说的这一现象主要与沙漠地区日照多，降水稀少有关，其实也就是沙漠中常见的“鸣沙”现象。起风时，沙子会发出嗡嗡之声，既像是优美的竖琴声，也像是轰鸣声，甚至像是有人在歌唱。整个蒙古境内，甚至巴西都出现过这种现象，而中国的“鸣沙”更是远近闻名。13 世纪的中国学者马端临对罗布沙漠的描写和马可·波罗如出一辙：

“除了天空和沙子，周围什么都没有，也看不到路。地上除了人和动物的尸骨及骆驼的粪便，旅行者们找不到任何可以指引方向的东西。一路上，人们时常听到一些奇怪的声音，如歌如泣。如果有人出于好奇想去探个究竟，便会迷失方向，因为所有的声音都是鬼魂和妖怪发出的。”

19 世纪，查理·达尔文在他的旅行日记中也提到同样的现象，他说，里约热内卢附近地区有座山，“山上全是沙子，一旦人们踩踏而使沙子流动起来，就能听到沙子发出声响”。

时至今日，沙子随风而动时发出的阵阵声响依然令人昏昏欲睡。

唐兀特与哈密

走出危险的罗布沙漠后，波罗一行来到了位于中国北部的一个偏远的省份唐兀特[①]，也就是西夏国。大约一百多年前，这一地区宣布独立，后来又归顺了忽必烈汗。马可发现虽然这里有人信奉聂斯托利教派，但西夏国把佛教立为国教，当地的人们特别虔诚地信奉佛教，佛教寺庙随处可见。

在这里，佛像给马可留下了深刻的印象：“大多数佛像高 2.5 ～ 3 英尺，用木头、陶土、石头或青铜等不同材料雕塑而成，很特别的是，他们全身鎏金，个个巧夺天工。”马可说，佛教徒们“洁身自好，行为检点，所以比其他人活得更体面”。同时马可也注意到，在这个地区“如果是女子主动勾引男子发生性行为，被认为是无罪的；反之，如果是男子主动甚至强奸女性，则不仅有罪甚至会被处死”。

①唐兀特，即西夏党项人。元蒙称西夏为“唐兀特”或“唐古特”，故将原西夏地域称为唐兀特省。

随着对佛教了解的深入，马可发现它和基督教之间存在着某些相似之处。“和基督徒纪念圣灵一样，佛教徒也有专门的日子来纪念佛，而且他们似乎也通过一种类似日历的历法，将佛的节日安排在固定的时间。”

马可解释了佛教徒使用的历法：“他们使用一种依照月亮的圆缺变化而制定的历法，和西方人使用的日历一样，也是通过月的划分来计算一年。在一些特殊的月份，僧人们连续五天，后来又变为四天或三天，不得杀生，也不能食用在禁忌日宰杀的动物。就像基督徒在礼拜五、安息日和其他节前的祈祷日一样，僧人们在这些日子里也要恪守戒律。”

后来，马可还了解到更多佛教和基督教之间相同的教规。“和基督教圣人一样，所有的佛也有自己的节日，佛教徒每年都会在这些特殊日子里举行仪式和庆典活动。”马可觉得似乎世界上所有宗教和世俗的东西彼此间都是融会贯通的，他对此感到既困惑又欣喜。

欧洲人始终无法相信马可对佛教寺庙规模的叙述。马可说有些寺庙可以容纳两千名僧人，“按照习俗，身穿僧袍的僧人们要在寺庙中供奉佛像”。“僧人们和普通人不同，都是光头，而且不留胡须。他们点燃香烛，集体诵经为佛举行隆重的法会。”

但是，寺庙之外的世俗社会却是一片混乱。马可说：“当地男子可以娶三十房妻子，一般情况下，结发妻子的地位最高。如果觉得哪个妻子人老珠黄或者不称心了，就可以把她休掉，迎娶她的姐妹或其他人为妻。男人们还可以将自己的堂姐妹或表姐妹纳为妻室，除了自己的生母，甚至可以娶自己父亲的妻子，也可以娶兄弟或其他亲戚的妻子。”马可很反感这种奇异的婚俗，认为“他们就像一群不讲理法的禽兽”。

佛教徒清苦的生活与普通人的声色犬马形成了鲜明对比。马可说，“按照习俗，佛教徒必须禁欲”。他们禁绝任何享乐，而且只吃最简单的食物，“平时就主要靠吃麸皮为生。一年当中还要有很多次斋戒，斋戒期间除了水和麸皮什么都不吃。他们大部分时间都在诵经，过着一种让人难以想象的清心寡欲的生活。因为佛教徒不能娶妻生子，所以他们享受不到任何家庭的关爱和温暖”。他们平时穿的是“用最普通、最粗糙的麻布做成”的黑色和蓝色的衣服，而且就睡在“非常坚硬粗劣的席子上”。

“佛教徒过着世界上最艰苦的日子”，马可对他们没有表示钦佩，反而觉得有些无奈。

讲完佛教徒的事例后，马可又讲述了另外一种他认为极其矛盾的现象：火葬。在马可看来，这个与欧洲截然不同的风俗是当地居民充满矛盾的人性的表现。他发现当地人相信人有灵魂和来生，而且举行葬礼时必须要让占星师按照死者的生辰八字算出火葬和下葬的时间。“经过仔细推算后，占星师会告诉死者的亲属，死者属于哪个星座，可以在哪天的什么时辰下葬”，但这样一来，下葬的时间很可能会被安排在一周，甚至几个月之后。在此期间，家属必须妥善保存尸体，而且“吉时到来之前，任何人都不能轻举妄动”。

按照占星师的要求，死者家属要用很厚的木板做一口棺材并且刷上油漆，最后还要用沥青和石灰将其密封。尸体则要用樟脑和其他香料熏过之后，再用丝绸包裹起来，“这样一来，尸体就不容易腐烂了”。尸体停放期间，家属在家中要为死者准备馒头、酒和肉，“就和死者活着的时候一样”。在送葬前，所有人都不得违背占星师的意图，否则“会遭到报应”。

当尸体从家中抬走送去火化的时候，“家属要用藤条或竹竿做一个小房子，而且要视家中经济情况，用绸缎和金银包裹，放在路中间。当送葬队伍经过这个精心装饰过的房子时，要把棺材停放在房子的亭台下面，并在棺材前摆上酒和肉，据说这样做是为了给死者的灵魂补充体力，因为灵魂还要看着尸体被焚烧”。

当地的另外一个对“死者的来生”有利的风俗也引起了马可的关注。“死者家属要用树皮制成的纸剪出一些小人，有男有女，身上写上亲属的名字，而且还要剪一些马、骆驼、羊和其他牲畜及拜占庭币一样大小的纸钱，这些东西要和尸体一起烧掉。人们认为，这些物品可以保证自己的亲人在另一个世界里不仅有可供差使的男仆女婢，也有可使用的牲畜和钱财，而且烧得越多，亲人在另一个世界就会生活得越好。”

马可的故事讲到这里时，发生了一些细微但很重要的变化，他似乎不再依赖鲁斯蒂谦，而是接过了他手中的笔，开始独自完成撰写工作。从此以后，任何人都不会再牵制马可了，他已经有了自己明确的叙事内容和目标。就像希罗多德的《历史》一样，马可的游记也呈现出一种全面而细致的史诗般的宏大场面。《马可·波罗游记》最终超越了时空的限制，给读者逐一展示了作者经历过的那些激动人心的场景和让他感兴趣的各种人物。

在与唐兀特人相处的日子里，马可慢慢抛掉了原有的腼腆和拘谨，在谈及唐兀特人生活的时候显得轻松自如，从中也不难看出他的性意识的觉醒。随着讲述的继续和深入，一个全新的马可逐渐出现了，他不再刻意去掩饰自己，而是充满了好奇，迫切地想融入这个陌生而又充满诱惑的世界。

毗邻唐兀特的哈密女子让马可难以自持。哈密人给马可留下的总体印象是非常热情的，他们会慷慨地与“过路的旅行者”分享食物和酒。男人们只知道醉心于享乐，成天就靠摆弄乐器、唱歌、读书、写字和“纵欲”来打发日子，他们特别喜欢和像马可一样的旅行者一起作乐消遣。而哈密的女子更让马可心绪荡漾。

马可透露，“当地有种风俗，如果有陌生人去家中借宿，男主人会特别热情地接待来人”，而且还让自己的“女儿、姐妹和其他亲戚悉心照料他们”，甚至让来人留在家里多住几日，“在此期间，男主人不仅让自己的妻子热情招待客人，对他们有求必应，甚至可以同居在一起。而男主人自己则依然我行我素，在外纵情享乐。即便妻子与客人之间发生苟且之事，丈夫也不会以此为耻。美丽的哈密女子热情开朗，似乎也乐此不疲”。有一点毫无疑问，那就是，他们随时欢迎年轻的马可也一同加入到成年人的游戏之中。

马可坦承确有此事。放荡不羁的行为使得哈密人名誉扫地，“但这不过是当地的一种风俗，而且热情款待那些需要休整的远道而来的客人，也完全符合他们的信仰”。值得一提的是，尽管如此，哈密人的家庭生活依然很幸福美满，“哈密女子个个性感迷人，但在家中她们对丈夫绝对是百依百顺”。

马可很可能对此事进行了一番夸大，他所记录的未必是事情的真相。不过，马可提到的这个被当地人广为接受的风俗，打破了长期以来为维护财产和血统而施行的“同族通婚”的惯例。如马可所暗示的那样，外族通婚可以更新被大量损耗的基因库，如果外来者是些四处漂泊之人，那么基因库的更新绝不会影响到现有的社会秩序。像他那样居无定所的行者完全可以把精子留下后，继续前行。

世界上其他地方的变化也影响到了这里，就连马可沿途听到的蒙古人的暴行也传到了这个偏远的山区。马可说蒙哥汗曾下令禁止哈密人允许外族通婚的风俗。

蒙哥是成吉思汗的孙子，他于1250年即位，也就是马可来蒙古帝国前二十年。为了对幅员辽阔的蒙古帝国进行有效管理，蒙哥汗在位期间一直在设法建立一个可靠而高效的邮政系统。他不仅尽量避免发动一些破坏蒙古大草原的战争，而且他很尊重各地的风俗习惯。比起同时期的欧洲妇女和伊斯兰教国家的妇女，蒙古妇女们更加独立，她们可以在军中服役但不必参加战斗，除非出现紧急情况。蒙哥汗在位期间，人们有宗教信仰自由，佛教、伊斯兰教和基督教在蒙古帝国均占有一席之地。

但是蒙哥汗却无法容忍哈密妇女的行为。当他听说此事后，立刻下旨“对哈密人施以重罚来禁止此类事情的再次发生”。如此一来，和马可一样的旅行者们只能住“公共客栈”里，再也不能在私人家中留宿了。

蒙哥汗的这条禁令执行了三年，当地的居民对此非常不满。由于庄稼连年歉收，疫病流行，哈密人认定要想再现以往的富庶和繁荣必须恢复他们古老的习俗。马可说：“他们派出使者，带着丰厚精美的礼物前去拜见蒙哥汗，向大汗哭诉他们所遭受的损失和种种不幸。”

蒙哥汗热情接待了哈密来使，听了他的请求后，对他们的境遇表示同情。可汗说：“我这么做不过是尽我之职，但既然你们希望恢复原有的风俗，那就随你们的便吧！”后来，蒙哥汗果真废除了禁令。

来使不辱使命回到哈密，“令大家欣喜若狂，至今当地人还保持着他们祖先遗留下来的生活方式”。

马可·波罗竭力想把蒙哥汗刻画成一位聪敏而仁慈的统治者，但相关历史文献表明，他实际上是一个残暴而且喜欢感情用事的君主。

有一次，他用“往嘴里塞石头使人窒息”的传统的蒙古式刑罚处死了七十个蓄谋反叛者。1252年，他还亲自审讯了一个反叛团伙。他甚至因为怀疑皇后斡兀立·海迷失不忠，命人将皇后的手脚缝进一个皮袋子里，然后扒光衣服严刑拷打，但可怜的皇后宁死也没有屈打成招。最后，蒙哥以“斡兀立·海迷失和她母亲试图用巫术加害于他”为罪名，下令用毯子将她们卷起来溺水处死，随后他还处死了斡兀立·海迷失手下的两位谋士。

离开哈密后，波罗一行用十六天时间穿越了一个小沙漠，在这里他们见到了石棉。当时，和许多产自中国的物品一样，石棉并不为西方人所知。在马可生活的时代，用石棉织就的织物和黄金一样珍贵，而且经常被用于皇帝们的裹尸布，但是现在，人们会把石棉纤维与许多严重的呼吸系统疾病甚至癌症联系起来。马可按照当地人的习惯，把石棉叫作“萨拉曼德”，据说，这是根据“一种叫蝾螈的酷似蜥蜴而且不怕火的小动物”而得名的。马可很快意识到石棉可作为军用防火材料。

马可说，“附近山里能找到用来制作萨拉曼德原料的矿脉，这种物质遇火不会燃烧。其实萨拉曼德既不是蛇也不是其他什么动物，而且意大利人所认为的‘萨拉曼德是一种生活在火中的动物的毛织成的布料’的说法也不正确”。

马可想通过对萨拉曼德来源的说明，打消欧洲人的误解。马可解释说，一位与他“彼此熟悉且志趣相投”的土库曼商人给他详细介绍过石棉的制作过程，因为此人曾在石棉矿替大汗督造萨拉曼德长达三年之久，所以他的话肯定是可信的。“原料从矿里挖出后，要放在太阳底下晒干，然后放进一个铜臼中捣碎，再用水把黏附在上面的土清洗掉”，只要把洗干净的纤维纺成像羊毛一样的线，就可以用来织布或毛巾了，不过“刚织成的布并不是白色的，而是褐色的。如果想让它们变白，可以在火上烘烤一小时，然后就会变得雪白”。

马可料到大家还会有所怀疑，所以他坚持“自己亲眼见过从火里拿出了白色织物”。

其实根本就不存在“能在火里生活的蛇”，全是马可编出的“谎言和故事”，他无非是想证明自己有能力撰写一些新的神话。

到达甘州后，波罗一行被疾病所困扰，在别无选择的情况下，他们只能在此停留。关于这段插曲，一向自负的马可只简单地提了几句，“尼科洛、马费奥还有马可三人留在甘州做生意，前后总共待了一年时间，期间发生的事不值一提”。

当他们再次整装出发时，已经是基督教历法的1274年了，马可快要二十岁了。波罗一行在“丝绸之路”上已经走了三年时间，他们距离目的地还有两千多英里。

第6章 蒙古秘史

在大都，忽必烈汗修建了宏伟的宫殿
从这里，神圣的阿尔浮河
流过了深不可测的岩洞

“丝绸之路”上发生的一切让马可深深体会到蒙古帝国的伟大，以及遭到欧洲人辱骂的蒙古王朝缔造者成吉思汗的神秘莫测。马可是这么描述成吉思汗的：“他是一位非常正直、勇敢的人，他能言善辩、足智多谋且才华横溢。成吉思汗称帝以后施行仁政，因而深得民心，百姓甚至把他当神来崇拜。很快他便名扬天下，散居世界各地的鞑靼人都想归顺于他。”

全球化的最早践行者：蒙古人

马可沿途曾目睹成吉思汗的军队在巴达赫尚和其他地区留下的废墟，蒙古军所到之处，所有房屋建筑都被夷为平地，百姓流离失所。与此同时，蒙古入侵者在当地的物质和财富基础上谋求自身的发展。马可不得不承认，在“丝绸之路”上三年间的所见所闻使自己对这位蒙古王朝的缔造者充满了钦佩和敬意。在这个威尼斯年轻人心目中，世间只有亚历山大大帝才可以与成吉思汗的功绩相提并论。

成吉思汗原名铁木真，1162年出生于蒙古一个贵族家庭，从小便纠结在蒙古各部落之间的征战中。9岁时，仇敌毒死了他的父亲，从此他便成为孤儿。随着年龄的增长，他逐渐掌握了蒙古人生存的军事本领，比如袭击其他部落营地和偷盗马匹，同时，他也学会了寻求他人的保护。为了壮大势力，成吉思汗四处招兵买马，还成立了自己的“那可儿”，蒙古人加入“那可儿”是件很严肃的事情，因为这一举动意味着他要断绝与一切部落和亲属的关系，自此只能效忠于一个首领。虽然当时离经叛道之风甚嚣尘上，但是他的部下非常忠心。

1206年，铁木真在取得一系列的胜利后，终于成为所有蒙古部落的统治者，封号成吉思汗。“成吉思”源自突厥语，意为“海洋”，反映了一种广度和深度，“汗”意为皇帝。近现代波斯史学家瓦萨夫·哈扎尔（他的名字意为朝廷的盛赞者）曾描写过成吉思汗的登基仪式：“佳酿被装在镶有红宝石的酒壶中，而后被缓缓倒入黄金制成的酒杯，身着紧身衣、戴着流光溢彩的耳环的年轻女子恭敬地站在大汗御座两旁，粉面如花的女婢跪在前来赴宴的达官贵人前为他们斟酒布菜。这样的盛宴还将持续一周的时间，在此期间所有宾客可以尽情享乐。”

绿草如茵的蒙古大草原、绵延起伏的群山、冰冷刺骨的湖泊、辽阔的戈壁沙漠是成吉思汗从小生活的地方，他的身边是成群的牛羊、骆驼和马匹。每年的放牧季节，蒙古牧民都要整理行装，坐着牛车，赶着牧群去寻找牧草。这种游牧生活练就了蒙古人出色的狩猎才能。

随着年龄的增长，成吉思汗坚信腾格里神腾格日赋予他神圣的使命：统一四分五裂的蒙古各部落。在不断的征战中，蒙古人学到了很多其他国家的风俗习惯，他们骁勇善战，骑术高超，而且适应能力极强。总的来说，蒙古人口不是很多，尽管后来人口也曾出现过10倍、20倍甚至30倍的增长，但过度扩张还是无法保证帝国的长治久安，导致其最终瓦解。虽然蒙古帝国统治时间并不长，但蒙古人的文化和信仰对世人影响深远。

成吉思汗将蒙古天神教立为蒙古帝国的国教，并自诩为天神教教主。在蒙古人看来，天是万物之首，它比山川、河流甚至蒙古大草原都要神圣。天是一种生命体，代表着一种精神，它为宇宙万物提供能量。最重要的是，腾格里天神教是一种信念，它激励着蒙古人去征服天下。在履行上天赋予的使命的过程中，蒙古人成了全球化的最早的践行者，他们以自己独有的方式将整个世界联系在了一起。他们是征服者，是劫掠者，同时也是整个世界的联系者。

长期以来，蒙古人一直想征服比自己强大的中原，而“天赋使命”的思想和军事方面的才能使成吉思汗更是充满了征服中原的雄心和抱负。在不断扩大自己版图的过程中，成吉思汗首先收复了许多蒙古部落，并与各个强大的军事首领结盟，他采用中原汉人“外交与军事并用”的治国方略，让各个集团之间互相牵制以求稳定。足智多谋的成吉思汗很快就夺取了貌似强大的中原汉人政权。成吉思汗在攻打城市时，一般会采取围攻的策略，有时候为了达到攻城目的，蒙古军甚至会采取一些极端野蛮和残忍的手段。他们会“屠城”或通过阻断粮食供应把城内的军队和百姓逼上绝路，他们还会用投石器和弩炮把石头或燃烧弹甚至带有疫病的死尸，投进城内被困的人群中。卡尔皮尼曾写道，“蒙古军甚至会把溶化的人油洒到屋顶上，然后放火点燃。这种火一旦烧起来，除非用酒，其他东西根本无法将其熄灭，而这种灭火的方法却很少有人知道。如果火势蔓延到人的身上，就只能用手将火压灭了”。但马可似乎从来没有听说过这种攻城的方法。

装备匮乏的汉人虽然一直在顽强抵抗，但是面对势在必得的蒙古军，最终还是败下阵来，听任成吉思汗实现自己一统中原的雄心。瓦萨夫说："当中原的汉人以及远至埃及海岸和西方更远地方的人们听说成吉思汗施行'仁政'时，无不感到欢欣鼓舞，他们为能遇到一位公正谦和的君王而深感荣幸。"如果成吉思汗地下有知，瓦萨夫的这番话一定会令他龙颜大悦。

成吉思汗深谙如何才能使自己立于不败之地，为了显示自己对汉人风俗习惯和宗教信仰的尊重，他可谓是煞费苦心。在通过和平手段征服的地区，他下令严禁滥杀无辜，并允许在当地实行宗教信仰自由。在完成统一大业的过程中，蒙古人也逐渐接受了很多被征服地区的人们的风俗习惯，比如，他们吸纳了很多汉人在饮食、服饰、司法和宗教等方面的传统和习惯。

1227 年，就在成吉思汗即将实现自己一统中原的夙愿时，却突然去世了，时年 65 岁。他把蒙古帝国留给了儿子窝阔台，同时也给世界文学宝库留下了一些独特的民间传奇故事。

成吉思汗驾崩后的第二年，蒙古人编写了《蒙古秘史》一书，这是一部有关蒙古历史、宗教仪式、民间故事、风俗习惯的汇编大全，全书用蒙古文和突厥人使用的畏兀儿语撰写。

1228 年至 1240 年，经过 3 ～ 5 次较大规模的修订后，《蒙古秘史》终于完稿。遗憾的是，由于原书稿失传，所以今天我们所读到的《蒙古秘史》是以汉文的删节本为蓝本的。为什么称作秘史呢？因为书中收录了蒙古人希望秘而不宣的有关成吉思汗的一些逸事及他称帝后的治国方略。蒙古人不想对外公布他们所熟悉的一些法令和思想，所以对内他们把该书称作《蒙古史》。

这部史诗般的巨著以诗歌和散文的形式呈现，并按照萨满教徒的思维模式，将天与地，人与动物联系在一起。故事一开始就说，

"成吉思汗是孛儿只斤氏的子孙，所以他一出生就肩负着上天的重任。这个姓氏的意思是一只'苍狼'，它的配偶名字的意思是'母鹿'。'苍狼'和'母鹿'一起翻山越岭来到鄂嫩河源头住了下来"。

接着，《蒙古秘史》从成吉思汗的第22代祖先开始讲述蒙古人的生活。"有一次，成吉思汗的一位先祖偶然看到一只雌鹰捕食了一只黑雉（马可·波罗曾亲眼看到过这种场面），于是，他灵机一动，用自己长着黑色条纹的马的尾巴当诱饵抓住那只鹰养了起来，他的这匹马全身灰白色，尾巴上长满了疥疮，时常一副痛痒难忍的样子。找不到东西吃的时候，他就和那只鹰一起靠吃点狼吃剩的东西来填饱肚子。"

《蒙古秘史》中的有些场景仿佛为读者翻开了一部西部传奇：洪荒的背景中，时时上演着一些偷盗马匹、激烈的讨价还价及充满奸诈与英雄气概的故事。因为这本书描述了与成吉思汗有关的故事，所以不论是马还是猎鹰，每一个事件与话题似乎都能引起蒙古人的共鸣。

该书还简明扼要地讲述了成吉思汗生活中发生的各种冲突：首先讲述了手足间的冲突，然后扩大到部落间的冲突，直到后来他征服所有对手完成统一大业。《蒙古秘史》还讲述了成吉思汗小时候与自己的同母异父兄弟为"一条小鱼"而引发的一次争斗。他们"高贵的母亲"看到此景，怒斥道："住手！兄弟之间为何要如此相待？为什么你们不能团结一心？你们赶紧给我住手！"

成吉思汗和他的弟弟哈萨尔对母亲抱怨说："昨天，我们用角箭射中的云雀就被他们抢走了。今天他们又是这样，我们怎么可能与他们和睦相处呢？"话一说完，兄弟俩便冲出蒙古包，骑上马去找盗贼兄弟寻仇，后来，他们用箭射伤了曾欺负过他俩的那帮兄弟。回家后，他们的母亲非常生气，把他俩比作野兽，哭诉道：

“你们两个害人鬼，简直像没出娘胎就想咬人的野狗，山间袭人的猎豹，不能控制自己的狮子，扑咬自己影子的矛隼，撕咬自己孩子蹄子的母骆驼，这种坏事你们肯定能干得出。要知道在这个世上，除了自己的影子，我们没有其他朋友；除了那些羊尾巴，我们没有别的肉吃。”

她的最后一句话一语双关，一方面是在指蒙古人赖以生存的大尾羊，另一方面也是暗指一种骨肉亲情。在这位令人敬畏的母亲的严格管教之下，成吉思汗懂得了与人合作的道理，最终他统一了各部落，结束了蒙古历史上部落间不断自相残杀的局面。他以强大的军事力量为后盾，为蒙古帝国带来了和平与稳定。

蒙古人深信成吉思汗是上天派来的，所以成吉思汗死后，他又重新回到了自己天上的家，但是他在地上的王朝却留了下来。然而，他的孙子忽必烈出生时，却远没有他的祖父那般荣耀，也许这对忽必烈来说也是一种优势，可以使他免遭奸人暗算。忽必烈之所以能称汗，并不是因为他是成吉思汗指定的皇位继承人，而是他的机智聪敏使他最终力克群雄，一举登上蒙古大汗的宝座。有个叫海都的年轻可汗曾给忽必烈带来很大的威胁，马可提及此事的时候，只是轻描淡写地说，尽管他俩是堂兄弟，但海都“从未与大汗建立过融洽的关系”，原因很简单，“海都一直奢望能得到忽必烈汗的半壁江山”。忽必烈汗给他的答复是：如果海都承诺，“每次召见他的时候，都能如期而至”，那么忽必烈汗就答应他的要求。但海都“担心忽必烈汗会把他杀死”，所以严词拒绝了忽必烈汗的建议。

1266 年，海都偷袭了忽必烈汗帐下的两位信奉基督教的亲信大臣，结果导致了一场先后有二十万骑兵参加的激烈战斗，最后海都获得了胜利。马可说，“这次胜利之后，海都变得更加有恃无恐了”。

几年后，海都的势力逐渐壮大，对忽必烈构成了直接威胁，他率领数十万骑兵直逼蒙古首都哈拉和林，一场大战一触即发。按照蒙古人的习俗，“在战场上，交战双方都要擂响战鼓”，等战鼓敲响之后，“就开始弹奏两弦琴，唱歌取乐，等待开战”。

双方正式交手时，先要放出密集的箭，然后才短兵相接。

马可曾听人讲述过当时的情景，“这是发生在鞑靼人之间的一场最残酷的战争，战场上人声鼎沸，交战时各种兵器所发出的声响震耳欲聋，响彻云霄”。结果双方均伤亡惨重，“男子战死，孩子成为遗孤，妇女沦为寡妇，那些失去丈夫和情郎的女子成天以泪洗面”。

等到黎明时分，疲惫不堪的海都去视察鲜血淋淋的战场，这时密探给他带来了一个坏消息，“忽必烈汗正派援兵赶来捉拿他”。海都只好收拾残余部队，“骑上战马撤回旧部”。得知海都撤退后，虽然忽必烈汗“没有再围追堵截”，但是海都一点都不敢怠慢，马不停蹄地返回了中亚。

后来，忽必烈汗因海都之事大发雷霆，他说若非他们是血亲，他一定会将海都裹在毯子里任由战马踩踏，让他“死得很难看”。

不断扩张的帝国

马可并没有把蒙古人发动的战争描写成血腥杀戮，而是着力把它描写成“在广袤无垠的蒙古大草原上，常年征战的一支劲旅的神话故事”。“当年成吉思汗看到自己拥有一支如此骁勇的军队时，他感到无比骄傲，憧憬着能够带领这些手拿弓箭、长矛的人从此走出沙漠和荒原。成吉思汗公正仁慈的威名远扬，所到之处，人们纷纷归顺于他，并因为能得到他的恩宠而欣喜不已。因此，蒙古人在很短的时期内一连攻下了八个省。”

在马可的讲述中，成吉思汗创造了不使用暴力征服的奇迹。

“当蒙古军武装攻下一个地区后，成吉思汗不仅会下令禁止士兵滥杀无辜，不得打家劫舍，还善待当地官员，不做任何不利于他们的事情。”马可补充说，“沦陷区的老百姓看到大汗不但没有伤害反而救助并保护他们，这让他们感受到了大汗的仁慈和英明，于是便甘愿追随大汗并效忠于他”。虽然马可的说法并不符合史实，但正是属下的忠诚不断激励着成吉思汗去创造新的辉煌。“来自世界各地的人都心甘情愿地臣服于他，而且幸运之神似乎也格外眷顾他，于是成吉思汗给自己定下了更高的目标：他要征服世界上更多的地区。鞑靼人默契地回应着成吉思汗：无论走到哪里，他们都会誓死追随大汗。”

为了描画蒙古勇士与东方基督教领袖祭司王约翰之间发生的一场虚构的史诗般的战争，马可一直对成吉思汗对权力的那种杀气腾腾的欲望避而不谈。事实上，成吉思汗的对手祭司王约翰现实中并无其人，不过欧洲人一直认为他住在亚洲或者非洲，统治着一个魔幻般的富庶的基督教国家。所有广为流传的有关祭司王约翰的故事都是僧侣们想象出来的，他们还将一封炮制出来的祭司王的亲笔信呈送到西方基督教会。信中有一句誓言：“生擒成吉思汗，让他死无葬身之地。”这一誓言让对蒙古人心存畏惧的欧洲人拍手称快。

马可本人对祭司王约翰是否确有其人未置可否，也没有过多言及自己对这位基督教领袖的了解。但这并不影响他讲述发生在成吉思汗和祭司王约翰亲自统帅的军队之间的这场虚构的战争。祭司王约翰在战争中蒙难，马可只是提及此事，似乎并没有任何伤感，说明这个威尼斯年轻人已经开始慢慢接受蒙古人了。究竟哪个马可更为真实？是认为所有非基督徒都是盲目的偶像崇拜者而加以否定的虔诚的基督徒马可，还是另一个业已成为蒙古人的狂热崇拜者的马可？答案我们不得而知，似乎两个马可代表了他的不同侧面。在马可看来，基督教历史久远，四平八稳，却会禁锢人们的思想。相反，蒙古人身上却时时表现出一种很特别的勇敢、神奇和伟大，这也正是年轻的旅行家所向往的生活。

马可一提到成吉思汗的孙子忽必烈就会立刻表现出一种狂热。他认为忽必烈汗是历史上最伟大的统治者，“如果把世界上所有基督教和撒拉逊国王进行比较的话，毫无疑问，忽必烈汗是最伟大的，其他任何人的功绩都无法和这位鞑靼统治者相提并论”。

马可借用中世纪传统的颂词来赞美忽必烈汗，这些夸张的溢美之词正是读者所期望的，不过，他的确有些过分夸大，也许马可这么做是希望这位显赫人物的威慑力能让他在热那亚监狱有种安全感。抛开他所使用的夸张的修辞不谈，我们明显感觉到马可为自己能有机会见到这位世界上最伟大的人物而兴奋不已，同时他认为自己的人生因此而更有意义。与这位统率着一个游牧民族，排除万难征服了整个中原的蒙古皇帝相比，马可觉得他与父亲和叔叔留给世人的一切根本就不足挂齿。

马可兴奋地说：“关于鞑靼人，我有很多话可以给大家讲。”他详细解释了蒙古人游牧生活的特点，这种生活方式与和他们拥有共同祖先的北美洲印第安人很相似，“鞑靼人养着成群的牛、马、羊，所以他们从来不会固定待在一个地方。一到冬天，他们就要找到能给牲畜提供丰富牧草的平原和比较暖和的地方。夏天，他们要住在有水源和牧草的比较凉爽的山区或峡谷地带，因为住在这些凉爽的地方能免去蚊蝇等的滋扰”。

马可给欧洲读者介绍了蒙古人居住的被他称为“帐篷”的蒙

古包。“他们住的房子像是用木棍支起来的圆形帐篷，上面盖着毛毡，平时放在马车上，走到哪里带到哪里。用来支帐篷的木棍结实又整齐，安装和拆卸非常容易，而且携带起来也很方便。蒙古人支好房子安定下来后，在正午时分房门都是敞开的。”家家户户的帐篷组成了一个流动的村寨，马可对蒙古人的这种流动生活方式惊叹不已：“他们有一种很漂亮的两轮推车，上面盖着黑色的毛毡，毛毡的防水性能特别好，即便是一连下几天雨，雨水也不会浸湿车里的任何东西。蒙古人一般都是用马或者牛来拉车，偶尔也会用健壮的骆驼。除了人以外，蒙古人还把所有的东西及所需食物全部拉在车上。就这样，他们带着自己所需的一切物品，想到哪里就到哪里。”

逐渐了解了蒙古人的日常生活习惯后，马可还注意到蒙古人的家庭分工与欧洲人截然不同，“妇女会负责照顾家人并安排所有的日常开销”。马可对蒙古妇女大为赞赏：“她们绝不会成为丈夫的拖累，相反，她们为家里付出了很多。”随着对蒙古妇女了解和观察的深入，马可也越来越佩服她们的勤劳和对家庭所做出的贡献。她们“勤俭持家，每天精心地为家人准备饭菜，任劳任怨。因此，男人们干脆把照顾家的事情全部交给自己的妻子，而自己成天只是狩猎、打仗立功、猎鹰，悠闲自得，他们基本上不必为家里的事情费神”。

蒙古人的狩猎方式深深地吸引着马可，蒙古人狩猎一来是为了给自己找到食物，二来是为了在广袤无垠的大草原上寻找乐趣。“蒙古草原上有世界上最好的猎鹰”，这无疑是对欧洲人自尊的一种打击。因为“在欧洲，只有贵族才有足够的财力购买猎鹰，所以猎鹰被看作是一项贵族运动，贵族们也以此为荣。同样，养狗也是贵族们的一种殊荣”，而猎鹰和狗恰好都是蒙古人生活中的常见之物。马可罗列的蒙古人的日常饮食清单，让当时经常徘徊在饥饿边缘的欧洲读者羡慕不已，“他们平时主要以肉类、奶和各种猎物的肉为食，偶尔也会吃一种像兔子一样的叫土拨鼠的小动物”，事实上，这是一种和草原狗很像的啮齿类动物。“他们甚至还吃马肉、狗肉、牛肉还有骆驼肉，凡是肉质肥美的动物，蒙古人都会将其作为盘中之物。而且他们还爱喝马和骆驼的奶。”用马奶发酵而成的带有酒味的酸马奶是蒙古人的主要饮品，也是联结蒙古勇士的纽带，喝酸马奶几乎是蒙古人生活的一部分。

酸马奶有着悠久的历史。早在公元前5世纪，希罗多德就说，蒙古人的先祖斯基台人就已经会酿造酸马奶了，而这一名字可能源于亚洲另外一个叫库曼尼斯的古老部落。酸马奶的酿造原理是：在酵母和真菌两种生物体的共同作用下，马奶中的碳水化合物被转化为乳酸和酒精。

马可慢慢习惯了这种饮品，至少能够忍受它那独特的口味了。他说有个蒙古人家做的酸马奶尝起来就像是白酒。在蒙古，马可别无选择，只能尽量去适应酸马奶的口味，因为蒙古人几乎没有其他可以喝的东西。即便到了冬天，马奶很少的时候，蒙古人对酸马奶的热情仍然丝毫不减，他们会在凝固了的酸马奶中掺上热水，将其搅匀了喝下去。

尽管蒙古人生活清苦，却赢得了马可由衷的赞扬。蒙古女子和哈密妇女不同，她们忠诚于自己丈夫。马可声称：“任何蒙古人都不会染指他人的妻子，因为他们认为这是很邪恶的事情，若发生此类事情，定会遭人唾弃。”“即便有人娶了10个甚至20个妻子，她们也能和睦相处”，妻子们共同处理“家庭收支、照顾家人和孩子，而且不会发生口角”。这赢得了年轻的马可的赞赏：“我认为，在这个世界上，蒙古妇女身上的这些美德是最应得到褒奖的。”

当然，使蒙古人家庭和睦的原因远比马可的描述要复杂。后来他进一步表示，蒙古妇女理应“为她们的美德和宽容受到赞扬，而蒙古男子随心所欲娶妻的做法，肯定会让基督教国家的妇女大为不解。如果男子只娶一个妻子的话，那么他只需要对一个人忠诚，但蒙古男子却要面对如此庞大的婚姻誓约，女子们更是要与众人分享自己的丈夫。因此，如果信奉基督教的妇女有不忠行为，我会为她感到羞愧。而那些百人共一夫仍能觉得幸福的妇女应该得到大家的尊重和赞扬，世界上其他地方的女子都应对此自愧不如”。

经过一番调查，马可揭开了蒙古人成功婚姻的秘密：“只要有能力供养，每个蒙古男子都可以娶很多妻子，甚至可多达 100 名。男子要送给妻子聘礼，并由其岳母保管，结发妻子及其子女的地位在家中一般要比其他人高。因为很多人都有为数众多的妻子，所以蒙古人的子嗣之多恐怕在全世界都是无人能及的。”马可解释说，蒙古男子还能娶自己的亲戚为妻，比如，“表亲或堂亲；如果父亲去世了，长子可以娶除了自己的生身母亲和嫡亲姐妹之外的，父亲身边的任何一个女子为妻；兄弟去世后，可以把兄弟的妻子娶进家门。结婚的时候，家人都会欢聚一堂，举行盛大的婚礼”。

蒙古人的婚俗和生育习惯对后来的人类社会产生了深远影响。波斯史学家诸瓦尼曾说，“现在世界上有超过 20 000 个成吉思汗的后裔，他们生活富裕，衣食无忧。我不想把这个数字说得更大，以免读者会觉得我言过其实而提出质疑：一个人怎么可能在如此短的时间内冒出那么多的子嗣呢？”

现代遗传学研究表明，诸瓦尼并没有夸大其词。在成吉思汗时代，每十二个亚洲人中有一个，换言之，世界上每两百个人中就有一个带有蒙古人的 Y 型染色体。遗传学家认为，因为成吉思汗的军队在征服亚洲的过程中大肆奸淫所到之处的妇女，他们的

DNA 取代了被屠杀的当地男性的 DNA。有一些科学家甚至认为，时至今日，部分男性体内的 Y 染色体仍然遗传自成吉思汗（当精子中的 DNA 与卵子中的 DNA 结合的时候，Y 型染色体几乎不会改变卵子中的任何遗传物质，因而 X 型染色体大部分都不会变异）。来自牛津大学的研究人员测试了亚洲男子的 DNA，发现有 8%的被测者的 DNA 都非常相似，这意味着，这些人虽然相隔万里，却有着千丝万缕的联系。于是，遗传学家得出结论：这 8%的人就是成吉思汗的后裔。这一研究结果公布于众后，媒体便积极响应诸瓦尼的观点，他们把成吉思汗称为“史上最伟大的情人”，或者更精确地说，“一个四处留情之人”。

蒙古铁骑

马可·波罗很欣赏蒙古人，所以他非常真诚地赞美他们对萨满教的信仰，而丝毫没有表露出以往他对那些不熟悉的宗教信仰的蔑视。马可说：“蒙古人每天要给伟大的天神焚香以祈求智慧和健康。”他承认蒙古人也信奉佛教，但他们最为推崇的是“纳蒂盖神”，“也就是土地之神，她专门佑护蒙古人的妻儿子嗣及粮食和谷物丰收”。

这次，马可没有进行太多质疑而是认真进行了一番思考。从马可的解释中可以看出，蒙古人的宗教仪式与基督教有着惊人的相似：“家家户户的墙上都挂着代表伟大天神的塑像，或者供奉着一个写有天神名号的牌子。人们每天焚香祭拜时，都要将双手举过头顶，同时扣齿三次，以代表祈求天神赐予他们长寿、智慧和健康。每家的地上还供奉着专司人间之事的地神纳蒂盖。拜祭地神时，蒙古人也要焚香、扣齿、礼拜，祈求来年风调雨顺，五谷丰登，保佑他们生儿育女，多子多福。”

当然，蒙古人的宗教信仰与基督教也有截然不同之处：“蒙古人对灵魂没有任何认识，而且也不关心，他们只关心自己的身体和现世的享乐。”事实上，蒙古人对灵魂也有自己的看法。马可说：“他们认为人死之后，灵魂会立刻进入另一个人的身体并通过这种方式获得永生。一个人此生的德行能决定他转世投胎的好坏，也就是说，如果此生他是个穷人，但为人谦和，那么他来生就能投胎到体面人家中，成为体面人，再下次就会生在贵族家庭，成为王公贵族；如果他是武士的儿子且行为高尚，那么转世就会成为王侯……如此上升，直到他与神合为一体。相反，如果一个人此生虽然体面，但行为不轨，那么下次投胎转世一定会生在乡下，然后再从一个乡村野夫转世投胎成狗，甚至更为低下。”从马可对蒙古人的信仰的谨慎、恭敬而又熟练的描述中，不难看出，马可已经非常了解蒙古人的宗教信仰了。

尽管如此，但马可还是忽略了蒙古人更宽广的精神世界，在这个精神领域，纳蒂盖神介于家和无尽的宇宙力量之间。蒙古人认为他们的神灵存在等级制度，最上面的是万能的神：长生天，其他九十九位神灵位列长生天之下，其中就有马可前面提到的“妇女、家畜和庄稼的保护神”——纳蒂盖神。

马可想通过对蒙古人宗教信仰的描述，来消除蒙古人给欧洲人留下的野蛮残忍的印象，在他看来，欧洲人对蒙古人固有的这种印象都是错误的。他说：“蒙古人说话时态度谦恭，时常面带笑容，举止高雅，而且很注重食品卫生，绝不食用不洁之物。他们非常尊重父母，一旦儿子对父母有所怠慢，或者不承担赡养之责，会有专门的公堂严惩儿子的不孝之举。”这一举措为维护蒙古社会的稳定发挥了重要作用，马可虽然没有明确表明自己是否支持“由专门的官员来对不孝之子进行惩罚”这一做法，但不可否认，他对此举至少是非常认可的。

最让马可钦佩的要算是蒙古武士了。他们个个擅长骑术，让无数人闻风丧胆，但又经常会做一些令人不齿的奸淫杀戮之事。蒙古武士就像是一群充满活力的危险分子，但彼此间又非常坦诚；他们无视任何法规，将前途和命运完全寄托在对权力的追求之上。对于温文尔雅的马可来说，能够彰显大自然无穷力量的似乎只能是这些粗犷的蒙古武士，而不是那些有教养的汉人，难怪他会对蒙古武士们钦佩不已。

大量使用的溢美之词显然是出自马可之手，而不是鲁斯蒂谦的一贯风格，“有钱人和贵族穿金戴银，袍子下面还穿着貂皮、狐皮和其他各种各样华贵的裘皮，他们身上的饰品和带有裘皮裹边的袍子非常华美，价值不菲”。

马可还告诉读者，“蒙古人喜欢随身携带各式武器，有弓箭、镶有饰物的宝剑、长矛和板斧，但武士们最喜欢带的还是弓箭，从小就与弓箭为伴的蒙古人可以说是世界上最优秀的弓箭手。他们身上穿着经过特殊处理的水牛皮或其他皮革做成的皮甲，非常结实耐用；他们性格刚烈，作战时非常勇猛，完全将生死置之度外”，这一点往往令欧洲人闻风丧胆。马可近距离观察了这些蒙古武士：他看到了他们坚韧的目光，闻到了他们浑身散发的酸马奶的味道，他对他们崇拜得如痴如狂。

尽管蒙古族人口并不多，他们没有一个共同的宗教信仰，也没有使用一种通用语言，但是他们却征服了整个亚洲大陆。从理论上讲，他们似乎根本无法完成这一宏伟大业，但事实是他们做到了，而且是在短短几年之内。马可认为其根本原因早已明白地书写在蒙古人的日常行为中了：他们一心一意效忠于自己的君主，比起欧洲人，蒙古人的性格更为坚韧，适应能力也更强。他们对于征战的态度简单而又直接：那就是永远打下去，并且每个人都会全力以赴。历史学家大卫·摩根说："对于普通老百姓来说，这种事情简直不可思议。"蒙古军由来自社会各个阶层的人组成，就如诸瓦尼所说的，蒙古军是"一支由农民组成的军队，但是任何时候只要一声令下，不论身份地位，也不论年龄，所有人会迅速集结起来转瞬成为剑客、弓箭手和枪手"。

蒙古人的这种高度的凝聚力给马可留下了深刻的印象，他说，"面对困难，蒙古军表现得比世界上任何一支军队都勇敢。如果需要的话，他们一走就是一个月，除了带上必不可少的马奶和自己打来的猎物，其他任何多余的食物都不会带"，有时候甚至会"两天两夜都不下马"。

马可毫不掩饰自己对蒙古英雄们的崇拜，"他们是世界上最敢于担当的士兵，他们会设法克服一切困难，即便食不果腹也不会有任何怨言，他们似乎天生就是为了行军打仗"。年轻的威尼斯旅行家认为这种艰苦而充满活力的生活是一种权力和自由的体现，也正是他长期梦寐以求的。

正如马可反复提到的那样，蒙古军的规模令人震惊，"参战的鞑靼贵族一般都会率领一支十万人的骑兵"，这在欧洲绝对是一个闻所未闻的数字。虽然蒙古骑兵人数众多，但他们始终遵循一种非常简单的管理原则："每十人、百人、千人、万人中设有一位首领，必要时统帅们只要和手下的十个人进行协商就可以了"，而由此形成的指挥链中，每位首领也只需要向他的上司汇报自己手下的十个人的情况。这样一来，一旦蒙古军准备发动袭击，他们完全可以不必大动干戈，而只是根据需要调用适度的兵力就行了。此外，蒙古军还拥有一个复杂的情报网络，其主要任务是在大军开拔前，侦察前方的道路，这样“后面的大队人马就不会遭到敌人伏击了”。

马可还透露了一些蒙古武士们的生存办法。马可说，“蒙古骑兵主要以马奶为食，大概每人有十八匹马，所以途中一旦有哪匹马累了，可以立刻替换。士兵们不带什么别的食物，就带着一两个用来装马奶的皮囊。另外，每人还带着一个专门用来煮肉的陶罐”。如果行军途中无法带肉的话，他们就去捕猎。满载而归的士兵们会“把猎物的肚子掏空灌上水，然后把要煮的肉切成块放进猎物肚子里，放到火上煮。等肉煮熟后，他们可以把肉和‘煮肉的锅’一起吃掉”。

行军打仗时，蒙古武士们过着非常艰苦的生活，有时候他们一连好多天不做饭甚至不生火。遇到特别危急的情况，“他们不得不刺破战马的静脉，靠喝马血保命”。他们还发明了一种特殊的食用马血的方法，就是将马血冷却凝固，觉得饿的时候，就把它放进水里溶化再饮用。他们还用同样的方法处理像糨糊一样坚硬的干马奶：将马奶煮沸后，把浮在上面的奶油撇掉，盛到另外的容器里做成黄油（之前，因为马奶里面含有油，所以是不会干的），然后再把撇除黄油的奶放到太阳下晒干。每次出征的时候，武士们会在自己的皮囊里装上约 10 磅重的干奶，吃的时候掺点水，“就是一顿早餐了”。

实际上，在条件允许的情况下，蒙古人的食物种类繁多，而且非常精致，其营养和数量远远超出了武士们的身体所需。传统的蒙古饮食包括一些很有特色的汤类，如羊骨架汤（将大约 30 个羊骨架放进一个大桶里煮，煮到水剩下原来四分之一的时候，撇掉表面的浮油，倒掉残渣，即可食用）；沙枣汤（选用一只羊腿，加入五个豆蔻和一些去皮的雏豆。加水煮沸过滤后，再加入沙枣、切成薄片的羊腿肉、大白菜还有荨麻叶）；还有一种用黄油和羊肉做成的食物，具体做法是：选用上好的羊肉、羊油、羊尾、橘皮、生姜，加入盐、酱和香料，搅拌均匀。在制作黄油皮的时候，需要加入菜油、米粉和小麦粉。受土耳其人饮食的影响，面条也进入了蒙古人的食谱中，他们通常喜欢吃清汤面，里面配着羊肉、鸡蛋、羊肠、蘑菇，并以生姜、辣椒、盐和醋为佐料。马可在蒙古帝国看到面条时，没有感到太意外，因为早在他开始东方之旅前，这种食物已经沿着“丝绸之路”，以土耳其为中心向周边地区传开了。因此，马可·波罗没有把面条介绍到意大利，在他之前早已经有一位无名氏将其介绍到了意大利。

马可不得不承认，蒙古人是军事策略方面的大师（当然他是指在陆地上，而不是在海上），他这么认为并不是因为他们的残暴和冷酷，而是因为他们的确具有敏锐的战略眼光。如果汉人和欧洲人获悉蒙古人“在战场上取胜是采取追击和溃逃并用的方法”时，一定会感到诧异，但蒙古人并不会因为自己临阵脱逃而感到耻辱。他们常常会假装逃跑，将敌人诱到沟边或是悬崖边，然后将其包抄，再用箭把他们射死。马可说，“敌人看到蒙古军开始溃逃时，会误认为已经打了胜仗”，草原勇士们便趁机重新集结起来，放出沾有致命毒药的箭射杀敌人的战马，再杀个回马枪，把那些业已阵脚大乱、疲惫不堪的敌人赶尽杀绝。

马可在讲述这些故事的同时，他也不无遗憾地提到那种纯粹的蒙古武士式的生活已经一去不复返了，可能是因为受到“宗教信仰习惯的影响”，“现在的这些蒙古武士已经逊色了很多”。马可所指的“宗教信仰”主要是指正在迅速传播和发展的佛教及伊斯兰教。

蒙古人的法令相当严明，甚至有些野蛮，“如果有人企图用利器攻击别人，无论是否击中，哪怕只是想恐吓一下对方，也会被施以砍手之刑”。马可说，“凡是伤及他人身体的人，会被罚受同样的伤”。窃贼会受到杖责，而且“至少七下，如果偷了两件东西，就要打十七下，三件则是二十七下”，以此类推，每多偷一件东西增加十下，有“很多人最后会死于棍下”。如果有人胆敢偷别人的马或者牛（蒙古人都会在自己的牲畜身上打上标记），那么最终肯定会死于棍杖之下，有时候甚至会被劈成两半。

不过干了坏事的人如果肯花钱的话，也会被从轻发落。比如说，如果盗马贼肯赔付自己所盗赃物九倍的钱，就可以免于一死，但是他的名誉却是无可挽回了。

蒙古人为夭亡的孩子举行“阴婚”的风俗让马可感到特别不可思议，他很想给欧洲人解释清楚这种复杂的仪式，因为他们肯定会认为这纯属无稽之谈。“如果两家人分别有未婚的子女夭亡，那么双方的家长就会让两个夭折的孩子成亲，给他们举行婚礼，而且相关的结婚证书和聘礼一应俱全。”

结婚仪式结束后，能和死人进行交流的萨满教巫师把证书烧掉，燃起的青烟似乎是在向阴间宣告两个孩子的婚姻从此生效，之后还要举行婚宴。婚宴结束前，“新人”的家人会把两人的塑像放在一辆用鲜花装饰的马车上在城里游行。婚宴结束后，两人的塑像会被烧掉，家人还要“向神灵祈祷，祝福两个孩子在另一个世界里幸福美满”。

结为阴婚亲家的两家人还要交换礼物甚至彩礼，此后两家互相往来，就好像新娘和新郎还活在世上一样。

因为还有“更加不可思议的东西要写下来”，所以马可对阴婚没有做过多的记叙。有什么能让年轻的马可对像这样的奇闻都兴趣索然呢？他自己给出的答案是：“我最想说的是忽必烈汗和他的朝廷。根据我的判断，世界上没有任何一个王国可与之媲美，我保证所说的这一切绝对是实情，没有任何虚假和夸张。”

马可简单谈到了自己见到的一个很粗野的游牧民族，他们“驯养着像马一样大的鹿，而且还把鹿当坐骑”。紧接着马可提到了额里湫国（凉州，今甘肃武威）和居住在这里的“土耳其人、信奉基督教的聂斯托利派教徒、佛教徒和信仰穆罕默德的撒拉逊人”。在谈到辛犹省时，马可特别提到了“像大象一样高大的牛”，这种牛除了后背以外，全身长着黑白相间的毛，看上去特别漂亮。最值得一提的是它们的毛，真的是如丝般柔软顺滑。马可说，“我把这种牛毛当作稀罕物带回到威尼斯，所有见到的人都视其为天物”。此外，这里还出产世界上最好的麝香。

麝香是制作香水、催情药物和各种魔术饮料的原料之一，所以不仅马可对它很感兴趣，所有欧洲人都认为它是一种很神奇的东西。马可了解到，原来这种神奇的物质产自“一种雄鹿腹部的一个鸡蛋大小的腺体”。这种雄鹿类似于瞪羚，“身上的毛长得和鹿毛差不多，但更为浓密，蹄子和尾巴都和瞪羚长得很像。但它长着约有三指长的四颗牙，上下各两颗，细长而白，宛如象牙”。蒙古人把这种动物叫舍得利。

它们的腺体分泌物本身是棕红色的，和蜂蜜一样黏稠，散发的香味主要用来吸引异性。马可详细记录了蒙古人获取麝香的方法：“月圆时是猎人们抓舍得利的最佳时间（据说麝香的生长受满月的影响），捕到舍得利后，猎人会把它肚脐上的一个血包割掉，去除血包表皮之后，再将其晒干，血包里面的血就是能散发香味的麝香。”

马可对这种“瞪羚”非常感兴趣，数年之后，他返回威尼斯时曾带回了“一只风干了的瞪羚的头、蹄子、一对牙齿，还有一些装在香囊里的麝香”。虽然这些物品会不断勾起他对以往经历的苦涩回忆，但是这也正是他被羁押在热那亚监狱时，想为读者重现的一些往事。

马可似乎对当地的居民怀有一种很复杂的感情。他说，当地人鼻子小巧，黑发，男子除了下巴上有些胡子外，一般都不蓄络腮胡。妇女都很漂亮，“身材匀称，除了头发以外，身上没有很浓密的体毛”。尽管马可自认为见多识广，但当他得知这里的男子“贪恋女色，可以随心所欲娶妻而不会受到宗教信仰的约束”时，他既新奇又觉得难以接受。“当地人娶妻，不讲究对方出身，而只要求漂亮。只要女子长相俊美，即便出身卑微，也会有王公贵族娶她为妻，并会送上很丰厚的聘礼。”马可一直在考虑，他们的聘礼“是否类似于威尼斯人的那种把婚姻转化为一种商业交易和家庭之间的政治联盟”的彩礼。

可移动的宫殿

马可·波罗一路东行来到了“天德省”，他曾误把这里当作了传说中祭司王约翰的领地。所以，这次他完全是在一些传奇故事而非事实的基础上解释说，“当地居民大部分都是基督徒”，也有一些信仰其他宗教和异域文化而被称作是“阿儿浑”的人，这些人差不多都是佛教徒和伊斯兰教信徒。虽然他们出身和血统都不尽相同，但马可却对他们大为赞赏：“‘阿儿浑’皮肤白皙，在所有异教徒中长相最为俊美，而且这里的商人也比其他任何一个省份的商人都要精明。”

马可一行人继续前进，他很牵强地认为“我们所说的哥革与玛各”和传说中祭司王约翰的领地有关，这里马可所指的就是《圣经》中提到的统治玛各的君主哥革。

马可的故事讲到这里后，原本以他的亲身经历为依据的讲述突然大量添加了一些历史资料和传说故事，他这么做似乎是想把传说和古代历史汇编在一起。

随后，他又把话题从“历史事件”转向“猎鹰”，作为一名狂热的猎鹰目击者，马可的讲述又重新恢复了以往的生动和准确。作为一项欧洲和蒙古贵族都喜爱的消遣活动，马可主要突出了“猎鹰场面的壮观”和“猎鹰是参与者身份的一种标志”这两个特点。他告诉读者，忽必烈汗每年都要去狩猎，而且“每次都能捕到很多大隼和猎鹰，然后大汗会大摆宴席，狂欢庆贺”。

每到捕猎季节，大汗便前往一个“用木头和石头建造的专门的驻地，那里养着大量的雉和鹌鹑。山间还种着各种需要在夏季播种的粟类作物，这些作物是大汗饲养的禽类的饲料，所以任何人都不敢随便收割”。

专为狩猎而建起来的这个营地，除了玩乐之外，也是忽必烈汗的纳凉之地。在蒙古大草原上走三天，大汗就可以来到他这座著名的夏宫——上都，“上都”一名取自塞缪尔·泰勒·柯勒律治的梦幻诗《忽必烈汗》。

上都在西方眼里，素来以其怪异的象征而著称，而事实上，它本来就是一个真实存在的地方。随着对上都了解的深入，马可告诉读者：“忽必烈汗用精美的大理石和各种石头在这里为自己建造了气势恢宏的宫殿。”马可看到的上都的场面，要比柯勒律治近似癫狂的描述壮观多了。“整座宫殿金碧辉煌，到处雕梁画栋，令人叹为观止。宫殿四周有一圈城墙，把这里围成了一个方圆十六英里的宫城。而整个宫城就像座城堡，清澈见底的小溪、绿毯般的草坪和郁郁葱葱的树林随处可见。”

宫城里还有一个特别漂亮的专为大汗取乐消遣的皇家动物园，

“里面养着很多用来喂食关在笼子里的猎鹰和矛隼的动物，如牝鹿、山羊还有狍子”。园子中间还有一片非常漂亮的草坪，“大汗专门让工匠用竹子给他造了一个凉亭，凉亭的每根柱子的顶端盘绕着一条鎏金的巨龙，向右伸出的一只龙爪和龙头支撑着亭子的飞檐，另外一只龙爪则探向左边。凉亭的顶部也是用鎏金的竹子做成的，而且上面还涂着油漆，据说可以用来防潮，并能保证上面的彩绘永不褪色。对于以前从没见过这类建筑的人来说，肯定认为这是世界上最精美的建筑”。

马可的观察力变得越来越敏锐，他为读者呈现了一个“被五百年后的柯勒律治誉为忽必烈汗的‘豪华安乐窝’的早期蒙古建筑工程史上的奇迹”：“用来建造凉亭的竹子有 3 ~ 4 掌粗，10 ~ 15 步长。有些竹子被一劈两半后再从竹节处砍断，用作凉亭的瓦；稍微粗壮一些的竹子被用作柱子、横梁和分隔物，所以整个亭子差不多全是用竹子做成的。我还想特别说明的是，忽必烈汗的整座宫殿差不多也是竹子做的。竹子做成的瓦片全部用钉子固定在一起，不但坚实耐用，而且还能防风挡雨，遇到雨天的时候，雨水会顺着房檐流下。”

更让人惊奇的是，如此复杂的建筑却和蒙古人住的最普通的蒙古包一样，是可拆卸和折叠的，蒙古人似乎想在任何方面都要凸显出他们游牧民族的特点和文化传统。马可接着说：“大汗之所以有如此设计，就是希望随时都能把宫殿拆开带走或组装起来，同时所有建筑材料不会造成任何破坏。凉亭被支起来之后，要用两百多根丝绳把四周固定起来，这么做是为防止质地较轻的竹子建筑被风刮跑。”

“大汗只在六、七、八这三个月住在这个园子里，有时他住在大理石宫殿里，有时则住在竹子宫殿里。上都所在地区温度适中，空气清新，所以他来此地专门是为了避暑。”尽管马可的描述可谓栩栩如生，但欧洲读者仍然认为这全都是马可幻想和虚构出来的。而事实上，这一切确实都是马可亲自观察的结果。

在外人看来，忽必烈汗似乎是一个我行我素、令人敬畏、无所不能的人，他使周围的所有人黯然失色。而实际上，他常常让占星师为自己出谋划策。马可说：“一遇到雨天、大雾或其他恶劣天气时，大汗就让巫师爬到他所在的大殿顶上用符咒驱散乌云，而大殿之外的其他地方，依然乌云密布、电闪雷鸣。”

经过观察，马可获悉在蒙古朝廷里有两类占星士，一类来自西藏，一类来自克什米尔（大概就是今天的巴基斯坦），他们都是黑色巫术的从业者，而且似乎还能操控忽必烈汗本人。马可说：“这些人精通巫术和魔法，好像无所不能而且还能控制恶魔，因此，我认为他们大概算是世界上最伟大的巫师了。而且他们一直在标榜，他们做的任何事情都是圣洁的，并得到了上天的帮助，是为了行善。”但是这些人很粗俗，“他们浑身污秽不堪，从不顾及自己的声誉，也不给别人留面子，而且似乎从来都不梳洗，脸上时常沾满泥水”。

最让人反感的是来自克什米尔的占星士，他们“是所有巫师当中最邪恶的一类”。

马可专门讲了一个可怕的故事来让读者了解他们的狠毒：“当得知一个人即将病死或者要被当地的衙门处死的时候，这些来自克什米尔的占星士就会想办法把那个人弄来吃掉，但他们不吃正常死亡的人。”

为了让读者印象深刻，马可还编出了一段历经数百年仍让人瞠目结舌的奇闻：“大汗坐在一张有八库比特高的大桌前用餐时（库比特是古代长度单位，1 库比特相当于 45.72 ~ 55.88 厘米），巫师们便会施展巫术，让摆放在大殿另一端的桌子上的各种酒、奶和其他饮品，在无须任何人动手的情况下，自动倒进放在过道中间的桌子上的金杯里，然后再献给大汗。”

“大汗喝完之后，空杯子又会自己回到原位。”为了避免读者生疑，马可坚持说这些都是在众目睽睽之下发生在大殿里的事情，“有时候，巫师们会当着大汗准备接见的一万多名客人的面做这些事情，所以绝对真实可信，而且这种事几乎天天发生在大汗的餐桌上”。

马可谈到这些事时，就好像他耳闻目睹过一样。很显然，此时马可的写作热情已经完全超越了基本常识，难道是巫师用巫术把他也给迷惑了？

在“夏宫”的所有景观中，最吸引人的无疑是忽必烈汗豢养的白色牧群。“大汗拥有一群数量可观的白色马匹，浑身色白如雪，没有一点杂色”，据马可估计，这群马大约有一万匹，此外还有很多头“雪白的奶牛”。这些罕见的白马和白牛产出的奶非常珍贵，“除了忽必烈汗和他的子孙，世上再无人敢喝”，不过当地有个叫奥里亚的家族可以例外。马可说，很久以前，成吉思汗破例让奥里亚家族享受这一特权是“对他们出生入死、立下赫赫战功的犒赏”。“成吉思汗希望奥里亚家族的后代能和他的子孙共享美食，因此，只有这两个家族才有资格享用前面谈到过的白马和白色奶牛的肉和奶。”

任何人都必须对这种高贵的白马表示敬意。“白马在去牧场或森林吃草的途中，所有的路人，不论是普通老百姓还是王公贵族都要让白马先行通过。当行人看到白马经过时，绝对不能走在道路中间，而必须站在路旁等候马群全部通过并走出一段距离后，他们才能继续赶路。”

蒙古人认为，白马生来就具备一种神奇的特性。“占星师告诉大汗，如果每年农历八月二十八这天，把白马的马乳洒向空中和地上，天上和地上的所有神灵就都能享用美味的马乳了。”神灵一高兴，就会让“世间的万物充满勃勃生机”。

祭祀活动被安排在每年的农历八月二十八，这也是大汗离开“夏宫”的日子。“节日当天，大汗会亲自四处泼洒盛放在圣器中的马乳来祭奠神灵，而占星师则会把洒出来的马乳全部喝掉”，整个朝廷上下狂饮马奶酒来庆贺节日，很多人喝得烂醉如泥、不省人事。

等大家清醒之后，接下来就该拆除“夏宫”，离开上都了。马可说：“忽必烈汗的‘夏宫’设计得非常精妙，所以短时间内就可拆解成一个个易于携带的零部件了。”等一切就绪后，大汗的人马便浩浩荡荡地出发了。

欧洲人对这种以竹子等轻体材料作为建材，并且把建筑物打造得像家具一样既能拆装，又易于搬移的设计理念感到不可思议，但马可所说的确是实情。表面上，马可似乎和一群尚未开化的蒙古武士生活在一起，而事实上，他在这里感受到了比西欧要先进好几百年的人类文明。为了让读者相信他所说的一切，马可的耐心和说服力接受了很大的挑战。

尽管波罗三人的旅途困难重重，险象环生，而且还耗费了大量时间，但由于一度有忽必烈汗的庇护，所以他们还是觉得非常安全。不过现在他们却意识到自己陷入了一个巨大的圈套当中。在外人眼里，忽必烈汗几乎就是神的化身，是位无所不能的君王，但实际上，他自负而又脆弱，所以波罗三人在蒙古帝国的地位岌岌可危。忽必烈汗曾答应一定会保证他们在蒙古帝国的人身安全，这一承诺使得他们无法向大汗请辞，更不能逃跑，就算回威尼斯看看都不可以。可是如果大汗发生不测，他们一旦落入他的敌人手中，那么将来的命运就难说了。

之前马可为能亲近世界上最伟大的统治者而感到沾沾自喜，根本就没有考虑到这一点。忽必烈汗也完全融入他的故事中，成了他的叙事对象：“我要给大家讲述有关世界上最伟大的鞑靼‘王中王’的故事，这位高贵的可汗的名字叫忽必烈。”

马可·波罗激励他的读者，尤其是威尼斯人要学习忽必烈汗的治国方略。他长篇累牍的叙述中也有一些可以被看作有关如何治国的论述，中世纪另外一位意大利政治家马基雅维利在其著作《君主论》中针对治国之本论述了同样的道理。马可认为忽必烈汗既是一个武士，又是一位君主，而且还是一位圣贤。对这个威尼斯人来说，忽必烈汗是一个有血有肉的人，是继亚历山大大帝之后的一位登峰造极的人物，他是权力和能力的化身，是一位能改变历史和世界命运的统治者。

“出于对大汗的尊重，大汗皇宫方圆半英里的居民平日始终保持安静，绝对听不到任何嘈杂之声。”马可还谈到了蒙古宫廷里的生活，“所有王公贵族进入大殿时都会随身携带一个小巧精美的盒子，是专门用来吐痰的，因为任何人都不敢在大殿上随地吐痰”。

前来朝见大汗的人一律穿着一种特殊的用“白色皮革制成的拖鞋”。马可解释说，“凡是大汗召见的人，都要脱掉自己的鞋子让旁边的仆役代为保管，然后换上这种特制的鞋子，目的是为了防止弄脏大殿上有金丝线的色彩鲜艳的丝毯”。

身着华丽服饰的波罗一行准备去觐见这位财富与权威化身的蒙古帝国的统治者忽必烈汗了。

“威尼斯贵族尼科洛和马费奥兄弟俩及马可抵达大都后，他们马上面见大汗，在众多王公贵族的陪同下，他们无比崇敬地跪倒在大汗面前。”

波罗一行拜倒在伟大的蒙古统治者面前，内心充满了仰慕和不安。大汗让他们起身，并热情地设宴款待了他们。忽必烈汗迫不及待地向兄弟俩询问“他们这些年离开蒙古朝廷后的生活和其他情况”。“兄弟俩告诉大汗他们一切都好，并且表示此次回来后，看到大汗身体健康且国富民强，感到特别欣慰。”

寒暄过后，忽必烈汗想听听波罗兄弟俩“完成任务的情况”。马可说，尼科洛和马费奥就“把事情的经过原原本本地给大汗做了汇报，站在一旁倾听的所有王公贵族对他们长途跋涉的艰辛与冒险行为惊叹不已”。讲完自己的经历后，兄弟俩给忽必烈献上了从阿迦城带回来的教皇的文书，大汗对他们完成这项艰巨任务所表现出来的聪明才智大加赞赏。

在乐曲声中，“兄弟俩又给大汗献上了他梦寐以求的取自耶路撒冷耶稣圣墓里的圣灯油”。忽必烈汗看到这件神奇的珍贵礼物后，“龙颜大悦，称这是件无与伦比的稀世珍品，遂命人妥善保管”。

接下来该马可上场了。他的父亲和叔叔正式将他引荐给忽必烈汗，“大汗看见这个儒雅的年轻人，就询问他是谁”。他的父亲尼科洛先生立刻回答:“陛下，这是犬子，他是在下最为宝贵的财富，所以在下不远万里，历经周折把他带给您，希望他能为陛下效劳。”我们可以想象：年轻的马可此时该是何等窘迫，他的父亲郑重地把他交给了忽必烈汗，让他为大汗效命。

一听此言，大汗连声说:“我非常高兴，欢迎这个年轻人的到来！”

第二卷 亚洲

第7章

万王之王忽必烈

我要建成一座天上宫阙，
阳光为穹，寒冰做穴！

忽必烈汗的认可标志着年轻的马可生命中关键时刻的到来。从此以后，他不必再靠父辈们的扶助，他可以凭借自己的能力生存了。马可生性好探究而且精力充沛，他的这一性格正好与这位蒙古皇帝及其帝国的特点相吻合。从这个喜欢观察的、来自神秘西方的年轻人身上，忽必烈汗看到了一种希望，同时在大汗的影响下，马可也逐渐摆脱了种种思想禁锢，开始成长为一位名传史册的旅行家。十七年间，马可和忽必烈汗之间建立了一种异乎寻常的关系，既是君王与臣子，又是教士与信徒，甚至还像父亲与儿子。

马可声称忽必烈汗对他恩宠有加，把他视为“家族成员之一，因此整个朝廷上下都对他另眼相待”，与此同时，年轻的威尼斯人也在细心观察着他周围的所有人，“在蒙古帝国期间，这个有着超凡智慧的年轻人学会了鞑靼人的风俗、语言文字和射箭术，更令人称奇的是，他很快就完全掌握了这些技能的要领”。他的口头表达能力特别强，在短时间内“学会了好几种语言和文字”。他开始慢慢深入地去了解忽必烈汗，到后来甚至比大汗本人对自己的了解都多，这为他游刃有余地为西方人描述大汗打下了基础。

在欧洲人心目中，忽必烈和他的祖辈们一样，根本不是人类，更像是一个好战嗜血的恶魔。尽管马可对这位蒙古统治者充满了敬畏，但他还是希望能够重塑大汗在人们心目中“人”的形象。

在马可眼中，“这位名叫忽必烈的万王之王，中等身材，不高不矮，身材匀称；他的皮肤白里透红，好似玫瑰花瓣；他的眼睛乌黑发亮，炯炯有神，鼻子坚挺端正”。马可的这些描写稍微有些理想化，因为从忽必烈的肖像画中，我们明显可以看出他略微有些发胖，但也算得上是仪表堂堂。

马可被忽必烈的威严所折服，他使用了很多溢美之词来刻画他：“大汗就是‘万王之王’的意思，而这一称号只有忽必烈才当之无愧。众所周知，无论是忽必烈统治下的臣民数量、疆域面积抑或是所拥有的珍宝，他绝对算是当今世界上最伟大的君王。”马可还补充了一点，“他是成吉思汗的嫡孙，在所有皇位继承人中排第六位”。波罗一行第二次到达蒙古帝国的时候，忽必烈汗已年逾六旬，但他仍然亲自指挥大军四处征战。他之所以能够继承皇位，一方面因为他出身皇室，另一方面也与他在战场上的足智多谋和骁勇善战是分不开的。

帝业初成

忽必烈是成吉思汗的四子拖雷和王妃唆鲁禾帖尼的儿子，母亲对忽必烈的成长起了至关重要的作用。每当丈夫外出征战，她便独自承担抚养孩子的重任，她的悉心养育终于培养和造就了儿子成年后那种神秘而令人敬畏、宽容而海纳百川的性格。

拖雷因酒醉身亡后，唆鲁禾帖尼表现出难得的独立精神，她拒绝了拖雷兄长窝阔台的求婚，为了儿子的前程而四处游说，她的政治才华与沉稳、果断的性格赢得了大家对她的尊重。叙利亚智者格雷戈留斯·巴·赫伯拉斯在谈到唆鲁禾帖尼时说："在世间所有女人当中，不可能再找到另外一位能像她一样的女人，而且我不得不说女人真比男人更优秀。"格雷戈留斯的父亲是一位犹太医生，曾任过主教和《圣经》讲解员。

众所周知，忽必烈的母亲是基督教徒，所以马可认为他们母子俩应该有着共同的宗教信仰。唆鲁禾帖尼是聂斯托利教派的基督徒，受母亲的影响，忽必烈对基督教的了解远远超出了辱骂他的欧洲人的想象。这位母亲始终保持着比她的信仰更为复杂的精神生活：出于自己的信仰，同时也是由于一些政治原因，她一直积极倡导宗教宽容。为了能为家族赢得所有民众的支持与拥护，她还接受佛教、道教和伊斯兰教。她在信奉基督教的同时，也为清真寺和穆斯林团体慷慨捐助；她不仅要求忽必烈必须像普通蒙古人一样学会狩猎，同时也坚持让他学会了蒙古人所使用的几种语言之一的维吾尔语。

她在北方各省推行仁政，同时在处理这些汉人地区的事务中深受启发。蒙古人统治中原所面临的最大的挑战之一，就是两种不同的生活方式的冲突：汉人世代过着农耕生活，而蒙古人则以放牧为生。蒙古人认为，虽然土地没有穷尽，但有时候并没有多大用处，而他们的游牧生活正是建立在这一假设之上的。唆鲁禾帖尼没有强迫汉人接受蒙古人的观点，而是允许他们按照自己的方式去生活。事实证明，她的这一举措增加了蒙古人的税收。

忽必烈汗秉承了母亲治理北方各省的策略。他接受多神论，不但使他深得民心，同时也保证了国家经济的协调发展。在他之前的蒙古统治者一般都采用比较强硬的治国手段，极尽可能地剥削统治区的汉人，不仅强迫汉人搬迁，还征收各种处罚性质的税收。

年轻的忽必烈意识到，正是由于蒙古人的横征暴敛才使得汉人迫于生计而流离失所。

为了保证对汉人课税时的公允，忽必烈汗下令让汉人出任税收督查来取代蒙古族税收官。而且他还不断任用汉人为官，到了1250 年时，多个地区的汉人纷纷向忽必烈汗表达了归顺之意。

任用外族人来治理国家，这使忽必烈成为所有蒙古统治者中最少具有蒙古特征的一位帝王，因此，蒙古人经常批评他不该在语言、服饰、宗教（主要指佛教）和政府结构与管理等各个方面采纳汉人的做法，而应保持蒙古族人传统的行为方式。蒙古人的这种指责并非空穴来风，而是有根有据的，因为忽必烈汗的确任用了一些不同背景的谋士。有位叫海云的僧人曾给忽必烈讲授过佛法，他还给大汗的次子取了一个汉人的名字：真金。这位年轻的蒙古统治者还接受了儒家思想，此外，维吾尔族人、穆斯林和聂斯托利教派的基督徒也在他的朝廷里任职。据说，忽必烈还有一个由 40 名不同背景和民族的谋士组成的枢密院。所以数年之后，当穆斯林和欧洲人不畏艰难，取道“丝绸之路”来到蒙古帝国后，忽必烈汗便理所当然地让他们在自己的朝中供职。忽必烈汗还把臣民分为四个等级：第一等为蒙古人，他们享有最高的社会地位；第二等是所谓的“色目人”，也就是来自波斯和中东国家的人；第三等是北方的汉人，第四等则是南方的汉人。在蒙古帝国，虽然汉人人口最多，但社会地位却是最低的。

尽管忽必烈汗采纳和沿袭了许多汉人的做法来处理复杂的朝廷事务，但他还是保持着一些蒙古人固有的生活方式。比如，他始终对迁徙、狩猎、马术和行军打仗情有独钟。偶尔他也感到困惑，担心自己是否过于依赖汉人朝臣和谋士了，有人说他甚至曾探究过“历史上一些朝代的灭亡是否与佛教和儒教有关”的问题。忽必烈的汉语不是很流利，这使他不能和周围那些儒士进行深入的交流，当他们想给他讲授孔子学说的时候，旁边还需要有蒙语翻译。忽必烈一直在以自己的方式寻求与世界接轨的方法。

年富力强的忽必烈有四位正式的妻子，在她们四人当中，无论是从在臣民中的受欢迎程度还是从对丈夫的影响程度来说，第二位妻子察必最为出众。忽必烈与察必大概是在1240年完婚的，或者比这个时间稍微早一点，当时忽必烈大约二十五岁。察必信奉藏传佛教，她曾将珠宝首饰捐给了佛教寺庙，她还经常规劝忽必烈皈依佛教。

忽必烈认为只要通过自己的努力，任何宗教、语言及其他障碍都是可以克服的。在试图强化蒙古帝国内部联盟的过程中，他逐渐显示出一位帝王所具有的宽容和大度。1252年，他协助兄长蒙哥征服了西南部省份。有文献记载，他让一位知名的汉人学者创办学校，专为蒙古族学童教授汉语和科学。1256年，他又委托另外一名受人尊重的汉人学士刘秉忠帮他选择蒙古帝国建都的地址，后来他决定将都城建在上都，“上都”是一个让西方人充满无限遐思的非常浪漫的地名，而实际上，仅仅是因为它位于“大都”的北部，才命名为“上都”。

1259年，蒙哥的突然去世为忽必烈继承皇位带来了希望。1260年5月，蒙古王公贵族们召开忽里台商议大汗人选。经过慎重考虑，他们决定推举时年45岁的忽必烈继任大汗。

忽里台决定推举忽必烈继承汗位还不到一个月，他的弟弟阿里不哥在一些持反对意见的王公贵族们的支持下，也自立为大汗，并在哈拉和林的大本营里宣布一定要瓦解忽必烈的势力。得知这一消息后，忽必烈发誓决不能让他对自己继承帝位造成任何负面影响，便亲自率军在中原与阿里不哥的军队展开了激战。这时，有人建议为了蒙古统一大业，必须重新推举大汗的候选人。由于忽必烈还没有正式即位，所以只能被迫同意由家族所有成员和各行省的王公贵族们提出的重新选举要求。每位竞争者都有自己的支持者，所以新一轮的选举非常复杂，同时还引发了发生在各王公贵族及其支持者之间长达数年的战争。

为了增加自己的实力，忽必烈与位于中原的宋朝签署了条约，宋朝太子答应效忠忽必烈，并且每年都会献上包括 20 万盎司（1 盎司约为 28.35 克）的白银和 20 万匹绸缎在内的丰厚的贡品。忽必烈在汉族谋士的建议下，接受了宋朝的请求，并承诺会以较低的税率向他们征税，此外他还积极效仿汉人皇帝的服饰和一些汉族风俗。虽然忽必烈采取的这些改革举措取得了很好的效果，但是阿里不哥抓住了他的弱点，继续在中亚地区寻衅滋事。

不断的军事冲突使阿里不哥的军队蒙受了很大的伤亡和损失，除此之外，军中发生的疫病、逃兵和饥荒也使他的兵力折损不少。1264 年，阿里不哥在走投无路的情况下，被迫向他的哥哥投降。到达上都后，阿里不哥请求哥哥原谅，曾一度为敌的兄弟俩拥抱在一起。据说，忽必烈轻轻地帮自己的弟弟擦去了眼角的泪水。

忽必烈是个非常仁慈的人，他没有重罚阿里不哥和他的属下，只是下令将阿里不哥流放一年，他的这一做法引起了“希望严惩阿里不哥的其他王公贵族的强烈不满”。为了平息他们的怨气，忽必烈便下令调查怂恿阿里不哥叛乱的始作俑者。结果，他们抓获了一位名叫孛鲁合的谋士，后来忽必烈下令将此人同阿里不哥其他的九个亲信一并处死。

1266 年，阿里不哥暴病身亡，因为此前他身体十分强壮，所以有人怀疑这其实是忽必烈为了霸业，设计将他毒死了，但没有任何证据能表明他是被人所害。阿里不哥死后，忽必烈正式称大汗，但他并没有得到大多数蒙古可汗的支持。在像马可·波罗这样一些外来者的眼里，他似乎统治着一个强大而统一的帝国，而实际上，他对帝国的统治权威远没有外人所想的那样稳固。机遇、有利的环境、军事力量，以及自身所具有的美德最终成就了忽必烈的帝业。

纸币：忽必烈的秘密武器

忽必烈即位后，迅速在国内推行了一系列改革。1260 年，也就是即位的第二年，他下令废除汉人使用的“用铜、黄金和白银打造的钱币”，而改用纸质货币，蒙古人的钱币从此取代了汉人从 9 世纪就开始使用的货币。蒙古人使用的三种货币很快在全国开始普及：一种是以丝为材质的货币，其他两种都是用银子打造的。虽然这条货币改制令刚开始遭到了汉人的抵制，但最终还是在全国推行开来。

在汉人税收模式的基础上建立起来的蒙古税收政策要比西方税收制度先进得多，所以马可很想深入了解这种给他留下深刻印象而且与威尼斯截然不同的经济制度。在《马可·波罗游记》中，马可很惊讶地谈到忽必烈设在大都的造币厂，他说，“委派到造币厂的官员都精通炼金术，而且所有的造币师必须由朝廷任命”。

为了让欧洲人更好地了解纸币，马可特地详细描述了造币厂制作纸币的全过程：“工人们先要把桑树皮剥下来，然后把这层树皮制成黑色的像纸一样的薄片，再将这些薄片切割成方形，所有薄片上都有一些标记并加盖了皇帝的印章，否则是不能使用的”。另外，钱币上的标记由专门负责的官员手工加制，“如果有人伪造，必将受到严惩”。这种货币的奇妙之处就在于：“忽必烈汗可以用它们换回世界上所有的珍宝，而他自己却几乎没有付出任何代价。”

为了打消欧洲读者对这种纸币的实用性及价值的疑虑，马可解释说，“忽必烈汗统治地区的人们都很乐意使用纸币。他们外出买东西时会随身携带，用它购买日用品、珍珠、宝石、黄金、白银等所有的物品”。让人印象深刻的是，“这种纸币很轻，每张价值差不多等同于十个拜占庭金币，但分量却比一个金币还轻”。

忽必烈汗非常欢迎来自不同国度的工匠、艺术家、商人来到蒙古帝国。中东的穆斯林带来了各种香料、骆驼和地毯；其他商人带来了华丽的丝绸、漆、犀牛角和香，这些东西深受穆斯林的青睐。

在频繁的商业活动中，忽必烈汗的国库日益充盈起来，蒙古政府以极低的利率借款给蒙古王公贵族，但是对商人却课以重税。按照忽必烈的管理规定：商人们必须把所持有的贵重金属钱币，甚至宝石兑换成蒙古纸币后，才能进行交易。马可说，“每年都有来自各地的商人把带来的珍珠、宝石、黄金、白银等珍贵物品献给大汗，大汗让他的 12 个谋士对所有物品进行检查和估价后，再用纸币进行兑付”。如果“纸币因为存放时间太久，而出现破损或脏污，持有者可以到造币厂重新兑换一些新的干净的纸币”。

尽管马可也曾怀疑过纸币的真正价值，但他又确实亲眼看见了作为整个流通经济体制基础的纸币对蒙古帝国经济发展做出的巨大贡献。因此，在马可看来，纸币的影响力恐怕要比火箭和投石器更为深远，对普通人来说，它比宗教更有说服力。可以说，纸币是忽必烈征服世界的一个秘密武器。

忽必烈汗在位期间，王妃察必使他受益匪浅。察必一直希望自己成为一位统一的帝国的皇后，所以当丈夫与蒙古各部落交战时，她花了很多的心血去帮助他。有一次，当忽必烈和宋朝交战正酣时，察必特地派人将他找回来捍卫王位。她还坚持让刘秉忠谏言，反对忽必烈将都城周围汉人的农田变为牧场的计划。她告诉刘秉忠：“你们汉人非常聪明，只要你进言，大汗肯定会听，你为什么不试一下呢？”刘秉忠听了王妃的这番话，便去向忽必烈进谏。结果，忽必烈真的采纳了他的意见，放弃了原计划。

在后宫，察必也是以身示范。她非常节俭，经常把皮毛的边角料和绳子收集起来以备他用，其他人看到王妃尚且如此，便纷纷仿效。她将传统的蒙古盔甲进行了改良，专门给盔甲加上了一个面罩来帮助士兵抵挡中原强烈的阳光，她还设计了一种无袖的紧身作战衣。

察必和丈夫一样，对600年前的唐太宗非常感兴趣，她鼓励丈夫要效仿偶像，在汉人中树立自己的威信。从某种意义上来说，正是由于察必的贤德和深明大义，忽必烈才逐渐在汉人中巩固了自己的地位并赢得了他们的拥戴。

忽必烈的治国方略越来越多地反映出了一些汉人的模式，他采纳了儒家学者给他提出的治国指导原则。不过，他在吸收汉人的治国方略的同时，始终还是恪守着一些蒙古传统，比如，他保留了蒙古人亲自选拔官吏的习俗，而没有完全依靠科举考试来选拔官员，所以他不必担心因为过分依赖汉人帮他料理朝廷事务而引发的危机。

忽必烈越来越精于从政之道，他觉得自己完全有能力成为受人瞩目的世界君主，但遗憾的是，他始终没能实现这一夙愿。忽必烈在位期间，不时有蒙古部落在波斯和俄罗斯宣布自治，使得蒙古帝国变得四分五裂。于是，忽必烈改变战略开始加强自己在中原的统治，因为他已经意识到中原才是确保蒙古帝国强盛的关键，为此，他继续与宋朝达成和解。中原有许多富庶而美丽的城市，尤其是位于西湖边上的杭州城，是中原最美的一座城市。

故事大王马可·波罗

马可的语言天赋使他深得忽必烈汗的宠爱，大汗“任命他为钦差，去完成一些重要的任务”。马可的第一站是一个叫喀什的城市，距离大都大约有六个月的行程。

这位来自威尼斯的年轻钦差能力很强，每次都能出色地完成任务。别的使臣完成任务返回朝廷复命时，往往“无法给忽必烈汗讲述所到地区的其他趣闻”，这令大汗非常失望，指责他们“愚蠢、无知”，并且说，他不仅想听他们完成任务的情况，而且想听听异国他乡的新鲜事和风土人情。

马可对大汗的这点心思甚为了解，所以每次外出的时候，他会很仔细地记下沿途的所见所闻，以便回朝后讲给大汗听。于是，马可·波罗得到了诸如“旅行家”“故事大王”之类的一些名号，意大利人说他善于自我标榜、好夸海口。总之，世人对他既有赞美褒奖也有嘲讽挖苦，还有人揶揄他为“百万先生”。

马可自称是一位恪尽职守的使臣，同时也是一位严谨的编年史家，“马可先生把自己所见所闻及所做的一切都记录下来，并按照事情发展的先后顺序讲给大汗听”。虽然这些内容并没有全部用文字记录下来，但是所有的细节都深深地印刻在了他的脑海中。当马可被囚禁在热那亚的时候，就是借助从家中取回的笔记帮助他完成了《马可·波罗游记》。

马可拥有非凡的记忆力，他对那些偏远地区风土人情的回忆让听众惊叹不已。忽必烈不仅是马可的故事的第一位编辑，也是他的第一位最重要的听众，而且大汗本人也是最令读者感兴趣的话题。马可给读者讲述了他和忽必烈之间的这种特殊的关系及自己练就非凡的叙事能力的过程，“每次马可完成使命返回后，除了仔细向大汗汇报完成任务的情况外，他还会将沿途的见闻详细向大汗做一汇报。以前从来没有人这么做过，所以大汗和王公贵族们对马可非常满意。所有人对他的讲述都惊叹不已，同时对他的头脑和才华赞赏有加。”

马可也知道自己有着非凡的洞察力，他不吝笔墨对自己大加赞扬：“这个贵族青年似乎具有常人所没有的、有如神助的理解力，蒙古朝廷上下，绝对再找不出能与这位青年的智慧和口才相媲美的人了。朝廷上下都在说，‘如果这个年轻人能长寿，他一定能成为最有智慧、最勇敢的人’。听到大家的夸赞，马可只能长叹一声表示认可。”“从此以后，在分派任务的时候，谁也不再把他当作一个初出茅庐的年轻人，而将他视为一位经验丰富的钦差大臣。大家都尊称他为马可·波罗先生，本书也把他称为马可先生，因为他的聪敏和丰富的经验使他无愧于‘先生’这一称号。”

但有时候，王公贵族们对自负的马可也感到非常反感，在他们看来，他不过是一个善于阿谀奉承的外来者，以一种“说不清道不明”的方式赢得了大汗的宠爱。马可自己也承认他在朝廷中遭到了一些人的妒忌，就连大汗也声称，“与他过于亲近，致使很多王公贵族对此有些不满”。

作为成吉思汗王位的继承人，忽必烈最初是从宗教领域实现自己成为“世界君主”的目标的。马可说，“大汗会参加撒拉逊人、犹太人和佛教徒的主要宗教节日”。“当被问及原因时，忽必烈说：‘总共有四位先知受到了人们的崇拜和尊重，基督教徒尊崇的是上帝耶稣，撒拉逊人是穆罕默德，犹太教是摩西，佛教徒是释迦牟尼，这四位都是人们所崇拜的神灵。因此，我也很尊重他们。’”

当然，忽必烈提到的这四种宗教信仰之间是有差异的，在某种程度上，它们的教义甚至是有些矛盾的，更不要说它们之间有什么可比性。撒拉逊人信奉的伊斯兰教属于一神教，蒙古人信奉的是萨满教的宇宙论，他们信奉女神并且信仰宗教宽容，除此之外，在这些宗教差异背后还横亘着一些不可逾越的文化差异。穆斯林在亚洲攻占的主要是城市，他们喜欢在城市扎根定居，而且在贸易方面非常成功。可是习惯游牧生活的蒙古人则似乎非常讨厌城市，他们总会设法把攻占的城市破坏掉，即便在哈拉和林，蒙古人也是居住在城外空旷的草原上，而汉人、欧洲人和穆斯林居民则聚居在城内。

忽必烈汗治国的第一步首先是认可这些宗教差异，然后尽力在它们之间寻找平衡。尽管大汗对蓬勃发展并迅速壮大的佛教比较感兴趣，但他告诉马可，在几种宗教中，他对基督教情有独钟。马可认为，“大汗之所以推崇基督教，是因为他认为基督教教义只追求‘善’和‘圣洁’，再无其他奢求”。

在为大汗做教皇使节期间，马可的父亲和叔叔曾问过忽必烈这样一个问题：既然他很推崇基督教，为何不拒绝其他信仰，而宣布自己是基督徒呢？

大汗反问：“你们为什么希望我成为基督徒呢？”因为在他看来，基督教不过是一种信念，在他的王国里根本没有什么地位，其影响力和威望恐怕连巫师都不如。

忽必烈说：“基督徒很无知，他们无所事事，也没有任何威慑力，可是萨满教徒却不同，他们似乎无所不能。我坐在桌旁，大厅中央的杯子会自动盛满酒送到我的嘴边……根本不需要任何人去触碰它们。他们能控制降雨，还可以做出很多令人惊服的事情。众所周知，他们的神可以开口讲话，能预言未来发生的事情。与萨满教相比，基督教强调赎罪，讲求来生的回报而不谈现世，所以它没什么希望和前景。如果我成了基督徒，那么王公贵族和其他不信仰基督教的人会质问我，‘是什么促使你接受洗礼信奉了基督教呢？从耶稣身上，你能看到什么好处和奇迹呢？’”而且忽必烈觉得，如果巫师或者萨满教徒想施法加害于他，上帝肯定束手无策，根本没有办法拯救他。

如果说忽必烈汗担心成为基督徒会危及他的帝位的话，那么犒赏各位将军和王公贵族则是想赢得大家对他的支持和拥戴。忽必烈汗赏赐属下时非常慷慨，那些在战场上追随他出生入死的所有王公贵族都可以收到“包括黄金、精美的银器、漂亮的珠宝在内的各种礼物及代表权势的牌匾”。根据蒙古习俗，牌匾是要严格按照等级来赏赐的：百夫长是银牌，千夫长是金牌，万夫长是刻有狮子头的金牌，而统率十万兵马的将领所赐的金牌上通常会刻有狮子、猎鹰、太阳和月亮。当然，忽必烈汗还会给为数不多的幸运儿赏赐珍珠、宝石和马匹。

忽必烈汗所赐的每块牌匾上都刻有如下的铭文：“苍天保佑可汗权威！敬祝可汗万岁无疆！凡有违命者格杀勿论！”同时所有接受赏赐的人也会收到一份“委任状”，以书面形式澄清其责任和特权。

统率十万兵马的将领在军中拥有最高地位，因而他们格外受人关注，大汗也因此特别准许他们骑马外出的时候，有使用“象征权势的金黄色华盖”的殊荣。不仅如此，上朝议事的时候，他们还“可以坐在银座上”。出于对他们的敬重，忽必烈汗允许这些军功卓著的将领“横刀夺爱”，只要他们看中了谁的坐骑，可以“占为己有”。就连忽必烈汗本人的战马，他们也有资格骑。

大汗赏赐的牌匾不仅给持有者带来极大荣耀，同时也意味着他享有绝对权威：“任何人胆敢违抗持有牌匾的人的命令，都会以欺君之罪被处死。”

夭折的八思巴文

尽管蒙古人拥有先进的武士文化和令人震惊的征战记录，但是蒙古人在技术、艺术、建筑、哲学和服装方面还是要远远落后于汉人，他们甚至缺少一种统一的语言来治理这个横跨欧亚大陆的帝国。

商人们在蒙古帝国进行贸易的时候，需要使用多种语言，就连蒙古官文也得用蒙文、阿拉伯文、波斯文、维吾尔文、回鹘文、汉文、藏文及其他多种文字来撰写，蒙古书记员们很善于用临时准备的多种语言文字来命名印度的神灵、汉人的将军、穆斯林的圣人及波斯的权贵们。虽然朝廷的所有官文都从使用最广的维吾尔文翻译成了汉字，但还是无法解决令忽必烈汗和他的朝臣们深感棘手的交流问题。

作为忽必烈汗的臣子，马可·波罗主要使用蒙文，有时也会使用波斯文和当时大多数外国人使用的佛兰卡语（混杂语），因此在马可的叙述中经常会用波斯文标注地名。这其实并不是某些怀疑论者所认为的，马可主要使用的是波斯文。他沿袭了当时蒙古帝国的习惯做法而已。

为了实现自己成为“世界君主”的愿望，忽必烈想创造一种适用于国内各个民族的通用的书面文字。他让一位很有影响力的西藏喇嘛创造了一种全新的、可以用来记录已知所有语言的字母表。据说，这位西藏僧人具有惊人的天赋，出生后不久便学会了读写，三岁时就能背诵佛教经文《海生修法》。由于他超凡的禀赋，人们叫他“八思巴”，藏文意为“奇人”“圣者”。1253 年，年仅 18 岁的“神童八思巴”来到蒙古朝廷后，深得皇妃察必赏识，他后来在蒙古朝廷中发挥了举足轻重的作用。

虽然忽必烈汗一直标榜自己尊重四种不同的宗教信仰，但八思巴却让自己信奉的“藏传佛教四大教派之一的萨迦派”在忽必烈汗心目中名列首位。实际上，因为当时蒙古帝国的汉人所信奉的佛教与原初佛教差异很大，所以常遭到众人的诋毁。汉人信奉的佛教最初源自藏传佛教的密宗，由于密宗的喇嘛善使法术，从而使迷信的蒙古人对其既爱又怕，同时这些喇嘛也给马可·波罗留下了深刻的印象。

八思巴在朝中主要负责所有的宗教事务，所以有关宗教方面的事务忽必烈汗对他言听计从。1269 年，八思巴顺利完成了大汗的任务，他在传统藏文的基础上，发明了一种由 41 个字母（含后增的字母）组成的音节字母表，字母表中使用不同符号来代表元音和辅音。这种新的书面文字因其字母的样式也被称为“方体字”，是从左向右竖着书写的。

该文字系统除了精确记录蒙古人的口头语外，还参考其他语言，尤其是汉语的发音，所以它比之前任何一种文字系统都精确。忽必烈汗将这一发明指定为“蒙古官方语言文字”，并开办学校进行推广。同年，他还下令开设了蒙古语言文字学校，两年之后，又开创了蒙古大学。“八思巴文字还出现在纸币、瓷器和元朝的一些官方律令中。但有些学者和书记员出于情感和自己在汉文、波斯文及其他语言文字方面的训练和熟悉度等原因，拒绝使用它”，马可本人对这种新的蒙古语言文字也很生疏。

1274 年，大概就是马可一行到达蒙古帝国的那一年，八思巴引退后回到西藏的萨迦派寺庙，并于 1280 年圆寂。当时，萨迦派在蒙古帝国已经受到冷遇，除了一小部分人仍在庆典场合使用八思巴文外，这种文字并没有被人们广泛接受。可以说，这一值得称道的文字算不上是一次成功的实验。

宫闱之事

大汗的私生活神秘而奢华。马可在朝廷中的特殊地位使得他有机会接触到忽必烈汗的后宫，其后宫人数之众足以让欧洲人瞠目结舌。马可说："大汗有四位正式的妻子，她们所生的最年长的儿子将来可以继承王位。四位妻子都被称为皇后，有各自的名号和专门的居所，每位皇后都有不少于三百名宫女（据马可的有些记叙，有时候宫女人数可多达一千，甚至一万）。宫中还有很多男侍、宦官及侍卫，这么算来，每位皇后宫中的人数可达一万人左右。"

由于忽必烈汗对马可的信任和恩宠，所以马可有机会进入后宫，了解到大汗的一些宫闱之事。"大汗想宠幸四位皇后中的一位时，要么直接去她的寝宫，要么就召她过来陪侍"，四位皇后并不能专享大汗的恩宠，因为除了她们之外，大汗还有"许多其他的妃子"。马可说，大汗的妃子们大多来自阿富汗的翁古特省，翁古特人"长相俊美，皮肤光洁，当地女子个个容颜秀美，举止优雅"。她们千娇百媚，风姿绰约，头上佩戴的珍珠饰物一直垂到眉梢，让原本黝黑的大眼睛看上去更加摄人心魂。大汗和年轻的威尼斯人马可常常为这些美人魂牵梦萦。

给大汗挑选妃子的过程非常严格。马可说："每隔一年，大汗都要派出大臣在全国为他挑选四五百名漂亮的女子。当然，有时候参照大臣的意见，人数会有所增减。"

所有适龄女子集合起来后，便要开始"接受包括头发、脸型、眉毛、口、唇及四肢等身体各个部位的检查，主要是看这些部位是否与身材成比例。女子们的容貌要按等级分类：依次为16克拉、17克拉、18克拉、20克拉……"只有被评为20克拉或以上容貌的女子才有资格进宫。进宫后，她们还要接受进一步的审查，马可说，“经过多次严格筛选后，最终只有前四十名才有机会进入大汗的寝宫”。

入选的女子还必须经过最后一项检查，方能确定是否有资格侍寝。按照后宫惯例，“年长些的宫女或女官要先与这些入选女子同住，以确认她们有无口臭，睡觉是否打呼噜，身上有无体臭，是否为处女，以及有无其他方面的缺陷”。

马可这么说是想暗示大家，宫女或女官会与入选的女子发生性关系，并教给她们一些房中术，最终只有为数不多的通过了全部考核及长相俊美者才会被“送去侍奉大汗”。

每三天，就有六名美女被选送到忽必烈汗的寝宫，“按大汗的需要服侍他，让做什么就得做什么”。完事之后，会有另外六人去接替她们，“如此循环往复，每三天轮换一次”。

在与这些女子玩乐的时候，忽必烈严禁任何人打扰。“如果他有什么别的需要，比如想要吃的、喝的或者其他东西的话，守候一旁的女子会给宫内其他人传话，让她们立刻送来大汗所需之物。所以在这种场合，一般除了身边的这些女子，大汗不需要其他人侍奉。”那些容貌略逊一筹的女子会被安排专门服侍为大汗侍寝的女子，或者被安排去学习缝纫和“宫廷礼仪”。

大汗也会把身边多余的女子当作礼物赏赐给他的王公贵族，使他们更加心甘情愿地效忠于他。“朝中如果有人要娶妻纳妾，大汗就会赐给他一个并送上丰厚的嫁妆。其实，大汗也算替这些女子找到了好的归宿。”根据马可的观察，大汗的这种做法让相关的各方都很满意。

马可曾询问那些女儿被选进宫的人：“是否会因为女儿离家而感到难过呢？”“当然不会！”对于一个女人来说，服侍大汗不是一种耻辱，而是代表着被人认可。“她们认为这是一种极大的荣耀，父母也会因为女儿被选到宫中而感到由衷的高兴。他们说，‘如果女儿运气好的话，大汗一定待她不薄；即便不能得到大汗的恩宠，将来也有可能嫁个好人家。而这是父母无能为力的事情’。”

忽必烈相信，他多生子嗣，实际上是在顺应天意。

按照马可的计算，忽必烈的 4 位皇后共给他生了 22 个儿子，后宫的其他妃子还为他生了 25 个儿子（众多的女儿还没计算在内）。马可说，忽必烈汗的儿子们个个继承了父亲的勇敢和睿智，其中长子真金被指定为皇位继承人。无论是率兵打仗还是学识，真金的表现均非常出色，所以除了他的敌人，他深得大家的喜爱。真金负责掌管敏感的税收事务，他严厉惩处腐败，绝不心慈手软，而对于遭受自然灾害，如旱灾和洪灾的家庭却经常给予救济。从这点来看，他是当之无愧的皇位继承人。

按照波斯史学家瓦萨夫的说法，“忽必烈汗年近七旬的时候，就产生了让真金在自己有生之年登上皇位的念头。于是，他便与其他首领商议此事”。但其他可汗一致认为，忽必烈的这一提议违背了成吉思汗生前定下的祖制：即真金绝对不能在父皇有生之年继位。不过可汗们宣誓，他们将来一定会拥戴真金做大汗。但在年轻的马可看来，这一天也许永远不会到来。

不管怎么说，忽必烈毕竟是人。是人，就终有一死。

第8章 南下大都

逍遥宫的影子在碧浪中飘摇
山涧中的清泉奏出了欢快的音符

忽必烈的皇都建在大都，通常他在那里过冬，这其实都是后话了。早在1220年，成吉思汗当上蒙古大汗后，就考虑把位于蒙古大草原的哈拉和林定为国都。后来，忽必烈决定将统治中心南迁，他的这一做法似乎是想将蒙古的强权凌驾于汉人文明之上。

忽必烈任命一位穆斯林建筑师专门监督大都的建设，整个都城的设计灵感主要来自汉人的建筑，并在建筑风格上尽量保持了一致。1267年，大都开始动工，历时几年后竣工。整个都城有十一个城门，每个城门上有一座三层高的塔楼作为瞭望台。

在使用多种语言的蒙古帝国，新建的都城有好几个名字：汉语称之为大都，土耳其语称之为汗八里。蒙古人最终采纳了汉人所使用的“大都”这一名称，也就是今天的北京城。

大都：蒙古文明的中心

马可到中国的时候，大都的东部地区主要被用于做天文学研究。忽必烈汗对世界充满了渴望与向往，所以他对天文学非常痴迷。当时，位于阿塞拜疆马腊格的波斯天文台因发现了许多天体并发明了一些精密的观测行星的仪器而闻名遐迩，忽必烈汗受其影响，一直希望能建一座属于自己的天文台。

为了圆梦，忽必烈专门邀请波斯天文学家札马鲁丁来到蒙古帝国，札马鲁丁带来了当时最先进的用于观测天体的仪器，包括日晷仪、星盘、天体仪、地球仪及浑天仪，他带来的这些仪器比当时欧洲使用的同类仪器要先进得多。

现代西方天文学的发展应该主要归功于很早就开始进行天文学研究的中国和阿拉伯先驱们。西方人最终接受了中国人的观点，认为赤道是环绕地球的一个圆圈；北极是地球的最北端（今天这早已是妇孺皆知的常识了）。但在马可时代，欧洲天文学家采用完全不同的研究模式，他们的研究以地平线和太阳在天空中的活动轨迹为理论基础。欧洲天文学家始终不承认赤道的存在，直到16世纪晚期，丹麦天文学家第谷·布拉赫才接受了这一观点，而早在公元前2400年，中国人就已经知道地球赤道了。

在中国天文学体系中，天空散布着像树的根茎一样的28个星宿，这28个星宿中的任何一个都由一定数量的恒星和星群组成，因此中国人认为天上的星星是有序排列的。早在7世纪，中国人就已经观察到彗星的尾部始终指离太阳，并由此发现并预测了太阳风暴，这比他们的欧洲同行整整早了1 000年。他们还先于欧洲人发现了月球表面的月坑，而在“哥白尼学说”提出之前，欧洲人始终认为月球和其他天体都是完美的球体。

1271年，也就是马可到中国之前，忽必烈汗成立了穆斯林天文学研究院，并且还重用了汉人工程师、天文学家郭守敬。郭守敬利用波斯图纸制造了很多工具，并且计算推导出了一种全新的蒙古历法，这种历法类似于汉人使用的阴历历法。按照这种新的蒙古历法，十二年为一轮回，而且每年都以一种特定的动物来命名：

鼠、牛、虎、兔、龙、蛇、马、羊、猴、鸡、狗、猪。按照这种排序，猴年出生的人会有猴子的特征：容易激动，时常焦躁不安，难以平静。总的来说，猴年不是个好年景。

虽然马可很关心天文学，但他并没有论及汉人和蒙古人在天文学研究方面的微妙的差异。和其他欧洲人一样，这个年轻人也将天文学等同于占星术，而且蒙古帝国的天文学家们的成就并没有引起这个年轻人的好奇心，反倒是那些无所不在的术士和算命先生让他更感兴趣。据马可粗略估计，仅大都就有不少于 5 000 名从事这一行当的占星师和卜卦者，从宗教信仰和文化背景来看，从业者有穆斯林、基督教徒，还有汉人。

马可很快就熟悉了蒙古帝国使用的各种不同的阴历历法。他说，基督徒、穆斯林和汉人占星师每年都要仔细观察天象，“按照月亮的圆缺来确定一年中可能发生的事情。他们能根据行星的活动和其他一些特性，发现当年的月相可能带来什么样的天气。也就是说，不同的月相，会引发不同的天气状况，如雷电、暴风雨、地震……有时还可能会发生疾病、瘟疫和战乱等灾害”。

占星师们将他们的预测内容汇编成“一本小册子，把每个月可能发生的所有事情都写了进去”，这恐怕算得上是亚洲版的《穷理查年鉴》了。《穷理查年鉴》是 18 世纪本杰明·富兰克林编写出版的一本有关天气预报和其他实用信息的汇编。

马可发现，在蒙古帝国任何准备做诸如旅行或者投资等“大事”的人，“都要去找占星师并告诉他，‘我打算做点重要的事情，请在您的书中查询一下天气情况’。同时，来人还要告诉占星师他的生辰八字，因为每个人一出世，今后将会发生在他身上的事都已经注定了”。占星师找到代表“来者”的行星后，便“告诉此人途中可能会发生的一些事和他所要做的事情是否会成功及他的身体情况”。一般情况下，像马可·波罗一样的商人都会非常谨慎地安排自己的行程，以便避开对自己不利的这颗行星，或者设法将它的有害影响降到最低点。为此，占星师会建议他们在出发的时候，从一个不受“这颗隐形星宿”影响的城门出城。

马可对这本“小册子”或“书籍”的描述，反倒引起了人们对他中国之行的质疑，质疑者声称马可从来都没有正式提到过印刷术。而事实上，马可对印刷术非常了解，只不过是他忽略了这种技术的重要意义。马可的这种疏漏也是可以理解的，因为在他生活的欧洲，活字印刷差不多是两百年后才出现的，当时的马可肯定无法预测这种技术会对《圣经》和其他重要著作的传播发挥极为重要的作用。身为一名商人，他很敏感地意识到了纸币的重要意义，但是他对“占星术方面的书籍”的描述的真实性则始终是个谜。对于马可来说，地球上没有任何地方能像蒙古文明中心的大都那样让他痴迷。

“未来世界非中国莫属”

“皇宫是四四方方的，”马可说，“城墙把宫城围成了一个正方形，每面都有八英里长，城墙四周是人工开凿的运河。四面的城墙中间各有一个城门，周围一英里的地方都有士兵驻守。士兵把守的范围之外，还有一圈边长为六英里的城墙。”欧洲人对大都的建筑规模和四周的城墙惊叹不已，这里似乎并不是他们想象中的一个充满魅力的繁华都城，而更像是“一座展示蒙古帝国强大力量的巨大堡垒”。

以这座实行中央集权的都城为依托，忽必烈汗试图去改变蒙古人的一些传统习俗和蒙古历史的进程，他想将蒙古人的游牧生活向农耕生活转变。最终，事实证明大都奇妙的建筑设计构思和忽必烈汗的伟大试验都是成功的。马可亲历了这个大都会的最辉煌时刻，他还精心描述了忽必烈汗为自己建造的宫殿，它就是后来被称为“紫禁城”的中国皇家居所的前身。在大都原址上建成的“紫禁城”在重建过程中，工匠们还将《马可·波罗游记》中描写的大都的一些建筑融入其中。马可接着写道：

> “城墙的四个角和正面中间部位各建有一座漂亮的大殿，这样一来，沿城墙四周共建有八个大殿，里面除了存放军火外，有的大殿里还会存放一些像马笼头、马鞍、马镫等其他一些马匹专用装备；有的大殿里可能会存放弓、弦、箭囊、箭和射箭所需的物品；有的里面存放着甲胄、体甲、盔甲、胸甲和其他的皮革制品。”

整个建筑群四周都是城墙，城墙上有一扇“特别大的门，这座门除了在大汗亲征时会打开以外，平时一直都是关闭的”。隐匿在重重宫墙之中的忽必烈汗的宫殿是“马可·波罗所见过的最宏大和精美的建筑”，是一处放射着梦幻般光芒的无比奢华的寓所。

> “所有殿堂和房间的墙壁上都镶有黄金白银，还雕有飞龙走兽、传说中的仕女、武士及有关战争题材的故事，就连房顶上也全都是雕刻。步入宫殿，映入人眼帘的似乎除了黄金、白银及绘画外，再无他物，大殿内非常宽敞，差不多可容纳六千人同时就餐。宫殿里面有四百个房间，令人眼花缭乱。整座宫殿美轮美奂、富丽堂皇，其建筑设计之精巧，布局之合理更是无人可及。”

马可举目四望，看到了更多的奇景，这些奇景足以使读者想象得出后来的“紫禁城”的壮丽。“所有的屋顶都被涂上了红色、绿色、浅蓝色、孔雀蓝、黄色和其他各种色彩，而且还上了釉色，看上去犹如晶莹剔透的水晶，使得宫殿周围都发出了耀眼的光芒。而且这些屋顶非常坚固耐用。”马可还介绍了宫殿的内部情况，“宫中有一些很大的房间，里面专门存放大汗的私人物品，如金银财宝、珍珠、宝石和金银器皿等。还有一些房间是大汗的嫔妃们的住所，大汗在这里可以为所欲为，但禁止其他人入内”。

马可对“紫禁城”的预见性的描述展示了整个皇宫建筑群的宏伟和壮观。威尼斯是一个河道密集、街道狭窄的城市，蒙古都城则呈现出一幅完全不同的景象：“到处都是开阔、整洁的街道；复杂的排水系统将雨水输送出去用于灌溉；江河湖泊里盛产鱼虾。”所有的一切总是令人欣喜。马可还对出现在皇宫内的草坪和皇家园林中的动物给予了关注：“这里有产麝香的白色牡鹿、牝鹿、梅花鹿、松鼠、貂和其他各种各样漂亮的珍奇动物。”

城墙内的风景也同样让他赞叹不已：“草坪的草长得非常茂盛，城里的街道全都铺设过，离地大约有 2 腕尺（1 希腊腕尺相当于 46 厘米），所以即便雨天，路上也不会泥泞。雨水通过排水系统全被收集起来浇灌草坪，所以草长得非常茂盛。城郊有一个很大的湖（湖里挖出来的土被堆积成一座小山，后面将做介绍），湖里放养着许多鱼供大汗享用。”

大都城里让人感到新奇的东西似乎数不胜数。马可说，“我想给大家说说大都城里的一条河，河水流经的地方形成了一片湖区，里面养着很多鱼，而且也时常有别的动物在那里饮水。如果湖里的水太多，就会流向前面提到过的那座山。在湖的入口和出口处，专门设置了一些用铁丝和黄铜制成的渔网，所以湖里的鱼绝对不会顺水溜走。湖面上还经常能看到天鹅和其他一些水鸟的身影”。

大都所有的景观都非常壮美，马可希望读者能相信他所描述的每一个细节。

马可想让读者知道，当时中国的城市规划是非常先进的。他指出,大都城里“像线一样笔直”宽阔的主干道可以通向千家万户，临街有“各种商铺和货摊”，各具特色的客栈、民居和宫殿在城内比比皆是。显然，人们在对城市进行规划和建设的时候，遵循着一种非常严格的建筑逻辑，这使得“整座城市就像一个按照正方形来精心布局的棋盘，城市建筑非常漂亮而且设计构思精巧，让人无法用语言来描述”。整个城市规划方案不仅合乎审美要求，还能有效防止犯罪行为发生。一旦发生违法犯罪事件，可以立刻关闭城门将街道或者广场阻隔起来，这样一来，作奸犯科之人插翅也难逃。

大都有一口“大钟”，每晚会准时敲三次。马可刚开始对此有些不理解，因为只要听到钟声，“行人便会停止在城里游逛”，除了“帮人接生的产婆和救治病人的医生”外，夜间没人敢出门，而且产婆和医生，夜间出行也要打着灯笼。

城中的每个城门大约由 1000 名士兵把守，以防城中出现偷盗抢掠事件。马可说，“除了驻守城门的岗哨，夜间还有 30 或 40 人为一组的士兵，骑着马在城中巡逻。如果‘大钟’敲过 3 次之后，还有人在城中乱逛，那么肯定会被巡逻骑兵盘查一番”，如果觉得可疑，就会遭到拘役。“第二天早晨，负责此事的官员就要审讯此人，一旦被证实有犯罪行为，会立即按照罪行轻重进行惩处。犯罪分子通常是被施以杖责，而且时常有人死于杖下。”

正因为有这些严格的防范措施，大汗和皇宫中的所有人及大都老百姓才能安然入睡。虽然身在他乡，但马可觉得自己比任何一个威尼斯平民更有安全感。

这座城市的规划与马可的家乡威尼斯形成了鲜明的对比。在威尼斯，人们穿梭往来于错综复杂的街道和运河河道之间，似乎所有的阴谋和罪恶都可以被掩饰起来。为了自己同胞的利益，马可似乎在倡导威尼斯人应该放眼并效仿未来世界，而他觉得这个未来世界非中国莫属。

比欧洲宫宴更奢华的大汗宫宴

为了让欧洲人对蒙古宫廷生活有更深刻的印象，马可讲述了大汗的宫廷御宴。可以说，其丰盛和奢华远远超出了任何欧洲宫廷宴会。“大汗设宴款待宾客的时候，来宾的座次是有一定规矩的。大汗坐在大厅的北边，身子朝着殿外，他的餐桌设在他的御座上。大汗高高在上，可以将所有的美食尽收眼底，皇后坐在他的左边。右边一张明显要低一些的桌子上，依次坐着衣着华丽的皇子、皇孙和其他一些皇亲国戚及有血缘关系的同宗，他们用的桌子都很低，看上去就好像大家是坐在大汗的脚下。女眷也是如此，在皇后左边稍低的桌子上，依次坐着其他的嫔妃和一些年幼的皇子、皇孙、皇亲的女眷，以及其他王公贵族和武士的家眷。”这样的座次安排完全是为了“让大汗看清参加宴会的所有来宾”。

大汗每次举办宴会都会有很多的赴宴者。起初，马可并不打算提供一个大致的人数，后来他觉得很有必要，“一般每次都会有超过 4 万人参加大汗的皇家宴会，人实在太多，桌子又不够，所以大部分武士和贵族是坐在大殿的地毯上就餐的。甚至有时候会有十万之众齐集在大殿外面的桌子上就餐。宴会上会举行各种活动，来宾们个个欢声笑语，把酒尽欢”。马可知道自己提到的这些数字未必能得到读者的认可，但他非常喜欢这种颇具西方特点的蒙古宫廷生活。

巨大的宴会厅中间有一个“金碧辉煌的很漂亮的方形柜子”，柜子是用鎏金的动物纹样装饰的，里面装着“一个大概可以盛一大桶酒的纯金容器”，容器周围摆放着一些小的盛有像酸马奶或骆驼奶等“口味较重的饮料”的纯银器皿。

贵客们用一把纯金的长柄勺从一个足够 8 ～ 10 人喝的“雕漆大碗”里舀酒喝。马可补充了一点：漆器是一项在亚洲有着极高水平，但欧洲人却一无所知的技术。漆是通过专门技术从一种特殊的亚洲植物中提取出来的树脂，这种物质类似于毒葛的树脂。在避光的情况下，提取出来的树脂会结成一层硬皮，但一经阳光暴晒，就会发黏。马可对漆器的制作过程似乎并不太熟悉，不过他还是很详细地给读者解释了一下这个“装酒的器皿”，“那把纯金长勺就像是一个带柄的杯子,宾客可以用这个‘杯子’从那只‘雕漆大碗’里舀酒喝”。马可说,前来参加宴会的人看到这么多的“金碗”和贵重物品，个个都会“瞠目结舌”。

这种富有异国情调的宴会风俗,往往会让应邀参加宴会的“外国人”感到非常困惑。因此，忽必烈汗特地安排了几个王侯负责帮助宾客熟悉蒙古的宴会风俗,“这几个人在大厅里穿梭往来，不时询问在座的客人是否需要帮助，是否需要添加酒、奶、肉或者其他东西，得到肯定的答复后，他们就会马上命侍者送上来”。

那些专为大汗送食物和酒饮的侍者的“口鼻都被一块面纱或者有金丝线的绸巾遮住，为的是不让他们呼出的气息触及大汗的食物”。一旁守候多时的乐手们一看到大汗把食物送到嘴边，就立刻开始奏乐。这时，一个男童给大汗献上一杯酒后，恭敬地后退三步，然后又跪倒在地，接着“所有的王孙贵族和在场的宾客纷纷给大汗下跪，跪拜结束后，大汗才开始喝酒”。这些仪式过后，出席宴会的武士和贵族会把食物送到他们的妻子面前，这时宴会才算是正式开始了。

宴会上的各种娱乐活动让来宾们兴致高涨。身着华丽服装的乐手们演奏着旋律优美的蒙古音乐，令在场的每一个人都进入了一种痴迷的状态，虽然音乐会让人心无杂念，但同时那些令人愉悦甚至有些情色成分的曲调也会触动人们灵魂深处的某种东西。乐曲过后，接下来上场的是一些身着特别服装的杂耍和杂技表演的演员，然后是诗歌朗诵表演和占卜师一番高谈阔论。马可说：“来宾和大汗一起尽情作乐，享受这场盛宴带给他们的愉悦。”

马可说，在宴会举行的过程中，所有来宾都必须严格遵守一些规矩。比如，有两个手执大棒的壮汉守在通向宴会大厅的每一道门口，这是为了提醒所有来宾“任何人在进门的时候，都要将脚高高抬起，以免踩到门槛。如果不小心碰到，守门的侍卫就会拿走他的衣服，事后他必须得用钱将衣服赎回。如果他拒绝脱掉衣服的话，侍卫会用棍棒将他痛打一顿”。一般情况下，参加宴会的外国人会事先从王公贵族那里得知这个规矩。按照蒙古人的习俗，进门时如果踩到门槛，被认为是一种不祥之兆。不过，迷信的蒙古人很懂得变通，那些喝得烂醉如泥而不小心踩到了门槛的人，一般是可以得到原谅的。

“宴会一结束，客人们便纷纷回家或者返回寓所。”

令人目眩的忽必烈寿诞

根据马可的记录，按照蒙古历法，忽必烈汗出生在9月28日（按现代历法应该是1215年9月23日）。忽必烈出生时，他的祖父成吉思汗正在攻打大都。后来，忽必烈的生日便成了蒙古人一年当中最盛大的节日。节日当天，大汗会“身着华丽的金袍”出席庆典活动，为了表示对大汗的敬意，一万两千多名王孙贵族届时也会纷纷仿效大汗，全部身着镶金带银的绫罗绸缎，当然他们的衣服肯定不会像大汗的衣服那么昂贵。出于商人的天性，马可私下对这些华丽的衣服进行了估价，“有些镶有珍珠和宝石的蒙古袍恐怕要值一万拜占庭金币。”

这些华贵的衣服在一年中会有十三次展示的机会，因为“鞑靼人把一年分为十三个月，每个月都要举行盛大的宴会和庆典活动”。马可粗略算了一下，王公贵族衣服上的宝石竟然多达 156 000 个。“如果大汗穿件某种颜色的袍子，那么他的王孙贵族和武士也会穿上同样颜色的衣服，当然，大汗的衣服更加华丽，上面的饰品也更贵重。”由于穿着比较频繁，所以一般情况下，一件衣服最长也只能穿十年。之后，便被弃之不用了。

过于频繁的“反映蒙古帝国奢华与富庶”的描述使得西方读者认为这位“百万先生”如此渲染，纯粹是为了讨好忽必烈汗，或者干脆就是在编造故事自娱自乐。但元朝的编年史证实了马可的所见所闻，包括贵族们衣服上缝制的宝石珍珠也确有其事。

下文是官方文献对忽必烈汗所穿衣服的详细描写：

> 大汗戴着一顶用黑色的丝绸做成的平顶帽，帽口镶有一圈上好的珍珠，前后还有十二串珍珠串饰，左右两边分别是用黄色的生丝打成的结，上面挂着一些流苏用来垂挂玉石或宝石。帽子顶部还垂下来一些用珍珠装饰的黄色生丝做成的饰物，帽子的表面是用丝线缝上去的珍珠做成的龙或祥云，还绣着各种雌燕或柳树的纹样，镶在帽顶上的

> 珍珠感觉好似一条流淌的河流，大汗的帽顶上还别着各式各样的玉针饰。
>
> 大汗穿的外套是天蓝色的，用贴近肤色的布做衬里，配有四根绣有龙和祥云纹样的带子。他的衣服两边的腰带，一直垂到地上，用珍珠绣成的花朵、燕子及柳树在那些折叠的衣褶之中时隐时现。大汗外套下面的内衣是用红色的丝绸制成的，像是件短裙，上面有十六排刺绣图案，每排有两种水草、一个谷穗、两把斧子和两个汉字。他平时所穿的外套是用白色的丝绸做的，配有黄色的裘皮边，通常在膝盖部位（也就是靴帮部位）有一圈有弹性的红色丝绸。整件外套看上去就像是一件短裙，上身还绣着一条一头两身的龙……
>
> 大汗的裹腿用红色丝绸做成，他的脚上穿的是用金线做成的有各种装饰物的缎面靴，靴子上有两对软舌，可以清楚地看到上面的针脚和珍珠饰品。大汗所穿的长袜也是用精美的红色丝绸做成的。

这就是马可所看到的忽必烈汗。难怪当时宫廷里宏大的场面让这个敏感的威尼斯年轻人感到目眩。

马可说，忽必烈汗生日这天，“他所管辖的领土之内的所有国王、王子和贵族都要举行盛大的庆典并给他献上珍贵的礼物以示对大汗的尊重”。有些来送贺礼的人也会乘机向大汗要求得到一些好处，比如说，获准让他扩大统治疆域。在处理这些事务时，忽必烈显示出他一贯的远见卓识，他有一个专门的委员会为那些“当之无愧的请求者”重新分派疆域。马可再次强调，忽必烈汗身上所具有的感召力绝对超越了宗教和文化界限，尤其是在他生日这天更能使人感受到这一点。“所有归顺大汗的人，不管是佛教徒、基督徒、犹太教徒、萨满教徒还是其他部落的鞑靼人都会焚香点烛，祈求他们的神灵或上帝保佑大汗福寿安康。”

马可特地有些漫不经心地对一些细节进行了描写，似乎是想和大汗寿诞仪式上的那些繁文缛节形成对比。尽管马可对蒙古人生活的描述已经很详细了，但还是不可避免地忽略了一些精微之处，也许是他在给鲁斯蒂谦讲述这些经历的时候，有些内容已经淡忘了。正史中有关“蒙古朝廷招待会”的章节，详细讲述了忽必烈汗“万寿节”上的盛况：

> 庆典当天，仪式的组织者们天一亮就开始忙着引导应邀参加宴会的来宾到达他们指定的位置。身着特殊服装的“护卫长”也先后进入“大休息室”。
>
> 首先，他们手执象牙笏板，按规定跪拜，然后“通报员”和“内务总管”也进入大厅并告诉来宾需要遵守的庆典仪式的程序。这时，皇上才从内宫走出来，登上马车，随后大家便听到了车夫的吆喝声和护卫甩动鞭子的声音。有三名侍卫专门负责维持围观者的秩序，他们还会亲自把找不到自己位置的客人送到指定地点。
>
> “护卫长”走在队伍前面负责开路，他前面则是手持短柄斧的通报员，他们一行人会停在大殿外面，由“手执短柄斧的人”在大殿入口处负责指引来宾参拜大汗。
>
> 参拜完毕后，来宾向东或向西前往各自要去的地方。之后，他们又开始引导站在外面的人群分区域等候。

等皇帝和皇后登上他们休息的御座后，“欢呼声和鞭子声便开始不绝于耳，三名拿着斧子的通报官让人群腾出一条通道后，又返回‘露台’东侧站定，‘露台’其实就是通往宫殿的台阶”。

紧接着来宾要在朝廷官员的引导下，进行长达数小时的祷告和参拜仪式。单从庆典活动的规模和复杂性来讲，马可时代的欧洲宫廷里，绝对不会有这么多的繁文缛节。这些仪式几乎全部沿袭了汉人的做法，这让蒙古人感到担忧，他们指责忽必烈汗用非蒙古化的方式取代了蒙古人传统的生活方式，尤其是这些生活习惯已经开始威胁到他们的游牧生活。而实际上，在一些恪守传统的汉人谋士的帮助下，忽必烈只是从表面上仿效汉人的宫廷仪式而已，从骨子里来说，他始终严格遵循着蒙古人的传统。

蒙古的等级晋升制度主要取决于将士们立下的战功，而并不仅仅看他们在朝廷内的种种行为和表现。马可说，忽必烈汗“挑选了 12 位有威望且能够服众的聪慧的王侯负责处理军中可能出现的问题，也就是说，由他们调遣或更换军官到最适合他们的职位，同时还负责将有能力者委以重用，黜退那些无所作为之人”。所以，如果一位“千夫长”不作为，会被贬为“百夫长”，反之，如果他英勇善战，很可能会被破格提升为“万夫长”。

“由 12 位王侯组成的军事委员会”直接对忽必烈汗负责。他们住在大都的一个“宽敞、漂亮而又精美的宫殿里”，每人负责管理一个行省，手下有一位法官、几个文书和公证员，这些人也住在他们的宫殿里，但都有各自的房间。

邮政系统、能源与社会福利

马可发现，蒙古帝国的邮政系统管理也同样井井有条，这也是治理一个幅员辽阔的多元化国家所必需的。让马可欣慰的是，“信差的服务态度非常好”。他对蒙古复杂的邮政管理和运行制度进行了描述：“信差骑马每天要跑 200 英里，甚至 250 英里，有些任务还需要两个人共同完成。如果要送急件，信差会随身携带一个刻有猎鹰图案的通行令牌以保证路上畅通无阻。一路上，他们束紧腰带，戴好头巾，然后快马加鞭赶往 25 英里之外的驿站。”马可说，每到一个驿站，除了更换马匹外，基本上“还来不及喘息，又得风驰电掣地向下一站出发了”。

离开大都的道路都是以要到达的行省来命名的。每隔 25 英里就有一个“为信差和路过的使臣提供马匹的驿站。在每个驿站，一般还会配有设施完备的驿馆，里面有舒适的床位，豪华的丝绸被褥及其他一些生活用品”。马可说，驿馆的设施非常好，就算王侯来这些偏远地区视察时在此住宿，也会感到满意。

驿站最主要的功能就是保证为信差提供精力充沛的马匹，所以，通常每个驿站至少配有四百匹骏马，“以方便随时赶到的信差更换坐骑”。

马可觉得，看似复杂的蒙古帝国的邮政系统中有很多相辅相成的环节，这使得它的管理和操作基本上是无可挑剔的，通过这一系统，一些重要信息克服了时空和语言文化的障碍被及时传送出去。即便是在一些特别偏远的地区，每隔 35 ～ 40 英里的距离也设立了一些小驿站。马可称，全国各地有上万个这样设施豪华、能提供 20 匹马的小驿站，这些驿站所有的费用都由大汗支付。这些小型驿站专为执行任务的步行信差提供安全住所，信差的穿着与众不同，通常他们“腰间缠着一个很宽的腰带，上面还挂着一些铃铛。走动起来，老远就能听到铃铛的响声”。

马可仔细研究了这些绝妙的小驿站。他说：“接到任务的信差会以最快速度赶往下一站，一般情况下，每个信差送信的距离不会超过三英里，在三英里外等候的人，只要听到远处传来的铃声，会提前做好一切准备，等从来人手中接过信件并带好相关票据后，会立即出发完成下一个三英里。通过这种接力方式，原本要十天才能完成的行程被缩减到一天一夜，大汗的指令也因此以最快的方式下达给相关各方。”

信差完全靠那些训练有素的马匹来完成任务。他们每人都有一块“带有猎鹰纹样的特殊令牌”，作为畅行无阻的标志。“送信的时候，除了必需的马匹，信差们基本上不需要别的东西。有的任务需要两人去完成，如果是两人同行的话，他们会先在驿站领到备好的马匹，然后绑好腰带裹好头巾，快马加鞭向 25 英里之外的下一个驿站赶去。在他们到达之前，驿站早已做好了一切接替准备。”“马背上的信差此刻很可能正准备去向大汗报告某地有人意欲谋反的消息。”

马可夸赞蒙古帝国的邮政系统是高效率的典范。“信差的骑行速度非常快，途中不会停歇。等到达下一站，接替他们任务的人员和马匹会接着继续赶路。即便是夜间，也是如此。”“信差以每天 250 英里的速度为大汗传递信息，有时候一天甚至要走 300 英里。遇到递送紧急情报时，他们必须星夜兼程，在没有月光的晚上，驿站的人会打着火把在前面领路，并一直将他们护送至下一站。”

马可希望读者多了解一些蒙古帝国的事情，他很想告诉读者“信差通行的道路两旁全都是参天大树”。马可曾沿着信差的通行路线亲自去考察过一番，“从远处就能看到这些大树，大汗让人种树主要是为了方便行人辨清道路，此外，过路的客商也可以在树荫下休息。在沙漠地区，这些大树果真发挥了路标的作用，不论白天黑夜，行人都不会迷失方向”。“大汗命人植树是因为按照术士和占星师的说法，凡是植树多的人，都会长寿。”

在论及蒙古人的实用技术时，马可对一种自酿的米酒表现出极大的兴趣，“这种酒味道醇美，清澈透亮。由于有些辛辣，所以很容易醉人”。我们脑海中不由得浮现出年轻的威尼斯人酒醉的样子，他似乎还在那里憧憬着大汗的信差们、路边的参天大树，以及蒙古帝国发生的一些奇闻怪事，还有会燃烧的石头。

无论走到哪里，马可都能见到“一种像木头一样会燃烧的黑色石头”。马可说，“石头被点燃之后，比木头还好用。如果晚上把它放到火里，只要方法得当，到第二天早上火也不会灭”。自从使用了这种会燃烧的黑石头后，老百姓便很少再去砍伐本来就匮乏的木材来取暖了。“由于人口众多，老百姓平时做饭、洗澡需要消耗大量的木材。再加上人们有每周洗三次澡的习惯，到了冬天，有条件的人家甚至会天天洗澡，所以木材根本不够用。”

这种能用来做饭、取暖及烧洗澡水的黑石头就是现在我们所说的煤，一种在中国至少已经使用了上千年的能源。然而在马可时代，欧洲人还从未听说过能用煤取代木材供人们取暖。在整个欧洲的历史进程中，人们对这种“黑色的燃烧后会变为灰烬的含碳物质”的关注，最早可追溯到罗马人攻占英格兰时期，而且这种关注一直持续到了马可时代。但在欧洲，人们把煤当作一种普通的能源来使用则是18世纪以后的事情了。

通过不断的接触和了解，马可开始觉得忽必烈汗统治着的绝不是一个野蛮、停滞不前的王国，而是一个富有活力、对可能出现的危险时时充满警觉，一个似乎永远都不会沉睡的王国。因为一旦有任何风吹草动，行动神速的信差们便会出现在以参天大树为标志的道路上，在火把的照明和引领下日夜兼程把消息报告给大汗。马可不由得自问：在什么情况下，威尼斯人才会有如此的警惕性呢？威尼斯人会有如此的创造力吗？

在马可看来，遍布整个蒙古帝国全境的驿站、信差及快马所构成的邮政网络是一个很了不起的成就，“整个系统耗资巨大，很难用文字表达清楚”。马可觉得它太神奇了，以至于他不由得要去抨击基督教。

马可解释说，微妙的一夫多妻制是维系邮政网络系统，乃至整个蒙古帝国的关键所在。

“如果有人产生疑问，那么多人是如何履行义务的，答案是，因为只要有抚养能力并且生育能力强，所有的佛教信众、撒拉逊人都可以娶很多房妻子，这就使得他们必须承担更多的责任，才能支撑起一个大家庭。”由于娶来的老婆多，“所以有很多人甚至会有三十多个儿子”。

即便家里有那么多张嘴要吃饭，但没有人会被饿着。马可说，老百姓有充裕的谷物、奶和肉类作为食物。他们还会吃一种与马可的叙述略有出入，但是意大利人早已熟知的食物——“通心面”。为了维持生计，大家不得不成天奔忙，因为“在他们看来，可以耕种的土地是不能闲置的，所以，他们每天都去地里干活”。

对于这些异教徒多妻多子的生活方式，基督徒只能暗自羡慕。马可不无遗憾地说：“基督徒每人只能娶一个妻子，即便妻子不能为丈夫生下一男半女，丈夫也不能另娶，这也正是我们人口少的主要原因。”而且这也是马可觉得作为一名基督徒不免有些悲哀的原因，他很想改变自己的宗教信仰。

不过，这只是马可从一个欧洲人的视角来审视蒙古人。马可很赞同一种传统的中世纪的假设：一个人的身份取决于他的宗教信仰、出生地、性别、社会地位，以及兄弟姐妹中的长幼排序。同样，马可认为蒙古帝国也有着严格的等级制度，忽必烈汗位居首位，其他王公贵族按照既定的顺序列于他之后。虽然后来发生的一切表明这种想法并不完全正确，但马可和他的合作者一直坚持这种看法。其实，作为一个游牧民族，蒙古人的等级制度并没有马可所说的那么严格，蒙古人的威望主要取决于其适应能力和对身处其中的主流文化的学习能力。虽然经过仔细观察后，马可对蒙古人的方方面面做了细致的介绍，但他还是疏漏了对蒙古人的某些生活方式的描述。因为生活背景完全不同，所以蒙古人的生活方式和欧洲贵族并不一样，蒙古人永远都不会离开土地和马背。

虽然草原上气候恶劣而且食物供给有限，但忽必烈汗的大臣们采用了一种欧洲人不知道的方式来保障粮食供给：粮食充足的时候，官府会大量购进，并储备足够四年所需的粮食量。马可说："如果碰巧遇到粮食歉收并出现饥荒，大汗就会下令动用储备粮。"他会以很低的价格将粮食卖给急需之人。如果发生饥荒的面积较大，"大汗就会大量施舍和救济住在大都周围的贫民"。马可所指的"贫民"是那些人口较多且没有东西可吃的家庭。在极度困难的情况下，如有必要，忽必烈汗甚至会为他们提供一整年的粮食。

和其他国家事务一样，蒙古帝国的社会福利也被处理得井井有条。受灾家庭可以向专门负责此事的官员报告自家灾情。马可解释说，"灾民要出示一份记录，来说明过去一年里他们从官府领到的福利数额，然后，官员会根据这些数字决定他们当年的福利额，同时，官府还给灾民提供包括衣物在内的其他物品。发放给百姓的这些福利款是大汗从羊毛、丝绸和亚麻等织物收缴的'什一税'中抽取的"。依照法令，手工业者每周要向大汗上缴"相当于一天劳动所得"的费用。在冬夏两季，大汗正是靠"这笔额外的收入"给需要帮助的人发放衣物。

马可承认，欧洲人和蒙古人似乎都不习惯接受任何形式的救济。同时，他也承认，"在鞑靼人没有信奉佛教之前，按照风俗，他们从来都不给别人施舍。如果有人走到跟前讨要，乞讨者不但会被他们轰走并且还要恶语相加：‘滚开！年成不好，是老天爷给你的报应！老天对你我都一样，你去找他要吧！’”自从忽必烈继承汗位后，他开始实施公共救助，但在此前，蒙古人就算看见那些饱受饥饿和病痛折磨的人或者老者都已奄奄一息了，他们也会视而不见。

在所到之处，马可亲眼看见了忽必烈汗举行的赈济活动。“大汗会给所有前往官府讨要的人都免费发放一份热乎乎的饭菜，无一例外。”马可估计了一下，一年之中，每天有两三万人接受食物救济。通过马可的描述，我们在脑海中大致可以勾画出“一幅老百姓在救济站排队等候救济”的场景：他们看上去饥渴难耐，眼里充满了焦虑和期待，他们明白大汗提供的食物是他们唯一的生存保障。我们也不难想象，这些人心中对乐善好施的忽必烈汗该是多么敬仰和感激。

忽必烈汗的善举赢得了众人对他的尊重和忠心。马可称“老百姓非常爱戴和拥护这位可敬的大汗，把他当神一样来崇拜”。

马可在蒙古帝国期间，忽必烈汗的救济活动已经在全国推行了。每年大汗都会派监察员去查看庄稼收成情况，一旦发现因为暴雨、大风、虫害或其他自然灾害导致农作物受损，“他不但会免收农民当季或当年的税，而且还会从自己的谷仓中拿出粮食赈济灾民。这样一来，受灾的农民不但有了口粮，而且还有了备耕的种子”。到了冬天，忽必烈汗也会派人外出巡察，如果发现某省农民的牲口有被冻死的情况，大汗不仅会免去他们当年的所有税收，还会把从其他省份征来的“什一税”中的牲口拿出一部分送给这些农民，或者低价出售给他们。

忽必烈汗的善举绝对不是做做样子的。由于蒙古大草原上林木稀少，没有任何防护，所以雷电经常会给当地带来严重危害。马可说："如果雷电击伤了羊群或者其他牲畜，大汗会免去受害者三年的'什一税'。同样，如果雷电击中了满载货物的船只，他也会免去货主的税金。因为大汗认为，任何人的货物被雷击中都是不祥之兆。"当然，对货主免除税金的做法更多的是源于迷信和对未知事物的恐惧，而非慈善救济。"大汗曾说：'如果上天憎恨一个人，就让他遭雷劈。'所以他也不愿意将那些被上天的雷电击中的货物收归国库了。"

在为忽必烈汗服务期间，马可一再强调这位蒙古最高统治者的无私的动机。"大汗最关心的是如何才能帮助他的百姓，让他们安居乐业，丰衣足食。"威尼斯人也没有忘记给读者介绍蒙古帝国严格的社会等级制度及有关蒙古家庭生活、农业和军事方面的一些活动仪式。

从蒙古历法就可以看出蒙古人对生活和奢华充满热情。按照鞑靼人的算法，蒙古新年在公历的二月份，"蒙古人把新年称作白色节"，节日当天，"大汗和全国的男女老少，一律身着白衣"。马可解释说，身着白衣是"因为在蒙古人看来，白色的衣物代表着幸运和美好，因此，新年时穿上白色的衣服是希望得到来年的好运和幸福"。

身着节日盛装的蒙古贵族们给"大汗献上很多的礼物，有黄金、白银、珍珠、宝石和许多白色的布匹，除此之外，还要献上十万头白色的骆驼和马匹（有的手稿版本上记载是 5 000 ～ 12 000 头）。即便献给大汗的骆驼和马匹不是纯白的，但身上大部分毛色必须是白色的"。

人们互相拥抱亲吻，祝愿对方"新年好运，万事如意"。随后，忽必烈汗向大家展示他的象群，"这群象多达 5 000 头，全身披挂着丝绸象衣，象衣上镶有金线，绣绘着各种鸟兽和狮子的图案”。每头象身上都挂着一个大匣子，里面装满了各种宫廷御用的金银器皿和其他一些器具，象群后面是“身披白色丝绸的”骆驼。令人炫目的场景让马可不由得惊叹，“这恐怕是世界上最壮观的场面了”。

在“白色节”这天，蒙古帝国的所有头面人物都会出动。王公贵族、侯爷、占星师、哲学家、医生、驯鹰师及所有朝廷官员齐集在“大汗的宫殿里”，列队等候朝拜大汗。马可说，“大家找到合适的位置就座后，有位智者，或者我们可称其为‘司仪’在大殿中间站定后，高声说：‘向大汗叩首致礼。’他话音一落，在场所有人起立，虔诚地向大汗鞠躬叩首，并送上祝福。然后，‘司仪’接着说：‘愿神灵保佑大汗永远幸福安康。’他说完后，大家便连续跪拜四次。礼毕之后，大家起身按顺序走到一个精心装饰过的祭坛前进行参拜，祭坛上有一张红色的桌子，上面用黄金和贵重的宝石镌刻着大汗的名号”。

马可特别指出，忽必烈汗手下近 12 000 名王公贵族每人都拥有大汗赐送的 13 件蒙古袍。用宝石装饰过的每件袍子颜色各异，深红色的腰带上“有金丝银线，非常精致而且价值不菲”，就连他们脚上穿的靴子也一样奢华。

虽然欧洲人对此非常怀疑，但根据有关蒙古和汉人的编年史记录，马可的这些描述都是真实的。在蒙古历中 13 个月的每个节日里，王公贵族都会穿上不同颜色的袍子。马可估计，整个蒙古朝廷共有“156 000 件这样价值不菲的蒙古袍”。

这些颜色和装饰各异的蒙古袍构成了忽必烈汗宫廷盛会的一道奇特的风景。宴会上，“有人牵来一头狮子，狮子一见到大汗，立刻趴在他面前，就好像知道大汗是它的主人一样。让人诧异的是，狮子根本没用铁链锁着，但它温顺的样子简直就像是只趴在主人脚下的狗”。

迷恋穷奢极欲的朝廷生活

眼前趴在地上的这只狮子让马可想起了晴朗干燥而又寒冷的冬日，大汗在大都狩猎时的情景。马可说，按照习俗，狩猎期间捕到的猎物一律要献给大汗。猎物种类繁多，通常会有“野猪、牡鹿、野兔、狍子、熊、狮子及其他各种走兽”。献给大汗的猎物一般都要先把内脏取出，然后摆放在小车上献给大汗，这样做的目的其实只是为了满足大汗喜欢狩猎的爱好。相比之下，大汗似乎更热衷于让训练有素、善于追捕猎物的猎狗去捕猎，马可解释说，大汗打猎的时候常带“一只猎犬”。出于安全考虑，狮子一般都会关起来，因为面对猎物时，狮子往往过于凶猛和贪婪而不易控制。此外，狮子还必须关在逆风的地方，否则一旦猎物嗅到狮子的气味，马上就会逃之夭夭。

伯颜和明安兄弟俩专门负责照顾大汗豢养的众多凶猛的猎犬。兄弟俩每人手下有一支 1 万人的军队专门为猎犬服务，两支军队分别身着红色和天蓝色袍子。马可说：“大汗出猎的时候，兄弟俩会带领自己的身着红、蓝服装的手下，手牵 5 000 条猎犬，列队站在大汗左右两侧。”

兄弟俩承担的捕猎任务非常繁重，对此马可解释说，“从每年 10 月初到次年 3 月，他们得为大汗提供 1 000 只除鹌鹑以外的其他兽类和禽类猎物”。这使得他们成天必须忙个不停，任务完成之后，他们也累得几乎精疲力竭了，需要彻底休息才能恢复体力。

忽必烈汗出猎的场面非常宏大，一般有“1 万名驯鹰师同行，除了500只矛隼外，他们还带着游隼、兀鹰及其他的飞禽，而且还有可以在沿途的河流中捕鱼的苍鹰”。驯鹰师们训练有素并且有很好的装备，所以每次出猎他们都能为大汗捕到很多猎物。

大汗所有的猎鹰脚上都系着一个用来辨认其身份的“银牌”，一旦猎鹰迷失方向，马上会被送回，狩猎所用的其他装备，比如，马匹、剑和其他物品也都标着主人的姓名。如果有人不及时归还属于别人的物品（通常情况下，往往是贵族误放了的物品和用具），会被当作“窃贼”，而受到严厉的惩罚，所以“任何人都不会担心自己丢失物品”。

按规定，老百姓是无权使用猎鹰狩猎的。“在蒙古帝国，商人、工匠、城市平民及农民绝对不敢养猎鹰或者猎犬去狩猎取乐。”就算蒙古族王公贵族也要严格遵守一些戒律，“如果不享有捕猎特权或者没有事先在专门负责狩猎的驯鹰师那里登记，任何人都不得擅自围猎”。

出猎这天早上，皇家队伍从大都出发，沿着一条大道前往围猎场。忽必烈汗坐在象背上一个用丝绸和黄金饰品围起来的“小木屋”里，他的王公贵族和职位较低的官员或骑马或步行。狩猎的过程中，有12位官员和12位美女全程陪护大汗，但大汗很少从帐篷中出来，后来马可解开了这个谜团，原来大汗患有较为严重的痛风。马可不由得感慨：“恐怕世上没有别的什么消遣活动能和大汗狩猎相媲美了。”

忽必烈汗和陪同的官员在帷帐里闲聊，王侯和武士们骑马守护在两旁。每当看到白鹤或者野雉飞过的时候，他们都会向大汗报告。听到报告后，忽必烈让人打开幔帘，放出矛隼。

接下来，忽必烈汗便和随从们开始观看一场即将发生的“空中大战”。矛隼的动作非常敏捷，飞行时仿佛流星划过天空，它会迅速将利爪伸向已经被吓呆了的猎物。所以一旦它向猎物发动袭击，就绝对不会失手。那些飞鸟遭到突如其来的袭击后，一下子就会从高空坠落，从而“上演一出凄美的空中死亡之舞”。看到此景，地面上守候的猎人会立刻飞奔到坠落点，及时从矛隼嘴里夺下猎物。

马可说：“对所有和大汗一起出猎的人来说，刺激而紧张的狩猎活动给他们带来了极大的快乐。”

经过几小时的狩猎之后，大家都觉得有些累了，忽必烈汗重新回到“漂亮而华丽”的蒙古包中小憩，大汗的这个蒙古包可以容纳包括王公贵族、武士、驯鹰师及大汗的嫔妃们在内的上万之众。其他的蒙古包也可以容纳上千名武士。按照蒙古族的风俗，所有的蒙古包不论大小，门一律要朝南开。大汗住的最大的这个蒙古包有两个大厅，一个房间。马可描述了在遥远的大草原上忽必烈汗富丽堂皇的住所：“大厅由三根雕花香木柱子支撑，大殿外边用带有黑、白、红色条纹的狮子皮罩着，看上去特别漂亮。连接处构思精巧，既不透风也不漏雨，而且结实耐用。所有大厅和房间的内壁用黑貂皮或银鼠皮装饰，黑貂皮和银鼠皮非常漂亮，而且价格昂贵，鞑靼人称黑貂皮为毛皮之王，一件用黑貂皮作里衬的男式袍子要值两千拜占庭金币。”用来撑拉所有房间和厅堂帐幕的绳子都是用丝做的。所有这些物品都价值不菲，没有经济实力的国王根本支付不起。

忽必烈汗可绝非一般的“小国王”，他是整个蒙古帝国的皇帝，迄今为止，所有蒙古部落中最有权势的统治者。

马可发现，在驯鹰术方面，东西方之间有着惊人的相似之处。在两种不同文化中，一千多年来驯鹰术一直被看作是一项贵族运动。正如一个古代西方谚语所说的那样，“一只行动敏捷的猎狗和一只好猎鹰”是一名绅士必备之物。无论在欧洲还是在亚洲，只要看到猎物在天上飞过，上至国王下至普通百姓，人人都会兴奋不已，猎人们更是按捺不住内心的激动，快马加鞭地前去追赶猎物。

神圣罗马帝国霍亨斯陶芬王朝的皇帝弗雷德里克二世是欧洲驯鹰术痴迷者中最典型的一位。1229 年，弗雷德里克二世在第六次十字军东征后返回欧洲时，带回了一位技艺精湛的阿拉伯驯鹰师，后来这位驯鹰师将这一运动在欧洲推广开来。马可·波罗离开欧洲的数十年间，弗雷德里克还编撰了一本该项运动的权威之作《驯鹰之术》，这本书被视为最早涉及禽类解剖术的著作之一。弗雷德里克二世比忽必烈汗对驯鹰术更加痴迷，他在一次重大军事行动中失利就是因为当时他正打算外出放鹰。也许只有志趣相投的驯鹰师才会理解在他心目中究竟孰轻孰重。

随着时间的推移，马可意识到，只要他继续留在中国，就一定能得到心胸宽广但又反复无常的忽必烈汗的恩宠。他并不确定自己究竟会在大汗身边待多久，但他的父亲和叔叔打算还是按照最初的计划，给忽必烈汗送来教皇的口信后，就带着这些年赚来的珠宝、丝绸和其他贵重物品与年轻的马可一起返回威尼斯。但，眼下他们三个人却似乎一同迷恋上了奢华的蒙古朝廷生活。

当初，波罗一行历时三年多才从威尼斯到达忽必烈汗的朝廷，他们知道要想重返威尼斯恐怕得花费更长的时间，而只要忽必烈汗希望他们继续留在中国，他们就不能也不敢离开。此时，忽必烈汗已年近七旬，似乎已有意让自己的儿子继承皇位，但他又不想放弃自己的权力，所以一旦他突然去世，势必会给波罗三人的生命安全造成严重的威胁。因为大汗的去世意味着波罗三人会失去保护伞，他们将会成为蒙古帝国貌似平静的面纱下的各种暴力行为的直接受害者。因此，在蒙古帝国，他们既是拥有特权的尊贵客人，同时也像是囚徒，必须无休止地为大汗服务。

为了在异国的土地上生存，马可必须得让大汗觉得自己对他是有用的。为此，他虚心学习各种技能，他向男子学习马术，也向妇女们求教，甚至他还去学习如何玩弄权术。蒙古帝国具有“对所有能干的外国人开放”的特点，所以马可觉得如果自己能取得成功，也许将来真的可以在蒙古朝廷做到位高权重。也许有朝一日，他也会和其他外国人一样被封爵或者成为某个富庶省份的最高行政长官，或许会有机会统领一支数千人的军队，拥有自己的豪宅和无数的发财机会，而且也会妻妾成群。但是，也很有可能他最终会成为蒙古法律严厉制裁下的冤魂，从此再也无法回归自己的祖国。

就当马可在蒙古朝廷的地位开始日益下滑的时候，忽必烈汗突然提出派他去各地收税，更重要的是，让他去收集国内一些还不为人所知的信息。马可有一种预感：此次他在蒙古帝国境内的经历和他见到忽必烈汗之前的种种历险将会有惊人的相似。

第9章 出使杭州

圣河蜿蜒五里

流经了森林和峡谷

最终流入深不可测的山洞

马可以忽必烈汗钦差的身份离开了大都。此时的马可刚刚二十出头，这次没有父亲和叔叔陪同，而且此行他也一直很少提及他们。他对大汗的忠心赢得了大汗对他的恩宠和庇护，从而也保证了他在蒙古国的安全。尽管此行将面临很多新的挑战，但马可一想到自己前往的是中原最大、最富庶、最著名的城市杭州时，他内心充满了骄傲和自豪。

出发时，他带着当年父亲和叔叔代表蒙古帝国出使时的金牌。金牌有一英尺长，三英寸宽，上面刻有铭文：“以永恒的天神和神圣的大汗的名义，所有人须礼遇持有此牌者，违者格杀勿论”。持有这块金牌意味着马可在蒙古帝国境内是一个非常重要的人物，可以享用蒙古帝国境内的所有客栈和马匹，也能保证他在所有道路上畅通无阻。

位于西湖之滨的杭州是中国秀美的湖光山色的典型代表，平静得似乎能映出天堂的湖面上缓缓勾勒出山丘的影子。杭州曾是宋朝的国都，差不多就在大汗派马可去杭州的同时，这里刚刚被忽必烈汗的将军伯颜攻下。在大汗心目中，马可是公正客观的欧洲人，是替他监管那些仍然对蒙古人持有怀疑和敌意的汉人财政事务的理想人选。回顾马可离开威尼斯后所经历的一切，包括见到伟大的忽必烈汗本人、在大都的所见所闻等，现在看来似乎都是他中原之旅的铺垫。

大运河从大都到杭州绵延一千多英里，把两个大城市连接了起来，它是中原最大的水利工程之一。在当时，这条水路是汉人和蒙古人主要的船运和商业要道。这项水利工程从开工到结束历时数百年，马可到达杭州的时候，工程已经接近尾声。此次，马可没有提供详细的行程路线，估计他大部分路段是取道大运河到达杭州的。

离开大都后，马可在一条水流湍急的大河上“看到了一座非常漂亮的石桥”，他估计这座石桥有“三百步长，八步宽”，桥面上能容十个人骑马并排行进。河中有“二十四个坚固无比的灰色大理石做成的石拱和桥墩支撑着桥面”。站在这座可以通往中原的石桥上，敏感的马可突然产生了一种“世界在我脚下”的感觉，从某种意义上来说，事实的确如此。这座石桥不仅是一种精神象征，也是一个建筑奇迹，它似乎可以跨越时空将人们引领到一个全新的王国，同时它也唤醒了民众的意识，甚至孕育出新的生命。马可走在桥上，觉得自己仿佛正在跨越蒙古帝国的重重壁垒，随着迈向中原的每一步，自己也在不断成长和蜕变。

走在桥上，马可品评着这座丰碑似的石桥独具匠心的设计及传达出的一种人文关怀：“为了防止有人失足落入水中，桥上所有的石柱之间用刻有各种不同石雕的灰色大理石板围了起来，而且石板全被固定在两边的石柱上。”他细数了一下，整座桥上共有600根刻有大象的石柱，而且每根石柱的顶端都雕有精美的大理石狮子或者其他动物。

今天，人们把这座桥也称为“马可·波罗桥”，它至今保持了当年马可在桥上通行时的原貌。这座横跨卢沟河两岸的石桥建于1192年，根据史料记载，桥下的“卢沟河曾水流湍急”，但现在已今非昔比。这座桥还亲历了第二次世界大战期间日本侵华战争中的一次著名战役。

在距离这座石桥30英里处，马可发现了一个风景秀丽的地方。那里随处可见景色优美的小村庄、参天大树、硕果累累的果园和使人神清气爽的清泉，而且还有佛教寺庙，庙里的和尚们忙着织造丝绸，制作黄金珠宝。与他4年前去大都时所经历的种种艰辛不同的是，在这里他不仅有一种安全感，而且在所到之处受到了热情的接待。“因为常年有大批的商人和异乡人来此地，所以这里有很多可供投宿的客栈或旅店”，马可对此感到非常满意。

这之后的叙述很可能是马可从带回到意大利的笔记中摘录的，主要内容基本上都是他在执行公务期间的见闻。一路上马可投宿在“舒适宜人”的客栈里，还能欣赏沿途的村庄、城市、田野和大道两旁的美景。

养蚕业的商业秘密

马可不仅见到了各种丝织品，甚至还见到了对欧洲人来说完全是新鲜事物的蚕和桑树。在古代，由于人们一直把养蚕业当作商业秘密，所以数百年来，欧洲人对丝绸的制作流程和工艺始终一无所知。

即便是在中国，丝绸的真正来源也是一个谜。传说公元前3000年，黄帝的妻子西陵氏开始养蚕并发明了织布机。不管西陵氏是否确有其人，但那个时代已经有了蚕丝却是真实的。在一次考古发掘中，考古学家发现了可以追溯到公元前3000年的丝线、丝带和蚕茧。此外，考古学家还发现了一个公元前5000年的象牙杯，杯上画着纺丝线的工具，杯子里装有丝线。

马可说，“中国有一种以其吐出的丝而闻名的蛾，它的丝比其他任何一种飞蛾吐出的丝都要圆润和光滑。这种飞蛾历经千年，最后进化成了家蚕”。

一只雌蛾每次可以产五百粒左右蚕卵，每粒卵重不超过一克，产卵之后的几天内，雌蛾会很快死掉。但从产下卵的那一刻起，蚕的后代会以惊人的数字继续繁衍。一盎司的蚕卵可以孵化出3万条蚕虫，桑叶是蚕唯一的食物来源。3万条蚕虫能吞食近一吨桑叶，最后能吐出大约12磅原丝。

随着中国养蚕业的不断发展和完善，人们学会了在65华氏度（约为18.3摄氏度）的条件下保存蚕卵，如果将温度升高12华氏度，即到77华氏度（约为25摄氏度），就可将蚕卵孵化。幼蚕孵出后，养蚕工作才算真正开始了，除了每隔半小时要给蚕宝宝喂一次手工切细的新采摘的桑叶外，还要保证育蚕室有恒定的温度。幼蚕会很快长大，它们吃桑叶时发出的沙沙声仿佛像雨点打在竹叶上一般。蚕的生长环境不能过于嘈杂，还要避免鱼和肉的腥味，甚至还要避免汗味。在理想的环境下，蚕宝宝会不断蜕皮，身体的颜色也会随之发生变化，成蚕的体重会比刚孵化时增加好几千倍。

不久，成蚕会吐出一种啫喱状的、一接触到空气就会变硬的物质，将已经变成拇指大小的白色肉球的自己裹在里面。一个蚕三四天便能吐成一个蚕茧，如果把蚕茧泡在沸水里，可以缫出一根长达近半英里的蚕丝来，人们一般把缫出的丝缠绕在线轴上。

蚕茧分为两种。其中一种蚕茧缫出的茧丝大约是人的头发直径的八分之一粗细，由于其具有被称作β层的单分子结构特征，所以这种茧丝具有很强的弹性和拉伸力。

我们通常所看到的丝线是由 5 ~ 8 根紧紧缠绕在一起的茧丝组成的。原生丝线需要进行染色，由于染料可以非常紧密地贴合到丝线的褶皱里，所以蚕丝的着色能力要比其他天然织物好很多，而且丝线的颜色看上去更加丰富并富于变化。

另外一种蚕茧要比前面提到的那种大而且蓬松，因为这种蚕茧里面裹有两只蚕蛹，所以人们称其为“双宫茧”。这种茧丝缠绕交织在一起，很难分离，所以它们的价值并不高。一般人们把这种蚕丝拉开晾干后，做成轻巧保暖的蚕丝被。

在中国，制作丝绸是妇女们的工作。一到春天，当朝皇后要把“种桑养蚕”当作自己职责的一部分，亲自主持一些典礼和仪式迎接养蚕季节的到来。妇女们通常在自己家中或作坊里纺线织布，并在织好的丝绸上进行刺绣。在养蚕业发达的地区，常常会看到一家三代女性共同喂养着很多蚕。

虽然制作丝绸是一个包括纺线、织布、印染及刺绣等一系列密集型劳动的过程，但养蚕织布依然风靡大半个中国。尽管各地都在织造丝绸，但最关键的养蚕技术官方是秘而不宣的，如果有人胆敢向外国人泄露养蚕秘密，或者在边境上走私蚕茧甚至是蚕卵，就会被定为死罪。

最初，只有皇室成员才有资格和权利穿丝绸衣物，随着生产的发展，社会各个阶层的民众都有了穿着丝绸衣服的权利，而且丝线的用途也越来越广，如制作鱼线、乐器的琴弦及绢丝。到了公元前 206—公元 220 年的汉朝，丝绸在中原广为流传，成为中原经济的主要支柱之一，丝绸也成为一种贵重商品，人们可以用它来抵债。农民可以用自家的蚕丝消抵官府的税收，官府也会用丝绸来犒赏和奖励业绩出色的官员。丝绸甚至取代黄金成为一种价值标准，不同的是，黄金的价值取决于重量，而丝绸是用长度来衡量价值的。随着时间的推移，丝绸不仅成为中国国内的一种流通货币，而且还被当作一种货币来解决与其他国家的债务纠纷。丝绸成为中国经济、文化和老百姓生活中非常重要的一部分，以至于有 5% 的汉字所指的东西和丝绸有关。

随着国与国之间的竞争，中国在丝绸方面的垄断最终还是被打破了。公元前 200 年，前往朝鲜的中国移民带去了一些养蚕知识，很快朝鲜人也掌握了养蚕的基本原理。500 年之后，养蚕技术通过“丝绸之路”传到了印度,印度人在中国养蚕技术的基础上，还增加了一些新的技术。当丝绸被传到罗马时，罗马人对这种漂亮的织物痴迷不已，大约公元前 4 世纪，罗马文献资料中就曾提到过传说中的“丝绸王国”塞里斯。

大概在公元前 53 年，罗马军团在幼发拉底河附近发动的“卡雷战争”中第一次接触到了真正的丝绸。据说，帕提亚人迎风招展的丝质军旗让罗马军阵脚大乱，很快便溃不成军。短短的数十年后，罗马贵族就和数千年来中国的皇帝一样，将穿着丝绸看作身份和地位的象征。据说，公元 3 世纪在位的罗马皇帝黑利阿迦巴鲁斯平时只穿丝绸衣服。到了公元 4 世纪末的时候，一份罗马报告中写道，“曾经只是贵族专属品的丝绸，现在已经进入寻常百姓家了”。

尽管丝绸的广泛传播已是大势所趋，但中国人依然非常警觉，他们始终将养蚕过程中的高级技术当作秘密来严格保守。公元 550 年，两个聂斯托利教派的僧侣，带着空心竹拐杖里藏着的从中国带来的蚕卵出现在罗马皇帝查士丁尼一世的皇宫。不久，孵化出来的蚕很快结茧，桑蚕和蚕丝终于出现在拜占庭帝国。为与中国竞争，拜占庭帝国曾试图垄断蚕丝的生产，为此他们也严格保守养蚕技术的秘密。他们所产的丝绸很快影响到了中国普通丝绸市场，但中国所产的价高质优的丝绸织物仍然很抢手，并且始终占据着中亚的主要市场。后来，波斯联合印度和拜占庭帝国对中国发动了一场针对丝绸的“反垄断战争”，虽然中国在与国外对手的竞争中失利，但是丝绸在给国家带来大量收入的同时，还传达了经济文化方面的一种和谐的信息。

马可·波罗在中国期间，意大利人才开始生产丝绸，而这时中国已经有四千多年养蚕的历史了。在第二次十字军东征期间(1147—1149)，两千多名丝绸织工从君士坦丁堡移居到欧洲的同时，也带去了中国人保守了千年的有关丝绸的商业秘密。对于年轻的马可来说，丝绸始终是来自古老中国的新奇的舶来品。

西藏奇遇

就在读者还陶醉在马可笔下美妙的田园风光时，他的笔锋突然一转，带读者来到了一个“很荒凉并遭到鞑靼人严重破坏的省份”西藏。马可的游记超越了常规经验的限制，这就让我们有时候很难断定他所看到的是否就是今天的西藏。为了完成“西藏之行”，马可途经了中国西南的云南省、缅甸、越南及被他含糊地一笔带过的一些北方地区。

“西藏”既让马可着迷，又令他反感。作为一名商人，他对产自西藏的调味品非常感兴趣，如生姜、肉桂还有一些他以前从未见过或者不知道名字的东西。这里似乎到处都可以看到琥珀，丝绸也很多，还有一种被人们用来交换物品的珊瑚。“当地人认为珊瑚是一种很值钱的珠宝，所以西藏女子和神像的脖子上都戴着各种珊瑚饰品。”

当地社会秩序的混乱和老百姓对迷信的痴狂程度让马可困惑不已，但他发现自己很快就接受了占星师和巫师所施的法术。“占星师和巫师都会施法，这在世界上是绝对少见的。当地还流传着一些与魔鬼有关的耸人听闻的事情，因为担心读者会感到意外和唐突，所以本书不再对这些内容进行描述”。在激起了读者浓厚的兴趣和好奇心之后，马可开始详细讲述这些会施法术的占星师的特殊才能：“他们不仅能让晴朗的天空瞬间电闪雷鸣、大雨瓢泼，还可以让大雨随时停下来，另外他们还能制造出很多奇迹。”

马可非常详细地描述了法师施法为病人驱除病魔的过程：“法师被请来后，首先要询问病情，当病人详细地告诉法师他的病况后，法师便吹起一种乐器，并随着乐声又舞又跳。这时，另外一名法师突然倒在地上，口吐白沫，好像死了一样，他们声称这是由于病人身上的病魔进入了倒下的法师身体。其他的法师看到自己的同伴倒下后，就开始和他对话，询问病人究竟患了什么病及得病的原因。那人的回答是：‘由于他惹恼了鬼魂，所以才得病了。’”

“其他的法师就会说：‘我们恳请你能原谅他，只要他病体康复，你要什么都可以。’”

马可接着描述了整个治病过程：“法师们在说了很多好话并为病人祷告之后，附在倒地的那位法师体内的‘鬼魂’便会开口说话。如果病人已病入膏肓，不久于人世，那么‘鬼魂’就会说，此人行恶太多，无法得到谅解，任何祭品都难以平息附在他身上的‘鬼魂’的怨气。”

“如果病人还有希望治愈的话，法师体内的‘鬼魂’就会说：‘虽然他冒犯了我，但还可以原谅。如果想康复，就要让他献出两三头羊和上好的美酒。’于是法师们亲自动手开始宰羊。如果知道病人还有救，会有很多法师和妇女来到病人家中探望。大家吃着羊肉，喝着美酒，载歌载舞，尽情玩乐。”

就在大家玩乐的时候，又有一位法师摔倒在地，“口吐白沫，好像死了一般”。站在一旁的人就会赶紧请求“鬼魂”宽恕病人，并让他早日康复。有时候，“鬼魂”会给出肯定的答复，有时候会说“无法完全宽恕这个病人”。

在向病人家属索取更多的祭品后，“鬼魂会开口说，既然他要求的东西都已经准备妥当，那么他可以宽恕这个病人，他的病很快就会痊愈。听到这样的答复，大家赶紧点上香烛，向空中泼洒肉汤和酒水，好让‘鬼魂’也能吃到。之后，大家欢欣鼓舞地把病人送回家，不久他就真的痊愈了”。

有时候也有病人在法师做出“不久就会康复的承诺”之后死掉，而且在当地也不是每个病人都能得到足够的重视。根据马可的讲述，只有有钱人才有能力请法师举行这么复杂的仪式，而且一个月也只能做一两次法事。

马可坚持认为，从事“黑色艺术”的这些人很难让人产生信任感，他们实际上是一些有“恶习的坏人”，这些人外出时还常带着凶猛的藏獒。“藏獒是世界上最大的犬种之一，非常凶猛，善于捕抓各种野兽。”

马可在西藏体会到了蒙古帝国征服过程中的种种恶行。马可大胆地描写了忽必烈汗的兄弟蒙哥在西藏搞的大量破坏，他坦言，蒙哥用“战争毁掉了西藏”。循着蒙哥征战的足迹，马可再次经历了之前少有的焦虑和恐惧，此前只有当他穿越戈壁沙漠时才会有如此令人心酸的描写，这种经历促使他开始思考蒙古帝国的性质，以及自己在蒙古帝国微不足道的身份和地位。在这个荒无人烟的地方，除了那块作为护身符的金牌能给他带来一点宽慰外，他真的是一无所有。金牌带给他的是对安逸放纵的生活和对大都的富丽堂皇，尤其是对远在几千英里之外的忽必烈汗的追忆，尽管金牌让马可有了大汗使者的特殊身份和地位，但它无法消除他对身边这种混乱状况的困惑，这些混乱有些是由蒙哥造成的，有些则是由于当地人那种令人费解的乖张的性格引起的。马可又重新回到了一种类似于蒙古人的游牧生活的环境中，人们喜食肉类，他们的价值观与忽必烈汗主张的“宽厚仁慈”截然不同。

马可穿越了一处毫无生机和活力的干旱之地，这里由于战乱而显得非常阴郁。马可带着一种厌恶的心理描述了自己在这个“遭到破坏和废弃的地区”所看到的一切:“穿越这片无人区要走20天，由于狮子、猞猁等野兽经常在这一带出没，所以这段行程危险重重。”随着向西藏腹地的深入，马可即将面对的危险越来越多了。

嗵！嗵！嗵！

巨大的爆炸声打破了夜的沉寂，也让马可和其他初来此地的人感到恐惧。马可后来才弄清了爆炸声的来龙去脉:“这个地区尤其是在河流附近发现了大片的竹林。”据马可估计，竹子大概有3掌粗，15步长。“途经此地的商人和旅行者们晚上休息前，要将一些竹子放在自己的车上,夜间需要的时候可以拿出来点着。原来，狮子、熊和其他猛兽都害怕巨大的声响，而竹子燃烧时发出的声音正好可以把它们吓跑。于是，人们用这种方式来保护自己和牲口免遭野兽的侵害。”

马可还弄清楚了人们是怎么完成这一任务的:“傍晚的时候，人们把找来的绿竹子扎成捆，然后在离宿营地一定距离的地方把它们点燃。竹子烧着后，不仅能供人们取暖，而且还会发出一些巨响。据说，这种爆裂声在夜间可以传至十英里之外。”

嗵！

马可感慨竹子点燃后发出的爆裂声特别大，以至于“初次听到的人还真会被吓着呢”，有时候，马可脑子里会产生一些怪念头，他声称，旅客在毫无防备的情况下，听到这种巨大的爆炸声说不定也会被“吓死”。为此，他推荐了一种防范措施：暂时还不能适应竹子爆炸声的初来者一定要用棉花堵住自己的耳朵，并用衣服把头部包起来。

马对这种巨响做出的反应，常会带来较为严重的后果。“受到惊吓后，马往往会挣脱缰绳逃跑”，像马可一样初来乍到还没有经验的商人便给马戴上脚镣，以防它受到惊吓后走失。因此，凡是有经验的商人走这条道时都会事先准备好脚镣。不过，过往的马匹很快就习惯了这种巨响，脚镣慢慢就派不上用场了。

在马可看来，西藏地区有着独特的社会风俗。他说：“当地的男子一般不会娶处女为妻，他们希望自己要娶的女子与很多男子有过交往。按照当地习俗，如果女子在婚前没有与其他男子交往过，那么该女子就没有什么价值。”马可对此似乎很感兴趣，他又补充说，新娘如果还是处女的话，就说明她不讨神灵喜欢，只有拥有众多情人的女子才会招人喜欢，而且女子的身价是由与她们有过交往的男子的数量来决定的。

像马可这样来自异乡的客商，往往经不起当地年轻女子的诱惑。马可说，“看到途经此地的商队或者异乡人支开帐篷准备休息时，村子里的男子们就会带着他们的女儿来到帐篷前，竞相恳求客商与她们发生关系”。

马可对这种荒诞的做法的客观冷静的描述表明他并不喜欢这里的女子，而且这种赤裸裸的交易背后的商业化本质让他感到惊异。“男子们可以与当地女子尽情寻欢作乐，但却不能把她们带往外乡或异地，而且男子要给与他发生关系的女子留下一些珠宝或者钱财，这样女子就可以将其作为证据，向未来的丈夫显示自己曾有过情人。这种做法慢慢演化成一种风俗，当地女子脖子上所戴珠宝的数量表明她曾与多少位男子有过交往。”马可说，“饰品越多的女子越受她父母的疼爱，而且她们自己也以此为荣，经常向别人炫耀从陌生人那里得到的礼物”。马可也承认，“和他年龄相仿的 16 ~ 24 岁的年轻人，几乎不用付出任何代价就可以随便和很多女子发生关系。”

尽管马可经常标榜自己在性方面并不保守，但西藏人对性的态度让他很受触动。马可提醒自己和欧洲人，寻求道德的约束还是很有必要的。

马可说毗邻此地的建都省（今四川西昌一带）的女子比西藏女子的行为更让人难以接受。马可说，这里的男人们不觉得“自家的妻子、女儿、姐妹与外人调情是对自己的侮辱”。更让人感到诧异的是，他们竟然认为“她们和别的男子发生关系是件好事”。“只要有陌生人来到家中，男主人会主动回避，去田里或者葡萄园里干活。有时候，陌生人会在他家待很多天，在此期间，男主人会把自己的帽子挂在窗前或者院子里，作为家中有客人的标记”。更让人诧异的是，等客人走后，男主人回到家中，看到“家中女眷个个兴高采烈，自己也会因此感到开心，还会让她们讲述与陌生人在一起的这段日子里所发生的事情，同时感谢神灵对家人的庇佑”。

尽管马可很喜欢用夸张的描写来刺激读者，但这次他却谴责这是一种“很卑劣的风俗”。虽然这一风俗曾被忽必烈汗废除，但当地老百姓似乎对此并不以为然。

马可含蓄地说，当地的这一风俗使他离开建都时感到非常尴尬。由于住在“大路两旁的村民”对路过的商客特别热情，所以商人们常常会报之以“织物或者其他小礼物”。可能马可也曾这么做过，并且还和主人发生了摩擦。如果商人们送的礼物不合主人的心意，当他们骑马准备告辞时，主人便会冷嘲热讽，甚至恶语相加。

马可还记录了他认为是“丁香”的一种东西。其实，他自己也不太清楚那究竟是一种什么植物，“这种植物长着非常纤嫩的枝条和叶子，看上去有点像月桂树……上面开着很小的白色花朵，花朵开败后会变成烟黑色”。19 世纪法国学者、编辑 M.G. 鲍迪埃曾提出过一个很有趣的观点，他认为马可见到的这种植物是阿萨姆红茶。这么说似乎也有一定道理，毕竟这个威尼斯人在中国待了那么长时间，却从未提及茶叶。而其他的评论家则反驳说，马可谈到的应该是桂花树，它的树皮就是我们所说的肉桂。不过这种解释多少有些牵强，因为马可几乎同时提到了肉桂，而且它的花与上面提到的那种白色小花是完全不同的。

最有可能的解释就是马可在不知情的情况下写到了茶叶。蒙古人和汉人生活习惯不同，他们爱喝酸马奶而极少饮茶，所以就算马可对茶叶不甚了解也在情理之中。

从马可对蒙古商业和经济的熟悉程度来判断，他很可能是在为忽必烈汗做税收官，而且是盐务税收官，盐是蒙古帝国一项重要的商品。忽必烈一般会让来蒙古帝国的外国人担任此官职，所以在他心目中，马可是这项任务的不二人选。马可在对杭州纪行的叙述中，熟练而权威地深入探讨了盐的经济价值。

在《马可 · 波罗游记》的开始部分，马可就论及纸币和把丝绸当作货币的事情，对此欧洲人总是持怀疑态度。现在他又提到盐也被当作流通货币，这让欧洲人更是费解。马可详细解释了盐的制作过程：“人们将卤水放进锅里煮沸，约一小时后，等锅里的液体变成发硬的糊状时就从锅中取出，放进一个事先准备好的模子里。做好的成品下面是扁平的，上面则是圆的，每块约有0.5磅的样子。”加工好的盐饼放在炉子上烘干后，还要盖上大汗的玉玺。蒙古朝廷规定，除了大汗钦命的官员，任何人都不得私制盐币。

在西藏地区，马可看到商人们不辞辛苦来到一些偏远的村庄，用盐饼换取黄金来“获取高额利润，盐在当地非常重要，除了食物中需要外，还可以用来换取其他所需的物品。在城市里，人们通常只把完整的盐块当作货币，而那些破损的盐块都被添加到食物中了”。马可说，官府对盐实行垄断，制作盐币的整个过程，包括煮沸、烘制、印制大汗的玉玺都需要持有官府的许可证。

征服哈剌章

接下来，马可的注意力转移到了一个被他称为哈剌章的地方，哈剌章就是现在中国的云南省。

哈剌章虽然在忽必烈汗的儿子帖木儿的统治之下，但这里并不能让那些云游四方、毫无戒备之心的商人们感到安心。“当地的沼泽地带生活着数量众多且异常丑陋的蝰蛇”，这些“蝰蛇”大概有十步长，和一个成年人那么粗。马可没有掩饰自己对这种动物的厌恶之情，他这么描述“蝰蛇”：“在靠近头部的地方有两条很短的腿，没有脚，但长着类似于猎鹰或者狮子一样的利爪。”“蝰蛇”令人作呕的丑陋的脑袋上面长着一双露出寒光的约“四个第纳尔币那么大”的眼睛（第纳尔是南斯拉夫、伊拉克及阿尔及利亚等国的货币）。它的嘴“硕大无比，差不多一口能吞下一个人或者一头牛”，捕食的时候，它会用“巨大锋利的牙齿”把猎物撕碎。总之，“这种巨大的动物极其丑陋，而且很凶猛，任何人和其他野兽都不是它的对手”。

事实上，马可提到的这种怪兽不是蝰蛇而是鳄鱼，马可还给读者介绍了生擒它的办法。他说，“捕猎者知道‘蝰蛇’习惯原路返回，所以就在它经常出没的沿河的斜坡上埋设一些粗短结实的木桩。从外面根本看不到这些埋在土里的木桩，而且所有木桩上还钉着比木桩高出一掌的锋利无比的尖刃，为了不被‘蝰蛇’发现，捕猎者会在尖刃上盖上土或沙子。当‘蝰蛇’爬过埋有利器的路段时，由于用力过猛，常会因为胸膛被刺穿或者腹部被剖开而毙命。根据‘蝰蛇’尸体上的鸟儿发出的声音，捕猎者可以判断它是否已死。一旦断定‘蝰蛇’已死，捕猎者们便欢呼起来，立即跑过去寻找死去的‘蝰蛇’”。

马可解释说，捕猎者冒着生命危险去抓捕“蝰蛇”，是因为它有很高的药用价值。“抓住‘蝰蛇’后，人们剥掉它的皮，从腹中取出很值钱的胆汁。‘蝰蛇’的胆汁之所以价格昂贵，是因为很多贵重药品都是用它制作的。比如说，如果有人被疯狗咬了，只要把胆汁放进酒里服用，很快就能康复；如果遇到产妇难产，给她服用一点‘蝰蛇’胆汁，就能顺利分娩；还有就是，如果有人身上长了疹子、结了痂或者其他更为严重的皮肤问题，只要在身上涂一点点胆汁，过几天就会痊愈”。

尽管鳄鱼长相丑陋，但它的肉被人们视为美味。马可说，“捕猎者会将‘蝰蛇’肉卖掉，因为其肉质鲜美，深受人们喜爱”。同时，这种爬行动物经常会吞食狼、狮子、熊的幼崽，可以说它以这种独特的可怕方式保护了人类不受其他肉食动物的侵害。

经过一番认真的研究，马可意识到，凶残的鳄鱼完全有可能成为人类生存之战中意想不到的同盟者。

作为大汗的使臣，马可还了解到蒙古人想要征服哈剌章的血腥计划。这一地区汉族人口非常稀少，有很多没有受到汉人文化影响的部落。尽管这些部落长期以来一直处于封闭状态，但是从秦朝（公元前 221—前 207 年）和汉朝时期起，他们就已经认可了汉人的统治，不过部落的最高统治权还是在当地的部落头领手中，他们完全依照自己的法令实行部落自治。

到了唐代（公元 618—907 年），这里出现了一个叫南诏的国家，随着南诏日益发展壮大，它征服了各地军事领主，在成为这一地区政治和文化的主导力量的同时也促进了这个原始落后地区的发展。在马可到达此地之前，正逢南诏统治的鼎盛时期，国内拥有许多身怀绝技的工匠，他们擅用丝和棉织出精美的织物。这个国家还产盐和黄金，也许正是因为马可担任盐务官，所以他才会来到此地。汉人积极施行鼓励南诏发展的政策，主要是希望它的发展壮大能对周边那些蓄势待发的部落在战略上形成一种威胁，但是到了宋代（公元 960—1279 年），汉人的势力开始衰落。马可来到蒙古帝国的时候，忽必烈汗下决心要将遥远的南诏并入自己的版图。但是不屈不挠的南诏统治者始终抵制，使得忽必烈一时难以完成自己的计划。

据马可说，1272 年，南诏与蒙古帝国终于开战了。但可能是由于马可在手稿中的记录有误，或者是马可将蒙古历和欧洲施行的“儒略历”进行转换时发生了误差，总之，他所说的这一时间是有谬误的。按照汉人的可靠记载，这场战争发生在 1277 年，恰好是马可达到此地之前。不管战争发生在哪一年，当马可到达这里的时候，大屠杀后的血腥场景依然历历在目，战马的嘶鸣声和弓箭的呼啸声也才刚刚平息。

正如马可后来了解到的那样，在经过了一系列艰苦卓绝的血腥战斗后，忽必烈汗终于平定了此地。这里复杂多变的地势使得蒙古军毫无优势可言，只能依靠当地的雇佣兵，而且他们还遭到了当地被马可称作“缅王”的军事领主的顽强抵抗。缅王下决心坚决抵抗，而且“誓死要将忽必烈的军队斩尽杀绝，让他们再也不敢进犯南诏”。

缅王集结了一支由两千头大象组成的“实力强大、全副武装的象队”，精心做好了迎战准备。每头大象身上驮有一个像城堡一样的被称为“象亭”的巨型木屋，象亭里藏有“12 名全副武装的弓箭手”。除此之外，缅王的军队还动用了“6 万名地面武装士兵，穿插在骑兵和步兵当中”。

这支由缅王亲自统率的“由战马、大象、骑兵和步兵组成的庞大队伍”，一直把忽必烈汗的蒙古军逼退到“需要行军 3 天才能到达的路程”之外。才安营扎寨，整饬队伍准备下一场战斗。虽然蒙古将军纳速剌丁仅有一支 1.2 万人的骑兵队伍，但他一直在宽慰自己的手下，尽管缅王人多势众，但他们“缺乏使用武器的经验，而且没有经过严格的作战训练”，所以蒙古军“根本没有必要担心对手人数众多，而应该充满信心，他们身经百战，富有作战经验，所以仅凭蒙古人在战场上的声名也足以令敌人和世界上的所有人闻风丧胆”。只要蒙古军无愧“骁勇善战”的美誉，一定会取得“毫无悬念的最终胜利”。

在马可看来，纳速剌丁是一个既有智谋又很有口才的将军。他下令军队驻扎在茂密丛林旁边的一块平地上，驻地周围丛林密布，可以用来阻挡缅王象队的入侵。一旦象队来犯，纳速剌丁计划让部下“躲在丛林中，向敌人发射弓箭，因为有茂密丛林的保护，所以他们的安全绝对会有保障”。

欧洲人一般会认为，大象这种陆地上体型最大的动物，肯定既低效又危险，是不能将其应用到战争当中的。然而在亚洲，数千年来，经过驯化的大象一直出现在战场上。大象不但可以为行军部队背负沉重的给养，而且它们每小时差不多可以走 15 英里，只不过让它们停下来会比较困难。一群在战场上奔跑的大象会让敌人束手无策，彻底溃败，而且大象还能将战马和骆驼吓退。象背上的士兵在战斗中绝对处于上风，标枪手和弓箭手可以利用象背上的高度优势，将武器准确无误地射向地面上奔逃的敌人。当然大象也存在一些弱点，比如，一头受伤的大象会疯狂跑动，因此也会危及自己的军队。但是不管怎么说，缅王的这支象队绝对是蒙古军难以对付的劲敌。

因为双方都拿不准对方的实力，所以一连几天都在僵持。不过蒙古军的情报人员一刻也没闲着，他们弄到敌人所使用的弓箭的长度资料后，便决定作战时应该使用稍短些的武器。他们之所以专门使用与敌人长度不同的弓箭，就是为了让敌人无法再次使用在战场上缴获的与他们的弓不相匹配的箭。

蒙古人的弓箭将空气动力学的精准，以及外观上的美观和优雅完美地结合在一起，箭长 3 英尺，3 支箭羽可以使箭射出时保持绝对的平稳。有时候蒙古人会在箭头上涂上毒药、蘸上盐水以使目标中箭后更加痛苦。蒙古人有很高的军事技术，再加上他们骑术精湛，所以他们在战场上向来所向披靡、战无不胜。

随着一场恶战的临近，双方把人马驻扎在相距有一英里的一块开阔的平地上，缅王“部署好他的象队和藏身在象亭中整装待发的士兵”，象队后面是成千上万的骑兵，“这些兵力也做了精心的部署。缅王很懂得战略战术，他特意在不同兵种的部队之间留有很大的一段距离。在军队中视察的时候，他一再嘱咐自己的军队务必勇敢作战，胜利非他们莫属。因为目前双方兵力是四对一，而且他们还拥有强大的象队和藏在象亭中让对手根本无法预估的兵力。此外，对手又从来没有和动物交过手，根本不知道如何迎战”。

战斗的号角吹响了，缅王骑着马亲自率兵冲向了蒙古军阵营。其实，蒙古军早已知道了缅王的一举一动，但是他们始终按兵不动。眼看缅王的军队到了蒙古军阵前，这时“双方除了恶战已经别无选择了，由于突如其来的大象使鞑靼人的战马受到惊吓，所以鞑靼人根本无法很好地控制自己的坐骑，只好被迫掉转马头”，任由缅王的大军在后面穷追不舍。

退回驻地后，纳速剌丁命令骑兵下马并将战马全部牵到周围那片密林中拴好，然后下令士兵准备好蒙古人最擅长使用的弓箭。他们缓缓靠近象队并朝大象的头部开弓，马可说：“弓箭手齐声呐喊，奋力射出了很多支箭，导致许多大象受了重伤。不一会儿，敌人和他们的大象便死伤惨重。”

“虽然缅王手下那些躲藏在象亭里的士兵也向鞑靼人开弓还击，但由于鞑靼人的箭术比他们高明，所以他们的杀伤力远不及对方”。马可告诉读者：“蒙古人射出的箭非常密集而且速度又快，所以没过多久，很多大象已经身负重伤。”

缅王的象队承受的压力越来越大，大象开始“感到了身上的伤痛，而且对方的呐喊声也使大象感到有些恐惧”。马可说，“大象开始向缅王自己军队的方向奔逃，它们发出的巨吼声听来就好像整个世界都要坍塌了一样，缅王军中顿时乱作一团”。恐慌的大象横冲直撞，“有一部分还逃到了鞑靼人藏身的密林里。由于大象受到惊吓，所以就连驯象人也无法将它们从密林中牵出来”。大象开始盲目地在丛林中奔逃，背上的象亭因为碰到树干而被撞得粉碎，使得象亭里的很多弓箭手死于非命。

此时，纳速剌丁把注意力放在了突然失去了保护的缅王身上。他指挥蒙古军重新“井然有序地”跨上自己的战马，朝着“看到自己的大象防线被驱散后仍没有退意的”缅王冲去。

尽管此时缅王已完全处于劣势，但他仍然打算坚守阵地。双方“展开了一场激烈的肉膊战，战场上死伤无数，血流成河”。马可说，“缅王的军队作战非常勇敢，一直射箭来保护自己。箭被射光后，他们便手执利剑和其他铁器，勇敢地冲向了蒙古军”。

装备精良的蒙古军在这场肉搏战中逐渐占据了上风。蒙古军穿着一种类似于锁子甲的作战服。这种衣服是将一些金属块缝制在皮革上做成的，所以非常结实耐用。他们所穿盔甲的心口部位还有一面镜子，蒙古人认为，镜子在作战时不仅可以阻挡甚至摧毁一些邪恶的东西，还可以用来抵挡敌人刺来的长矛。士兵们还穿着一件精工细作的网状背心，可以防止前方射来的弓箭伤及身体。此外，他们还随身携带着一种钩子，抛出去后可以抓住敌人的铠甲而将对方拖倒。就连他们脚上穿的靴子也占有优势：略微上翘的足尖可以形成一个气囊，防止脚部热量散失而冻伤脚趾。所有这些装备使得蒙古军能很快适应各种艰苦的作战环境。

马可对接下来的大屠杀进行了更为细致的描述：“剑和铁器的猛烈撞击声不绝于耳，随处都可以看到人、马被杀的惨状。地上死尸横陈，难以计数，到处都是被砍掉的手、脚、胳膊、肩膀和脑袋。哭声和嘶喊声震耳欲聋，对任何一方来说，这都是一场非常残酷的战斗。一个小时之后，鞑靼人的优势越来越明显，缅王的军队已经力不从心，很多人在当天的战斗中丧生。”

“最后，缅王看到自己的人马死伤过半，知道已经回天乏术，再也无法抵挡鞑靼人的进攻时，便决定撤退。于是，他自己也混在溃逃的队伍当中逃跑了。”

“虽然对手已经开始溃逃，但鞑靼人依然穷追不舍，准备将其赶尽杀绝。惨烈的场景让人不忍目睹。最后，缅王的军队伤亡惨重，鞑靼人取得了胜利。”

马可指出,缅王此次失利主要是因为指挥失误。他本应该“在开阔的平地守候，这样一来，等武装象队将对方打得措手不及时，骑兵和步兵便可以趁机将敌人包抄而一举歼灭”，但这种结果永远都不会出现了。缅王的失误使得远道而来的蒙古大军竟然有了意外收获：他们俘获了两百多头大象。马可曾以为大象是一种很蠢笨的动物，但实际上，“它们的领悟能力比任何一种动物都强”。

马可对蒙古军所取得的胜利大加赞扬:“今日之胜利皆源于大汗誓将缅王的土地收归己有，并使其归顺的雄图伟略。”

不过与大都周围的其他地区有所不同的是，哈剌章只是在名义上归顺了蒙古帝国。尽管大蒙古帝国一直对其施加影响，但西南省份始终战乱不断，危机四伏。经过不断磨炼，马可逐渐掌握了一些险境求生的技巧，但前行的每一步依然危险重重。

第 10 章
南宋灭亡

如能聆听到她的天籁之音
定会使我如痴如狂……

走在这些偏远省份的任何一个地方，马可总能发现一些异乎寻常的事情：占星师可以随便作法呼风唤雨；盐被当作钱币来使用；男人可以邀请陌生人到家中与自己的妻子、女儿和姐妹过夜；丑陋的“大蛇”可以分泌出救治性命的黏液。这一切让他心里充满了好奇和困惑。

在云南西部的永昌，这里的男子非常懒惰，身无一技之长却以自我为中心。按马可的说法，“他们自认为绅士，除了养猎鹰、狩猎和打仗外，成天无所事事。这里的大多数妇女是被抓来的战俘，她们承担了所有的体力活，被当作奴隶一样使唤”。当地的一种奇异的哺育风俗让马可很感兴趣：“女人生完孩子之后，会立刻把婴儿洗干净，用衣服包起来，然后男人接替女人，一连 40 天偎在床上照顾孩子，除了一些必需的活动外，一般不会下地。在男人坐月子期间，所有的亲戚朋友都会来探望他，和他闲聊、逗他开心。据说，男人之所以这么做，是因为觉得妻子怀胎十月太辛苦了。”

但产妇却和平时一样，必须担负起日常的劳作。“孩子一生下来，她们就要下床，负责家里的一切事务，还要照顾卧床休息的丈夫的饮食起居。就好像生孩子的不是女人，而是男人。”

起初，读者一直认为马可纯粹是为了取悦大家，才杜撰出这种离奇荒诞的风俗来讥讽异教徒。而事实上，马可并非无中生有，他描述的这种风俗在非洲、日本、印度和南北美洲的很多地区都存在，而且得到了人类学家的证实。2002 年，加拿大研究人员凯瑟琳·E.W. 爱德华博士和安妮·斯托里博士在一项医学研究中，提取了一些准父亲的唾液和血液进行研究，希望能发现配偶怀孕期间他们体内的激素变化情况。研究结果表明，这些准父亲体内的催乳激素水平竟然发生了变化，这种现象非常奇特，因为催乳激素有促进女性分泌乳汁的功能。研究人员还在这些男子体内发现了一种雌激素酮，通常来说，男性的这种激素水平是很低的，但是在这些准父亲身上却显著升高。该研究还发现，男性身体会随着怀孕的配偶的身体所发生的变化而变化。最后，研究人员得出结论：“男性体内也会发生与孕妇类似的激素改变。”

蒲甘金银塔惊呆蒙古大军

马可在今天的缅甸境内体验了一场充满异国情调的旅行。当他徜徉在梦幻般的美景中时，不知为何，突然感到有些低落，不过他很快就摆脱了这种阴影。他记下了自己几天来穿越丛林的经历，“丛林里人迹罕至，生活着很多大象、独角兽、狮子和其他一些很特别的野兽”。

在神话中，长得像马的独角兽是纯洁和童贞的象征。据说，它的角磨成粉之后具有神奇的疗效，不仅可以用来防治癫痫、解毒，还能缓解其他病痛。不过，对于这种神奇的动物，马可只是匆匆一笔带过，并没有给予特别的关注。人们猜测马可所说的“独角兽”很可能是前额长着角的亚洲犀牛，犀牛角富含角蛋白，它的毛发中含有纤维蛋白成分，只不过犀牛角并没有马可所说的那些“神奇的疗效”。可能是因为它长相丑陋，才使得马可对这里的一切兴趣索然。

马可对这里流传的神话没有表示出太大的热情，反倒对当地人喜好“投毒”的行为很感兴趣。在一些道听途说而来的故事基础上，他臆想出一位“温文尔雅的英俊青年”在某地投宿时，被当地居民“趁着夜色，用毒药或者其他什么东西杀害了”。谋杀发生后，年轻人的魂魄在住过的房子里徘徊不去，给房子后来的主人带来了好运。马可来到这里后害怕睡觉甚至不敢吃饭，原来是担心自己会死于主人设下的圈套。

当地人相信魂魄能给自己带来好运，所以热衷于用“投毒”的方式加害陌生人。蒙古人到这里后，制定法令对这种做法进行严惩，虽然马可一直试图让自己相信，“投毒”的做法早就被取缔了，但他仍非常担心，也许有朝一日这种罪恶勾当又会重现。马可注意到，“当地有一些总是蓄意干坏事的男女，时常随身携带毒药。如果看到要受刑的犯人，他们会在衙役动手前，往犯人的嘴里塞点毒药，使其毙命”。为了防止犯人死于非命，当地府衙专门准备了一种解药。马可说，“衙役们事先准备好狗粪，一旦发现犯人吞下了毒药，就立刻往他的嘴里塞狗粪，以便让他把毒药吐出来”。马可向疑虑重重的读者再三保证，“塞狗粪是当地一种常用的解毒办法”。

讲述完令自己感到恐怖的经历后，马可极力赞美了古老的蒲甘王国，对于马可是否真到过此地，人们颇多非议。不过，马可倒是亲耳听说过蒲甘已故国王的豪华墓地。

马可描述中的这位国王非常富有（不过在对忽必烈汗讲述时他还是有所保留），而且势力很大，“深受人们爱戴”。他重复了别人给他讲过的有关这位国王的一个故事："国王去世前，留下口谕：为他建造一座丰碑，他的坟墓上要用黄金和白银分别建两座塔。"马可解释说，其中一座塔"用精美的石头建成"，上面贴着约有"一指厚"的黄金片。由于外面镶有黄金，整座塔看上去就像是一座金塔。这座金光灿灿的塔有"十步高"，塔顶上有一个"圆球"，里面挂着镀金的铃铛，只要一起风就会发出悦耳的声音。另一座银塔看上去和金塔一样壮观，顶部挂的是银铃。

马可说，恐怕欧洲还没有哪座建筑物能与金银塔相媲美。

马可声称，忽必烈汗的大军采用了一种不寻常的方式平定了这个叛乱不断的地区。忽必烈汗召集国内的"小丑和杂技演员"与蒙古军一同奔赴缅甸，临行前，大汗承诺这些人在战斗中拥有指挥权，同时要求他们服从命令。

在杂耍艺人的陪同下，蒙古大军很快就攻下了蒲甘城。他们看到赫赫有名的金银塔后，顿时没有了那种盛气凌人的嚣张气焰。马可说："蒙古军看到这两座塔的时候都惊呆了，立刻向大汗做了汇报。并向大汗请示，如果他愿意的话，他们就把塔拆掉，把上面的金银全部给他带回去。大汗知道当初蒲甘国王建塔的目的就是能让人们在他死后依然缅怀他，所以大汗答复，不希望自己的手下拆掉那座塔，而希望他们能够保持塔的原貌。"

忽必烈汗对被征服者表示出的尊重深深打动了马可，他说"金银塔被修饰一新，还有专人进行看护"。马可对此事的看法是"鞑靼人一般不会动死人的东西"，因为按照蒙古风俗，"动了死人的东西是一种极大的罪恶"。事实上，除了这个原因外，忽必烈汗这么做也是出于对被征服地区老百姓的信仰的尊重。蒙古人发现，所有被征服地区都会尽量保持自己的文化特征，如果征服者不去破坏他们的文化，那么他们会主动放弃对政权的控制，甘愿俯首称臣。

马可继续他的亚洲之行。虽然处在一个迅速变化的时代，但他处处都能感受到一种近乎静止的文化，原因就在于，当忽必烈汗不断地将一个又一个王国并入自己的统治之下时，同时也成就或摧毁了当地的文化，而使其陷入一种静止的状态。

不过，有些地区的风俗实在让蒙古人不敢仿效，马可在孟加拉附近的一个地区便看到这类风俗。马可说，当地的“男男女女浑身涂着各种颜色，有的甚至是用针刺上去的。他们的脸上涂得鲜红，身上画满了鹤、鹰、狮子、龙、鸟及各种奇特的图案。遍布他们全身各个部位（脸、脖子、胸部、腹部、胳膊、手、脚、腿等）的图样非常巧妙，而且不会因为洗澡或其他原因而掉色”。

马可在描叙这种令人饱受痛苦的文身过程时，感到非常恐惧。文身艺术家或者“大师”首先要把“选定的图案用黑色颜料画到文身者的身上”，然后绑住他们的手脚，并让两个人或更多的人在一旁压着他，接着这位“对其他艺术一窍不通的大师”拿出五支针（把其中四支针扎在一起形成一个正方形，中间再放一支）开始在文身者的身上按照事先画好的图案进行文绣。完成后，他会立刻把墨水涂在文好的图案上，于是图案的样子很快就显现出来了，完成这些文身所经受的折磨类似于遭受炼狱之苦。此外，也会“有人在文刺过程中因失血过多而死亡”。

马可对自己所到之处的风俗非常宽容，一般都能够接受，但是他始终无法理解“文身”这一风俗。

“勇士”部落与八十四尊佛

穿过通往今天的越南的丛林地带，马可发现自己来到了一个以“勇士”闻名的部落，当地人身穿树皮缝制的短小衣服。这个地区与其他地方差异非常大，以至于“只有在此流通的印有忽必烈汗玉玺的纸币”才让马可感到自己依然在蒙古帝国境内，依然能够享受金牌给他带来的庇护。

没有什么能比在一个“只闻狮子声音，却看不见狮子踪影”的地方更让马可觉得不安了。他说，这里很危险，“由于人们害怕被狮子吃掉”，所以夜间没人敢在户外睡觉。狮子非常凶猛，所以像马可这样的客商只能被迫睡在停靠在河面的简陋小船里，即便如此，他们的人身安全也没有绝对的保障。因为一旦他们的船离岸不够远，“狮子便会跳入水中，游到他们的船边”，只要狮子靠近小船，“那么它无论如何都要拖走一个人吃掉”。“为了防止此类事件发生，商人们通常会尽可能地把船停靠在宽阔河面的中间”。

马可解释说，为了防止遭到狮子的袭击，商人们与一些非常凶猛的“狗”结伴而行，“这种狗很勇敢，敢同狮子搏斗”。实际上，马可说的不是狗，而是狼。一般会有两只“狗”同时与狮子搏斗，保护商人们的人身安全。马可说，一个骑马的人只要带着弓箭和两只这样的“狗”，就能杀死一头狮子。发现狮子后，强壮的“狗”在人的激励下，会勇敢地冲上前去，一前一后把狮子围起来。狮子看到这种情况，便开始反击，但“狗”的动作非常敏捷，不仅能很好地保护自己，还能让狮子无法靠近。

无奈之下，狮子只得开始逃跑，但“狗”却不依不饶，边追边叫，不停地撕咬狮子的腿和尾巴。逃跑中的狮子转身反击时，却抓不到“狗”，因为“狗”的动作非常灵活，而且也很会保护自己。受到惊吓的狮子只能逃进丛林深处，找一棵枝繁叶茂的大树，靠在那里，并且一直面对着“狗”，以免背后遭到袭击。通常，狮子会想办法慢慢摆脱“狗”的追击，一般不会落荒而逃，因为它身上与生俱来的自尊和强势不允许它表现出对“狗”的畏惧。当狮子开始奔逃时，“狗”就会穷追不舍，并且不停地撕咬。这时，带着弓箭的猎人便趁机向狮子射箭。狮子感到自己中了箭，立刻转身朝“狗”扑过来，只要“狗”稍微往后一退，狮子就会扑空，只能继续逃跑。一旁围追的猎人看到此景，会连射出更多的箭，最后，狮子因为受了箭伤失血过多而体力不支，还没找到藏身之处就会气绝身亡。一般情况下，遇到一个骑着马并带着两只“狗”的猎手，狮子是无处逃生的。

从紧张刺激的猎狮场景转向对制盐方法的描述，这对身为忽必烈汗的税务官的马可来说易如反掌。在偏远的长芦镇，马可亲眼见到了矿工从盐矿中挖盐并将盐堆积起来的情景。“矿工们往巨大的盐堆上不停地泼水，为的是让盐水渗到下面，以便收集起来后放进大坛子或者大铁锅里进行熬煮。经过反复蒸沸，将盐水净化后，再让它慢慢冷却。等锅里的液体变得浓稠后，再从锅中倒出来，经过这些工序，盐基本上就做好了。用这种方法做出来的盐洁白纯净，煞是好看。”

长芦盛产盐，当地人将盐卖到临近省份，赚取了大量财富。同时，由于一些像马可这样的外国盐务官的努力，忽必烈汗也从中大为受益。

现在越南的安州县地区的女子让马可非常感兴趣。马可发现，这里的女子非常“纯洁”，保持着妇女应有的“端庄和贤淑”。除了自己的意中人，她们绝对不会向任何人敞开怀抱。当地的女子非常严肃，她们从不跳舞，不与人嬉戏打闹，也不会喜形于色或者大发雷霆。她们和马可以前见过的其他地区的女子完全不同，她们绝不会藏在窗后偷窥陌生人，也绝不会说出任何不得体的言语，更不会找陌生人寻欢作乐。即便是偶尔外出，通常也会由母亲陪伴，她们头上戴的大帽子遮蔽了部分视线，所以她们只能看到自己脚下的路，而绝不会“失礼地盯着别人看”，不言而喻，她们也不会“关注自己的追求者”。这些年轻的女子非常端庄，即便去洗浴也不会与人结伴而行。

为了避免女孩子遭到任何骚扰或冒犯，家人会对她们严加看护。反之，出现任何问题的女子都是嫁不出去的，如马可所说，“婆家一旦发现新娘已失身，婚约就会被立即取消”。因为婚约还涉及严肃的法律问题，所以当事双方，尤其是新娘的父亲一定会采取一些特别的手段来确保女儿的贞操。

马可说：“双方缔结婚约后，就要让人把女子带到浴室检查她是否贞洁，在场的通常是双方的母亲和亲戚。几个专门做这种事情的妇女会先用一个鸽子蛋来检查新娘的贞洁，因为女人的阴道可以通过药物使其紧缩，所以如果新郎家的代表不满意检查结果，就会让另外一名妇女用缠着白色亚麻布的手指伸进女子的阴道，设法弄破处女膜。这样一来，白色亚麻布上便会沾上血迹。处女的血是洗不掉的，如果能洗掉的话，就意味着女子已经被人亵渎，或者布上的血迹不是她的，而是被人动了手脚。如果检查证明了女子的贞洁，那么婚约就会生效，反之，婚约不仅会被取消，女方的父亲还必须按照事先签好的协议，受到官府的惩罚。

“为了保护自己的贞操，女孩子们走路会非常小心，两脚之间的距离不会超过一指。因为如果走路时步幅过大，很有可能会导致她们的处女膜受伤。”

马可顺便补充了一句，“蒙古人没有这种习俗。蒙古女子要经常骑马，而蒙古人认为，骑马肯定会伤及处女膜”。当然，蒙古女子一般也不会受到其他男子的无端骚扰。显然，蒙古人对“女子贞操”的态度更为开放、现实。

在这里逗留期间，马可丢失了一枚珍爱的戒指，在试图找回戒指的过程中，他对佛教有了进一步的认识。这里供奉着“八十四尊有着自己名号的佛”。这次，马可一改往日对佛教的排斥心理，忠实地记录了他看到的一切，“信徒们说每一尊佛都有其专司的人间事务：有的专门负责帮助人们找到失物，有的专管农田和天气，有的专管家禽和家畜”。

马可丢了戒指，自然得去求“专门负责帮助人们找到失物”的佛。这尊佛像看上就像是个20来岁的小伙子，用“精美的饰物”装饰过，由一位老妇人负责照看。马可说，任何想查询失物的人都得向这位老妇人求教。首先，她会让来人点燃香烛。然后，她会以“佛”的口吻告诉来人“到某某处就可以找到失物”。如果物品是被盗的，她会说“告诉那个人，让他尽快归还你的东西。如果他拒绝的话，你再回来找我，我有办法让他还”。这番话是马可在寻找戒指的过程中亲耳听到的。

马可说，佛的法力加上老妇人的咒语，往往会催生出一些比找到失物更让人意想不到的事。比如，有个女人偷了人家的刀，又不愿意归还，结果“不是今天割伤了手，就是明天不留神把刀掉进了火里，总之，倒霉之事会接踵而来”；而偷了别人砍刀的男子不是脚被砍伤，就是会断胳膊断腿，接二连三发生一些怪事后，“偷东西的人才意识到，所有的不幸都是因为他们不肯承认自己偷了东西。于是，他们会火速将东西还给失主”。

老妇人听完失主的陈述后，便开始和佛交流。他们“说话时发出非常细小的嘶嘶声。然后，老妇人高举双手，叩齿三下对神表示感谢。她告诉失主，在某处就能找回他的马，或者告诉他，强盗在某处发现了他走失的马，现在正准备朝某个方向将马带走，失主可以去那里找找看。最后，失主按她说的去做，果真能找回失物”。

“人们找回失物后，要虔诚地给佛献上贡物。通常，贡品是一厄尔丝绸之类的精美织物。”（厄尔是西方旧时的量布单位）马可自豪地说：“我就是通过这种方式找回了自己的戒指。”

马可执行公务期间面临的困难和危险，可谓一言难尽。他告诉读者，“我并没有一一介绍所有省份，只记下了我去过的地方，不过因为可写的内容实在是太多了，所以也可能会漏掉位于边境地区和中部的一些省份”。

南宋：蒙古人眼中的“蛮子省”

马可继续说，蛮子省非常强大，所管辖的城市周围有一条宽阔的护城河，估计有“一箭射程”那么宽，马可所说的蛮子省就是富庶繁华的南宋。早先，忽必烈汗本人对这个地方十分忌惮，所以他总是先攻打实力较弱的地区。而实际上，蛮子省的百姓并没有马可和蒙古人想象的那样勇敢无畏，“他们一点都不勇敢，也不擅长使用武器”。1268 年，面对势不可当的蒙古军，他们无心也无力迎战，乖乖向蒙古军投降。

蒙古军取得大捷之后，马可专门分析了蛮子国皇帝咸淳（宋度宗赵禥）失败的原因：“此人除了醉心于征战和扩大自己的势力范围外，一无所长。”

而事实上，这位“在忽必烈汗心目中很有胆识的明君”对行军打仗没有丝毫兴趣，却对商业情有独钟。所以当强悍的蒙古军来犯时，他顿时就蒙了，不知该如何应对。曾有位占星师预言：他的国家坚不可摧，只有长着“一百只眼睛的人”才会对他造成威胁。他知道世间不可能有长一百只眼睛的人，所以这个预言就像给他吃了一颗定心丸。然而他想错了，在忽必烈汗的军中恰巧有位叫“百眼”伯颜的将领，也许这位“百眼”将军注定是咸淳的天敌。

伯颜生于1236年，年轻时恰逢战乱年代。他先是拜在忽必烈汗家族门下，他举止优雅，具有很强的管理和交际能力。当时，伯颜早已成婚，但忽必烈汗却下圣旨废除了他的婚姻，并亲自将一位名门闺秀许配给他。社会地位的提高加上儒教方面的造诣，伯颜很快便从众多的蒙古朝臣中脱颖而出。1260年，伯颜应征入伍，先是在军中做副手，他的军事指挥才能不仅得到了上司的赏识，也让同僚们心服口服，不久他就被提拔为将军。除了政治和军事方面的才能，伯颜还精通汉人文学，在领兵征战的过程中，他写下了很多赞颂蒙古军的军旅诗歌。忽必烈汗特别赏识他，曾私下对皇子说：“伯颜是具有文韬武略之人，可委以重任。”大汗没有看错，他后来果真成了元朝不可多得的人才。

忽必烈汗认为攻打南宋的时机已经成熟后，便派伯颜统率一支由汉人步兵做后援的20万人的骑兵，在7万名水兵组成的5 000支舰队的配合下，对南宋发动进攻。伯颜率众围攻南方各城市，先后攻陷了5座城池。蒙古军所到之处，伯颜总会先派人去劝说当地汉人放下武器、归顺大汗，但每次都会遭到汉人顽强的抵抗。在攻打第6座城池时，伯颜终于失去了耐心，“改为强攻，并在攻城后大肆进行屠杀”。受到这次胜利的鼓舞，伯颜一路烧杀抢掠，一连攻下了12座城池。伯颜的军队令“南宋人闻风丧胆”。

攻占了南方其他城市后，伯颜开始为攻打南宋京师（杭州）做准备，这也是他此次征战的最后目标。拥有150万人口的杭州城是南宋最富庶、景色最迷人、政治最开明的城市。

咸淳帝宽厚仁慈，非常体恤贫民和受压迫者，在他的身上体现出了一座富庶的城市所具有的慷慨和无私。马可很欣赏他，所以几乎一直在为“这位明君”树立口碑。马可始终认为正是由于“咸淳帝仁慈公正”，所以他比以往所有皇帝都更深得百姓的爱戴和拥护。

咸淳帝非常关注那些被母亲遗弃的孩子，他制定了专门帮助这些孩子的收养制度。马可说，“蛮子省的所有孩子一出生就被官府记录在册，此外，因贫困而无力抚养孩子的妇女也会被登记下来。皇帝还让人专门记录这些孩子的星相，然后通过各种途径委托各个地方的人将他们抚养成人。如果某个富人没有子嗣，就会申请领养一个自己喜欢的孩子”，万一将来孩子的生身父母反悔，只要他们能提供相关的证明文书，也可以把孩子领回。被领养的孩子到了婚配年龄，皇帝还会亲自为他们主持盛大的婚礼，并赐给新婚夫妇一些钱财，足够他们维持今后的生活。

咸淳也很关心百姓的居住问题，他希望所有百姓的居所都应该“漂亮宽敞”，无论他们是贫还是富。在他宽仁的统治下，犯罪事件极少发生，如马可所说，“杭州城里非常安全，所有民宅和店铺夜间都不用关门，而且绝不会发生丢失物品的事件”。与马可曾去过的所有蒙古城市相比，“在这个国家里，人们出行更加自由，而且任何时候都不会受到侵扰”。

就在南宋皇帝和皇后住在杭州城里最奢华的宫殿中尽情享乐时，“百眼伯颜率领的蒙古大军已兵临城下了”。与强大的蒙古军交手惨败后，“曾被告知自己的国家坚不可摧”的咸淳帝非常不解，他急忙找来占星师给自己做出解释，占星师回答说，此次他受到丧国之辱，正是应验了当初的预言：“只有长着一百只眼睛的人”才能打败他，而他的对手正好叫“百眼伯颜”。

咸淳帝“惊恐万分，把杭州城托付给皇后管理，赶忙率领众随从搭乘一只满载着金银珠宝的船，从海上逃到了印度境内的一个小岛上。临走前他还留下口谕，希望皇后多多保重。他认为皇后乃一女流之辈，即便不幸落入敌手，也不会有生死问题”。但让大家感到意外的是，面对强敌，皇后“和众多留守杭州城的百姓”表现出顽强的斗志，她“激励自己和所有将领齐心协力，共同坚守杭州城”。

就在皇后下决心“誓死坚守”的同时，她从占星师那里得到了一个“简短但令人不安的消息”：名叫“百眼伯颜”的将军注定会取得胜利。不久，当她得知攻城的蒙古将军正是此人时，“一下子失去了所有的信心和勇气，因为最后的败局早在占星师意料之中了”。无奈之下，皇后“向伯颜投降，归顺了忽必烈汗。在皇后让出这座全国最主要的城市后，其他地区便纷纷缴械投降，归顺了蒙古帝国”。

皇后和她丈夫最终的命运截然不同。“向伯颜投降后，她被带去面见忽必烈汗，大汗不仅对她礼遇有加，还赐给她很多华贵的衣物。”而她的丈夫咸淳帝逃亡到印度的一座小岛上，最终客死他乡。

在听说咸淳帝的政绩之前，马可一直认为忽必烈汗是他心目中最理想的帝王，晚年时的忽必烈汗的确非常体恤百姓，但是咸淳帝追求社会和经济公平的热情远远超出了这位蒙古帝王。如果我们仔细阅读马可对咸淳帝的赞美之词，便可以看出他对两位君王的评价几乎不分高下，但他最终还是认为，如果只以宽仁的胸怀而不从军事才能方面做评判的话，咸淳帝比忽必烈汗更为开明仁德。

马可的这些想法也从侧面反映出他所处的环境正在悄然发生变化。在大都时，忽必烈汗在他心中的地位如日中天；但当他以盐务官的身份深入蒙古帝国的边境地区，耳闻目睹了蒙古人的种种暴行（包括屠杀妇女和儿童）后，随之而来的就是内心极大的失落。马可曾非常欣赏蒙古人，但当他看到他们在被征服地区实施的野蛮统治时，不由得对蒙古人产生了失望。

虽然马可在记叙中试图避免流露出这种情绪，但最终还是无法掩饰。

襄阳之战

马可喜欢吹牛，这点经常让人们对他说的话产生怀疑。他说自己在蒙古军围攻襄阳城战斗中表现得英勇无畏，起到了至关重要的作用，这更是让人难以置信，而且中国史书中对此事的记载与他的讲述也有出入。襄阳之战发生在1273年，这个时间正是马可在阿富汗饱受磨难之后，从他“没有详细提及的那场大病”中康复的时间，两年后他才到达蒙古国。因此，对于襄阳之战的叙述，如果仅以马可“在转换欧洲历和中国历时发生错误”为理由加以解释，是行不通的，更何况他着力渲染的“他的父亲、叔叔和自己在这场军事行动中发挥了至关重要的作用”的说法更是让人难以接受。

根据马可的叙述，尽管当时中原大部分城市已经归顺了忽必烈汗，但是襄阳城的百姓却始终在顽强抵抗。城周围的一个很大很深的湖泊为襄阳城提供了一道天然屏障，因此，蒙古人很难在短期内攻下这座城。在与蒙古军对峙的过程中，襄阳城的百姓偷偷运来大量给养，使对方根本无法切断城内的粮食供应。在长达3年的围困过程中，蒙古军始终没能取得决定性胜利，这令他们“大为恼火”，甚至一度考虑撤军。

就在此时，马可提出了一个令人意外的建议：由他的父亲、叔叔和他来协助蒙古军打赢这场仗。自从受大汗重托、离开大都以后，他就再也没有提及自己的父亲和叔叔，意在给人留下一种印象：他的父亲和叔叔一直留在大都附近继续做生意，他是孤身一人完成那些艰险旅程的。更容易让人产生怀疑的是，他主动提出协助打仗，这点与他之前的叙事方法完全不同。此前，在评论历史事件时，他总是小心翼翼，尽量避免因为自己的描述而影响事件的真实性。但是这次，他却把波罗三人塑造成“这场围攻战中的英雄”，他们信誓旦旦地宣称：“我们有办法带领大家在短期内攻下这座城。”

马可声称，蒙古统帅接受了他们的请求，将此事呈报忽必烈汗，很快便得到了大汗的许可，于是，马可将他们三人塑造成了与自己身份并不相符的“深谙蒙古军事战略的勇士”。

马可讲述了“波罗三人求见忽必烈汗，并主动提出如果使用他们发明的一种特殊装置，可以在短期内轻而易举地攻下襄阳城”的过程。这种说法更是离谱，因为大汗远在几千英里之外，想“求见大汗”绝非易事。马可提到的“特殊装置”其实是一个“像大弹弓一样”的投石机，它“可以从很远的地方将巨石投进城内，击毁房屋，砸死人畜，从而使全城陷入恐慌”。马可把这种采用了中世纪造型的投石机称作“不需要火药的大炮”，不过，它的确具有很强的杀伤力。

马可说，最初他们提出“使用投石机的建议”时，蒙古将领们都无法理解。“因为他们从来没有听说过投石机这类装置，更不知道它究竟是什么”。因此，蒙古人对这个大胆的计划感到非常惊奇。

欧洲人很早就熟悉并使用这种装置了。公元 50 年，罗马帝国的军队就已经使用“被称为弩炮的装置”将巨石投进敌人的城堡，亚历山大大帝的军队在战争中也曾使用过同样的东西。投石机可以将巨石或火球投掷到 1 000 多英尺之外，当其他武器派不上用场时，它能对坚固的壁垒造成严重破坏，所以在中世纪的欧洲，投石机一直被当作攻克一些戒备森严的城堡的主要攻击性武器。马可告诉读者，忽必烈汗听说投石机后，表示愿意让他们用这种“新奇的东西”来攻打襄阳城。

在一位聂斯托利派教徒和一位来自日耳曼的“精通投石机制造的助手”的帮助下，波罗三人开始了攻城前的精心准备。马可说，他计划让两位助手制造两三个可以投掷巨石的投石机，没过几天，他们就“按波罗氏的要求，做好了三个巨大而精致的投石机。经测试，每个投石机可以发射大约 60 多个重达 300 多磅的巨石，而且射程很远”。

完工后，马可为忽必烈汗演示了投石机的强大功能，“其他旁观的人也对此惊叹不已”，大汗随即下令将投石机装船，运送给正在攻打襄阳城的蒙古军。不久之后，投石机被另外一种便于运输但同样具有杀伤力的投石装置所取代。马可声称，“在鞑靼人看来，这些投石装置是世界上最了不起的一大奇迹”。

马可兴致勃勃地讲述了这种源自欧洲的机械“摧毁汉人建筑的全过程”。“投石机安置好后，蒙古军就开始向襄阳城内发射巨石。飞石击中民宅，在摧毁建筑物的同时发出巨响，顿时引起了城中百姓极度的恐慌和骚乱”。

遭到突如其来的袭击，襄阳城一片混乱。此后，蒙古军每天都向城内发射大量巨石，造成无数死伤。马可不无得意地说：“突然遭此厄运，城中的老百姓一下子都蒙了。他们认定，这些从天而降的巨石肯定是有人在施法作怪。”襄阳坚持了没多久，便和周边所有城市一样，被迫向蒙古军投降，归顺了大汗。

马可大肆吹嘘他和家人在这次胜利中所起的重要作用——“正如大家津津乐道的那样，这次胜利多亏了尼科洛、马费奥先生及尼科洛先生的儿子马可·波罗先生。此次攻城方案使忽必烈汗和他的满朝文武对来自威尼斯的兄弟俩刮目相看。”

“襄阳城大捷”是《马可·波罗游记》中比较出彩的故事之一，但由于其中一些与中国史书记载不相符的讲述、马可异乎寻常的好战腔调及记叙时间的混乱，使得这个故事始终遭到人们的质疑。不过历史上的确发生过这场战争，而且史书中也指出，蒙古人确实采用了一种“外国武器”攻下了襄阳城，但即便如此，马可也不可能亲自参加过“襄阳之战”。他的父亲和叔叔在第一次来中国时倒是有可能参与过某次征战，但早期的三份《马可·波罗游记》手稿中都未提及此事。还有一种可能就是，这段不实的故事是鲁斯蒂谦特意加上去的，他想渲染一下年轻的盐务官和他的父辈在蒙古帝国的缔造过程中曾发挥的作用。可见，这位传奇作家为了达到某种效果，竟然也会歪曲历史。

马可改变原来的行程，开始向东朝杭州前进，途中看到了中原的很多河流。身为威尼斯人，马可对各种船只和密如蛛网的运河早已习以为常，但是当他看到烟波浩渺的钱塘江时，还是格外惊喜，“在钱塘江航道行驶，要经过 120 多天才能入海，因为沿途有很多可以通航的河流注入，所以钱塘江的流量非常大。而且流经地区有很多经济发达的大城市”，所以钱塘江上的船只运送的货物要比“所有基督教国家”在江河甚至海上运送的货物更值钱。

马可提供了自己这一判断的依据——有位“专门负责记录”的检查员曾告诉他，钱塘江上每年有 5000 多条船通行，但据马可的观察，他觉得这一数字有些保守。他声称：“有一次，我亲眼在一个城市看到有 15 000 多条船在钱塘江上航行。江面非常开阔，看上去根本不像条江，倒更像是大海。”在一个城市同时出现如此多的船，这还真让欧洲人难以相信。

马可对水上贸易表现出了极大的兴趣，“船只运载的货物主要是盐。通常，商人们从一个城市将盐装船，然后沿江运到其他城市或者内陆地区”。作为盐务官，马可始终很关注盐的交易，但他也留意到了“非常活跃的其他物资交易”，比如木材、木炭、大麻等。交易物资的充裕让这位四处奔波、见多识广的威尼斯商人很是惊讶。

吸引马可的除了船只的数量，还有船只的种类和构造。马可凭借自己的身份优势，可以在码头上近距离仔细研究所有停靠船只的构造和配件，在外人看来，他专注的神情就好像是在预谋挑选其中的某条船从蒙古帝国逃往海外一样。马可说：“虽然这些船都只有一层甲板、一根桅杆和一张帆，但载重量都很大。”他还很专业地详细描写了船上的绳索，“只有一部分船的桅杆和帆上带有缆绳，但我想告诉大家的是，所有的船上都配有用藤条编制的拉绳和 8 至 12 匹马，专门用来拖逆流行驶的船只”。

也许有朝一日，马可真的会有机会搭乘这样一条船，从中国出发驶向威尼斯，驶向自由的彼岸。

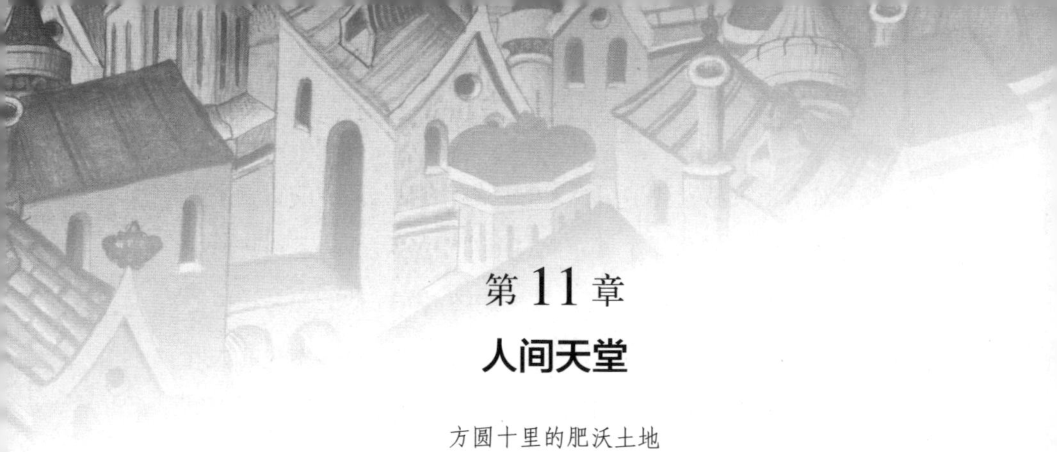

第 11 章

人间天堂

方圆十里的肥沃土地

被城墙和佛塔层层包围……

马可·波罗说："坐了 3 天的船，我们来到了一座优雅高贵的城市。这里景色非常优美，而且具有重要的战略地位，所以人们把它称作京师，京师就是人间天堂的意思。京师是当时世界上最大的城市，经济的繁荣及各种各样的娱乐活动常常令生活在这里的异乡人流连忘返。"

现在人们把这座城市称为杭州，它是全亚洲最令马可着迷的城市，也是他在中原看到的唯一一座宏伟壮观、经济发达且未遭蒙古人破坏的城市。在杭州，马可感觉一切都那么不真实，他仿佛进入了未来世界，可眼前的一切又都触手可及，而且充满了勃勃生机。马可的这种感觉有点类似于现代人进入了科幻小说中描写的时空隧道，马可有生以来第一次感觉自己不再是一个旅行者，而更像一位正准备去了解这座城市传奇故事的探险家。他声称："我多次来到杭州，想尽可能观察和了解这个城市的方方面面，并将结果一一记录下来。"

杭州城的老百姓并不愿意接纳马可这样的外国人，因为在他们看来，这些人和来犯的蒙古人没什么区别。此外，马可的汉语也不是很流利，因此无法去深入探究普通老百姓的真实生活情况，但强烈的好奇心还是使马可想尽可能去了解这座城市和这里的老百姓。

马可始终没有提及他到杭州的原因，以及他究竟肩负着何种使命。最有可能的一种情况就是，忽必烈汗派伯颜前去攻占杭州城后不久，马可就被任命为盐务监察和税收官而去了杭州。在一些版本的《马可·波罗游记》中，马可声称他曾担任过杭州地方官，怀疑论者便紧紧抓住这一疑点，认为他可能又在漫无边际地夸大自己的经历。不过，在其他一些版本中，马可说他是以盐务官的身份多次到杭州的，而且他担任了杭州城的“议员”。两种说法似乎都能说得通。

一个威尼斯人如何才能融入一个陌生的异国城市，并对其做出解读呢？马可对杭州的叙述表现出了对细节的完美驾驭和超乎寻常的精确，原因就在于他得到了“内行的帮助”。对此，马可本人的解释是，“我参照了被伯颜俘虏的那位皇后对杭州的记录。忽必烈汗从呈送上来的记录中了解到杭州的恢宏，便严令禁止蒙古军抢掠和破坏杭州城”。换句话说，马可得到了蒙古人掌握的有关杭州的情报资料，不过在他的记录中，并没有说明这些珍贵文献所使用的语种，估计可能是用他熟悉的波斯语或蒙古语撰写的。不管哪种情况，他对杭州的描述并非完全在他人的叙述基础上拼凑而成，而是渗透了他本人的观察和思考。因此，他才会自信地说“所有的一切都是真实的，而且是本人亲眼所见”。

杭州，比威尼斯更辉煌

马可笔下的杭州是一座“大概方圆 100 多英里的城市。城中河道很多，街道整齐而宽阔，集市上人来人往，热闹非凡”。

从马可对遍布杭州城的运河、小桥及令欧洲读者觉得不可思议的水上贸易所做的诸多描述来看，我们不难发现他有着极强的表达能力。“城的一边是清澈见底的西湖，另一边有一条很大的河，城里大大小小的运河最后都注入其中，河水冲走了城中的污物，因此，城里的空气非常清新。宽阔的街道和运河上的各种船只，为居民出行和运送货物提供了很大的便利，人们可以步行或坐船饱览全城的美景。”

马可所处的是一个汇聚了中华文明之精华的地方，一个美轮美奂、充满诱惑的经济发达的城市。他无法让欧洲读者相信，他在这里耳闻目睹的一切都是真实而触手可及的，绝不是幻觉。杭州被密密麻麻的运河所包围，各种船只在运河上穿梭往来。运河上的桥拱设计精巧而且桥身较高，所以连带帆的船都能从桥下通过。桥面上车水马龙，街道布局与桥面高度相得益彰。马可无法估计杭州城里究竟有多少座桥，“有个故事说，城里大大小小的石桥或木桥共有 12 000 座，而且绝大多数的桥下可以通行大船，而稍小一点的船只在任何桥下都可以通行”。实际上，杭州城中共有 347 座桥，而不是马可所说的 12 000 座，但从这一数字中不难看出，他所谓的“12 000 座桥”并不是想给出一个确切的数字，而只是想给读者留下一个印象：杭州城里的桥数不胜数，甚至比威尼斯城的还多。他接着说：“城里有这么多座桥，没有人会觉得稀奇。因为正如我在前面提到的，杭州城和威尼斯相仿，四面环水，城中还有许多湖泊，所以城内必须造很多桥，才能保证老百姓出行方便。”

不过，桥并不是杭州城中唯一的工程奇观，“长达 40 英里”的护城河工程浩大，颇为壮观。“它由曾经统治过这座城市的历代君王所建，最初开凿护城河的主要目的是积蓄漫堤的河水，并为杭州城建成一道天然屏障。河道内侧有一座小山丘，是当年开挖河道时取出的大量土方堆积而成的。”

虽然马可所说的基本上都是事实，但他对杭州城面积的描写再次引起了读者的怀疑，“杭州城由 10 个面积很大的方方正正的行政区组成，城内有一条 40 步宽的主街道，各个行政区中的大小街道相互贯通，还有很多座桥，所以老百姓出行非常方便。城中还有一个面积约 4 平方英里的方形广场”。

马可还谈到了著名的京杭大运河，大运河就在广场后面流过，与那条主街道平行，马可没有意识到自己眼前的这条大运河是中国人工开凿的最长的一条水上通道。大运河连接了杭州和大都之间的一些主要城市，长约 1 000 英里，是中国古代的水上要道。马可来到中国时，大运河至少已有 1 000 多年的历史了。大运河开凿之初并没有如此大的规模，它只是很随意地把一些河道连接了起来，公元 604 年，隋炀帝出巡促进了大运河的全线贯通。在随后的 6 年里，300 万壮丁参与了大运河的开凿，有一半人丧生，隋朝为此付出了沉重的代价，国运衰退，直至灭亡，但大运河却从此永留史册。

杭州的人口和它的面积一样令欧洲人难以置信。马可记录了集市上熙熙攘攘的人群和琳琅满目的商品：“每周有三次赶集，每次有四五万人参加。届时，市场上会出售各种美食，有獐子、红鹿、黄鹿、野兔等猎物；还有鹌鹑、野鸡、鹧鸪、鸡、鸭、鹅等禽类，多得数不胜数。当地的老百姓在西湖里放养了很多鸭和鹅，差不多花一个威尼斯格罗特就可以买到两只鹅和四只鸭。”

马可经常漫步在集市的货摊之间，与赶集的老百姓交流。集市上种类繁多的商品令他惊叹不已，其中还有很多他在欧洲根本没见过的东西。“街上有各种水果和蔬菜，有一种梨，每只重达

10磅，其白色的浆汁特别香甜可口。刚刚上市的桃子白里透红，鲜嫩无比。”

市场上还出售各种各样的鱼，马可说，所有的鱼都是“从25英里之外的海上新鲜运抵杭州的”。西湖里的鱼肉质特别鲜美，但“大家觉得城里排放的污物”污染了西湖水，所以人们并不喜欢吃西湖里的鱼。一定会有人问：市场上供应这么多鱼，销路是否会出问题？答案是否定的，因为杭州城的老百姓很讲究饮食，每顿饭不仅有肉，还要有鱼，所以市场上的鱼几个小时内就会被抢购一空。

尽管马可的描述有润色加工之嫌，但他所讲的有关杭州城的一切情况的确都是事实。与马可同时代的、到过杭州的人都曾谈到过这座城市的占地面积、繁荣的经济，以及宽阔的街道和琳琅满目的商品。

1300年，波斯史学家瓦萨夫在他的著作中对杭州的描写与马可笔下的杭州如出一辙：占地面积大，街道宽阔，物品丰富。

> 杭州是蛮子国的都城，这里简直就是人间天堂，方圆有24帕列散（古代波斯单位，约等于15千米）。城里的人行道是用砖和石头铺成的，有很多用各种精美的图画装饰的木屋。城中共有3个邮局，最大的街道，据说有3帕列散长，街上还建有60个一模一样的亭子。每天官府仅从盐的交易中征收的税款就高达700通宝。
>
> 杭州城的从业者为数众多：据估计，仅染工就有32 000名，还有70万名守军，官府登记在册的居民差不多也要有这么多人。此外，城里还分布着700座戒备森严的庙宇，里面住着许多僧侣，以及大量的护卫、仆役，以及他们的

家人，这些人都没有被计入城市人口当中，所以他们不必向官府纳税。另外，还有 4 万名士兵承担这座城市的警戒任务。

瓦萨夫的描述证实了马可·波罗的说法，他还写道：河面上行驶的各种各样的船只使老百姓出行非常方便，船的数量之多让人难以想象。

另外一位比马可·波罗晚 40 年才来到中国的圣方济各会的修道士弗雷尔·奥德里克也描述了自己在杭州的经历：这个城市绝对是世界上最大的城市，虽然它的面积多达 100 多平方英里，但还是人满为患。许多家庭有 10 多口人，光是城郊的人口，恐怕都要比其他城市的人口还多。城里共有 10 个比威尼斯城门大得多的主城门，从城门进入内城后，可以看到许多宽敞的街道、整齐的房屋和街市。所以即便是在城里待七八天，也不可能游遍全城。

和马可一样，奥德里克也把杭州比作“东方威尼斯”，同时认为它比威尼斯更大、更繁华。

和威尼斯一样，这个城市也位于江河湖泊之间的低洼平原上。城内有 7 000 多座桥，每座桥上都有士兵驻守。

据奥德里克估计，杭州城大约有 85 万户人家，有 150 多万人口，正如马可所言，“不论是谁来为这座伟大的城市著书立传，那都将是一部杰作”。在并不知道马可在游记中做出了这一预言的情况下，这位圣方济会的修道士得出的结论是“简而言之，这是世界上最伟大、最高贵的一座城市”。

据说，伟大的穆斯林旅行家伊本·白图泰 1340 年到过杭州，比马可·波罗晚 50 多年。此时的杭州城发展更为迅速，城市人口明显要比欧洲多，而且城内还出现了许多著名的犹太人和穆斯林社区。白图泰在自己的作品中写道：城墙把整座城市分隔为6个镇，第一个镇里驻扎着戍守整座城市的士兵。第二天，我们通过一座叫“犹太人之门”的城门进入第二个镇，这里主要居住着为数众多的以色列人、基督教徒和崇拜太阳的土耳其人。城里的地方官是一位汉人，第二天晚上，我们就借住在他家。第三天，我们进入了穆斯林聚居的第三个镇，镇里非常漂亮，里面的集市全都按伊斯兰教国家的风格布置，有清真寺及专门负责宣礼的穆安津，我们进城时，听到他们正在召唤做正午祈祷的穆斯林信众。

早期来到杭州城的外国人似乎很关注这里的种族多样性，这也能反映出蒙古人“欢迎犹太人、土耳其人和基督徒来杭州做生意和定居”的政策。

杭州老百姓还喜欢在洗浴场所寻欢作乐。当地的男男女女都喜欢冷水浴，“据说这对健康有益”，而外来者则更青睐热水浴。浴室里，漂亮的女侍者为客人提供包括搓澡在内的多项周到服务。马可说，这些浑身散发着脂粉香气的杭州女子个个聪慧无比、善解人意，而且口齿伶俐，一经交往便令人难以忘怀。很多曾在此逗留的人，即便回到家中，也会常常企盼重返杭州。

繁华的集贸市场和春色撩人的青楼，让人觉得杭州城内始终在过狂欢节。城里有个艺人成天指挥着一些训练有素的动物给大家表演节目，给来过杭州的人留下了深刻的印象。

他面前摆放着一只很大的碗，里面有乌龟、比目鱼及其他一些鱼类。他边敲小铜锣，边叫着碗里的动物的名字。一只头上戴着一顶小帽的乌龟一听到主人叫自己的名字，立刻在水面上起舞。艺人的旁边，摆着一个画着各种花鸟人物的、直径有一码半的轮子，有位弓箭手在轮子快速转动时，射击事先在轮子上画好的目标，而且他真能次次命中，有时他甚至会把鸟的某片羽毛当作目标。

一群耍蛇人让马可觉得特别欣喜：他们吹着笛子，诱惑盘曲在竹筐暗处的蛇探出身子，一位拿着装有彩色贝壳的捕获装备的道士声称，这些蛇事先都已经被催眠了。集市上还有很多拳师、棋手、诗人、作家、杂耍演员和魔术师。当时的一份记载表明，杭州城里有 55 种行当，共有包括算命先生、踢球者、术士、戏子、专门模仿名流的演员、弓箭手和说书人在内的 554 名从业者。

皇宫里举行的各种狂欢活动，使马可不得不去关注那些豪华的皇家园林，“园林附近住着在作坊里干活的工匠”。“杭州城到处都是奔波忙碌、熙熙攘攘的人群，所以不免让人担心粮食供应问题。不过这种担心是多余的，因为每个逢集的日子，广场上就会出现专门做粮食买卖的商人。”

在杭州城，马可能感受到一种嘈杂背后的井然有序。集市上有 12 种主要的行业：“每个行业有 12 000 个商号，也就是 12 000 家店铺”。每个商号“少则有 10 人，多则有 20、30 甚至 40 人在从事这个行业”。这些手艺人聚集在一起，创造出了令人难以置信的巨大财富。“有很多商人的生意做得很大，让人不得不对他们另眼相看”，一些腰缠万贯的商人“从不干活，过着王公贵族般锦衣玉食的生活”。马可眼中的杭州女子举止优雅、动作轻盈，犹如天使一般，这些“养尊处优”的女子身着绫罗绸缎，喜欢佩戴各种价值不菲的珠宝首饰。马可对当地人精美的房子更是赞叹不已，“当地老百姓喜欢装饰物、绘画和建筑，他们的房子都是精心修建的，他们在这方面的支出往往非常惊人”。

说到当地老百姓，马可似乎在尽力寻找一些最美好的辞藻，“杭州老百姓受到他们的皇帝的影响，生性平和。他们从不会携带或在家中存放武器，人与人之间很少发生争执或产生分歧。他们不论是经商还是干手艺活，都是老老实实、勤勤恳恳，邻里之间互助和睦，亲如一家。因为大家彼此相熟，所以女人们也不会互相嫉妒和猜忌，为此，她们受到了大家的尊重。但凡有人对已婚妇女出言轻佻，肯定会被官府治罪。杭州人对在当地做生意的外来人口也非常友好，常会把他们请到家中盛情款待，并给他们提供做生意所需的各种帮助和建议”。

杭州百姓的日常生活

无论杭州老百姓的生活过得多惬意，但它终究是一座被蒙古人占领的城市。在老百姓心目中，蒙古人赶走了他们的皇帝和皇后，所以他们不喜欢看到兵卒，更不愿看到大汗的守卫。

虽然马可对忽必烈汗忠心耿耿，但他还是觉得蒙古人在杭州城就像华丽绸缎上的一处污物。6 万多名蒙古守卫驻扎在城内，表面上似乎是“为了防止城内的木质建筑起火”，而实际上他们就是占领军。马可说，“大汗攻下杭州城后，立即下令在全城各座桥上派出 10 个守卫日夜轮流驻守。驻扎的蒙古守军护卫着整个城市，所以任何人都不敢有不轨之举，更不敢生出反叛之心”。

这些守卫似乎“成天站岗值班，从来不睡觉”，他们值班的岗哨里放着“一个大盆和一口钟”来计算时间。街上时常有巡逻的士兵，他们不是为了维持治安，而是为了及早发现一些不轨行为，就连“超过规定时间还在点灯或生火的人”，按规定也要受到严惩。所以，街头巡逻的士兵起到了一种震慑和警示作用，使得老百姓夜间只得待在家中，不敢随便外出，甚至在危急时刻或需要自我保护的时候亦是如此。如果半夜发生火灾，“事发地点也只有事主和前来救援的士兵，其他人必须待在自己家里，不得随便跑出来”。

杭州城里发生任何火情，都会危及所有住在木质结构房子的居民，因为“一场火灾很可能会烧掉半个城”。为此，守卫们执行着一套非常严格的预警制度——附近的小山上“有座木质塔楼，可以俯瞰全城”，塔楼上挂着一块木板，“一旦城中起火，守卫就用木槌敲打木板报警”，此外，只要位于山脚下的城里出现任何骚乱或声响，塔楼上的值班哨兵也能及时知道。马可对杭州人预防火灾的精确描述，在相关史料中得到了证实，这也说明杭州城每年都会出现较大的火情。

13 世纪杭州城发生过 3 次严重火灾，分别在 1208 年、1229 年和 1237 年。在 1237 年的那场大火中，有 13 000 多座房屋被毁；在蒙古人入侵前的 1275 年，杭州也发生过一次严重火灾；但损失最惨重的是 1208 年 4 月 15 日，发生在府衙所在的行政区的一场大火。火灾发生后的 4 天里，方圆 3 平方英里内有 58 000 多座房屋被烧毁，死伤更是难以计数。接下来的几个月里，官府安排 5000 多名无家可归的幸存者住到了寺庙和道观中，甚至还有人被迫住在西湖上的小船中。难怪杭州人对蒙古人入侵都没有采取如此严格的防范措施，比较起来，火灾对他们的生命安全才造成了更大的威胁。

杭州城的商人一般都将货物存放在防火仓库中。一些有钱人和权贵们在水渠密集的空地上修建货库，既能防火又能防盗，仓库一般按月出租，租金很高，其中当然也包括夜间值班人的酬劳。尽管有严格的防火措施，但城中的老百姓仍然会因突发的火情而感到恐慌，不论是哪里冒出一点火星，消息都会迅速传遍全城。从瞭望塔传来的任何警报声都会让全城顿时陷入混乱。如果真有火灾发生，趁火打劫者也给百姓带来很大的损失，不过这些人一旦被抓获，就会立即受到军事法庭的严惩。

出于震慑犯罪、保护普通老百姓的目的，守卫会把“无家可归和夜间四处溜达的人”扣押起来，穷人和残疾人会被送到公共收容院或救济所，经检查，身体健康的人还会被安排“干一些零活”。

与其他被征服的城市一样，蒙古人的生活方式也影响了杭州人的生活，比如当地的货币就被蒙古纸币所取代。马可曾亲眼见过制造纸币的全过程——“把桑树皮的最里层取出来叠放在一起后，裁制成大小统一的钱币，”不过，“裁好的钱币上必须盖上大汗的玉玺和印章之后才可以正式流通，用来购买物品”。

蒙古人占领杭州城后，在城区中心地带修建了一条具有蒙古特色的道路，马可解释说：“这是因为蒙古信差骑的马在铺过的路面上跑不快，所以大汗特地让人修建了一条专供信差通行的道路。”在街上，人们经常可以看到骑着马的信差穿行在各种交通工具之间，有时在街上还能看到“可供 6 人乘坐的挂着帐幔和铺着丝质软垫的长马车”。

被蒙古军占领后，杭州城里一切照旧。在当地老百姓的生活中，军事技术远不如商业、文学、戏剧、诗歌、绘画、手工业和慈善事业重要。蒙古人带着强烈的征服欲来到杭州城后，遇到了一种截然不同的文明，他们对此做出的反应非常矛盾但也不难理解：一方面，蒙古人想通过武力来压制这种文明；另一方面，蒙古人又极力想去仿效这种文明，以使自己达到同样的文明程度。蒙古人的这种做法促进了被占领区社会文明与经济的繁荣发展。

对马可而言，乘坐行驶在西湖上的各种“小船和驳船”是一种难以抗拒的诱惑。“这些平均长度为 10 到 20 步长的船只，一般可以搭载 10 到 20 人，甚至更多的人。船面宽敞而平坦，行驶起来非常平稳，很少颠簸。”

西湖美丽的风景源于数百年来精心的维护。整个湖区面积约有 9 平方英里，深度只有 9 英尺，不算很深。西湖是整个杭州城的亮点，融汇了中原美景的精髓。西湖的美景为艺术家们提供了源源不断的创作灵感，让他们创作出了无数的艺术精品，人们将西湖奉为民族瑰宝，认为它代表着一种民族精神。为了确保西湖的清洁和安全，官府严令禁止往湖中倾倒垃圾，也不允许在湖中种植任何荷花或菱角之类的水生植物，湖上还有巡逻的士兵，以防有人往湖中倾倒杂物。马可和游客们乘坐西湖上的游船缓缓远离了岸上喧闹的城市，“群山向他们徐徐靠近，眼前的美景令人流连忘返”。游人的目光不时被若隐若现的雷峰塔所吸引，这座高达170 英尺的八角形佛塔似乎能将游人引向天堂。

富有诗情画意的美景为杭州城的老百姓和来到这里的游人提供了一个极好的游玩之处。马可说：“游人带着家眷或邀三五好友，乘坐游船在西湖上游览。游船上一般都配有漂亮舒适的座椅、桌几，以及可供游人设宴款待宾客所需的一切物品。”从马可的描述来看，西湖上的游船类似于威尼斯运河上那些雅致的贡多拉，不过相比之下，前者更为宽敞和奢华。“西湖上的游船都是带顶篷的，站在宽敞而平坦的甲板上的船夫撑着划竿掌握船只前进方向，西湖水只有两步多深，所以划竿可以直插水底。游船上绘制着各种美丽的彩色图案，船上的游客从窗户向外看，可以饱览西湖两岸迷人的风景”，西湖的美景令所有人陶醉。

对于马可和他的欧洲读者来说，普通百姓“也可以寻欢作乐”，这种观念让他们耳目一新。马可刻画出了一副“全城尽欢”的场景：“在西湖上，随时可以看到各种游船。杭州城的老百姓喜欢干完活或忙完生意后，带着家眷或心仪的女子在西湖上尽情玩乐。”

马可认为，杭州女子（尤其是欢场女子）比欧洲女子更大胆直露，在欧洲人眼中，杭州城的性文化非常奇特，因为杭州百姓很看重女子在房事中是否得到了快感和满足。在一些很受欢迎的情色抄本中，作者还杜撰出“历史人物”就房中之事进行的对话。

马可到达杭州时，《黄帝内经》一书已经流传了1000多年，书中对性的描写不断被后人所引用，其中有些内容还涉及男子性功能问题以及常用的解决办法。

虽然杭州百姓的性观念很开放，但对与性有关的行为仍有一定限制，比如公共场所严禁异性间亲吻。人们无法接受男同性恋，但是对女同性恋却能表示宽容甚至鼓励。中国人的“阴阳”观念是这些看似不公平的习俗的根源，中国人认为“阴阳”是人之根本，所以特别强调男子要保存体内非常重要而且很有限的“阳”，在房事中必须避免频繁射精，最好只有一次，否则会影响他的性活力。人们还认为，男同性恋会破坏“阳”，造成自然界的“阴阳失衡”。

蒙古人占领杭州后，不仅在政治上严格控制，而且对杭州老百姓的日常生活也有所限制，尤其是限制女性对性的热情。但是杭州城中仍有很多“门庭若市的、逃过官府审查的烟花之地”。

有位元朝编年史作家力劝人们不能信奉房中术中所提到的一些值得怀疑的方法。他还认为，男子一旦与尼姑、道姑、女占星师、媒婆、女巫师、女贼、女性江湖游医或接生婆有染，便会给自己的家庭带来不幸。所以“任何男子都不能与这些行业的女子通奸或发生其他关系，看到她们要像看到蛇蝎一样想方设法躲着，才能确保自己家庭的安宁”。这位编年史家还专门列举了能“破坏一个家庭在邻里间的道德口碑”的种种令人厌恶的行为，他在警告人们提防“恣情享乐和淫乱”所带来的危害的同时，还强烈谴责了当时流行的一些色情书籍。

马可此前对杭州城奇特的性风俗一无所知，所以他在《马可·波罗游记》中对此进行了详细的记述，但他遗漏了另外一种重要的、独具中原汉人生活特色的风俗：缠足。怀疑论者以此为依据，认为马可根本就没有到过中国，至少没有到过杭州。对马可的这一遗漏，我们可以给出以下的解释：因为缠足的女子通常大门不出二门不迈，所以马可没有见过；还有一种解释是缠足的风俗在当时的杭州已渐渐失去了影响力，而马可见过的那些在公共浴室和西湖上的欢场女子，因为要抛头露面、四处走动，所以她们没有缠足。

马可注意到杭州有很多宦官，他们在南宋朝廷事务中起到的作用可谓举足轻重。马可非常关注政务，尤其是杭州被占领后，忽必烈汗出台的一系列政策。“攻占蛮子省后，大汗遂将其划分为9个行政区域，也就是9个小国。虽然9个财大气粗的国王平日里呼风唤雨，但他们都向大汗称臣，而且每年会按时向大汗呈报其国内财政收入等事宜”。尽管各国的老百姓与蒙古军共处一地，但彼此之间倒也相安无事。在马可看来，这是忽必烈汗治国的一种有效模式，也是他的过人之处。“大汗军中的步兵大多是汉人，而骑兵则都是鞑靼人。鞑靼骑兵不习惯在潮湿的城市中生活，所以他们驻扎在相对干燥一些的地方，以便在坚硬的地面上训练骑术。”

其实马可也算是一个侵略者，一个具有一定欣赏水平、有教养且心地善良的侵略者，但无论如何，侵略者就是侵略者，所以他只是醉心于厚重而古老的中原文化，对自己参与了蒙古人发动的破坏和抢掠行为则没有表示出丝毫的自责。可以说，马可以一种较为文明和温和的方式扮演了侵略者的角色。

杭州百姓的日常生活离不开各种娱乐消遣活动，所以人们真正用于睡觉的时间并不多。天还没亮，整个城市就已经开始活跃起来了。有人称：

> 每天清晨四五点，寺庙和道观里的钟声就敲响了，山上的僧人走到街上，敲打手中的铁条或者木鱼，宣告“新一天的到来”，他们还会向大家通报天气状况：“多云”“有雨”或“晴天”。无论刮风下雨，僧人们日复一日，始终如此。他们还负责向大家通报当天“将要举行的各种规模不等的朝廷招待宴会”。听到僧人的通报后，各个部门的官员、侍卫及瞭望塔上的守卫会迅速奔赴自己的岗位。在城内四处走动的僧人除了负责向大家传达各种信息外，还要在每月的初一、十五或一些宗教节日化缘。

对于威尼斯人来说，这是司空见惯的场景，只不过在杭州城中规模更大些。杭州百姓一般早上六点甚至更早就起床了，到了七点，天已大亮，报时的鼓声开始在整个城市上空回旋，城内的各种嘈杂声此起彼伏。随着开道的锣声和惊堂木的敲击声，府衙的公务活动也开始了，当职人员不能无故迟到或缺勤，否则会遭到杖责。

中国的印刷术差不多要比欧洲人发明的活字印刷早 400 年，所以杭州城的印刷书籍和文字材料非常丰富。在杭州及其周围地区，有陶土活字、木质活字和锡活字印刷的书籍，已有 300 多年历史的雕版印刷术也早已被杭州人广泛用于印刷佛教经文和其他宗教书籍。书法是中国文字艺术重要的组成部分，当时已有 7000 多个常用汉字，市面上有很多手抄书、印刷书籍和小册子，深受人们喜爱。

中国的戏剧和诗歌在这一时期也取得了长足的发展，并逐渐出现在公共场所之中。人们用诗歌来寄托哀思，抒发爱国情怀、内心的愤懑和对蒙古侵略者的不满。

马可并没有对大量有关诗歌、宗教经文、历史年鉴、性指导手册、儒家思想、鬼怪故事和法典的文字印刷材料给予太多的关注，但是他对中原人使用的各种方言充满了兴趣，并将这些方言与欧洲方言进行比较。尽管马可在杭州身居要职，但他并不精通汉语，他说："蛮子省使用统一的文字，但在日常会话中，各个地区都有自己的方言，就像伦巴底人、普鲁士人和法国人一样，各有各的语言。但不同地区的人们倒是都能听懂彼此的方言。"

"店家摆出各自的货品，热情地招徕顾客：有的在卖力地吆喝，有的则静静地守在自己的货摊前等候买主光临"。在被称作"皇家大道"的主街上，小饭馆会供应炒牛肚及香味扑鼻的鸭肉和鹅肉；临时搭建的小摊上正在出售刚出锅的大饼；屠宰场从凌晨三点就开始忙个不停……很多游人挤在广场上品尝街头小摊上的食物，吃完之后，摊主还会殷勤地给食客递上擦脸的热毛巾。

下午晚些时候，忙碌的一天即将结束，匆忙的节奏似乎放慢了，府衙的官吏们也开始收拾，准备回家。杭州百姓热衷于将傍晚的时间用于读书、文学创作、下棋或在西湖上与情人、歌妓尽情游玩。娱乐场所通常营业到凌晨两点，一些小市场或面条店也会很晚才打烊。虽然夜间的杭州城节奏缓慢，但也绝不会停滞下来，值夜班的守卫随时在街头巡逻，提醒住户们防火防盗。不过有时候，守卫会找出各种借口不去履行职责，最常用的借口就是"肚子痛"。

还有一点马可没有提到，而这点对理解这座城市人们的生活节奏非常重要，那就是杭州的"工作时间"要长达十天，之后才有一个休息日。所有大小官吏都遵循这一规定，不过他们每三年可以享受一次和家人团聚的假期，时间从半个月到一个月不等。

官吏们的工作时间安排得很紧，只有父母去世，才可以临时休假。按照儒家的习俗，官吏在双亲去世后可以暂停公务，回家服孝三年。他们可以利用这段时间做一些自己喜欢的事情，如练书法、画画、吟诗作对等，同时也可以反思一下自己生活中发生的诸多变化，为今后的生活做些打算。当然，普通老百姓一辈子都得辛勤劳作，他们是没有资格享受这样的假期的。

汉人的新年是蛮子省最盛大的节日。节日期间，人们可以暂时摆脱日常工作和生活中的压力，得到放松和休息。按照汉人的惯例，新年的庆祝活动一般安排在腊月十五至正月十五，差不多长达一个月。过年期间下雪是非常吉利的，闲居在家的人们用雪在西湖边上堆起狮子，供游人在观赏西湖冰雪美景时欣赏。新年期间家家户户都会精心准备各种食物来祭奠家神。团圆宴结束后，大家要一起吃一种用红豆制作的佳肴，就连家中的小猫小狗都有份。

节日的杭州城被浓厚的商业气息所包围，所有的店家，尤其是那些杂货店都要利用节日大赚一把。各家店面都用彩带装饰一新，门上贴着古代神话或历史故事中的英雄人物与用纸剪成的马，店家还会为光临自家店铺的买主分发护身符。在寒风瑟瑟的街头，无处不在的小贩们正向过往的行人兜售一种用蓟花做的流行饰品，有人在出售“在竹管里装上火药做成的鞭炮”（当时西方人还不知道制造鞭炮的工艺），还有些乞丐假扮神灵，装模作样地在那里敲锣打鼓。

除夕是新年期间最喜庆的一天，人们将庭院打扫干净后，换上新的门神，贴上用红纸写的对联。到了晚上，家家户户摆上鲜花、香烛和食物祈盼来年好运。虽然马可没有亲眼看到杭州百姓是如何过新年的，但对盛大的新年庆祝活动耳熟能详。戴着面具，手执木剑和黄、红、白、黑、绿各色彩旗的士兵组成的庞大游行队伍从皇宫出发，行走在宽阔的杭州街头。据说，游行队伍可以为大家扫除过去的一年中所有的不如意，为人们迎来吉祥的新年。

在蒙古人占领杭州前，新年这天，咸淳帝要点烛焚香，祈愿来年五谷丰登、国家繁荣安康。各地的使者也纷纷带着朝贡的物品前来向皇上表达忠心和敬意。

随后几天是举国欢庆的日子，而且喜庆活动一直要持续到元宵节，前后差不多有两周时间，过年前三天人们除了尽情吃喝玩乐，还会亲手制作或购买各式灯笼。最受欢迎的当数产自苏州的灯笼，几乎所有灯笼的直径都在 4 英尺以上，颜色各异的灯笼上画着各种人物、花鸟和风景图案。还有用珠子、羽毛，甚至黄金、白银、珍珠和宝石做成的灯笼，有些灯笼能在水流的驱动下徐徐转动，宛若行驶在西湖上的游船。

杭州城的老百姓还有“穿白袍祭祀新月”的风俗。随着节庆活动的持续，节日中的人们酒越喝越多，往往到黎明时分，嘈杂喧闹声才会慢慢消退，大街上行人变得稀少。每次庆祝活动结束后，街上都会出现很多捡破烂的人，他们借着灯笼的亮光，仔细地翻遍广场的各个角落，希望能捡到人们白天遗失的发簪、珠宝和其他值钱的物品。

宫廷里的新年庆祝活动会持续得更久一些。皇宫里搭了一个装饰考究、约 150 英尺高的舞台，乐手和表演其他节目的壮汉和杂耍艺人在上面给皇宫里的人带来了很多精彩的节目，宫女和围着头巾的小宦官有时候也会翩翩起舞为大家助兴。演出结束后，宫里的女子会争相从小贩手里买些自己喜欢的东西，小贩们此时会特别高兴，因为货物卖给宫里的人往往都能卖出个好价钱。

占星术在杭州非常盛行。官府有一项严格的规定：“婴儿出生时，父母必须把他们的出生年月和时辰记下来，好让占星师判断他们的生辰八字。”马可说，老百姓打算出远门甚至订婚时，都要去找占星师。曾一度心存疑虑的马可最终对占星师的本事留下了深刻印象，坦承“这些技艺高超、善施法术的占星师能够预知人们想要知道的事情”。

杭州城的占星师为马可提供了难得的深入了解普通老百姓生活的机会。马可觉得“与其他地方的人相比，蛮子省的人感情更丰富也更敏感，常会有人因过度悲愤而自杀。如果两个人发生冲突，其中一人失手打了对方或造成了其他伤害，受害人又因为施暴者比自己强壮而无力还手，回家想不通，就会趁着夜色来到施暴者家门前自杀，以此让世人对施暴者的行为进行指责。受害者之所以选择自杀的另一个原因是，他死后，不可一世的行凶者必须在他的忌日时来祭奠。因为只有这样，将来行凶者去世后，才会有人拜祭他”。

咸淳帝的皇宫可以称得上是杭州城里所有宏伟壮观的建筑物的缩影，可惜的是，它后来遭到了一些人为破坏。马可在结识了一位杭州富商后才得知此事，“这位年长的商人是咸淳帝的朋友，经常有机会出入皇宫”，他讲述的有关皇宫的故事激起了马可无尽的想象力。在亲眼见到皇宫后，马可说，“虽然宫殿的遗址还在，但是嫔妃们居住的后宫早已成了废墟。昔日雕梁画栋的宫墙和御花园也遭到了严重破坏，御花园里的珍稀树种和动物早没了踪影”。

在那位老商人的帮助下，马可为读者再现了“咸淳帝和历代先皇住过的皇宫”：高高的宫墙将皇宫分隔为3个区域，众嫔妃们居住的后宫由守卫严密把守，外人是看不到的。总共有1000多名嫔妃专门服侍皇帝，她们与皇后在宫内和睦相处。

后宫的嫔妃经常会为皇帝和皇后表演一些精心编排的节目，皇宫内豢养的各种小动物和景色宜人的人工湖是专门供她们取乐的，“有时候，皇帝会带着皇后和嫔妃们乘坐游船在湖上游玩，有时候还会一起去寺庙进香”。

他们一般都是去“被宫墙隔开的另外两个地方游玩，那里有茂密的树林、如画的人工湖和果园，里面养着各种动物，如狍子、麋鹿、马鹿和野兔。皇帝和嫔妃们或乘辇或骑马，在园子里尽情游玩，不过这里绝对禁止其他男子入内。嫔妃们牵着狗追逐园中的动物，玩累了就在树林中小憩，甚至赤身在湖水中嬉戏，咸淳帝则饶有兴趣地在一旁观看”。

“有时候，咸淳帝还会和嫔妃们在这些小树林中用餐。这位在脂粉堆中成长起来的皇帝，似乎根本不知道兵器为何物。由于他的怯懦和无能，强势的忽必烈汗攻下了他的所有城池，带给他莫大的耻辱。”

马可认为不能完全无视伦理道德对人应有的约束，所以他讲了一件事专门来警示成天只顾沉溺于声色与美食的杭州人。一天，“人们在干涸的河床上发现了一条很好看的大鱼，这条鱼身长百步，它的身形与身长很不协调，全身长满绒毛。后来很多人因吃了这条鱼的肉而死于非命”。马可称，自己亲眼见到这种“有毒大鱼的头摆放在寺庙的佛龛上”。中国史书也证实了马可说的这件事：1282 年，有一条 100 多英尺长的鲸搁浅在杭州附近的富春江的浅滩处，此后不久，又有一条鲸也在此搁浅。史书中还记载，前来哄抢鲸的人找来梯子爬上鱼背，将其切割成块后分食了鱼肉。正如马可所言，他们这种鲁莽的行为是致命的，因为凡是吃了鲸肉的人最后都中毒身亡。

马可言归正传，谈到了杭州城利润可观的盐业垄断。他估算了一下“杭州的盐业收入”，然后又将话题转到了制糖业上，他声称蛮子省的糖产量“可能是全世界其他地方产量总和的 2 倍以上”，此外，这里出产的“各种香料更是数不胜数”。实际上，丰富的物产全归大汗所有，因为“进行交易的香料和其他货物必须向大汗上缴三成的利润，就连米酒和木炭也要缴纳很高的税收。官府还要从杭州所有的12种行业中抽取利润，每一行差不多都有12 000个商号，而每个商号都要给官府缴付各种税收，官府每年的收入相当可观”。

马可还讲述了杭州城里的贸易情况：“商人通过陆路把货物运抵杭州，然后再通过水路转运到其他各个地方，所有货物都要向官府上缴三成的利润。如果要经海上航线运到印度群岛等更远的地方，还要再上缴10%的利润。此外，本国出产的所有物品，不论是农产品还是丝织品，都要向官府上缴‘什一税’。”由此看来，税收是官府重要的收入来源。

马可一再强调，忽必烈汗征税的一个主要目的是确保老百姓的福利和安全。“大汗热爱上帝赐给他的这个国家和所有的百姓，所以他不仅要确保他们的人身安全，还要让他们安居乐业。”这就意味着，他要拿出一大笔钱来支付军队的开销，以便更好地护卫他南征北战得来的所有地区，尤其是杭州城。马可特别指出，“为了捍卫国家安全和保证民生，大汗将税收所得都用于军费开支和消除城市贫困”。

大汗认可了基督教遗民

马可突然离开了杭州，对此他没有做任何解释，也没有提及自己离开的日期。也许是由于遭到受贿指控，他的官职被突然罢免，这或许是别有用心的对手的诬陷。不管是出于何种原因，他突然离开了杭州，离开了声色犬马的生活。从此，他又成了一位普通的行者，而不再是朝廷钦命的盐务官。

与父亲和叔叔的重聚给他带来了安慰，也让他重新成为一名普通商人。马可远涉千山万水来到了南方，这里的居民已经“归顺了大汗”，所以马可觉得生活在他们中间并没有太大的安全隐患。但让马可极为反感的是，这里的人“吃的食物非常粗劣，甚至还喜欢吃人肉”，他们偏爱死于剑伤的人，认为“这种人肉才味美可口”，但他们不会吃因病而死的人。

当地男子的着装打扮和他们的饮食习惯一样令人生畏：“他们的头发一直剃到耳际，脸上有蓝色的剑纹图案。”马可说，这些人满脸怒容、内心非常残忍，“成天以杀人为乐，喝人血吃人肉”。凶残的当地人甚至使马可暂时忘却了山间出没的野兽带来的威胁。他发现只有和“佛教徒与丝绸商人组成的商队”在一起时，他才有安全感。虽然大家信仰不同，但只要途中不出什么意外，他们就肯定能安然无恙地走出危险地区。

在这个地区，“猎捕狮子”是很平常的事情。为了生存，马可也开始学习猎狮技巧。捕猎狮子需要挖两条平行的沟，然后用一条狗作为诱饵，只要使用得当，这两样简单的东西便能发挥奇效。

“挖成的两条沟之间大约留一厄尔的宽度，沟的一边竖起高高的篱笆，另一边则什么都不需要。猎人牵来一条狗（狗一般都是白色）在两沟之间的空地上拴好后，就可以离开了。那条狗看到主人一走，就开始叫个不停，远处的狮子一听到狗叫，会立刻愤怒地扑向那只浑身雪白的狗，结果却会掉进猎人事先挖好的沟中。第二天一早，猎人便杀死陷阱中的狮子，吃掉狮肉，再把珍贵的狮子皮卖掉。”

马可还记录了捕猎“一种爱咬食甘蔗”、像狐狸一样的动物的办法。“捕猎者在一个大葫芦的一端剖开一个洞，这个洞的宽度刚好能让这个四条腿的‘小偷’一用劲就钻进去，但不会伤及它的脖子，另外还要在洞的开口处穿上麻线使其牢固。为了诱使‘小偷’钻进葫芦，葫芦的另一端会放上一些肉，然后捕猎者把做好的‘葫芦诱饵’放在自己商队的周围。当‘小偷’来偷食商队的货物时，就会闻到葫芦里的肉味。它经不住肉的诱惑，把头伸进葫芦并用力将身子挤进去，而它一旦钻进去便再也退不出来了，就这样被困在了轻巧的葫芦里。”

可怜的“小偷”闷在葫芦里四处乱撞，最终还是落入了捕猎者的手中。

在福州，马可的叔叔马费奥与“一个聪明的撒拉逊人”（穆斯林）建立了深厚的友谊，此人向马费奥介绍了当地一个很特别的民族。该民族的宗教信仰让人很是不解，从表面上看，他们不是佛教徒，因为他们不信佛，也没有供奉佛像，但他们似乎也不像是穆斯林或拜火教徒，因为他们不崇拜火。马费奥向这位撒拉逊智者表示：“请您带我去他们那里，我想和他们聊一聊，也许可以就此了解一下他们的生活。”于是，波罗三人出于好奇来到了这个奇特民族的居住地，当地人担心这三个充满好奇心的商人会“带走他们所信仰的宗教”，所以在进行了一番交谈后，波罗三人心中的疑云还是没能解开。

马可和马费奥安慰当地人：“不用担心，我们只是出于好心想改善你们的境遇，绝不会伤害你们。”

第二天，他们再次登门造访。经过一番开导和仔细询问后，当地人终于说出了秘密，“他们竟然是基督徒，而且有自己的《圣经》。马费奥和马可发现，他们使用的口头和书面经文竟然是《圣经·诗篇》中的内容”。

波罗三人发现了生活在中国的基督徒遗民而感到震惊，问起他们当初为何来到此地时，当地人回答：“我们的先祖就在这里生活。”

波罗三人在他们的神殿中看到了“曾巡游世界宣讲《圣经》的七十位基督徒中的三位的彩绘像，当地人说这三位就是很久以前给他们的先祖宣讲教义的人。他们信仰基督教已经有 700 多年的历史了，也就是说，从公元 6 世纪就开始了。但由于已有很长时间没人给他们宣讲教义，所以他们并不了解其中的一些主要内容”。当地人所说的“三位基督徒”应该是彼得、詹姆士和约翰，当初耶稣在客西马尼花园的苦恼教堂时，他们就在耶稣的身边，而且无论耶稣受到众人尊崇还是遭遇冷落，他们三人始终伴其左右。这支散落到中国的教派是如何起源的并不为人所知，但马可肯定他们与基督教有着一定的渊源。

马费奥和马可对当地人说，“我们大家都是基督徒，所以希望你们能去觐见大汗，告诉大汗你们的处境，为自己争得维护宗教信仰和教义的权利”。虽然这些神秘的基督徒早就习惯了“生活在充满敌意的佛教徒当中”，但还是决定接受马可他们的建议，派两名代表前去谒见忽必烈汗。

马可和马费奥嘱咐两位代表，“务必要见到忽必烈汗朝廷中基督教徒的首领”。结果，见到大汗后，两位代表非但没有让大家承认他们基督徒的身份，反倒更让佛教徒认定他们本是同门，于是“双方当着大汗的面展开了激烈的争论”。后来，大汗盛怒之下遣散了在场的所有人，只留下了两位代表，大汗命令两人近前，亲自询问他们究竟是想当基督徒还是佛教徒。两人胆怯地说，如果大汗不生气的话，他们更愿意像自己的祖先一样做基督徒。大汗同意了他们的请求，下令从此以后将他们称作基督徒。

大汗的认可给了这些人让外界了解自己的勇气和力量。马可说，这一教派的教徒循规蹈矩，大概有“70 万户家庭，自从他们的身份、信仰自由及一些基本权利得到了忽必烈汗和蒙古帝国的承认后，他们便安心地居住在基督徒聚居地”。

马可帮助了这些基督徒遗民后，继续自己的“丝绸之路”之旅，他能为忽必烈汗效忠的时日似乎已经不多了。他无法预知前面的路上会发生什么，更不知道后来发生的一切将彻底改变他的命运。

第12章

失败的日本远征

忽必烈听到远方的喧嚣中

传来先祖战争的预言！

在《马可·波罗游记》记录的所有地方中，最让欧洲人无法接受的是今天被称作“日本”的岛国。

在欧洲人看来，“发生在这里的一些子虚乌有的战争、肆虐的暴风雨及当事人命运的突变”，都说明马可对这个遥远而陌生的国度的描述完全出于他丰富的想象力。虽然欧洲人对马可提到的中国的大部分地区也一无所知，但至少那些地方是真实存在的，可眼前的这个岛国则纯粹是马可虚构出来的，因为当时西方的地图上根本就没有这个地名。他们觉得《圣经》中提到的“哥革和玛各”也要比这个后来被称为“日本”的岛屿更让人容易接受。

欧洲人的怀疑也无可厚非，由于马可本人并没有去过这个岛国，所以他在讲述过程中表露出的不严谨始终会遭到人们的质疑。虽然他绘声绘色的描述仿佛就是在讲述自己的亲眼所见，不过这次他一改常态，始终没有说“这是本人亲眼所见”，而在对中原和蒙古的描述中，他频繁地使用了这句话。事实上，他所讲的一切都是道听途说而来的，完全源自于蒙古人对其极具威胁的神秘对手的看法。

跨海远征让元军陷入僵局

日本之所以能让马可充满想象，主要是由于“跨海远征”这个岛国是忽必烈汗扩张领土的过程中最不可能实现的一个目标。在陆地上，蒙古人英勇善战，“堪称马背上的勇士”，但他们不谙水性。此外，虽然忽必烈汗本人也知道自己不可能统治整个世界，但他仍给自己设立了“成为‘世界君主’斡旋于天地之间”的宏大目标。马可在杭州的那段日子，忽必烈汗远征日本的计划也已酝酿成熟，但事实证明，他的野心给他的帝国埋下了祸根。

1279 年秋，由于攻下了南宋，忽必烈汗的统治开始进入鼎盛时期。但两年之后，忽必烈的统治生涯由于皇后察必的去世而发生了变化。对忽必烈来说，母亲与察必是推动他登上大汗宝座的人，尤其是在他早年与对手争权夺利的过程中，察必发挥了极其重要的作用。忽必烈在失去了“察必敏锐的判断力”的约束后，接二连三地采取了一些会导致毁灭性后果的行动，从而几乎将自己的帝国带上了一条不归之路。

察必去世后，忽必烈汗整日沉溺于丧妻的痛苦之中，他不仅因酗酒而体重剧增，而且还染上了痛风和其他一些不知病因的慢性病。到了晚年，他逐渐失去了对蒙古帝国强有力的控制，为了彰显大汗的威风，他决定铤而走险远征日本。此时的忽必烈汗醉心于无限扩张蒙古帝国的版图，他认为如果不继续扩张，帝国将会走向灭亡。马可是当时的见证者，也是向西方介绍蒙古帝国与“那个神秘而强大的无名岛国”之间海战的唯一消息来源。

忽必烈根本没有预先考虑到“跨海远征”可能遇到的困难，而且他此次的对手与以往那些混乱的部落有着天壤之别。在马可看来，日本人虽然和蒙古人一样凶残，但有着高度的文明，最重要的是，他们有大海作为天然屏障。蒙古人并不是很了解对手，而且此次远征他们不但运气差，也没有了往日的自信。最终，忽必烈汗不得不承认，只有在蒙古大草原上，他们才是真正的主人；一旦到了海上，他们只能沦为任人宰割的猎物。

马可说："日本是东海上一个面积很大的岛国。岛上的居民信奉佛教，他们皮肤白皙、长相俊美、举止文雅。他们实行自治，不向任何国家进贡，也不向任何国家臣服。此外，岛上还盛产黄金，但他们竟然不知道该如何处置黄金。"由于"岛上原本就有很多船，因此他们很少从别处购进船只"。

马可谈及这个他从未到过的岛国时，内心充满了向往。对此，他解释说，"根据知情人的说法，该国的统治者住在价值连城的黄金宫殿里，而他们用黄金建造宫殿就好像我们用铅一样随便，宫殿里的所有房间内都贴着足有'两指'厚的黄金墙砖。岛上还盛产'白色珍珠'，还出产一种非常珍贵的'红色珍珠'，非常漂亮。据说岛上的居民去世后，嘴里都会含一颗夜明珠"。说到这里，马可自己也觉得很难让大家相信自己所说的都是事实。

日本非常富庶，的确盛产珍珠和白银（而非黄金），所以从这点来看，马可说的倒也是事实。他所说的"日本拥有世界上最大的黄金储备"与实际情况有些出入，但我们完全可以将马可的这种说法理解为"他对这个岛国文化、智力、精神财富及高度文明"的一种比喻，而且他似乎还想表达另外一层意思：上天很眷顾这个遥远的岛国。

忽必烈汗垂涎于日本的富庶，他决定不惜一切代价去征服它，并"将其划归自己的版图"。他派使者面见幕府摄政将军北条时宗，提出"向忽必烈汗纳税"的要求来试探日本人的虚实，结果不出所料，日本人断然拒绝了元朝使者的要求。于是，忽必烈汗决定采取进一步的行动，他于1274年对日本发起了进攻。对于毫无海上作战准备和经验的元军来说，横亘在中国与日本之间的大海是最难克服的障碍。战舰刚在九州岛靠岸，元军就上岸破坏了当地的一些村庄和一座神庙，可他们返回时突然遭到大风暴的袭击，导致13 000余人死亡或失踪。

遭到这次打击后，忽必烈汗又固执地派出另一支使团，希望与日本人讲和，但是日本人却斩杀了所有元朝来使。日本人早料到这一举动会让忽必烈汗暴跳如雷，所以他们火速派出一些武士赶赴九州岛，花了5天时间盖起了一堵石墙，用来抵挡随时来犯的元军。

虽然屡屡受挫，但忽必烈还是决定继续攻打日本。为了维护自己在军中的绝对权威，忽必烈任命了三个不同民族的军事统帅共同远征，以达到相互牵制的目的，他们分别是蒙古人忻都、高丽人洪茶丘、汉人范文虎。范文虎统率一支由汉、蒙、高丽人组成的1万人的军队，同时还带了大量的纸币和征战所需的铠甲。此外，他又扩充了武器和船只装备，数量之大让为他提供装备的人叫苦不迭，但军令难违，他们只能硬着头皮满足范文虎的要求。

三位统领决定采取两翼夹击的进攻策略。但早在元军出发前，范文虎就有种“此次远征有违天意”的预感，而随后接二连三又出现了一些不祥之兆：有人看到了海蛇、海水散发出浓烈的硫黄味。由于这些不安全因素，再加上三位统帅意见不合，范文虎便没有按原计划出兵。忻都不愿再继续耗下去，于是1281年6月10日，元军对日本正式发起了进攻。

经过两周的远航，元军先遣舰队到达九州岛，并在日本人筑起的那堵用来“抵挡入侵者的石墙”附近靠岸，汉人援军很晚才赶到，与蒙古和高丽士兵会合。在随后几周的战斗中，勇敢的日本武士将元军打得寸步难行。日本人事先建起的那堵石墙果然帮助他们挫败了元军的多次进攻，使他们在撤回到安全地带之前，又借机杀死了很多阵脚大乱的敌人。当时有传言说，忻都和范文虎不和，再加上范文虎并不支持入侵日本的计划，所以他对这次远征一直抱着消极的态度。

马可提及此事时很激动，似乎非常清楚其中的原委。马可说，忽必烈汗派出的这支由“两位曾立下赫赫战功的统帅指挥的，由战舰、骑兵和步兵组成的海上远征军”很快遭遇了挫折。他们从杭州出发，经过多天的海上航行到达了目的地。上岸后，元军首先对周围做了一番仔细侦查，然后便打着忽必烈汗的旗号，开始对那些毫无防备的村庄进行破坏。“他们把抓来的村民关进一个用来躲避台风的城堡里，由于这些人誓死不肯投降，元军统帅便下令赶尽杀绝，还把死者的脑袋割了下来。元军杀死了绝大多数俘虏，但有几名俘虏似乎是杀不死的。”

元军对这几名俘虏的“公开反抗而且似乎并不怕死的行为”感到很吃惊，便没有急于处死他们。经过审讯，这几个日本人不死的秘密终于被揭开了，“原来他们之所以能保住性命，是因为他们身上藏有宝石，鞑靼人对这个答案感到特别不可思议。等那八个人被扒光衣服接受检查时，才发现他们每人的右臂上果然嵌着一颗宝石。据说这种宝石非常神奇，它能使拥有者不会被铁器杀死”，元军知道了这个秘密后，便改用木棒将这几个人打死。人死之后，他们立刻取出了其体内的宝石并奉为珍宝。其实，在亚洲地区，每当发生战争，人们“在皮下植入宝石或黄金之类的贵重金属”充当护身符是一种很流行的做法，只不过蒙古人不了解这种风俗，所以才会觉得新鲜。

元军取得的暂时胜利只是一种假象。尽管在外人看来，他们勇猛无比、气势逼人，但实际上，几位统帅互相嫉妒而且意见不合，使得他们“做事从不为对方考虑”。

两个月很快就过去了，这次“跨海远征”没有取得忽必烈汗所期望的“元军最为擅长的速战速决的胜利”，反倒陷入一种僵局。

“神风”摧毁大汗的野心

进入八月中旬，正如日本人所期望的，老天似乎准备干预此事了。在元军统帅分歧日益升级的时候，一场台风悄然生成。马可提到“台风对这个岛国造成了严重的危害”，这是他唯一没有做任何夸张和渲染的事实。这场被日本人称为“神风”的强风暴改变了整个亚洲的历史。

台风也称热带风暴，是一种强烈的低气压风暴，多发于夏末秋初的太平洋西部地区。一般在风暴形成前，海水的表面温度会上升至 80 华氏度（约 26.67 摄氏度）以上，升温后的海水很快蒸发并被大气所吸收。大量潮湿空气不断上升，形成巨大的气旋，一旦气旋下方的气压下降，高气压区的空气便会迅速流向低气压区，形成下行风，于是台风便形成了。

世界各地的台风各不相同。在北半球，地球的自转使得台风呈逆时针旋转，而在南半球，台风则是顺时针刮的，地球自转对风向产生的这种影响被称作科里奥利效应，正是该效应对忽必烈汗一度引以为荣的舰队造成了致命的打击。在远离赤道的地区，科里奥利效应表现得更为明显。因为产生飓风或者气旋时，低气压带一般都在赤道南北两侧 5° 附近，所以在赤道地区反倒很少会产生气旋。

气旋在形成过程中，可能会变弱，也可能会不断增强，也就是说，由“风速在水平和垂直方向突然变化”引起的“风切变”既可能促进气旋形成，也有可能将其破坏。风速保持不变时，气旋内部温度较高的风眼才能保持完整，风切变往往会改变气旋的方向，使其顶部和底部的风向发生改变，而且在条件具备的情况下，气旋自身也会不断翻腾。日本群岛周围的海域能为这种强风暴天气的形成提供理想条件，因此台风是日本最常见的自然灾害之一。

八月中旬的这场台风让人始料不及。元军舰队中负责观察海上情况的水手注意到海面上翻起了高达 3 英尺的海浪，而且此后每 10 秒就会出现一次。第二天，不断翻滚的海浪已经高达 6 英尺，但此时天气晴朗，没有刮起大风，只是涨潮速度越来越快，似乎预示着一场灾难的降临。到了第三天，海浪已高达 9 英尺。

“第一次出现大浪”三天后，海上似乎才出现了预示着暴风雨来临的明显迹象。随着海浪高度和速度的不断增加，天空开始阴云密布，而且此前“一直很平静，根本没引起大家注意”的风也逐渐加大。此时，有经验的水手已经知道，一场台风即将来临，必须马上采取躲避措施，虽然蒙古人也注意到了海上发生的变化，但由于事先没有制定相应的预案，所以他们根本就不知道该如何应对。几个小时之内，狂风大作，天很快暗了下来，海上巨浪翻滚，卷起了白色的水沫。不久风速就达到了 9 海里（1 海里约为 1.85 千米），水手们在甲板上已经无法站立了。不一会儿，风速就超过了 60 海里，云层越压越低，天色也变得越来越暗，岸上到处都是被刮断的树枝，一些较轻的物体在空中飘舞。巨浪撞击着海岸，似乎想要摧毁所有阻挡其前进的障碍物，岸边的低洼地带已经被水淹没了。虽然此时的情形已经很可怕了，但是真正的暴风雨还没有来临。

“第一次出现大浪”大约四天后，伴随着瓢泼大雨，风速已经接近每小时100英里（合每小时87海里）。不断上涨的海水淹没了人们设置的“高潮标志”。在户外，如果离开支撑物，任何人都无法站稳，大风将大树和灌木丛连根拔起，任其在空中飞舞。海面上，狂风撕碎了海浪的顶部，翻腾不息的海面上全都是白色的泡沫。随着“风眼”的逼近，雨越下越大，洪水开始泛滥，此时风速已超过了90海里，15英尺高的巨浪冲击着岸边的岩石。“风眼”到后，风速慢了下来，起初还不易察觉，随后就变得越来越明显。天空开始变亮，似乎几分钟前还在肆虐的强风暴就要结束了，气温开始回升，空气也变得潮湿，但是这种平静让人感到很不安。天开始转晴，白花花的云朵在“风眼”中形成了一堵环形墙。这些“危险的平静假象”过去后，风速又开始加快，那堵巨型云墙似乎要横扫一切，猛烈的暴风雨再次开始肆虐。

一般来说，被暴风雨困住的人根本觉察不到台风的缓慢消退。风眼到达半天后，虽然风速依然超过60海里，但已经明显开始减弱，咆哮着的大海也逐渐变得平静了。

风眼过后一天，厚重的云层开始散去，海水逐渐从陆地上退下，遭到洪水破坏的地区慢慢露了出来。随着潮水的消退，海面上泛起阵阵夹杂着细小白沫的波浪。几小时之内，天上的卷云全都散去，天空放晴，太阳重新发出了炫目的光芒。但这一切还是让人觉得不安，空气中仍然充斥着刺鼻的海水腥味，腐败的植物和已经被泡涨了的动物浮尸发出阵阵恶臭。一场台风总算结束了，然而此时，西太平洋上的某个地方也许正酝酿着另一场风暴。

忽必烈汗军队中有很多人无法忍受如此猛烈且持久的狂风，于是决定逃生，他们知道“如果不选择逃离，那么所有的船只肯定会被大风摧毁”。最终，他们被迫放弃了征战计划，“全部人马纷纷上船，驶离了这个充满危险的海岛”。

当舰队驶离日本岛 4 英里时，“风力开始增大，一些大船因船体过大、不好驾驭而相互碰撞，遭到损毁，只有那些没有被碰撞或在大风中失散的船只才侥幸保全了下来”。有些船只本打算停靠在荒岛上避难，结果却因遭遇大风导致反向行驶而失事，幸运点的落水者借助木板的浮力游到了陆地上而得以逃生，“不幸者从此便没了踪影”。

“神风”摧毁了蒙古舰队，也使忽必烈汗野心勃勃的征战计划以失败和耻辱而告终。

等“肆虐的暴风雨渐渐平静”下来后，元军统帅立即采取大规模的行动去营救“那些有地位的人，如百夫长、千夫长和万夫长”，但遗憾的是，营救行动没有取得预期的效果，因为在风暴中“失散的人太多，后来他们只能扬帆起航，重新踏上归程”。

马可声称，有 3 万多名被困在荒岛上的人侥幸活了下来，但实际数字要比这个少。幸存者很快便意识到他们已经被大部队抛弃，眼下又正面临着严峻的考验，“在这个没有人烟的岛上，他们没有粮食，没有武器，没有任何救援船只，也没有可行的逃生计划。更糟的是，这里距离日本岛不远，而他们自己的船已经破得无法使用了。尽管他们在台风中躲过了一劫，但目前的处境仍然非常危险，生命随时会受到威胁”，而且“在暴风雨中保全下来的大部队似乎没有任何援救他们的打算，早已经毅然决然地全速驶回了故国”。

被困荒岛的元军面临着被饿死的结局，他们的处境越来越糟。有一次，日本兵在远离日本岛的水域巡逻时，俘获了几个蒙古人，并得到“元军残余部队躲藏在离日本 4 英里的荒岛上”的情报。于是“日本兵立刻乘船前往那个荒岛袭剿幸存的元军。3 万余元军残部看到不期而至的日本人，仓皇逃到了海湾附近的一片树林”。

“日本人此次来势汹汹，在岛上展开了密集的大规模搜索”，但他们错误地认为，此时元军大势已去，不会再对他们造成任何威胁，所以上岸后，竟然没有留专人看守船只。

荒岛中央有座小山，就在日本人打算攻占这座小山时，“元军假装溃逃，然后沿着岛上曲折的小路，绕到了岸边敌人停船的地方”。令他们大喜过望的是，船上竟然没人看守，于是他们立刻登上日本船，“扬帆起航，离开了已被敌人占领的荒岛”。对于曾一度陷入绝境的元军来说，这次机会可谓绝处逢生。

当船只停靠在日本岛后，元军打着日本水兵的旗帜，冒充日本人上了岸。乔装打扮一番后，他们直接向“都城”进发，守城的军人把他们错当成自己人，放他们进了城。

元军进城后才发现，城内除了老弱妇孺外，竟然没有成年男子，于是他们“占领了这个城市，除留下一些年轻貌美的女子来服侍他们外，将其他人全部赶出了城”。

“当日本天皇和士兵得知自己的船只和一座城池就这么轻而易举地被元军抢走了，而且老人和孩童都被敌人从城中驱赶出来，妇女却被扣为人质时，觉得受到莫大的羞辱。尤其是天皇，他悲愤得要死，因为出现这种使整个国家蒙羞的错误，并非由于敌人过于强大、难以抵挡，而仅仅是因为他们缺乏远见、一时疏忽。”

经过一番自我反省和检讨之后，日本人凭借强大的实力发动了一场反击战。

马可说：“勇敢的老百姓安慰天皇说，我们现在不应该悲哀绝望，而应该团结一心，以报‘占城夺妻’之仇。”

元军也丝毫不敢懈怠，重整旗鼓积极应战。“他们乘船返回那座荒岛，发现周边停靠着很多船只，但当时他们人手不够，所以没办法将日本人的船拖走。”另一方面，尽管日本人围困了元军，但是对方手中有城里的妇女做人质，且“元军下令，未经许可，任何人都不能在岛上出入”，所以日本人此时也束手无策，不敢轻举妄动。

双方就这样僵持了7个月。在此期间，元军“一直在设法向大汗通报他们的处境，希望大汗能发兵相助”，但不论他们的信使如何有能耐，最终总会被日本人截获。

而身在大都的忽必烈汗对此根本一无所知。“鞑靼人不断在岛上滋事，给当地百姓造成了很大损失。看到自己的突围计划从未成功，而且岛上食物匮乏，根本无法坚持多久，元军向日本人提出妥协并达成停战协议，但要保证他们的人身安全，并允许他们留在当地。”

不久，双方的统帅开始进行谈判。马可解释说：“日本人此前没有经历过战争，因此对战争深恶痛绝，尤其是当自己的女人落入敌手后，他们更是无法容忍战争继续下去。所以当得知鞑靼人愿意归还失地和被扣押的妇女时，他们非常高兴，一致请求天皇同意对方的要求。最后，按照签署的协议，双方结束了战争，鞑靼人将占领的土地归还天皇。”

马可讲述了一个精彩的故事，故事的完美结局缺少有力的证据，同时也不禁让人产生疑问：他究竟是在讲述事实呢？还是在遗失的史料基础上又进行了一番加工？我们不得而知。

尽管忽必烈汗的大部分人马幸免于难，但是这场“本想把日本归于自己版图”的战争，不仅使他蒙受耻辱，甚至还威胁到了他的声誉和帝位。也许整件事，尤其是遭到“神风”突袭，已经在冥冥之中预示着“上天不会再让他事事遂心了”。

盛怒之下，忽必烈开始为这次失败寻找替罪羊。当了解到统帅之间曾意见相左且发生过争执后，他“立即处斩了一位带头逃跑的统帅，并下令将其手下全部流放到专门用来拘禁朝廷重犯的地方”。马可始终没有提及那位“按照元朝法律，以叛国罪被处死”的统帅的名字。马可说：“大汗想将某人处死的话，会下令让人用新剥下来的水牛皮把此人的手结结实实地捆起来。牛皮扎得紧，等牛皮风干后，就会更紧。被捆住手脚的人根本动弹不得，所以无法给自己弄到吃的，就算是饿极了想吃身边的草，爬过去也是件极其困难的事情。因此，受到这种处罚的人最终必死无疑。”那位统帅就死于这种刑罚。

忽必烈汗对群臣的劝诫充耳不闻，固执地准备对日本发动第三次进攻。

1283 年，中国南方的造船厂遵照大汗的旨意，开工建造了 500 艘战船。两年后，大汗又下旨让东北地区造出同样数量的船只。汉人对忽必烈汗“好战”的做法大为不满，开始抗旨不遵。由于来自各地的反战情绪甚嚣尘上，1286 年，忽必烈汗只得被迫放弃了攻打日本的计划。

远征日本受挫后，忽必烈汗元气大伤，整个大元帝国的声誉也受到很大影响。传记作家莫里斯·罗萨比说：“这次失败对蒙古帝国在东亚树立起的攻无不克的声誉带来了极大的负面影响。虽然元军给对手造成了极大的心理恐慌和压力，但他们自己受到了更大的撼动。从此，元军攻无不克的神话破灭了。”

这次失败也让忽必烈汗回到了现实之中。他成天暴饮暴食，情绪低落，开始迅速发胖，虽然在肖像画中，晚年的他好似一尊弥勒佛，可实际上他一点都不开心。亲眼看见自己一手缔造的帝国日渐衰落，挚爱的妻子和心爱的儿子相继离他而去，自己的声誉也一落千丈，他怎么能不伤感？为了摆脱政治上的失意和减轻身体上的病痛，他开始尝试各种不同的偏方。他服用各种药物，甚至使用萨满的各种符咒和高丽人的治疗方法，但似乎没有一种方法能奏效。于是，他开始酗酒，而且喝得越来越多。曾经的一代明君，曾盛情接待过马可·波罗和他的父亲、叔叔的蒙古君王，此时已经彻底变成了一个颓废不堪、自怨自艾的老人，而他的自暴自弃正好让人钻了空子。

马可亲历朝中阴谋篡权

马可亲历了“朝中一个位高权重的人阴谋篡权”的全过程。

此人名叫阿合马，他起初是一个无名小卒，最后成了忽必烈汗朝廷中最有权势的穆斯林官员。他通晓“蒙古人不擅长的经济事务”，而且精明能干，这成为他日后在政坛平步青云的资本。此人气焰嚣张，不可一世，表面上对大汗忠心耿耿，私下里却根本不把大汗放在眼里。平日里，他特立独行，不与任何人来往过密。在忽必烈汗倾尽全力完成他的征战伟业的同时，他的这位宠臣却在皇宫里酝酿着一场阴谋。

阿合马工于心计，他使尽一切手段得到了大汗的宠信。因为他是穆斯林，所以在蒙古人当权的朝中始终是个局外人，尽管忽必烈汗曾公开宣称先知穆罕默德是元帝国的四大宗教领袖之一，但他内心总是有点排斥穆斯林。然而忽必烈承认，擅长金融和贸易的穆斯林能够为元帝国的经济发展发挥独特的作用，而且他认为只要穆斯林和像马可那样的外国人对蒙古人心存感激，他们会比汉人更忠实可信。在忽必烈汗朝廷中任职的所有穆斯林权位都不是很高，所以他们对蒙古人在中原的统治不会造成任何威胁，甚至就连波罗一家人在朝中的地位都比阿合马稳定。出于一种对权势的强烈欲望，阿合马下定决心要颠覆忽必烈汗的统治。

马可目睹了阿合马的官场沉浮，他了解其中的原委，所以更能理解人们对一个外族人竟然差点颠覆忽必烈汗的统治而产生的种种困惑。蒙古和汉人的史书中对阿合马事件都有记载，而且波斯史学家拉希德丁在事发不久的1304年也提到了此事。但是西方人对此却一无所知，是马可·波罗的记述让欧洲人第一次听说了“权欲熏心的阿合马”及“蒙古朝廷中发生的一场篡权阴谋”。

一般认为，阿合马是从塔什干南部地区发家的。塔什干是一个穆斯林聚居区，同时还散居着一些伊朗人和突厥人，在波罗三人来中国前的15年，蒙古人就征服了这里。阿合马以“一位著名的昆古拉特部落首领的仆人身份”首次出现在历史文献中，该首领恰好是成吉思汗的姐夫，后来阿合马被忽必烈重用并任命他管理朝中财政。马可笔下的阿合马“非常聪明且身强力壮，在忽必烈汗的朝中身居要职，深受大汗赏识”。

忽必烈采纳阿合马的建议实行了“中央集权化的统治策略”，这对于习惯游牧生活的蒙古人来说完全是陌生的。蒙古人一般采用“最简单的统治机构管理国家”，忽必烈汗即位后，便一直想通过效仿汉人的做法来加强对帝国的统治。就在忽必烈为实现自己征服世界的梦想而南征北战的同时，阿合马不辞辛劳地为元帝国建构了新的财政体系。作为忽必烈汗钦命的管理粮库的专员，阿合马设立了一个部门，用固定的价格购进储备粮，用以应对战争或饥荒。在实际操作中，该部门还协同其他部门为朝廷采购物品，阿合马的任务就是为忽必烈汗和王公贵族们提供享受奢华和放纵生活所需要的一切。

1262年，阿合马被提拔到元朝的重要机构中书左右部，出任诸路都转运使后，他便向大汗进谏希望提高“作为朝廷主要财政收入之一”的盐税，以支持中央政府的粮食储备。阿合马一直在设法巩固自己在朝中的财政大权，而且 20 年间一直在与中书省抗争，试图摆脱中书省对自己滥用权力的限制。他在朝中的主要反对者是汉人官员张文谦，此人坚持主张政府应当实行严格的等级制度，而且屡次劝谏大汗维持中书省权力的独立和完整性。

两年后，阿合马接管中书左右部政务，主要负责财政赋税方面的事务。当时元朝上下，只有他最精通财政，而忽必烈汗又整日沉溺于女色，疏于管理财政，于是阿合马便掌握了全国的财政大权。阿合马利用自己手中的权力，在政府机构中设立了一些肥缺，不择手段地通过这些官职的交易，将自己看中的女子占为己有。有些人为了能得到自己垂涎的官职，甚至会不惜一切代价，主动将妻女献给阿合马。

马可说，“凡是被阿合马看中的有姿色的未婚女子，绝不会逃出他的手心。如果他看到谁家有貌美的女儿，就会立刻派出爪牙找到这家人，并扬言‘如果肯把女儿嫁给阿合马，可以保你为官三载’。于是，这家人便会把女儿嫁给阿合马”。在这种事情上，阿合马从未失过手，他不仅能说服大汗下旨任命他想提拔的人，而且有办法让那些他看中的女子就范。

1264 年，阿合马在朝中的势力受到了影响，起因是他的亲信卷入了一场震惊朝野的叛乱，阿合马本人因没有管束好自己的下属而遭到弹劾并定罪，最后被处以杖责。杖责是元朝对包括蒙古族官员在内的所有朝廷官员进行体罚的一种方式。

但是阿合马很快便从这次屈辱中再次崛起，他被大汗任命去专门掌管一个新的机构——制国用使司。再次得势后，阿合马旋即代表朝廷宣布对“产自满洲里的亚麻布和真定、顺天的金银质量”表示不满。据马可说，当得到某地发现石棉的呈报后，制国用使司便会立刻派人将石棉生产权收归朝廷。阿合马这么做的目的非常明确：要将所有物产利润的最大份额归元朝政府所有。事实上，哪怕再小的收入都会引起他的兴趣。当他得知上都附近的一个偏远地区正在开采银矿，他立刻上奏大汗称，炼银时得到的锡也可以卖钱，应该将锡的收入所得也收归国库。

阿合马一直处心积虑地巩固自己在朝中的权势。1270年，在几乎所有蒙古和汉人官员的强烈反对下，忽必烈仍执意任命阿合马出任要职，主管元朝财政。阿合马再次掌权后，更加有恃无恐。如果他犯了什么错误，理应受到审查或被罚以杖责时，他就会将全部责任推到一个职位稍低的官员身上，让别人做自己的替罪羊。

随着阿合马在朝中势力的扩大，他的家族也越来越庞大，除了四房妻室外，他还另有40名侍妾，但这些都不足以满足他的虚荣心。他还为儿子忽辛在朝中谋得一份要职，他所做的一切似乎是在为日后谋反奠定基础。

马可·波罗首次来到蒙古帝国时，正是“阿合马对朝廷的财政控制与忽必烈汗的军事征服配合得天衣无缝”的关键时期。

1275年1月，驻守在长江沿岸的蒙古军迫使南宋余部纷纷溃逃。眼看南宋大势已去，忽必烈汗的汉人智囊团和阿合马开始讨论如何将南宋的财富纳入到蒙古帝国国库，而当时一个时常引起争议的问题就是货币。能言善辩的阿合马赞成用元朝刚开始发行的纸币来代替南宋货币，但汉人官员称，蒙古将领伯颜已经对被占领的南宋地区做出承诺：在蒙古人的统辖区内，南宋货币依然可以流通，所以他们坚持如果忽必烈汗出尔反尔，将会使蒙古人在汉人面前信誉尽失。但汉人谋士之间难以就如何才能使两种货币顺利过渡达成一致，阿合马便巧妙地利用了他们的分歧，在争辩中占了上风。蒙古货币很快开始在被占领区流通，为了谋取利益，阿合马还下令额外征收2%的处罚性质的兑换汇率。就这样，汉人原有的经济体制被阿合马的新财政政策瓦解了。

在与汉人谋士的明争暗斗中取得胜利后，阿合马开始想方设法在朝廷其他事务中排挤他们。他终止了蒙古人长期施行的自由贸易和收取地方税收的政策，代之以繁重的中央税收，他还用穆斯林取代了一些他不信任的汉人官员。在众多辅佐忽必烈汗治理国家的外族人中，阿合马逐渐独领风骚，他仗着自己显赫的地位，开始在朝中独断专行。阿合马善于察言观色，他为忽必烈置办的极度奢华的室内陈设满足了大汗强烈的虚荣心，于是他深得忽必烈汗信任，大汗放心地让他管理朝中所有大小事务。其实，阿合马并非"忽必烈汗任用外族担任朝廷重臣"的唯一受益者，波罗三人同样得益于此，尤其是马可，更是得到了不可多得的为大汗效力的机会。

阿合马大肆揽权，使得朝廷中流言四起，当时有传言说他还有更大的阴谋。如果有人敢与阿合马为敌，他定会想办法将对方置于死地。马可说，"阿合马想铲除自己的眼中钉时，就到大汗面前告此人的状：'某某人触犯了大汗您的神威，罪该万死。'每次大汗都会说：'就由爱卿看着办吧。'于是，阿合马便会立刻将此人处死"。

事实上，阿合马比马可说的更为阴险狡诈。有一次，蒙古大将军伯颜凯旋，当地官员想送一个南宋的玉带扣环为他庆功，出于礼貌和谦虚，伯颜婉言谢绝了大家的好意，并声称他个人不会收受南宋的任何战利品。

阿合马却颠倒黑白，他指控这位受人尊敬的将军偷了一只南宋的玉樽，并下令调查此事。忽必烈对阿合马言听计从，竟然下旨审讯伯颜，虽然最后伯颜没有被定罪，但由于阿合马的诬陷，朝中各位大臣对他起了疑心，因为那只玉樽确实不见了踪影。为了铲除伯颜，阿合马又诬陷他残杀无辜的南宋士兵，虽然这次指控和他之前的卑劣做法一样，并没有产生太大的作用，但是无中生有的指控使英雄伯颜在朝廷中的声望和地位受到很大影响，以至于后来他在朝中对阿合马的地位不再构成任何威胁。

阿合马对自己的反对者更是心狠手辣。汉人崔斌是阿合马集团的主要反对者之一，他向忽必烈汗上奏，告发阿合马口口声声绝不会在朝廷中搞裙带关系，但实际上他设立了一些不必要的部门，将他的亲戚安插在俸禄较高的职位上。崔斌还执拗地逼着阿合马的亲属及儿子忽辛辞官，因此，阿合马对他怀恨在心，并派人秘密对其进行调查，结果发现崔斌曾伙同他人盗窃官府的粮食，而且还私铸铜印来巩固自己的地位。1280 年，崔斌等三人经查罪行确凿，被问斩。

崔斌死后，忽辛官复原职，他不仅重新建立了一套管理体制，更是在富庶的杭州地区加倍征税。表面上看，他所征的税收主要用来支持蒙古军攻打缅甸、日本、爪哇，而实际上并非完全如此。一直以来，忽辛矢口否认杭州官员对他的贪婪和各种暴行的指控，反倒污蔑当地官吏涉嫌腐败并盗窃粮库。

尽管过程稍微有些曲折，但最终阿合马还是骗取了忽必烈汗对他近乎天真的信任，依旧对他言听计从。忽必烈汗本人只关注军事征战和声色享受，对于财政和管理方面的细枝末节，他没有丝毫兴趣。

伯颜死后，一度神秘失踪的玉樽被找到了。忽必烈汗这才意识到身经百战的伯颜彻底败在了阿合马手下，而他本人无意中竟成了阿合马的帮凶。事情发展到这一地步，大汗仍没有责令阿合马收敛一下。

忽必烈汗的儿子、皇位继承人真金太子非常讨厌阿合马，而蒙古朝廷上下，唯有真金能让阿合马有所收敛。真金从不做那些阴谋搞垮别人的秘密审讯，他经常公开声讨元朝经济的幕后操纵者阿合马。在朝中，真金慢慢被汉化了，他不但能讲一口流利的汉语，而且喜欢穿汉人服饰，所以真金平日的言论不仅代表他本人的立场，还代表着所有在大汗身边的汉人学者和朝臣的观点。被阿合马问斩的崔斌就曾是真金最信任的部下之一，虽然太子曾在最后关头派人去解救崔斌，但还是晚了一步。现在，真金要采取行动报复阿合马了。

在一次争辩中，真金找借口将阿合马狠揍一顿，朝中官员吓得一个礼拜都不敢言及此事。当忽必烈汗问及阿合马的伤情时，阿合马不敢说出是太子所为,谎称是从马上掉下来摔伤的。另一次，真金还当着大汗的面打了阿合马，让众人感到意外的是，大汗对此竟然没有过问。

这次挨打之后，阿合马开始担心自己的人身安全了。为了不让真金对自己产生仇恨，他奏请忽必烈汗成立大宗正府，希望能以此来缓和矛盾。但由于其他部门已经具备他提议组建的这个部门的所有功能，所以大汗没有批准阿合马的上奏。

在接下来的两年中，阿合马依然在朝中独断专行，不断增加老百姓的税收，他的行为甚至到了肆无忌惮的程度，此外，他还不断排挤、迫害与自己政见不和的汉人。我们无从得知忽必烈汗对那些被阿合马肆意歪曲的事实是否有所察觉和怀疑，我们只知道这个野心勃勃的穆斯林又一次被委以重任，位居左右丞相，这下他的权力更大了。

阿合马使用各种卑劣手段报复与自己不和的人，朝中的文武百官对他的贪婪和巧取豪夺敢怒而不敢言。在一场不太著名的北方战役中，有个叫王著的汉人结识了自称善施法术的高和尚。有段时间，高和尚曾一直随军打仗，但由于他施的法术没有应验，于是被逐出了军队，他为了让众人相信自己已死，便四处散布谣言，甚至杀了一名无辜的士兵，假冒自己的尸体。高和尚和王著走到一起后，发现阿合马竟然是他们共同的仇人，于是一起策划了刺杀阿合马的行动。

史书中没有记载他们的刺杀计划究竟是出于自己的意愿，还是被人所利用，具体情况我们也不得而知。但是马可坚持认为，这两个受到压迫的汉人“绝对是有预谋地刺杀了阿合马”。在马可的叙述中，王著的“母亲和妻女惨遭阿合马蹂躏”，所以他发誓要为亲人报仇雪耻。

1282 年初，经过一番密谋和精心的策划，王著和高和尚巧妙地进入了皇宫。王著还事先精心拟定了一份诏书，假称真金召他们去太子殿觐见，当然这完全是他们设的骗局，因为当时真金本人根本就不在宫中。

为了接近阿合马，王著又假称真金马上要驾临太子殿，要求阿合马和其他朝官迎驾。

马可在讲述此事的过程中掺杂了一些不实的消息和谣言，他声称，王著团伙甚至还约定：他们将用火把发信号，让散布在各处的同党“杀死所有长胡须的人”。因为当时汉人一般都不蓄须，所以凡是留须的，不是蒙古人，就是穆斯林或基督徒。

王著和高和尚拼凑了一支约有百十来人的队伍准备实施刺杀计划。在夜幕的掩护下，一行人打着灯笼和火把接近了皇宫，高和尚骑着马，在众人的簇拥下假扮太子真金回宫。

就在阿合马进入皇宫准备迎接真金时，遇到了“一个统率着 12 000 名皇宫守卫的鞑靼统领”。马可声称，整场事件发生时他本人近在咫尺，所以读者一定要关注和认可他对此事的叙述。

“这么晚了，丞相大人要去哪里？”统领问阿合马。

“去见真金太子，他马上就到。”

统领疑惑地反问：“太子驾临，在下怎么不知此事？”

据史料记载，高和尚走到城门前，以太子真金的身份命令守卫近前，就在这时，阿合马突然出现在他们眼前，站在一旁伺机动手的王著立刻从袖子里抽出一个大铜锤，冲上前去便砸死了阿合马。

马可还对整个刺杀过程进行了详细描述：“阿合马进到大殿，看到周围点着很多蜡烛，就在他向假扮太子的高和尚跪拜时，站在一旁的王著抽出铜锤砸碎了他的脑袋。那位鞑靼统领看到这一幕后，立刻在殿前止步，大喊：‘有人谋反！’并抽出一支箭射向正襟危坐的高和尚，高和尚顿时毙命。”（但据史书记载，高和尚当时并没有死。）

事后，鞑靼统领下令“将殿外所有在场的人全部斩首”，还杀死了当地一些被怀疑与王著和高和尚交往密切的汉人。随即，其他城市也采取同样的手段镇压了叛乱分子。

这场叛乱很快便被平息了。几天之后，王著和高和尚向官府声称他们替朝廷铲除了奸佞阿合马，有功于朝廷。

1282 年 5 月 1 日，他们以叛乱罪被处以五马分尸的极刑。

临刑前，王著大喊：“我王著为天下人除害，将来一定会有人为我著书立传。”

阿合马被刺杀的消息传到了身在异地的忽必烈汗耳中，他大为震惊，返回上都后便立刻下令彻查此事。大汗本来是想查清阿合马被害的原委，结果却查出阿合马所犯的种种罪行。原来阿合马一死，以往被他迫害过的人纷纷上奏指控他滥用职权，罪大恶极。

忽必烈看到这些奏折后极为震怒，随即下旨处死了阿合马所有的亲信、子嗣和亲属。随后的几周内，凡是因将妻女献给阿合马而获得官职的人全被罢免，被官府没收的阿合马的所有非法所得也悉数归还给原主。根据官府统计，共有714名官吏因阿合马一案被罢免。

到了六月，朝廷清算出阿合马令人咋舌的巨额财产，以及家中的3 700多头骆驼、牛、羊和驴等牲畜。之后，他的家奴全部被遣散，所有财产不是被充公就是被分送。马可专门讲述了忽必烈对阿合马的惩罚："大汗下令将阿合马的尸体从坟里挖出来，扔在街上让野狗啃食。阿合马那些为虎作伥的儿子们也全被活扒了皮。"著名史学家拉希德丁对此事做了进一步的补充：阿合马死后，忽必烈汗大为震怒，他"下令把阿合马的尸体从墓中挖出，用绳子从头到脚捆了个结实，然后扔在集市的十字路口，让来往的车轮从尸体上碾轧"。

阿合马生前的所作所为滋长了朝廷内部的腐败之风，所以虽然他死了，但仍然难逃责罚。大汗按照汉人的风俗，在秋季将阿合马和他包括忽辛在内的四个儿子还有侄子重新"处死"，作为一种惩戒和羞辱，他们的尸体还被腌渍了起来。官府在所有的城市和乡镇张榜公布了他们所犯的罪行，阿合马曾经提拔任用的数百名官员全部罢免，他所实施的各种暴政也被一一取消。

从阿合马的个人财产及他平时使用的一些稀奇古怪的物品来看，他并不是忽必烈汗认为的那种传统的穆斯林。他的柜子中藏有两张熟人皮，据专门服侍阿合马的太监讲述，阿合马经常把人皮摆放在祭坛上念咒作法。还有一件令人费解的事，阿合马藏有一幅画，上面画着"在一个蒙古包前，一群造反的骑兵正在围攻蒙古包里的人"，也许，蒙古包里的人就是在影射大汗本人。马可认为，所有这些都说明"阿合马肯定是用咒语迷惑了大汗，才骗取了大汗的信任并让大汗对他言听计从”。

查抄的这些物证使忽必烈痛下决心，将所有的穆斯林从朝廷中赶走，对此马可认为，“这件事让大汗回想起了他非常鄙视且深恶痛绝的邪恶的撒拉逊教派”。这件事之后，忽必烈汗责令全国所有的穆斯林做事必须“严格依照蒙古人的法令。宰杀牲畜时，必须和蒙古人一样从腹部宰杀，不得割其咽部”。

阿合马的巨额家产让包括忽必烈汗在内的所有人感到不可思议，此外，朝臣们也不能理解这个权欲熏心的阴谋家多年来是如何平步青云的，为何直到他死后才有人敢开口控诉他的种种罪行？

其实，阿合马之所以飞黄腾达，一个主要原因就是“他实施了重要的理财治政策略”，在一个原本各自为政的国家里发行了统一的货币，还规范了税收制度，通过加强税收来支付忽必烈汗常年征战所需的庞大军队开支。在一定程度上，他还给所有人都灌输了一种全新的“由中央集权的蒙古政府来治理整个国家”的观念。

阿合马身上还有一个始终未能解开的谜。那就是，他真的有发动宫廷政变的野心吗？或者，他会始终忠于忽必烈汗吗？从表面上来看，他的所作所为似乎只是大肆敛财而已。如果他有发动政变的野心，那么一旦穆斯林统治中原，整个亚洲的历史必将重写。对于马可而言，阿合马的垮台标志着一个新的时代的到来。

他初来蒙古帝国的时候，还是个小伙子，被富有传奇色彩的忽必烈汗深深吸引，他对忽必烈怀有一种由衷的崇拜之情。在他的记述中，似乎处处都透露出“他简直无法相信自己能有幸与这位强大的统治者建立起一种默契”的事实。但阿合马事件让马可意识到，具有非凡军事才能和开明治国策略的忽必烈汗也会犯一些足以危及甚至会颠覆自己政权的错误。

一支40万骑兵的心腹大患

30多年来，大汗以他在军事和治国方面的才能使蒙古帝国迅速繁荣发展。夏宫集中反映了忽必烈对奢华的偏好及阿合马的特殊管理才能，从这点上来讲，他们两人的配合可谓“达到了极致”。如果阿合马当初能收敛自己的行为，不要让汉人产生畏惧和反叛心理，而是赢得他们的拥护和尊重，那么他和忽必烈汗之间的合作应该会更长久些。

阿合马事件后，忽必烈汗找到了一位他认为比较稳妥的人来取代阿合马，此人名叫桑哥，是属于土库曼部落的维吾尔族人。但没过多久，就有人对忽必烈汗告密说桑哥有谋反之心，于是，大汗用惩处朝臣的传统方式对桑哥施以鞭刑。

桑哥拒不认罪，忽必烈汗便对告密者大发雷霆，但此人坚持说，大汗一定要小心提防桑哥。于是大汗展开进一步调查，终于在一个可靠的波斯人口中得知，桑哥确实以权谋私，囤积了大量的宝石和珍珠。当大汗要求桑哥拿出自己囤积的宝贝时，他矢口否认自己有那么多财产，大汗便找借口将桑哥短期调离，在此期间，那个波斯人查到了两个装满珍珠的首饰箱。

“这是什么？”大汗喝问道，“你私藏的这么多珍珠，究竟从何而来？”桑哥尴尬地承认，是从全国各地的穆斯林官员那里得来的。他的回答让大汗大怒：“他们为何不将这些宝物献给朕？你平日只是随便给朕一点不值钱的东西，没想到却是在中饱私囊。”桑哥坚持说：“这都是他们送给我的。”如果大汗恩准的话，他马上就将这些东西归还他们。

大汗不为所动，下旨将桑哥处死，还在其嘴里填满了粪便作为惩罚。后来，大汗不仅将桑哥的那两个首饰箱占为己有，还从阿合马谋反事件中吸取教训，处斩了桑哥手下的几个穆斯林亲信。但大汗这次不过是灭除了“一个显而易见的威胁”而已，实际上他周围处处都存在“预谋颠覆他的隐患”。

忽必烈汗的另一个心腹大患是让他深恶痛绝的皇叔乃颜，乃颜曾下决心要除掉忽必烈，自立为大汗。马可说，“乃颜早就控制了很多行省，所以他毫不费力就招募了一支 40 万骑兵组成的军队”。拥有了这支可供自己随意调遣的大军之后，乃颜信心勃发，“决心再也不屈居人下了”。

虽然乃颜和他手下的很多人都是聂斯托利教派的基督徒，但在这场权力之争中马可明显倾向于不信基督教的忽必烈。不过这两位蒙古统帅之间的战事与宗教没有任何关系，纯粹是乃颜在欲望的驱使下，联合其他蒙古皇室成员发起的一场家族内部的权力之争。忽必烈的侄子海都对亚洲的安定一直是个威胁，同时也是大汗的劲敌，马可称，“我敢说，海都从来都没有与大汗和平共处过，他一直想挑起夺取汗位的战事”。

对于海都给蒙古帝国造成的种种破坏，马可感到很痛心，他说：“海都和大汗军队之间的战争持续了多年，尽管海都屡战屡败，但他贼心不死，一直想瓜分忽必烈汗来之不易的政权。最后，忽必烈汗只得同意，只要海都从此以后能随时接受传唤赶往大都复命，那么他的要求就可以得到满足。”但“心怀叵测的海都担心这样做，自己会有生命危险”，断然拒绝了大汗的提议。忽必烈汗只能继续让自己的“10 万骑兵”随时待命，以抵御海都的进犯。

1287 年，乃颜和海都两人合谋，准备围攻忽必烈汗的军队，以逼他就范。“大汗闻讯后，并没有感到特别意外和慌乱，而是充分表现出一位智者应有的谋略和勇气，他马上着手调兵遣将，并发誓要铲除二人。”

在短短22天内，忽必烈就召集了一支由26万骑兵和10万步兵组成的大军，然而对方的兵力似乎比他的还要强。马可说，“忽必烈的兵力之所以有限，是因为这些人马是他从周边驻军中临时抽调出来的”。虽然忽必烈还有大约12支军队，但是“这些军队都正在远征其他地方，所以他根本无法迅速调遣他们”。如果将忽必烈驻扎在偏远地区的所有军队都召集起来的话，“这个数字绝对让人难以想象”，但调兵遣将需要耗费时间，而且目标太大，忽必烈打仗很看重速度，认为这是“取得胜利的必要条件”，也是后来他“先发制人，成功将乃颜一举歼灭”的关键所在。

中国史书证实了马可对这一事件的叙述，而且史书中还记载，忽必烈差点以损失良将伯颜为代价才取得了这次胜利。事情是这样的，忽必烈派伯颜去刺探军情，就在他即将到达目的地的时候，“乃颜设下圈套想绑架伯颜，好在伯颜事先得到了情报才侥幸逃脱，安全返回了蒙古帝国”。

驻扎在西北地区的一些蒙古部落的贵族得知乃颜叛乱的消息，纷纷出手相助，史书中说“忽必烈为此非常烦闷”。后来，他采纳了一位将领的建议，派使节前去游说那些已和乃颜结盟但还没起事的贵族。在使节成功的游说下，他们认识到对抗忽必烈注定是要失败的，于是纷纷退出。可是乃颜依然一意孤行，负隅抵抗，不但拒不投降，而且还鼓动其他部落与他结盟，给他增派援兵。后来，朝廷的一支由12名勇士组成的“秘密小分队”在一位汉人军官的指挥下潜入了乃颜的阵地，与包围了叛军营地的大部队里应外合，一举拿下了乃颜叛军。

尽管忽必烈此次大获全胜，但他还是没能彻底消灭乃颜。在遭到蒙古大军的打击后，乃颜反叛的野心反倒比以前更大了。

马可一直试图让自己和读者相信，忽必烈是一位有勇有谋、受人敬仰和拥戴的蒙古首领，是因为上天的托付和自己的德行才登上了大汗的宝座，但他的叙述偶尔也会流露出另外一种观点，那就是忽必烈同时也是一个老谋深算、诡计多端的暴君，他之所以能击败家族内部的所有对手而一统中原，靠的就是他的奸诈和军事力量。身陷热那亚监狱时，马可开诚布公地说："其实大汗身边有很多奸佞小人，一旦有机会，这些人随时会发动叛乱。"忽必烈汗每两年就会让各地驻军换防，同时也会更换各驻军统帅，就是为了防止出现大规模的地方性叛乱。

在辽阔的中原大地上维持一支庞大的军队，忽必烈需要付出很大的代价。马可说，除了常规的军费开支以外，还要"大量配发牛和奶，以便士兵拿到集市上出售，换取一些生活必需品"。巨额军费开支终于让蒙古国库难以为继，在不断的征战中，蒙古军的实力越来越弱，以至于很难控制中原的局势，要想对其进行武力征服更是难上加难。但蒙古人快捷的邮差服务，以及对占领区语言、宗教与风俗习惯的尊重，使他们很快就控制住了这种混乱局面。

蒙古人妥善处理了汉人强烈的民族主义和自己意欲建立帝国来统治汉人之间的矛盾，并使其保持着一种微妙的平衡，这种平衡意味着常年往来于"丝绸之路"上的人能得到安全保障，尤其是在北方的蒙古人辖区，过往的商人绝不会受到劫匪和盗贼的侵扰。但马可有种预感，这种和平状态不会持续太久，因为野心勃勃的乃颜一直想一统中原，随时都会挑起战争。

忽必烈汗对占星术深信不疑，他从占星师的预言中得到了信心，确信自己的帝业是上天注定的。于是，他率领着号称有 40 万骑兵的大军与乃颜展开了恶战。上天似乎真的很眷顾他，马可说，"忽必烈指挥大军赶到的时候，乃颜正和自己的宠妃在帐中调情，没做任何准备”。原来，乃颜错误地认为一切都早已在自己掌控之中，所以他根本就没有布置巡逻岗哨。

忽必烈不期而至，让乃颜始料不及。只见“4 头身披绸缎和用黄金装饰的皮甲的大象拉着战车赫然出现，大象战车上驮着一座木塔，忽必烈站在有弓箭手护驾的木塔顶上，他的头顶飘扬着非常醒目的印有月亮和太阳标记的战旗。忽必烈将 30 个分队分编为 3 个组，每组由 10 万名骑马的弓箭手组成，各组分工协作，瞬间就可以将乃颜的营地团团围住。此外，每支骑兵分队的前面还有 500 名训练有素的手执长矛和利剑的步兵，一旦骑兵需要佯装撤退时，步兵们会立刻跳上马背与骑兵一起逃跑，当撤退行动终止时，他们又会迅速从马背上跳下来，用手中的长矛对付敌人的马匹”。值得一提的是，蒙古军佯装逃跑的招数在战斗中非常管用。

虽然双方在数量上基本持平，但在整编策略和士气方面，乃颜的军队要逊色很多。两军在战鼓、战歌和一种两弦乐器演奏的军乐声中进入对峙状态。忽必烈这方印有月亮和太阳标志的战旗迎风飞扬，而在乃颜军队上空飘扬的则是一面印有基督十字架的战旗。

对峙了数天后，“两军开始用弓箭、利剑、棍棒甚至渔叉展开了混战”。战斗非常激烈，“双方射出的箭犹如密集的雨点”，混战中，“战马相互踩踏，导致很多人坠地惨死”。

马可说，尽管乃颜的部下在战场上表现得非常勇敢，“但最终忽必烈还是取得了胜利”。乃颜看到大势已去，便打算逃跑，却被忽必烈的手下擒获，只好被迫投降。忽必烈按照蒙古传统习俗处死了乃颜，他让人“把乃颜紧裹在一条毯子里，拴在马后拖着跑，直到他咽气”。马可说：“这种蒙古行刑方法，是为了避免有皇室血统的人的血流到地上。而且用毯子裹着，既可以避免乃颜的尸首暴露在众目睽睽之下，也可以避免其受到动物的袭击。”

战胜乃颜后，4个行省的蒙古贵族先后归顺了忽必烈。马可说，虽然国内暂时取得了统一，但新的问题很快又出现了。“撒拉逊人、佛教徒、犹太人及其他不信奉上帝的人，开始就基督教和乃颜战旗上的十字架大做文章”，四处散布谣言说上帝根本不会帮助他的信徒。

消息传到忽必烈的耳中，“他立刻召见了这些亵渎上帝的撒拉逊人、犹太人及基督教领袖，并当着基督徒的面狠狠地斥责了他们：‘乃颜叛乱纯属不忠不义，正因为他没有取胜，才说明上帝公正无私，绝不会助纣为虐。乃颜是咎由自取，死有余辜。’”

后来，忽必烈又“召见了基督徒，对他们安抚一番，希望他们不要因此而感到不安，乃颜不忠不义，他是罪有应得”。乃颜手下的基督教徒本来还有些顾虑，而忽必烈的这番话完全出乎他们的意料，因为“他不但没有借机诱逼他们放弃自己的信仰，反倒劝他们保持内心的平静，不要受外界干扰”。

忽必烈汗在中原的统治地位逐步得到了巩固，但他却在对一向比较安定的东南亚发动的军事行动中受挫。在攻打东南亚岛国爪哇的时候，他重蹈覆辙，犯了和攻打日本时同样的错误。

马可称，元军满怀信心地对爪哇发起了进攻，马可对这场战争的记述让欧洲读者再次领略了“发生在一个他们从未听说的国家里”的一场政治斗争。尽管马可受蒙古人的影响，对这一事件的理解有些片面，但总的来说，他对事件的叙述非常准确，也反映出他在收集信息和资料方面的天赋。

爪哇位于印度洋上马来群岛和苏门答腊岛的南端，距离中国非常遥远，马可本人可能从未去过，但是他却首次将发生在这里的故事传到了西方。马可称“据一位熟悉此地的有经验的水手说，这里是世界上最大的岛屿，面积超过 3 000 平方英里”。岛上盛产被中世纪国家视为珍贵商品的香料，包括“胡椒、肉蔻、甘松、良姜、荜澄茄和丁香等”。单从香料的名称和种类来看，我们便可以断定当时香料贸易非常火爆，有“很多商人乘船来到岛上购买香料，运回各地出售后从中赚取利润”。马可说，忽必烈汗的使臣以前从来没有到过此地。“由于路途遥远，而且海上航行风险莫测，大汗一时间难以将此地并入自己的版图。”

不过忽必烈还是排除万难，派出使臣孟琪带领使团去拜见爪哇国王哈里葛达那加剌。马可说，使团经过艰苦的航行终于到达爪哇国，所幸一路上没有发生沉船事件，也没有遭受其他大的损失。元朝使团到达爪哇后，孟琪向国王提出“渡海去朝觐素未谋面的忽必烈汗”，这一要求让爪哇国王勃然大怒。盛怒之下，他下令将孟琪黥面，以示对忽必烈汗和元朝的羞辱。

对于元朝皇帝来说，最大的耻辱莫过于自己的使臣容颜被毁或者被杀。于是，忽必烈汗以此为借口，怀着当初发动日本战争时的热情，对爪哇发起了进攻。他没有从上次日本之战的失败中汲取教训，又一次同时派出三位统帅去完成任务。这三位将领分别是主帅蒙古人史弼，战地将军汉人高兴及专门负责提供战船的维吾尔族人亦黑迷失。

1292 年，元朝大军浩浩荡荡地向爪哇出发了。此次元军规模和上次东征日本一样，而且同样耗资巨大，整个远征军包括 1 000 艘战船，2 万名士兵和足够 1 年的给养，以及约 4 万盎司白银，用于途中购买所需给养。

爪哇国王得到元军进犯的情报后，便做好了充分的迎战准备。不过，他犯了一个致命的错误：将军队全部调到了路途遥远的马来半岛上，因为据他判断，元军极有可能在此登陆。这一举措使爪哇国内的安全问题出现了漏洞，查耶卡班利用国内防守虚弱，趁机起兵叛乱，杀死了哈里葛达那加剌。

哈里葛达那加剌被杀后，他的工于心计的女婿韦查耶继承了王位。韦查耶即位后，主动提出如果元军能帮助他平息内乱，他就归顺忽必烈汗，还答应向元军提供爪哇国内所有河流和港口的详细地图。元军统帅得到韦查耶帮助后，开始讨伐不可一世的查耶卡班，最终抓获并处死了此人，韦查耶对元军的表现非常满意。

元军初战告捷后，韦查耶又提出让200名不带武器的元军护送他返回麻喏巴歇，并声称他要在那里正式向忽必烈汗的使团求和，急于立功的元军爽快地同意了韦查耶的要求。但在去麻喏巴歇的途中，韦查耶终于露出了自己的本来面目，他不但命手下杀死了手无寸铁的元军护卫，还派人偷袭了驻扎在当地的由史弼任统帅的元军。经过一番激战，史弼死里逃生，立即下令让其他元军撤回到船上，韦查耶的这次偷袭使元朝官兵折损3 000余人。

撤回指挥船上后，史弼与其他将领商议“如何回击韦查耶的恩将仇报、出尔反尔的卑劣行为”，但最终没能达成一致，于是，他们不得不带着战败的耻辱乘船回国。尽管元军从爪哇国带回了一支珍贵的白犀牛角、爪哇详尽的地图与人口分布情况及一封巴厘岛的黄金书信。但不管怎么说，他们仍然是战败者。

这场败仗对元朝的影响很大。

第三卷
海洋

第13章
大“航海家”马可

小心！小心！
他长发飘舞，目光如炬！

就在元朝的统治岌岌可危的时候，马可也开始小心地疏远他曾经的益友忽必烈汗。他打算离开蒙古朝廷及眼前的各种纷争，最初的动机是想去开开眼界，他打算把自己的这次出行归结为一种难以割舍的“旅游癖”。他被印度深深地吸引，只要能得到忽必烈汗的应允，他准备立即出发前往印度。

与同时代的其他旅行者一样，马可其实并不太清楚“印度”真正的含义。通常,欧洲人所说的“三个印度”或者“大印度”“小印度”并不是很严格的定义。而且每位作家或旅行家都在按自己的目的或预想来命名“印度”，马可也不例外。但不管怎么说，对马可而言，印度不仅是地图上的一个地名，更是一个可以让他逃避现实的地方。

在去印度的途中,“探险家”马可终于变成了“航海家”马可，这才是“海的王国”威尼斯的绅士应该具有的身份。马可体会到了大海对自己无尽的吸引力，他完全陶醉于蓝色海洋带给他的那种快乐、宽广和自由的感觉中。

往来于印度的巨型商船

马可说："首先，我们给大家讲讲往来于印度的商人们乘坐的大船。"这些船只凝聚着阿拉伯人和汉人的设计智慧，船体用冷杉和松木打造，上面铺着很宽的甲板。可能当时的欧洲人使用的船只都比较小，所以印度大船的规模让他们感到很是惊讶。马可乘坐的船上有60间可以让商人们"住得非常舒服"的舱房，船上有1个舵、4个桅杆和4面帆，马可说："有时候还会根据需要增加2面帆。"据说，有些规模更大的船上甚至有13个货舱，"因此，即便船的某个部分受损"，比如船只触礁或遭到一头"觅食"的鲸袭击，它仍然可以在海上安全行驶，绝不会下沉。

马可在赫尔曼·梅尔维尔的《白鲸》发表前600年，就讲述了一艘阿拉伯船邂逅一头大鲸，最终死里逃生的故事。"如果夜行航船激起的浪花惊动了附近的鲸，鲸看到泛着银光的海浪，会误以为有猎物，于是迅速靠近目标，向船只发起进攻。它往往会把船的某个部位弄破，导致海水从破损处迅速灌进空荡荡的舱底。"马可在此处向欧洲读者介绍了一种他们从未听说过的"堪称一大工程奇迹的造船工艺"——防水舱。"船只遭到损坏后，船员就会把有破损的底舱牢牢堵住，海水就不会涌进其他底舱了。在进行维修时，工匠们用两层木板分别从里外两面用铁钉对破损处进行加固，维修工作完成后，事先搬走的货物又可以重新搬回原处。"

马可根据自己对阿拉伯人造船技术的研究，描述了一种让威尼斯军工厂的造船师们非常感兴趣的船只防水技术。他说："因为当地没有沥青，所以工匠们不能用沥青来做防水材料。他们把石灰和大麻粉碎后，用从一种很特别的树上弄下来的树脂将它们混合在一起，然后用它来涂抹船体，其防水效果和沥青相似。"

阿拉伯人造的船不论是从制造工艺还是船只本身的安全性来讲，都要比欧洲人的船更胜一筹，而且船体也更大。马可还特地提到了一些令欧洲读者感到惊讶的数据：一艘阿拉伯船要由 150 到 300 名水手操作，而且船的载重量要比威尼斯的船大得多。之前，阿拉伯人曾造出过更大规模的船只，但当大船遇到暴风雨或者马可所说的“海上风暴”，船只需要靠岸时，大部分港口和沿海航线都太浅了，无法让其停靠，“所以阿拉伯人便缩小了船只规模。但总的来说，阿拉伯船体还是很大，一般至少能装载 5 000 筐胡椒，有些甚至可以装 6 000 筐”。

大船还配有数艘装载量约 1 000 筐胡椒的“补给船”。为了展示自己在造船方面的知识，马可详细解释了载重量较小的“补给船”执行远航任务时的情况：“它们的作用就是用一根很粗的缆绳来牵拉大船。补给船可以用桨划，在风势有利的情况下也可以扬帆助航。但是由于补给船一般行驶在大船前面，以便用缆绳牵拉大船，所以一旦遇到大风，大船的帆往往会挡住风势，使得补给船上的帆无法使用。”

大船在航行一年或更长时间后，就必须进行维修。“工匠们在船体原有的两层板上再钉上一层，并涂上油脂填堵船体间的缝隙。”但当船身钉了六层木板之后就不能再继续使用了，“这艘船便不再适合远航，只能在天气状况良好的情况下做些短途航行”。马可说，废弃的大船最终会被人们拆解。

尽管印度人有着很高的造船技艺，但他们却笃信一些奇怪的迷信做法。他们会用一条船、一阵大风和一个倒霉的醉汉来预测一次远航的结果，马可对他们的做法感到特别震惊。

马可说：“船上的人备有一个用柳条编成的格栅，格栅的四个角和四个边上分别系上细绳，人们将这八段细绳用一根长绳扎在一起。然后，他们找来一个傻子或醉汉绑在格栅上，因为聪明人或正常人是绝对不会冒这种风险的。等到海上起大风时，船上的人便用绳子把绑着人的格栅升到半空中……如果海风把格栅吹向空中，就说明此次出海会非常顺利，并且能赚到钱，所有的商人会闻讯赶来，纷纷登上这条船出海。但如果格栅没有被风吹起来，人们便不愿意搭乘此船，因为这种情况预示着此船无法完成航行，而且一路上会有灾难降临，于是这条船便会被闲置一年。”马可在谈及此事时不带任何感情色彩，只是以一位民族学研究者的身份如实记录了一种奇异的部族风俗。

马可比任何一个欧洲人都见多识广，经过一番判断、审视和怀疑后，他记录下了自己在地球另一端的所有经历。

印尼群岛：马可在地球另一端的冒险旅程

马可说，印度尼西亚（以下简称印尼群岛）有 8 个王国，他曾去过其中 6 个。“它们分别是菲勒芝、巴斯曼、苏门答腊、花面国、南巫里和班卒儿。”在 6 个王国中，最原始落后的要数巴斯曼，那里的居民“就像野兽一般野蛮，不受任何法律约束”。马可说：“虽然大汗曾要求巴斯曼国向他朝贡，但由于两国间路途遥远，大汗的人马无法到达那里，所以他们对大汗的旨意根本不予理会。”

印尼是一个令人着迷的王国，有包括大象、独角兽在内的各种动物，特别的是，这里还有“一种黑色的苍鹰”。需要说明的是，从马可那些令人感到恐怖的描述中，我们可以推断出他所谓的“独角兽”其实就是亚洲犀牛，“它身上的毛和水牛的毛很像，四条腿状如象腿。额头中间长着又粗又黑的独角，不过它从来不用角去攻击人和其他动物。当发起攻击时，它会先用膝盖把对手撞倒，然后再用舌头上又长又黑的倒刺刺伤对方”。

巴斯曼的“猴子”更是让人觉得可怕。“这个岛上生活着一种很小的猴子，因其面部和身体其他部位酷似人类，所以竟然有人把这些猴子误当成人。”由此还出现了一种非常残忍的勾当，据马可讲：“捕猎者捉到猴子后，会剥了它的皮，并用一种特殊的药膏把猴皮上除下巴和胸部的毛全部褪掉，然后在剥下来的皮上涂抹一种颜料，使其接近人的肤色。猴皮风干后，毛孔一经收缩，事先插上的假毛就会像自然长成的那样了。干透的猴皮被套在一个装有盐的木头模子上，涂上藏红花、樟脑及其他的一些防腐材料。处理之后看上去几乎和人一样。商人们带着买回来的猴皮去世界各地赚钱，同时试图让大家相信世界上真有这么小的人。”

马可所说的“小人”其实是“俾格米人”，也就是“一些身高不足60英寸的小矮人”。虽然俾格米人往往会让人们联想到非洲，但他们的生活遗址却是在印尼群岛和东南亚被发现的。人们通常把生活在亚洲的小矮人称为尼格利陀人，而生活在非洲的则被称为尼格利罗人，不过现在这两种称谓都不受欢迎。俾格米人的真正起源至今仍是个谜。有人认为，全世界所有的俾格米人有共同的祖先和类似的基因，而且他们始终没能融入社会生活的主流环境，不过这种观点未能得到证实。

“酒树”的王国

季风季节的临近让马可感到沮丧。“恶劣的天气和强劲的季风，使得我和同伴们无法继续赶路，被迫在此滞留了5个月之久。”

与马可一起被迫滞留的还有其他2 000多名旅行者，大家住在5个临时搭建的木屋里，马可解释说“这里盛产木料”。马可声称，在被雨水浸泡的差不多5个月里，他指挥大家与不断上涨的洪水奋战。众所周知，马可过去曾大肆渲染过自己的英雄角色，估计这次也不例外。他说："我带领大家在住所周围挖了一条两端都能直接通向海边的大水渠，专门用来防范野兽和像野兽一般的食人族——这些食人族常会把抓到的人杀死后分食。"

马可透露，由于面临生存危机，所以有经验的商人会在安全的范围内与食人族交换食物或其他生存必需品。他特地提到了当地的米和鱼，声称"这里有世界上最美味的鱼"。马可靠喝当地的一种酒来排遣内心的恐惧和无聊，他写道："当地有一种树，人们砍掉它的枝丫后，在树桩上放一个水槽或者罐子来盛接从树干上流下的汁液，并把这种汁液当酒来饮用……树枝里能流出大量的汁液，大概一天一夜就能把盛装的器皿灌满，而且这种汁液口感非常好，类似于我们喝的酒。"

食人族的邪恶风俗

雨季结束后，马可依依不舍地离开了有"酒树"的王国，来到了另外一个陌生的国度——花面国。在这里，他见识了一种不可思议的处置病人的风俗，这里的巫师会预言病人将"死亡还是痊愈"。

幸运者会留下来等待身体康复，而那些被巫师预言必死无疑的人则会被施行安乐死，他们的尸体会成为食人族的美餐。"有些人很擅长处置病人，他们很轻松地把病人弄死，熟练地将尸体肢解，放进锅中煮熟。死者的所有亲属也会到场与其他人一同分食煮熟或烤熟的人肉。"

马可非常详细地记录了这些细节，并说明食人族这么做是出于对死者灵魂的敬意或者恐惧。他补充说，"他们还要吃掉死者的骨髓，使骨头里不留下任何油脂或者湿润的物质，他们之所以这么做，是因为相信只要不留下死者的任何残余物，尸体便不会腐朽。他们认为骨头里有任何残余物的话，都会生出蛆，而蛆虫如果无物可食，则会被饿死……吃完死者的肉后，他们把尸骨放进一个石棺，然后把石棺悬挂在山洞里。这样一来，任何野兽或邪恶的东西都不能触及它了”。

马可表达了对这一风俗强烈的厌恶之情：“这是一种非常邪恶的风俗，而食人族则是一个凶残的民族。”

班卒儿国美味的椰米面包

马可将笔墨从对蒙古帝国的赞美转向了对自己在印尼经历的记录，他还特别强调了这里的美食。到达班卒儿王国后（“班卒”有樟脑的意思），过度饥饿使马可特别注意到这里的一种有名的制作面包的原料——西谷椰子。当地人加工椰子面包的过程非常简单：将成熟椰子的外壳剥开后，取出里面的果肉并将其碾成像淀粉一样的东西，经过洗涤、筛滤、碾压和烘烤等工序，使之成为一种致密而且无味的“面包块”。马可称，“这种面包非常可口，而且口感和味道与大麦面包很相似”。

马可很想让读者想象一下自己享用这种美味面包时的情景：“我亲眼见过并且经常能吃到这种面包。”他特别喜欢这种西谷椰米，所以离开当地时还带了一些，他说，“后来我把这些椰米带回了威尼斯”。但我们想象不出威尼斯人会如何分享马可对椰米的那种热情。

锡兰国的红宝石：一座城池也不换

马可早就听说“这个国家盛产上好的红宝石”，对他更具诱惑力的是“该国国王拥有一颗世界上最好的红宝石”。马可以权威的口气对此进行了描述，他说："因为我是大汗派出的使臣，所以亲眼看到了那颗传说中的红宝石。当国王把红宝石攥在手里的时候，他的手掌四周熠熠生辉，透出了宝石夺目的光彩。"马可描述中的红宝石非常大，"约有一个手掌那么长，有男子的胳膊那么粗"，而且它没有任何瑕疵，红得像火一样，是世界上最漂亮的东西。

忽必烈汗听说此物后，便宣称他必须得到它。马可说："于是大汗派使臣转告锡兰国王，如果能将此物转让的话，他愿意送给后者一座城池。"当然，要想得到这颗红宝石绝非易事，因为"锡兰国王声称，这颗宝石是他祖上传下来的，所以他不能失去它，也绝不会用宝石去交换任何东西"。国王的这番答复让忽必烈汗无法释怀。

马可想通过这个故事告诉读者，即便是世界上最强大的统治者忽必烈汗也不会事事顺心，眼见自己的权威在迅速弱化时，他会感到无比痛苦。

珍珠之国马八儿

马八儿是"世界上最高贵、最富裕的行省"，马可觉得自己在这里简直如鱼得水，他发现身边全是专营珍珠的富贾。马八儿的珍珠产量特别大，在离陆地不远的浅水域，很容易就能找到珍珠。马可解释说："整个亚丁湾海水的深度一般为十到十二步深（一步约为 2.5 ～ 3 英尺），在有些水域，水深仅有两步。这样的海水深度是珍珠生长的最理想条件。"在对这种珍贵商品全面了解的基础上，马可详细解释了珍珠从收获到出售的全过程，不过他的记叙与 2 000 多年前古人最早的叙述略有出入。"几个商人经过协商后，结伴乘坐一条装备齐全的大船，船上为每个人提供了私人空间，而且还备有一只盛满水的大盆和其他一些必需品。”

四月到五月是短暂的珍珠收获季节，在此期间，船只行驶到一个“有大量扇贝的地方，然后从这里下海……航行约 60 英里后，他们就会抛锚，换乘小帆船……这里有很多专门准备的小帆船”。与马可同时期的记载中说，有时候这里的小船甚至多达 8 000 条，“因为商人们都很重视珍珠捕捞，所以他们会结伴搭乘同一艘大船。此外，他们还带着几条小船，专门用来拖拉大船和装载大船停泊时使用的锚。商人们雇了很多水性很好且聪明伶俐的伙计，这些伙计一般是按月雇佣，也就是说，只需支付他们从四月到五月中旬的工钱”。

收获珍珠存在一定的危险，尤其是“大鱼”随时可能袭击或猎杀捕捞者。商人们通常会请术士来保护自己，“术士们能用巫术让‘大鱼’昏迷，使其无法伤害到人类。因为捕捞通常在白天进行，所以术士们的咒语只在白天奏效，到了晚上就会自动破解”。

“大船终于抛锚停靠了……小帆船上的捕捞者纷纷下船，潜入深度约有四五步或十二步的水中，他们在水下要待很长时间，他们从海底打捞起被称作海蛎的扇贝后，会装进系在身上的小网袋中。”

马可还讲述了从扇贝中摘取珍珠的过程：“人们把扇贝劈开后，放进前面提到过的大船上盛满水的盆子里。扇贝浸在水盆一段时间后会逐渐腐烂，等到有蛋清一样的东西浮在水面上时，珍珠便会完整地沉入盆底。”马可说，“这里出产的珍珠被销往世界各地”，事实的确如此，他的说法没有任何夸张。

马八儿的居民用捕捞到的珍珠把自己装扮得十分奢华。有时候，他们身上除了珍珠别无他物。马可说：“他们出行时都不穿什么衣服，所以这里的裁缝无事可做。”国王身着一件用黄金打造的类似于衣服的东西，上面镶有“漂亮的大珍珠和各种贵重红宝石、蓝宝石和绿宝石，看上去耀眼夺目”。他的衣领上垂着一条细丝带，上面镶有104颗上好的珍珠和红宝石，这个数字是当地的一种习俗，代表他们每天诵念祷文的次数。国王还戴着很多镶有珍珠的金箍，把他的胳膊和腿，甚至手指和脚趾都裹了起来，“看上去简直就是一景”，马可觉得“国王身上的这些宝贝肯定价值连城”。国王小心翼翼地守护着自己国内的宝贝，他下令“任何人得到漂亮珍珠或贵重宝石都必须带到王宫，他会出双倍价钱收购”。像马可一样的外来商人和全国的老百姓对此都感到非常高兴，“他们纷纷将自己得到的宝贝送进王宫，从国王那里换取丰厚的报酬”。

情色方面的事情总是能让威尼斯人马可兴致盎然。他说：“该国女子相貌清丽，而且善于打扮。国王贪恋美色，先后娶了500个妻子，但凡见到有姿色的女子，他总会设法将其占为己有。”

虽然国王已经妻妾成群，但他还是不择手段地霸占了自己哥哥的美貌妻子。他色胆包天地将“嫂子抢来，藏在自己身边多日。他的哥哥是一位深谋远虑而且很有头脑的人，他不动声色，也没和国王发生任何争执”。原来，他之所以保持沉默也是事出有因。“因夺妻之辱，他曾多次想挑起兄弟间的战争。但是有一次，他的母亲掀开自己的衣襟露出乳房说：‘如果你们兄弟俩发生争执，那我就马上割掉曾哺育过你们的乳房。’”母亲的这番话使他们兄弟间的矛盾暂时缓和了下来。

身为一国之君，国王有很多事情要考虑，除了众多儿女的事情以外，还要顾及一大批对自己忠心耿耿的随从和侍卫的利益。成年后的马可受到封建制度的影响，所以完全能理解主仆之间的那种微妙的关系（毕竟他曾在忽必烈汗的朝中为臣近20年），但这个国王和他的臣子之间的关系却与马可的理解完全不同。马可说：“国王死后，他的尸体要被火化。于是，一些忠心耿耿的王公贵族也会投身火海，与国王一起被烧掉，为的是能到另一个世界去陪伴国王。他们说，既然他们能够在这个世界上相伴，那么也理应去另一个世界陪伴和侍奉自己的主人。”除了这一骇人风俗，马可还第一次提到了这个国家中非常普遍的殉夫习俗，“寡妇要在亡夫的尸体火化时一同被烧死”。马可对此感到非常诧异，他补充说，“殉夫的女子会受到大家的夸赞”，而那些不愿殉夫的则会被众人瞧不起。

这个王国对犯罪行为的惩戒方式也与欧洲传统截然不同。“如果有人犯了死罪，在被处斩之前，犯人会主动到国王面前请求自杀来保全自己的名誉，同时以此来表达对神灵的崇敬之情，犯人提出的这一要求通常都会得到国王的恩准。”

马可说，这种极为恐怖的宗教仪式般的惩罚方式非常盛行。“犯人的脖子上挂着12把异常锋利的刀或者剑，他的所有亲戚朋友一起把他放在一个椅子上，然后抬着他在城里游行，他们边走边喊：‘为了表达对神灵的敬意，戴罪之人即将自行了断。’”等他们到达指定地点停下来后，“犯人抽出一把刀，高声喊道：‘为了回报神灵的佑护，我要自行了断。’”话音刚落，他就把刀猛刺进自己的腹部……有时候犯人会连捅很多下，直到把自己杀死”。还有一种更为可怕的做法，犯人会把刀“放在自己脑后，猛地一下割断自己的脖子。这种刀锋利异常，会让犯人当场毙命”。

马可接下来的叙述让读者更为震惊，“等人一死，他的亲属们会兴高采烈地将尸体火化并举行庆祝活动，因为他们都认为此人非常幸运”。

从一个来自威尼斯的旁观者的角度来看，马可觉得这一行为简直就是疯狂之举。

马可还向读者介绍了神秘的印度苦行僧，他们为表达对“神灵的崇敬”而禁欲，并以过非常“艰苦的生活”而著称。

苦行僧的外表很引人注意：“通常是裸露着上身，甚至连隐私部位都没有完全遮住。”马可说，他们非常崇拜牛，很多人的额头中间“镶嵌着一个黄铜或青铜做的小牛”。他们把牛粪烧成的灰虔诚地涂在自己身上，就像基督教徒在身上淋洒圣水一样。他们认为包括蔬菜和植物在内的所有绿色的东西都有自己的生命和灵魂，所以他们从不吃任何绿色的植物。他们睡觉时“不铺也不盖任何东西”，直接赤身睡在地上。苦行僧能在如此艰苦的条件下生存，“实在是个奇迹”，有时候为了使生活更为艰苦，他们会“全年斋戒，在此期间只喝水，什么都不吃”。

马可还使用了一些很暧昧的字眼描述苦行僧们在寺庙里举行的一些古怪的仪式：一旦某个侍奉神灵的人去世了，就需要找人来接替他。候选者进入寺庙后，为了检验他们是否具有钢铁般的自控力，他们必须接受女色的考验。马可说：“年轻美貌的女子会主动对他们投怀送抱，极尽温柔，让他们难以自持……最后，只有那些虽然刚开始略有心动，但很快便对异性的挑逗无动于衷的人，才会被看作纯洁之人，具备留下来侍奉神灵的资格。”如果候选者不能抵御女色的诱惑，“甚至勃起了，那么这种人绝对不会被留下来，甚至永远不能成为出家人，因为人们认为任何一个放纵的人都不配留在神灵身边”。

马可对这一奇异风俗始终未置可否。在游历的过程中，即便面对自己难以理解的风俗和事件，马可也始终保持着一种客观中立的态度，尽量为读者原原本本地展现其本来面貌。

马可始终把耶稣十二门徒中的圣多马视为联系基督教与佛教的纽带。在亚拉姆语和希腊语中，这位圣徒的名字都是“双胞胎”的意思，因此约翰称其为“孪生者多马”。在所有的门徒中，圣多马是唯一怀疑过耶稣复活的消息的人，因此有人称他为“怀疑者多马”（但是，当圣多马亲自触摸到耶稣的伤口时，他立即变成了一名狂热的信徒）。这些传说成为包括《多马行传》在内的大量伪经文学的素材，据说在公元53年，圣多马殉道于印度马德拉斯的一个后来被称作多马山的地方。

马可在印度游历期间，除了圣多马，他极少关注其他的基督教人物。“圣多马的尸体被埋在了马八儿的一个人口极为稀少的偏僻小镇。由于位置过于偏僻，而且那里几乎没什么可以赚钱的商品，所以很少有商人到过那里。”但是马可听说此地后，还是迫不及待地想去看一看。多年前在亚美尼亚时，他错过了“自认为也许能证明挪亚方舟真实存在于亚拉腊山的机会”，所以当现在有机会能证明一位圣徒是否真实存在的时候，他决定前去探个究竟。

与马可一同前去朝圣的还有其他的基督徒和穆斯林。“我需要告诉各位，当地的撒拉逊人信奉圣多马，而且认为圣多马也是撒拉逊人。”这是一种很感人但完全不合逻辑的说法，因为圣多马早在伊斯兰教产生几个世纪前就开始传教了。然而，撒拉逊人却说“圣多马是位伟大的先知，并把他称作撒拉逊的圣人”。马可对圣多马的真实身份所产生的困惑，可以从侧面反映出当地宗教大融合的趋势，当然这或者只是马可误信了自己在当地听到的各种传言。

不管这位“圣人”究竟是何许人，他的墓地始终充满神秘色彩。当地的树上长着一种果实，马可称之为“法老的坚果”，这种坚果既可以当作饮料也可以当作食物。马可惊叹道：“它的外壳上长着一些像线一样的东西，这种东西有多种用途，硬壳里面的果肉甘甜鲜美，色白如奶，非常可口。内壳里面的汁液大概有一小瓶，纯净爽口、味道极佳，它的外壳还可以当作盛放东西的器皿。”其实，马可说的这种神奇的果实就是椰子。

当地肥沃的红色土壤具有神奇的疗效。“前来朝圣的基督徒，临走时会带走一些圣多马遇害处的泥土。他们虔诚地把这种泥土带回去后，加点水或其他液体搅拌，然后给得了‘三日疟’或‘隔日疟’的病人服下。在上帝和圣徒的佑护下，病人吃下这种‘药’后会奇迹般地痊愈。”

马可声称，他“回威尼斯时也带了一些红土，并用它治愈了很多病人”。身为商人的马可肯定不会怀疑这种土的疗效，因此他很有可能真的带了一些这种神奇的土，但没有任何他用这种土治愈病人的记录，而且他的财产清单也没有将它列入其中。所以最大的可能性就是，他的记录者鲁斯蒂谦或某位手稿编译者，为了将马可塑造成一名虔诚的信徒，专门添加了对这件事的叙述。

在佛陀的世界终于找到了自我

事实上，马可此时已经有了自己的宗教倾向。他不再将以前遇到的数以千计的木刻、石雕还有手绘的佛像作为偶像。现在他融入一位传奇人物的身世当中，试图去理解佛的神奇魅力。

马可最早对佛教徒产生兴趣，源于与蒙古人的接触。当时有很多蒙古人受到他们西部的邻居维吾尔族人的影响，皈依了佛教，但维吾尔族人所信奉的佛教传自西藏而不是印度。佛教沿“丝绸之路”传到了大都，后来它也像蒙古帝国盛行的其他主要宗教一样，得到了忽必烈汗的认可和接受。

在印度，马可接触到了更古老、更让他着迷的印度佛教。马可向来是个容易改变立场的人，他很快便从蒙古人马可变成了佛教徒马可。

马可还主动承担了向西方读者宣讲佛陀事迹的任务。他在叙述自己与佛教结缘的过程中，似乎表达出了一种宿命感：他远道而来，就是为了了解这位神秘的宗教人物。佛陀的成长经历与马可相似，所以威尼斯商人很自然地谈到了这位印度圣人的成长历程。虽然马可对佛陀生平的记述非常简单，但读者并没有觉得他有丝毫的怠慢，而是感受到他对佛陀发自内心的崇敬之情。马可还给读者讲述了他第一次知道佛陀的情形和佛陀的一些传奇故事。

马可称，佛陀有一个很特别的名字：释迦牟尼·博汗，意即“圣佛”。他名字的第一部分的梵语意思是“皇室释迦家族的圣人”；第二部分源自蒙语，意思是“神”“神人”或“圣人”。

马可解释说：“释迦牟尼是第一位受到人们信奉的佛教徒，也是所有佛教徒中最圣洁虔诚的一位。

“他本人是位王子，生于皇族之家，但是这位王子既不愿沾染任何尘世的东西，也不愿继承王位。父亲看到儿子无心继位，感到非常烦恼，他为儿子提供了优厚的条件，并告诉他，只要将来继承王位，就可以尽享人间的一切荣华富贵。

“但是儿子却告诉父王，他什么也不要，父亲看到儿子如此坚定，悲痛欲绝。也难怪，国王只有这么一个儿子，将来自己死后，整个国家可能会无人可托付。经过一番思考，父亲让儿子搬进一个豪华的宫殿，并安排3万名妙龄女子服侍他的起居，陪他寻欢作乐，并承诺第一个让王子动心并宠幸的女子，将来可以做王子的妻子。”

美女们依命行事，成天给王子唱歌、跳舞，陪他一起吃饭、嬉戏玩闹，但王子对“这种纵情享乐的生活没有丝毫兴趣”，继续过着清苦的生活，保持着自己的处男之身。马可说：“我要告诉大家，他其实是一个很娇弱的年轻人，从小没有走出过皇宫一步。他的父王不允许任何年迈、病弱之人接近他，所以他从未见过死人或肢体不健全的人。”他的纯真让人难以置信。

“有一天，年轻人离开皇宫，在侍从的陪护下骑马穿城而过。他突然看到人们抬着一个要下葬的死人，还有很多人跟在后面痛哭。他感到特别奇怪，就问侍从这究竟是怎么回事，侍从告诉他，这个人死了。”

“什么？”王子问，“人会死吗？”

“是的。”侍从回答。

“年轻人一言不发，心事重重地骑马继续前进。没走多远，他又看见一个驼背的老人，这个人老得连路都走不动了，而且满口的牙也掉光了。年轻人说：‘人会变得如此苍老，而且连背都直不起来吗？’侍从答复道：‘王子殿下，世界上所有的人都和他一样，会慢慢衰老，直到死亡。’王子突然一下子明白了衰老和死亡，他带着恐惧和震惊回到了皇宫。”

这个故事比马可以往讲过的任何一个宗教故事都详尽。在马可于旅途中听到的所有传奇故事中，王子对死者和老者的反应给他的触动最深。马可接着说：“王子离开皇宫来到深山，在一个最荒凉的地方住了下来，从此以树根、草药和野果为食，像基督徒一样禁绝了一切杂念和欲望，过着极其清苦的生活。”

在马可看来，王子所过的禁欲和清苦生活表明，基督教和佛教教义中有着某些相似之处。而且，这也使他敢于将佛教与基督教的重要意义等同起来，而在当时的威尼斯，他的这种思想被人们视为异端邪说。尽管如此，马可还是想尽力表明“如果那位王子是个基督徒，他一定会成为和耶稣一样的圣人，因为他和耶稣一样，过着非常圣洁的生活”。

马可稍作停顿，结束了自己的故事，“王子死后，被送到他父王面前。国王看到儿子的尸体时痛不欲生，下令举国上下进行哀悼。

国王还让人用黄金和宝石给儿子做了个塑像，让全国百姓将其当作神来供奉”。

马可在叙述时语调发生的变化表明，尽管他很愿意信奉佛教，但他还是对那些转世轮回的说法有所怀疑，“人们把他当神，还说他已经死了 84 次。他第一次死后，转世投胎变成了牛，后来又变成马和驴。他每次投胎都会变成一只动物，如此循环往复，总共死了 84 次。到了第 84 次时，他成了佛，成了佛教徒顶礼膜拜的最高神灵”。

马可对佛教的理解，很大程度上受了蒙古人的影响：他们把佛看作强大的法力之源。但马可也对自己后来接触到的印度佛教注入了一些个人的理解，他在寻找一位不离不弃的理想的父亲形象，就像多年前父亲没有将他弃之不顾一样；同时，他也在寻找一位过着忽必烈汗般荒淫奢侈生活的人物。在佛教世界，佛陀始终享有至高无上的地位，佛教戒律帮助马可摆脱了早期的一些阴影。

在佛陀的世界，所有东西都是美好而圣洁的——这也预示着自从在阿富汗大病初愈后，马可的观念发生了很大的转变，他的顿悟似乎显得很自然，但又让人不解。马可首次承认，他贫乏的语言不足以表达自己不断在丰富着的思想。在印度，马可的语言表达能力似乎远远滞后于他的经历，他无法再为读者重现自己的经历，只能通过激发读者的想象，让他们自己去体味。

长久以来，他似乎第一次是在反省和思考，而不是创作自己的经历。他之前不惜笔墨描写的战场上的辉煌和美艳的欢场女子，与这次精神之旅相比顿时黯然失色。此次，他最大的新发现就是他终于找到了自我。

在对锡兰之行的叙述中，马可提到了一座非常陡峭、难以攀越的高山，他从当地的穆斯林和基督徒那里听说，山顶有一座专为亚当立的墓碑。不过马可似乎更青睐于佛教徒对这座“坟墓”的解释，他们认为墓地里不过是一位受人尊敬的人物的“牙齿、毛发和一只用来吃饭的钵盂”。马可谨慎地提出，他并不赞成“亚当遗物”的说法，“因为《圣经》上说亚当在另外一个地方，所以我想还是让别人对此做定论吧”。

1281 年，一位曾到过发现亚当遗物的山顶的穆斯林向忽必烈汗提及此事后，“大汗便觉得自己必须得到那些牙齿、毛发和那只碗”，这个愿望让他终日念念不忘。于是，他和以往一样“派出使臣前去拜见锡兰国王，并向他索要这些物品”。

如果当时马可还没有返回威尼斯的打算的话，那么这次出使任务很可能是他主动向大汗请命的，所以他才会以当事人的身份，对此行进行描述。

使臣们历时三年终于到达了目的地。马可说：“他们费尽周折，终于弄到了两颗又大又粗糙的臼齿、一些头发还有那位圣人曾用过的饭碗。那只碗是用绿色斑岩做成的，看上去很漂亮。大汗的使者得到这些东西后，立刻启程回国。快到大都时，他们赶紧派人向大汗通报：他们马上就要到了，并且带回了大汗想要的东西。”

大汗看到他们带回来的东西喜出望外，尤其是那只碗，听说碗里哪怕只盛了一个人的饭，也足够“五个人吃”。为了证实此事，大汗还命人在碗里盛了够一个人吃的饭，马可说，大汗事后宣布，碗里的饭果真能让五个人吃饱。马可在讲述这只具有魔力的碗时，很明显有所怀疑，所以后来他补充了一句：也许会有这种可能。很显然，马可这么做是不想让读者对忽必烈汗产生“容易轻信他人、被人哄骗”的印象。

海盗与捕鲸者

在沿印度海岸线旅行期间，热浪始终折磨着马可。他抱怨说："这里的太阳太毒了，实在让人难以忍受。""艳阳高照的日子里，如果把一只鸡蛋放进河里，不一会儿鸡蛋就熟了，就像是用开水煮过一样。"尽管气候炎热，但来自世界各地的商船依然来这里进行贸易活动。

据马可说，当地还有各种各样"和世界上其他地方不一样的"新奇且令人感到害怕的东西。这里丰富的动植物种类让马可瞠目结舌：有"黑色的狮子"（很可能是美洲豹），浑身雪白却长着红色的喙和脚的"鹦鹉"非常漂亮（马可想说的显然是另外一种鸟，但他说不上这种鸟的名字），当地的孔雀比威尼斯的大，母鸡也比马可以前见过的要大，很多水果他也从未见过。

海盗成灾的马拉巴国

到达"位于西部的马拉巴国"后，马可向读者发出了此地海盗成灾的警告。他谴责了这些"海上劫匪"，并用自己的亲身经历描述了他们的恶行："海盗的船只分散在各处，以便随时侵扰过往商船。"马可说，海盗似乎很善于海上行动，所以"过往商船无一能逃脱他们的魔爪。他们将二三十只船连接起来，形成了一道海上防线"，船与船之间间隔约 5 英里，"这样一来，差不多 20 只海盗船就可以控制方圆 100 多英里的海域"。

海盗们在海上日夜巡游，"只要看见有商船经过，他们就会点燃火把或燃放烟雾发信号，潜伏在周围的海盗船看到信号后，便急速驶到集合地点，进行疯狂地抢夺"。过往的商船上通常都会载有种类繁多的贵重货物，如铜、丝绸、胡椒、甘松、丁香及其他各种香料。马可说，其实商人们很“清楚海盗船潜伏的位置，也知道自己的商船会被海盗发现”，因此，“他们一般都会带着武器结伴而行，如果被海盗发现了，他们会奋力反抗，而不会胆怯退缩。有时候，他们也会给气焰嚣张的海盗以沉重打击”。

海盗拦劫了商船后，有时候仅仅抢走船上的货物，而不会伤及船上人员的性命。临走时，海盗还会奚落商人们：“滚回家去！下次再给老子送财物来！”

猖獗的“海上恶棍”

与其他地方相比，该国的海盗更为猖獗和残忍。马可对受害者非常同情：“海盗抢夺了商人们的财物之后，不但对他们严刑拷打，还要将他们扣为人质，直到有人用钱将他们赎回去。如果不能及时拿到赎金，海盗便会更加残忍地折磨他们，很多人因不堪折磨而丧命。”

在马可所经历的所有事情中，再没有比海盗对商人们的非人折磨更令他感到痛心的了，即使素以野蛮而著称的蒙古人，比起这些海盗也逊色很多。有些商人对海盗的妥协和软弱使马可感到气愤，他强调说，他们应该齐心协力使那些欺侮他们的歹徒无法得逞。马可说，有时候“商人们会把珍珠和其他贵重的珠宝吞进肚子里，免得被海盗掠走”，以此来保全自己的财物。

但海盗们已经到了“丧心病狂”的地步，马可说：“如果海盗们在劫持的商船上没有发现任何值钱的珠宝，他们就会强行让商人们喝下一种叫罗望子的药和海水，商人们很快会开始腹泻或因感到恶心而将吞进肚子里的珠宝吐出来。”

罗望子是一种生长期很长的树，它的树叶像羽毛一样优雅，到了夜间，树叶会蜷缩起来。等树上的花朵凋谢之后，罗望子就会结出和香蕉一样大小的黄褐色的豆荚，豆荚里面是很软的果核和带有酸味的果肉。豆荚成熟后会变得非常饱满，此时果肉也会变成棕色或者红褐色，果核也会变硬。在印度，罗望子果主要被当作食品和药品，马可说，海盗们利用罗望子果制作了一种强效泻药。喝下去会使人呕吐，以至于把吞进肚中的东西吐出来，而与此同时，罗望子果引发的腹泻，会使肠道里的东西和罗望子果一同排出来。

“海盗们得到商人们排泄出来的珠宝后，并不会善罢甘休，还要继续查找其他可能被藏起来的东西”，马可讲到这里的时候，既觉得恶心，又对商人们充满了同情，“这样一来，任何吞进商人肚子里的东西，都逃不出海盗的手心”。海盗们不仅抢掠商人们的财物，还要对他们极尽羞辱。马可轻蔑地说：“现在大家知道这帮暴徒们罪恶行径了吧！”他把这些海盗称为“海上恶棍”。

商船往来不断的塔纳国

虽然马可没有刻意强调，但他暗示自己曾到过塔纳国。在对印度之行进行回顾时，马可在很大程度上是将他人的资料加以扩展，融会到了自己的游记当中。马可对所有涉及塔纳国的内容都非常感兴趣：海盗和收益颇丰的对外贸易；塔纳国盛产胡椒、印度香、粗布和棉花，“这里商贾云集，经济非常繁荣，而且商船往来不断”。马可告诉读者，“商人们随船运来了大批货物：有黄金、白银、铜，还有其他许多可获得高额利润的货物”。

威尼斯人痛斥了塔纳国猖獗的海盗。“当地的很多海盗是本国人，他们在海上横行霸道，祸害商人。”令人不解的是，海盗们竟然和塔纳国国王勾结，专为国王提供本国所需的马匹。“海盗们和国王达成默契：掠夺来的所有马匹归国王，而其他包括金银和宝石在内的所有货物归海盗。”国王和海盗相勾结，破坏了所有印度商人的利益，对此，威尼斯人哀叹道：“这种蝇营狗苟之事，确实不该是君主所为。”

索科特拉岛高额利润的捕鲸产业

对海洋的热爱促使马可渡过印度洋，来到了位于亚丁湾入口处的索科特拉岛，这里也是他返回威尼斯的必经之路。

索科特拉岛位于一片由众多小岛屿组成的群岛中，有珊瑚礁构成的绵长的海岸线，这里有许多珍稀生物和保存了数百万年的生态系统。来到岛上，威尼斯人仿佛进入了一座生物学家的殿堂，岛上近三分之一的动植物都是世上绝无仅有的，其中包括生活在海平面2 000英尺以上的陆蟹、稀有的鸟类和大量奇异的爬行动物。岛上最有名的植物是龙血树，它的树脂具有收敛伤口和止血功能，可以用来疗伤。岛上的动植物、巨大的蜥蜴和扇状龙血树给马可留下了深刻的印象，他把这里称作“世界上最有魅力的地方”。

出于商人对经济的敏感，马可欣喜地发现，这个偏远但有战略意义的岛上的金枪鱼和捕鲸产业非常发达。虽然欧洲人对鲸没有深入的了解，但鲸在欧洲也是家喻户晓。数百年来，这种庞大的哺乳动物为北欧人提供了可供食用的肉、鲸油和牙齿，鲸骨被视为制作纺织工具、赌博用具和砧板的珍品。11世纪时，一位云游四方的阿拉伯人发现，居住在英格兰沿海地区的人们不用木头而是用鲸的骨头来盖房子。在斯堪的纳维亚半岛和爱尔兰，捕鲸是一项很受青睐的行业。

马可详细介绍了阿拉伯人捕鲸并将鲸身上的所有东西转换为高额利润的全过程。马可先讲到的是阿拉伯人如何用金枪鱼做诱饵。马可说：“金枪鱼肉质肥美，人们把金枪鱼切成小块，放进大坛子或罐子里用盐进行腌制。完成这道工序后，一行 12 个人便带上腌制好的金枪鱼坐着小船出海。他们把经过腌渍的鱼肉或边角料（其实边角料部分的肉质也很鲜美）捆扎起来扔进海里后，继续展开海上搜索。由于投进海里的鱼肉事先都用绳子绑在了船上，所以小船所到之处，海水中会留下鱼肉的气味。”

马可对鲸所表现出的耐心感到很是惊讶，“如果某个地方恰好有鲸出没，或者小船附近的鲸闻到了鱼肉味，它竟然会循着气味……跟在船后游出 100 多英里”。但是鲸的不堪一击也令马可感到诧异，捕鲸人一旦发现了平日里神出鬼没的猎物的踪迹，会立刻“投下两三块金枪鱼肉”，吞食了诱饵的鲸“很快就会像醉汉一样”任人摆布。

这时，勇敢无畏的捕鲸人从船上爬到光滑的鲸背，设法让自己的身体保持平衡。他们“把一个一头带有倒钩的大铁叉插进鲸的身体，一旦鲸的身体被叉中，它就无法甩脱了”。一人“把铁叉插在鲸的头部，一旁的帮手用木槌使劲敲打铁叉，将其钉入鲸的头。处于麻痹状态下的鲸根本察觉不到自己背上的人，所以捕鲸人可以在它身上为所欲为”。

马可提到的“铁叉”其实就是渔叉。一旦渔叉被钉进鲸的身体，一场最疯狂的游戏便拉开了序幕。当受伤的鲸跃入水中想要逃跑时，会拖动系着绳子的小船。如果捕鲸人发觉鲸可能会把船弄沉，就会扔出去一只木桶。由于木桶始终不会下沉，所以鲸很快便会被身后拖着的这些东西搞得精疲力竭，最终因伤势过重而死。

鲸一死，紧随其后的小船会马上靠过去。捕鲸人把鲸的尸体牢牢地绑在他们的船上，“拽着它回到居所或者附近的岛上，然后将鲸出售”。他们从鲸身上取出“龙涎香”和“鲸头部的鲸油”，“龙涎香”是鲸肠道内的像蜡一样的分泌物。另据马可估计，一头鲸身上可以取出1 000多磅鲸油。

索科特拉岛上的集市有一大特色，就是出售各种鲸的副产品。马可注意到“商人们从海上运来了各种商品在这里出售，然后又带走岛上可以出售的物产来获取高额利润”。在繁荣的贸易背后，海上的掠夺行为基本上是公开的，“海盗们路过此地时会停船上岸，搭起帐篷出售他们在海上劫掠来的各种商品”。岛上的大部分居民都认识海盗，而且他们都清楚“海盗出售的物品是从佛教徒或撒拉逊人手中抢来的”，包括基督徒在内的大多数人对此行为都有自己的看法。马可说：“基督徒们认为，他们从海盗手里购买东西完全是自愿且合法的。”如此说来，他们实际上是在经济上支持了他们所不齿的海盗。

在这些法制混乱的水域，术士、魔术师、巫师各行其道，大肆进行诈骗活动。尽管他们的行为遭到了人们的谴责，但并没有人公开去干预。虽然大主教本人“认为他们的这种行为是种罪过，极力反对并禁止他们乱施法术，并不断对他们进行规劝和严惩”，但马可无奈地说：“这些措施根本不管用，因为那些人声称他们的祖先一直就是这样生活的。”于是，大主教也“只能听之任之”，因为就算他“以逐出教会相威胁”，也无法阻止巫师们施法骗人。

当地流行一种说法：只有巫师们敢于和海盗作对。马可对此没有提出太多异议。“如果海盗给岛上造成了损失，巫师们就会用法术将海盗的船只扣留。在咒语解除前，海盗们的船只根本无法离开。即便是在顺风天气，就在他们扬帆准备离开时，也会突然遭遇逆风，将他们重新送回出发地。”据说巫师们既能施法让大海平静下来，也能瞬间掀起狂风骤雨。

为了让自己的游记更具可信性，马可·波罗越来越多地利用了来源可靠的信息，有很多资料是他在海上旅行期间从来自各地的商人、往来的商船及当地官员那里获取的，而不只是凭个人经验。虽然有些地方他没有亲自去过，但是像“男人岛”和“女人岛”等有着复杂的婚俗习惯和多样化宗教信仰的地方，始终吸引着马可，并激发着他的想象力。

马可胸有成竹地说，“男人岛”上的居民几乎全是男性基督徒。“岛民的妻子从怀孕到分娩期间，丈夫不能和妻子接触。而且妻子分娩后，丈夫还要离开 40 天。40 天后，他才可以与妻子尽享鱼水之欢。”马可声称：“他们的妻子不住在这个岛上，岛上也没有其他女性，所有的女人都住在另外一个被叫作‘女人岛’的地方。平时女人们不能踏上‘男人岛’半步，但是每年的三月，男人们可以去‘女人岛’，并且可以一直待到五月。”在这几个月期间，他们可以和妻子“共享鱼水之欢”。但是五月过后，男人们便要重返“男人岛”，恢复单身生活，“在那里耕种劳作，出售自己的农产品”。

两个岛大约相隔 30 英里，所以孩子的养育问题便理所当然地成为他们必须解决的问题。“一般情况下，孩子随母亲生活在‘女人岛’。如果是女孩，就一直和母亲在‘女人岛’生活，等长大成人后，便会在三月到五月的某一天，许配给‘男人岛’上的某个人。如果是男孩，长到 14 岁后，就要被送到‘男人岛’上和父亲共同生活。”在马可看来，这种养育孩子的方式是经过仔细考虑的，它充分显示了两性之间的尊重与合作。马可说：“女人们除了养育孩子之外，再不做其他的事情，她们生活所需的一切均由丈夫提供。男人们在‘女人岛’短暂居住期间，会帮妻子种地，庄稼成熟后的收割工作则由女人负责。岛上盛产水果，所以女人们平时也会采食各种各样的水果。”马可认为，“男人岛”和“女人岛”上的居民这种极度的禁欲和纵欲，表明他们已经形成了一种令自己心满意足，但在外人看来非常艰苦的生活方式。

虽然马可在印度的时间与他在中国的时间相比很短暂，但在此期间，他的精神领域发生了蜕变。最初开始旅行时，他只是想平安到达忽必烈汗的朝廷，结果他不仅游遍了整个中国，甚至还去了印度。在长期的旅途中，他从一个懵懂的经商新手、旅行者和所谓的历史研究者，逐渐蜕变成一名精神领域的朝圣者和探究者。到了旅行的最后阶段，他的内心世界已经宽广到可以包容整个人类，至少他自认为是这样。尽管如此，当他看到恒河平原宏伟壮丽的景观时，还是惊讶不已。恒河不仅是印度最神圣的河流，也称得上世界上最神圣的河流之一。

恒河长约 1 500 多英里，它虽然不是亚洲最长的河流，但从发源地喜马拉雅山一直到入海口的孟加拉湾，它格外受流经之处人们的尊崇。马可到达印度时大概是一二月份，恰逢印度有名的昆梅拉沐浴节，朝圣者们不辞辛苦，纷纷从各处赶来，将自己浸泡在恒河水中。马可说：“男女老少要在每天的清晨和傍晚到河水中洗浴全身。”拒绝洗浴的人会被视为异教徒。马可说：“人们赤身进入河中，从头部开始冲洗，然后还会互相擦拭身体。”

印度人对洁净的偏好还体现在其他方面，比如，“在印度，左手不可以触碰任何食物，吃饭只能用右手。所有洁净且美好的东西都必须用右手去拿，左手只能去做一些像挖鼻孔、清洁肛门之类的令人不快或不洁净的事情。此外，印度人喝水必须用杯子，而且水杯都是专用的，一般绝不会与他人共用水杯。喝水的时候，嘴唇不能触及杯沿，自己喝过的水和杯子也绝不能再拿给别人”。

马可觉得当地的法律制度不仅非常严格，而且合情合理。他说，如果欠债人不能按照承诺如期归还债务，“债主就会画个圈把他圈住，只有当两人达成一致，欠债人按照新的契约如期归还债务，且令债主满意之后，这个圈才能被擦除”。如果欠债人故意躲债不还，他很可能会“因侵犯他人权利，依照国王颁布的法令，认定他已触犯法律而被处以死刑”。

马可笔下的另一个故事，激起了读者对发生在当地的商业纠纷的浓厚兴趣，这件事是马可在返回威尼斯的途中亲眼所见的。有一次，国王从一位外国商人那里拿了东西，不知为何将货款一拖再拖，结果影响到了商人的利益。于是，商人便在国王骑马经过的地方守候，看到国王后，他立刻上前，在地上画了个圈围住了国王和他的人马。国王看到此景，便让随从牵着马继续前进，自己留下来和商人解决此事，直到商人满意为止。这番景象让围观的人很吃惊，于是有人喊道：“瞧啊，国王竟然也要遵守法令。”国王答复道：“法令是我亲自制定颁发的，我怎么能因为它对我不利而违反呢？我一定要带头遵守才行。”

当地宗教仪式和生育习俗的融合激起了马可的好奇心。他了解到，许多年轻姑娘成天在寺庙中唱歌跳舞，取悦和服侍寺庙中的神像及住在庙里的僧侣，马可说这些女子直到出嫁后才会离开寺庙。女子们个个体态婀娜，长相俊美，“她们的身材特别好，身上没有一点赘肉”，“只要付点钱，就可以在她们身上随便摸”。从这些叙述中我们可以推测：威尼斯商人仔细端详和打量了这些美貌女子之后，终于没能克制住自己的欲望，花了一个或几个硬币，满足了一下自己的好奇心。

年轻女子们的行为不禁让读者产生疑问：“她们为什么要在寺庙中专门取悦神像呢？据僧侣们说，庙中的男神对自己的妻子不满，于是两人互不搭理对方，也不发生性关系。如果不能和睦相处，他们就不愿意赐福给人间，那么人间的所有事情就会变得越来越糟，直至不可收拾。”

为了让男神与女神和解，“美貌的未婚女子们除了遮住私处外，一丝不挂地在男神和女神各自的神龛前唱歌跳舞。如果他们和好的话，就会住在一起；如果生气了，就又回到各自的神龛中。年轻女子们在男神面前又唱又跳，使出浑身解数来取悦他，为的是让他们夫妻俩开心并言归于好。她们还向男神祷告：'神啊，您为什么要生女神的气而不理睬她呢？难道她不够漂亮？不够迷人？'"她们一边祷告，一边做出一些令人惊异的旋转动作："把自己的腿搭到脖子上，不停地旋转来取悦男神和女神。做完祷告并且歌舞一番之后，她们便可以回家。"第二天早晨，僧侣会高兴地宣布，他看到男神与女神已经和好如初，于是大家皆大欢喜。

无论马可如何努力地去适应自己在印度遇到的人和看到的各种习俗，印度始终让他觉得那么陌生并且充满了挑战，马可说，"有种叫狼蛛的昆虫"常会在房间的角落里突然出现。这种食肉类蜘蛛在印度随处可见，有时候还会突然出现在人的头顶，把人吓一大跳。狼蛛的外形酷似"壁虎"，但它"身上有毒，一旦被它咬伤，伤势会很严重"。马可还说，狼蛛会发出尖叫声。

更糟的是，商人们认为狼蛛是种不祥之兆。"当商人们在房内谈生意的时候，要是突然传来狼蛛的声音，他们一定要仔细查明声音究竟是来自买方还是卖方的方向。也就是说，只有搞清楚声音是从左边还是右边、从前面还是后面，还是直接是从头顶传来的，他们才能判断这究竟是不是好兆头。如果是好兆头，他们就会立刻成交；如果不是，这笔生意就无法继续了。这种征兆有时对买方有利，有时对卖方有利，有时对双方都有利，商人们会完全按照这种征兆来决定生意是否要继续。"

为了在这个有狼蛛出没的地方睡个安稳觉，马可也像当地人一样使用了一种很巧妙的装置，"当地人用很轻的藤条做床，睡觉的时候，用固定在房顶的绳子把床吊在半空中。这么做既能防止被狼蛛或跳蚤攻击，还能起到通风降温的作用”。

马可和其他旅行者还会利用吊床来保护贵重物品。“当他们夜间赶路感到疲惫想要睡觉时（因为当地气候炎热，所以人们一般都是在晚上赶路），便会把随身携带的装有珍珠或其他贵重物品的袋子枕在头下，这样一来，财物就不会被盗。如果发生财物丢失事件，官府会认定失主肯定是在大街上睡觉了。”官府会质问他：“为什么要睡在街上？是不是心怀不轨？”最后的结果往往是失主不但得不到赔偿，还会受到惩罚。

非洲之行：比达·伽马早了 205 年

提到非洲的桑给巴尔，马可说：“这是一座非常高贵的岛屿，面积有 2000 多平方英里。”

这个地方的历史很短暂，岛上最早的居民是从非洲大陆迁移过来的，他们聚居的小村庄会让人想起非洲部落。在迁移的途中，先民遇到了早就熟悉这个岛屿的阿拉伯商人，他们还不幸遇到了季风，但勇敢的水手们凭借丰富的航海经验，顺着风势顺利渡过了印度洋。后来，他们发现了一个可以临时停靠的港湾，这就是现在的桑给巴尔镇，他们决定在这里定居并与当地的居民通婚。马可到达桑给巴尔前不久，琼布刚刚被推举为桑给巴尔人的头领。虽然此人既非骁勇的武士，也算不上是有魄力的领袖，但他却给岛上带来了表面上的政治统一。

1499 年，瓦斯科·达·伽马到达桑给巴尔，根据史料记载，他是最早到达桑给巴尔的欧洲人。但是按照马可的叙述，他比那位葡萄牙航海家要早 205 年。如果马可的游记属实的话，那么马可应该是第一个到达桑给巴尔，或至少是第一个描写桑给巴尔的欧洲人。马可的游记主要描写了桑给巴尔前殖民地时期的情况，见多识广的威尼斯旅行家对当地的原始和荒凉感到很是诧异。

马可觉得自己好像步入了另外一个危机四伏的世界。这里的男子“又高又壮”，如果他们的身高和块头一样的话，“毫无疑问就是巨人了”。他们“体格非常强壮，一个人能干四个人的活。他们的饭量也大得惊人，一个人能吃掉五个人的饭”。岛上的这些超人们“肤色黝黑，除私处被遮住外，全身赤裸，他们的性器官很大而且很丑陋，看上去特别可怕”。他们的头发“乌黑而卷曲，恐怕浸在水里都难以拉直”。他们的长相也让马可觉得难以接受：“嘴巴大，而且嘴唇肥厚外翻；鼻子扁平且向上翻起，鼻孔非常大；他们的胡须很浓密，长着一对很大的耳朵，眼睛大得看上去就像充了血，非常恐怖。任何一个看到他们的人都会觉得他们长得简直像魔鬼一样”。

马可一点都不喜欢这里的女人。他说：“女人们长相丑陋：大嘴、大眼睛、大且宽而短的鼻子；她们的乳房特别大，是别处妇女的四倍，这使得她们看上去更加丑陋；她们身材高大，皮肤黑得像桑葚，看上去俨然魔鬼一般。”

马可对桑给巴尔人苛刻又带有种族偏见的描述，使得人们对其真实性产生了怀疑，他的叙述很可能是把附近一些有关东非的故事和其他人对桑给巴尔的描述杂糅在了一起。发泄了一通怨气后，马可话锋一转，似乎想通过认可当地人的一个兴趣来做些补救，他说：“桑给巴尔人头脑灵活，很会做生意，是些了不起的商人。”马可对桑给巴尔人的这种认可暗示出，尽管他们的长相给人留下很糟糕的印象，但他们充满人性。因为按照马可的思维模式，唯有人类才具有从事商业活动的能力。

岛上的居民饲养大象，当地的商人都“做象牙生意”。马可对大象很感兴趣，还专门对大象如何交配进行了一番描述："交配前，公象会在地上挖一个很大的坑，能让母象像人一样仰躺在里面。因为母象的生殖器离腹部较远，所以公象必须像人一样趴在母象身上，才能完成交配。"

马可笔下的岛上居民都是"优秀的武士"，虽然他们身材不合比例，但个个"身强力壮"，他们打仗的时候主要依靠大象，大象身上背有盖着"兽皮和布板的木堡"，是当地人在战场上的得力助手。一般情况下，一头全副武装的大象可以负载"16 到 20 个手拿长矛、利剑和石块的士兵"。马可说，开战前，武士们"给大象灌很多酒，让它们处于半醉状态。之所以这么做，是因为大象喝了酒之后会变得更加驯服而且勇猛，在战斗中就能充分发挥作用"。

虽然马可没有证据，但他坚持认为，当地有一种体形庞大的鸟能够捕食大象，也有人把这种大鸟描述为一种"极为庞大"的鹰。马可说："这种大鸟特别强壮，不需要同类帮忙就可以独自将一头大象抓到半空中，然后再从空中扔下，等大象被摔得粉身碎骨之后，大鸟的同类便一拥而上，将其分食。"虽然马可很想亲眼看到这一壮观的场面，但遗憾的是，他唯一能做的就是把自己道听途说来的这一幕不大可能的场景描述出来。

马可从来没去过埃塞俄比亚，但是这并不能阻碍他为读者提供该国的信息。据马可推测，传说中的祭司王约翰很可能居住在遥远的非洲，他根据各种听来的资料得出结论："这位伟大的统治者是个基督徒，其他国家的国王都要听命于他。"

非洲共有 6 个国家，其中 3 个是基督教国家，其余的则是伊斯兰国家。马可还说："人们告诉我，在当地基督徒的额头和左右脸颊上分别有三个金黄色的十字架标志，以显示他们高贵的身份，额头上的十字架一直延伸至鼻子中央。十字架是在他们年幼的时候就烙上去的，也就是说，当他们在火里接受第二次洗礼后，就留下了这些印记。”马可说，埃塞俄比亚还居住着“很多犹太人”，也是通过“脸上的印记来加以区别，不过，犹太人仅在两颊上印有两道较长的印记”，而撒拉逊人是在“额头至鼻子中间印有一道印记”。

马可对埃塞俄比亚的宗教习俗很感兴趣，因为这里是他的宗教偶像“圣多马”的故地。圣人的信徒们充满激情地讲述了圣多马在埃塞俄比亚传教的情况，“他劝说一些埃塞俄比亚人信奉了基督教后，就去了印度的马八儿省，又在那里让无数人接受了洗礼，之后他在马八儿被害，圣体也留在了那里”。

马可对信奉基督教的埃塞俄比亚国王及其臣民夸赞一番后，说自己很想去附近的亚丁看看。但马可也很清楚，如果真去了亚丁，自己肯定会被驱逐，因为“亚丁人非常痛恨经商的基督徒，把他们当作敌人，所以他们绝不欢迎这种人到自己的国家”。亚丁人的这种看法让马可感到震惊，他一直设法让自己和其他人相信，自己不过是一个元朝官员、一个佛教研究者和一位温文尔雅的旅行者。他将自己定位为商人、故事讲述者和冒险家，然而，周围人并不买账，他们始终觉得他只是一个“经商的基督徒”。不管他走了多远，哪怕曾到过天涯海角，也不管他对周围不断变化的环境的适应能力有多强，他都必须不断地改变和超越自我。

马可·波罗终于实现了亲自探寻世界的目标，但同时也失去了忽必烈汗的庇护。他看清了世界，或者说了解了整个世界。但是他如何才能找到回家的路呢？

第14章

护送阔阔真公主

抚琴的少女

曾出现在我的梦中……

眼看忽必烈汗的势力日渐衰落，马可与父亲和叔叔准备找机会向大汗辞官。很快一年又过去了，他们在有生之年回到故乡威尼斯的希望也越来越渺茫。如果忽必烈汗突然驾崩，那么能保证他们生命安全的金牌将毫无价值，形势会对他们非常不利，他们将成为任人宰割的羔羊，而且不管将来是谁继承王位，都会设法除掉他们。因此对他们而言，适时辞去一切官职是一件生死攸关的大事。

马可小心翼翼地描述了他们摆脱看似荣耀的“奴役境遇”的过程，随着时间的流逝，他们最初的美好憧憬成了一种困扰，以至于他们后来不得不制定一个解决方案。“尼科洛、马费奥和马可三位先生在忽必烈汗朝中的数年间，曾私下商量，希望有朝一日重返故国。尽管如今他们腰缠万贯并深受大汗恩宠，但对故国的眷恋之情始终挥之不去，现在该是实现这一心愿的时候了。”马可客观地总结了他们当时的尴尬处境：“一方面，大汗日渐衰老，如果大汗在他们离开中国之前不幸去世，那么他们回家的希望就会化为泡影；另一方面，虽然他们渴望在大汗有生之年返回威尼斯，但路途遥远且一路上险象环生，他们的生命安全随时会受到威胁。”

终于，马可的父亲尼科洛断定，向大汗辞行的时机成熟了。“有一天，他看到大汗龙颜大悦，便赶忙跪在大汗面前，并以他们三人的名义恳请大汗恩准他们回家。大汗回复道：‘你们为何要自找死路呢？如果你们还想要更多的黄金或其他任何东西，尽管开口，我一定满足你们的心愿。’”

为了能让他们安心留在自己身边，大汗承诺让他们“享尽一切荣华富贵”。大汗的这番话表明，即便波罗三人不会永远留在蒙古帝国，但是大汗在有生之年一定会将他们留在身边。

尼科洛跪在地上，辩解道：“我向您提出辞呈，并不是想要黄金，而是我在威尼斯的家中还有妻室，按照基督教教规，只要她还活着，我就不能弃她于不顾。”

听完尼科洛措辞谨慎的请求，忽必烈汗考虑了一下说：“无论如何，我还是不愿意你们离开我，但准许你们去任何一个你们想去的地方。”

马可说，尼科洛一筹莫展，再次恳请大汗同意他们返回威尼斯，结果还是遭到了拒绝。“他们的忠心令大汗非常满意，并因此受到器重。大汗想把他们留在身边，所以无论如何都不同意他们的辞行。”此时，波罗三人才意识到，大汗把他们的请辞看作自己的权势日渐衰败的象征，在自己的统治岌岌可危的时刻，他根本无法承受这种挑战。

告别忽必烈

在双方为辞行的事僵持不下的同时，忽必烈汗还为给远方的一位君王挑选继任王妃之事而一筹莫展，他突然灵机一动，想出了一个能让所有人保全面子的解决办法。

马可说："恰巧那个时候，阿鲁浑的妻子卜鲁罕去世了。"阿鲁浑是"伊尔汗国的君主"，该国与蒙古帝国一直保持着一种若即若离的关系。阿鲁浑和他的叔父阿赫默德苏丹之间发生了严重分歧，因为他的叔叔皈依了伊斯兰教，并与兄弟的妻子偷情。阿鲁浑发誓要杀了阿赫默德，让他赎罪，而阿赫默德毫不示弱，也准备给侄子点颜色看看。两人之间的战争持续了好几年，最后以阿鲁浑的胜利而告终。

为了维护帝国表面上的安定，忽必烈汗决定插手伊尔汗国遴选继任王妃之事。马可解释说，前任王妃临终前曾留下遗言："除了她的家族中的女子，任何人都不得在她死后成为阿鲁浑的妻子。"于是，王妃去世后，"阿鲁浑郑重其事地派兀鲁、阿必失呵、火者率众随从前去觐见大汗，请求大汗将卜鲁罕王妃家族的某个女子嫁给阿鲁浑为妻"。

三位使臣顺利完成了出使的艰巨任务。"大汗热情地接待并设宴款待了使臣。阿鲁浑和大汗是朋友，大汗按他的要求将阔阔真公主许配给了他。"这位名叫阔阔真的蒙古公主当时只有17岁，"漂亮贤淑"，她很快就赢得了三位使臣的认可。公主名字的意思是"像天一样蔚蓝"，据说是因为她长着一双在蒙古人中不多见的蓝眼睛；也有人说，她的眼睛是黑色的，只不过和很多蒙古人的名字一样，她的名字里也包含色彩，按照后面这种解释，"蓝色"仅仅是指天空的颜色。

忽必烈告诉三位使臣："这位公主是你们所期望的王妃，阿鲁浑国王可以放心地娶她为妻。"

在马可的讲述中，送亲队伍的回国之旅不仅充满艰辛，而且从一开始便很不顺利。"一切准备就绪后，庞大的送亲队伍辞别大汗，沿三位使臣来蒙古朝廷时的原路，开始了长达8个月的旅途"，但不久，他们就遇到了麻烦。“由于几位鞑靼王之间发生了战争，因此他们发现回国的道路被封，根本无法继续赶路。无奈之下，他们只得返回忽必烈的朝廷，向大汗如实禀报了途中所遇到的一切。”

求亲使者被迫返回蒙古帝国，这对波罗三人来说简直是时来运转，他们正好可以借此机会离开蒙古帝国。正如马可解释的那样：“求亲的使者到达的同时，马可先生和一位来自印度的大使恰好也返回了朝中，而这位大使以前曾去过或者途径过阿鲁浑的国家。”他给马可讲述了许多令人神往的故事，和“沿途地区的奇闻趣事，以及有关伊尔汗国的一些新鲜事”。

马可凭借自己丰富的经验，顺利获得了护送公主远嫁的重要使命。“三位使臣见到身为基督徒的尼科洛、马费奥和马可，感到很是惊奇，尤其听说他们三位有回国的打算后，就极力请求乘船返回。他们之所以选择走水路，一方面是替阔阔真公主考虑，因为陆路行程条件非常艰苦；另一方面，使臣们之所以非常愿意与波罗三人同行，是因为他们三人对途中必经的印度洋和沿途一些国家非常熟悉”，此外，讲述者还自豪地补充说：“尤其是马可先生，更是如此。”

马可凭借自己的专业航海技能得到了忽必烈汗的重用。“曾经从水路到过这些国家的马可恳请忽必烈汗准许使臣们从海上返回，此外，他和父亲及叔叔三人有丰富的航海经验，一定能护送公主一行顺利抵达阿鲁浑的国家。”

尽管这个理由对马可他们很有利，但年迈的忽必烈汗还是不同意波罗三人返回威尼斯。“在别无选择的情况下，大汗只得同意了他们的请求。”

忽必烈汗又一次显示了最初令马可折服的仁慈宽宏之心，他“召见波罗三人，表达了对他们的敬慕之情。同时还让他们承诺：

返回威尼斯住一段时日后，一定要再回来”。波罗三人在外漂泊多年，此时正急于踏上回家的旅途，于是便假惺惺地应允了。而实际上，他们根本就没有回来的打算。此时，大家心里都明白，忽必烈汗来日不多了。在波罗三人看来，他们已经没有其他选择，只要能被大汗放行，任何条件都可以商量。他们三人去意已决，只要完成了这次任务，他们便准备踏上返回威尼斯的旅途。

此时是 1292 年，马可·波罗 38 岁了，他已经在蒙古朝廷为忽必烈效力长达 17 年之久。除了威尼斯商人，他没有让自己拥有其他身份，也许另外一种身份会更令人难忘、更让人信服，会表现得比任何人都更胜一筹，而在商人身份的限制下，他逐渐失去了自我。现在他不必去做一个孝顺的儿子，陪伴父亲和叔叔完成艰苦的旅行，也无须在世界上最伟大的统治者身边做一个忠心耿耿的守护者。他仅仅是一位云游四方、善于观察的商人。他足智多谋、不齿于愚蠢之举，同时又容易受到美色的诱惑，而且时常会对其他宗教信仰动心。马可冷静地观察着周围发生的一切，他没有用自己丰富的想象力去加工它们，而是如实地描绘了身边所有的阴谋。

尽管他平日一贯表现得非常冷静，但一想到回家，就会变得兴奋不已。他后来讲述自己的这段经历时，两次提到了被大汗放行这一转折点，似乎想以此来强调它的重要性。他的叙述方式很奇特，虽然使用了大量的笔墨详细描述了这一事件，却没有对其进行总结。事实上，在游记的序言中，辞别忽必烈汗的内容是篇幅最长的部分。由此可见，马可把这段经历看作自己在蒙古帝国期间最值得一提的事。

马可用文字记录下了“丝绸之路”上的每段行程，希望有朝一日能将这些片段汇编成一部浪漫又不失真实、既有针对性又能激起读者兴趣的史诗巨著。他自称是一名普通的“行者”，所以他从没有去刻意发现什么，也从不自诩为探险家。他所经历的一切完全是出于机缘巧合，而没有精心策划。他没有也不可能刻意追求什么，只是凭借自己的智慧与才能，即兴发挥，随遇而安。他是一个生来就注定要浪迹天涯的人，他知道如何得体地与周围的人打交道，不让自己显得格格不入。

虽然马可一直自称为商人，而且他也始终在帮助别人理财，但他从没有奢望自己发大财，他坚信做生意要适可而止。对他而言，做生意和旅行是一对同义词，它们都是一个人的生命价值之所在，而且后者在某种程度上比前者更为重要。与玩弄权术和战争相比，它们是一种更为综合的事业，马可认为战争会严重阻碍商业活动。可以说，黄金与珠宝对马可的吸引力，远不及忽必烈汗的伟大人格魅力和他貌美如花的后宫嫔妃对他造成的诱惑。当然，赚钱肯定比步履维艰的旅行要来得容易。马可醉心于不断与人交涉，用心观察周围发生的一切，关注解决矛盾冲突的过程，但并不关心由此带来的后果。当他踏上返回威尼斯的旅途时，虽然没有腰缠万贯，但积累了非常丰富的知识和经验。

波罗三人离开前夕，忽必烈汗依依不舍，又赐金牌来保证他们旅途平安。大汗所赐的两块金牌做工非常精美：“用黄金打造的牌子上盖有玉玺，并刻有铭文来确保持牌人的生命和财产安全。”按照忽必烈汗的旨意：“路过的地方官府必须负担他们一行人的所有费用，还要派出护卫保证他们的安全畅行。”

忽必烈汗还给波罗三人布置了一些重要任务，这样他们返回故乡的同时，还可以顺便完成大汗交付的重要外交使命。“大汗让他们代表自己去拜见教皇，以及法国、英格兰、西班牙和其他一些基督教国家的君主，同时还带去了给他们的信函和一些礼物。”

一切准备就绪后，波罗一行便出发了。此行排场很大：他们有一支由14条大船组成的船队，而且每艘船上都有4根桅杆和12张帆。我们从马可的叙述中可以感觉到，他非常期待这次即将始于1291年的冒险之旅，而且他的言词中充满了对浩瀚的蓝色海洋的向往，他多年来积累的航海技术和经验终于有了用武之地。他说："我本来打算给大家讲讲这些大船的制造过程，但说来话长，所以暂且不提。"不过马可提到，船队中有四五艘大船可以分别搭载250人。这支庞大的船队即将载着美丽的蒙古公主扬帆远航，驶向阿鲁浑的王国。

临行前，忽必烈汗慷慨地赏赐了波罗三人，并以此来展示蒙古帝国的强大财力。"等船队装载好食物和途中所需的一切物品后，三位使臣、阔阔真公主及三位波罗先生也已经做好了准备，可以随时起航了。他们向忽必烈汗辞行之后，便在众多官员及其家眷的陪同下，满心欢喜地登上了船。大汗还命人给他们带上了大量红宝石、贵重珠宝及足够10年花销的盘缠。"

这是波罗三人最后一次见到忽必烈汗。他们在外漂泊20年后，终于可以启程回家了，他们的冒险之旅即将画上句号。

波罗三人护送阔阔真公主远嫁之事，近年来在史学界产生了很大影响，因为这是唯一一件马可讲述过的，且在汉人和蒙古人的史书中都得到证实的事件。中国学者杨志玖在1941年和1945年将元朝遗留的史料和马可所记叙的离开中国的场景进行了比较研究，发现二者完全吻合，只是史料中缺少了忽必烈汗派出的三位使臣的姓名。

1307年，当时最权威的史学家拉希德丁讲述了几乎同样的故事，并提到阔阔真公主和三位护送她的使臣，这与马可的描述是一致的。拉希德丁与中国的史书作者一样，没有提到三位波罗先生的名字，不过已有人证实马可对这一事件的精确描写绝不会仅仅出于巧合。所有史料记载都可以证实，马可的确护送阔阔真公主远嫁阿鲁浑国王，而且也如他所言，他的确曾在忽必烈汗的朝廷上供职效力。

马可说："他们一行人穿越了印度洋，大约 18 个月后，终于抵达了阿鲁浑的王国。"他们一路上不但见到了很多稀奇古怪的东西，还发现了很多奇观。仓促之中，马可没有告诉他的合作者鲁斯蒂谦，他们沿途究竟见到了什么，但根据他提供的有关这次远航的零散资料可以判断：1293 年的这次航行非常艰辛。

马可说："当初他们启程时，不包括水手，船上有 600 多人，但到达目的地后，仅有 18 人幸存，三位使臣中也只剩下了火者，不过所有遇难者中仅有一名女性。"疫病、船只失事及海盗可能是导致如此惨重的伤亡的罪魁祸首，尽管马可很喜欢对一些富有戏剧性的事件和环境进行描述，并以此给自己罩上英雄的光环，但这次他没有明确说明造成伤亡的具体原因。从他对旅行和航海的痴迷程度，我们可以推测，游记中有关这一事件的一些重要记述可能有所缺失。而遗留部分全都是暗示他们饱受痛苦和折磨的内容。但不管怎么说，公主和波罗三人总算幸运地活下来了。

马可此次遇到了比年轻时穿越蒙古大草原还要严峻的考验。从他的描述中，读者可以明显感到他不再像以往那样夸夸其谈，盲目地抱有各种幻想，而是开始学会承受磨难。为了激起读者的兴趣，他在故事的后半部分又恢复了以往的活力，但是在读者心中，以前那个时时充满激情和喜悦的马可已经不存在了，相反，马可恭敬的语调表明他为自己能侥幸活下来而感到万幸。

幸存者们的到来并没有让伊尔汗国的人感到释然，反而引起了一场不小的风波。原来，伊尔汗国发生了政变，就在三位使臣出使后不久，阿鲁浑国王便去世了，据悉，他很可能是被政敌设计毒死的。

马可感到非常沮丧。“由于阿鲁浑的儿子尚年幼，无法继承王位，所以王位便被阿鲁浑的弟弟凯嘉图篡夺。”波罗等人不知道该如何安置他们冒着生命危险护送来的公主，最后只能将她“许配给阿鲁浑的儿子合赞”，尽管当时合赞年纪还小，但他们还是举行了婚礼。

马可与父亲和叔叔感到非常失望，因为他们觉得这次没能凭着他们对大汗的忠诚与自己的能力圆满完成任务。阔阔真公主不愿意孤身一人留在危机四伏的异国他乡，便多次挽留波罗三人，他们无法拒绝公主，只好暂时留了下来。马可说：“三位波罗先生完成大汗交给的任务后，又回到了凯嘉图称王的地方，这里是他们返回故国的必经之地，并在此逗留了 9 个月。”

在这 9 个月期间，他们三人受到了对他们满心感激的蒙古公主的热情款待，但他们经常在想：他们是否还能再次看到圣马可教堂的圆顶，是否还能与家中的妻儿团聚，是否还能继续在威尼斯过安逸的生活。当天气和政局变得有利于他们动身的时候，公主还是舍不得让他们离开。马可三人再三向公主恳求并许下诺言，将来一定还会回来。当然，他们的诺言未必会兑现。公主后来终于答应了他们的请求，“三位使臣启程回国后，公主常常因为他们的离去而暗自伤心”。也许她最终意识到，波罗三人之所以答应护送她远嫁，不过是为离开蒙古帝国找一个借口而已。

阔阔真公主冒着生命危险，历经千辛万苦来到遥远的伊尔汗国，但没过多久，便在 1296 年 6 月不幸过早离开了人世，据说，她是被反对忽必烈汗的势力毒死的。在对她的死因的种种猜测中，这种说法是最合理的一种。

波罗一行出发前，阔阔真公主也和忽必烈汗一样，为他们送上祝福，同时还赐给他们很多礼物及四枚精美的金牌：“其中两枚刻有鹰的图案，一枚刻有狮子图案，最后一枚上则没有任何图案，四枚金牌都有一腕尺长，五指宽。”金牌上刻有铭文：“所有人等必须对此三人礼遇有加，待如上宾；此三人途径危险之处，需由侍卫和马匹护送。”

忽必烈汗的恩泽似乎无处不在，此时，在如此遥远的地方，波罗三人依然能感受到。“一路上，通常会有 200 名骑兵护送他们，一般来说，护卫人数的多寡主要取决于他们所经之地的危险程度。沿途有护卫是很有必要的，因为他们途径之地大多危险重重，而且由于阔阔真公主手中并没有实权，所以还是有居心叵测之人，会做出一些对他们不利的事情。”距离阿鲁浑的王国越远，波罗三人就越难依靠金牌来使自己免遭对忽必烈汗怀有反叛之心的强盗土匪的迫害。

如果想要安全返回故乡，他们从此以后就必须学会自我保护。

转眼到了 1294 年蒙古历的二月新年。忽必烈汗时常感到身心憔悴,打不起精神,甚至对所有专程前来给他拜年的人也避而不见。

2 月 18 日，忽必烈汗驾崩，享年 80 岁。

两天之后，送殡的队伍从皇宫出发，缓缓向北行进，将忽必烈汗的尸骨运到了肯特山脉。按照蒙古人的习俗，他的陵墓设在祖父成吉思汗的陵墓附近，但历史上没有留下任何有关忽必烈汗陵墓及其确切地址的记载，这位戎马一生、骁勇善战的帝王为后人留下了一个耐人寻味的谜。

因为早在几年前太子真金就去世了，所以忽必烈驾崩后，他的孙子铁穆耳继承了皇位，在战乱中被拥立为元朝的第二位皇帝。铁穆耳即位后，便下旨为忽必烈汗建造祭坛，并按汉人的习惯将其谥号定为“世祖”，即“开国皇帝”之意。

早期有关元朝历史的史书让忽必烈汗声名远扬：穆斯林通过史学家拉希德丁的作品认识了这位非凡的君王；汉人和高丽人的编年史也大力颂扬忽必烈汗的功绩；叙利亚学者巴尔·希伯来充满激情地介绍了忽必烈对元朝的统治。

尽管如此，当时所有史学家对忽必烈汗的研究，都无法与马可·波罗生动而详细的记述相媲美。马可与忽必烈有着广泛而长期的接触，在马可离开大都时，忽必烈汗曾专门赐给他金牌来保证他的生命财产安全。马可在他满怀深情且充满敬畏的讲述中，为西方人塑造了一位伟大的帝王形象。

在回威尼斯的途中，波罗三人得到了忽必烈汗去世的消息，马可没有将“他们当时正身处何处，在做什么”等细节透露给鲁斯蒂谦，只是简单回忆：“尼科洛、马费奥和波罗三位先生在返回威尼斯的途中，突然得知大汗去世的消息，便彻底打消了今后再次回到中国的念头。”

马可并没有像他预期的那样觉得如释重负，相反，忽必烈汗的去世预示着一场冒险，甚至希望的终结。临别时，波罗三人充分施展自己的游说本领，才获准离开。自从摆脱了那位仁慈的君主对他们命运的控制后，他们认为自己今后再也不会重返大都了，雄浑、壮美的亚洲从此将从他们的视野中消逝。

忽必烈汗的离去也终结了他所建立的一种独特的合作关系：一位强大的东方君主与一个微不足道的西方商人家庭之间的合作。元朝皇帝在赐予波罗三人名望和地位的同时，也让他们产生了一种被利用的感觉。在马可心目当中，忽必烈汗就是权势与人格魅力的化身。

不辞辛苦地在俄罗斯寻找商机

在《马可·波罗游记》最后的章节里，马可的好奇心全部聚焦在了俄罗斯[①]。事实上，他们返回威尼斯根本不需要取道俄罗斯或任何一个引起马可浓厚兴趣的北方国家。但由于马可的出色文采，以及他所描述的那些令欧洲人难以置信的壮丽风景和独特的生活方式，所以马可在二手资料基础上所做的描述同样令读者回味无穷。

我们可以从马可的讲述中推断，即使最能吃苦耐劳的商人也会在前往俄罗斯的途中退缩。马可说："俄罗斯境内遍布湖泊、山泉，而且到处都是沼泽，所以马匹根本无法前往那里。另外，那里气候极度严寒，绝大多数江河几乎全年封冻，所以船只无法通航。但由于江河上的冰层不是很厚，因此较重的车辆和大型动物也无法在冰面上通行。"虽然俄罗斯自然环境极其恶劣，但是很多商人和毛皮商仍然会排除万难，设法穿越那些荒地，不辞辛苦地去俄罗斯"寻找商机"。商人们所表现出来的吃苦耐劳精神正是马可创作素材的来源。

马可听说穿越这些危险地带要分为几个阶段，前后历时13天。行程快要结束的时候，疲惫不堪而且差不多被冻僵的旅行者们唯一期盼的，就是找到一处小村庄落脚，而且"村子里最好能有几栋木房子，能容留他们暂住一时"。贸易似乎可以逾越一切障碍，在马可看来，它并不是什么新鲜事物，更多的是一种生活需要。

马可接着说："每个村子里都有一栋被称作驿站的房子，专供国王的信使暂住。"在严寒的天气里，狗拉雪橇是俄罗斯最主

① 1240年至1480年是俄罗斯历史上受蒙古人统治的金帐汗国时期。

要的交通工具，“每个驿站都养着40条体格健壮、比驴小不了多少的狗。由于经过专门训练，所以它们像牛一样善于拉东西。它们的主要职责就是拉着雪橇运送往来于各驿站间的信使”。

马可对狗拉雪橇格外好奇，但他对雪橇的细节描写，可能是从同行的商人那里听来的。他给不熟悉在冻土地带旅行的读者们做了一番详细的介绍：“雪橇就是一种没有轮子的交通工具，用质地很轻的木头为材料。雪橇的底部光滑平整，两端翘起而且被弯曲成半圆形，以便在冰面、泥地或泥沼里通行。”

马可似乎很熟悉如何驾驶雪橇，所以在阅读他的相关记述时，读者会感觉这些文字出自一位曾亲自驾驶过雪橇的人之手。“一只雪橇需要6条狗来拉。无论是在冰天雪地中还是在泥沼路上，即便没有专人给狗领路，它们也能顺利到达下一个驿站。驻守驿站的人往往亲自驾着雪橇抄近道到达他们的目的地，此后便会有其他人用已经备好的狗和雪橇接替他完成下一段路程。途中之所以需要有人接替，是因为狗的体力根本无法承受长达13天的路程，每完成一段路程后，它们就会返回原处。想要走完全程，必须在每个驿站更换狗、雪橇和向导，直到信使最后被送到山上。”

马可对做生意总是充满了兴趣和热情，尤其是信使们所做的皮革交易，更是让他跃跃欲试。他感慨道：“这里的小动物，如紫貂、松鼠、黑狐的皮革都非常值钱，商人们从中可以获取高额利润。”但一想到商人们所承受的极度恶劣的气候条件，马可还是退缩了，因为他生来就是那种不安分的享乐主义者。“由于极度的严寒，当地人的房子都建在地下，所以他们实际上常年生活在地下。”和以往一样，威尼斯人还是免不了对当地人进行一番攻击：“这里的人个个相貌丑陋。”一想到必须与这些长相丑陋的人一同被困在地下几个月，马可彻底打消了去俄罗斯“发皮革财”的念头。

这位向往自由、酷爱明媚阳光、对所有事都充满好奇的威尼斯人又该继续赶路了。

马可说，离开出产裘皮的荒凉之地后，下一站是一个自然条件更为恶劣的、被称作“黑暗谷”的地方，这里常年被浓雾笼罩，所以马可有时也把这里称为“黑暗地带”。虽然马可看似在描写一个虚构的国家，但他却自认为是在记述一个遥远的真实地方，而且这里离他 20 年来早已熟悉的蒙古帝国实在是太遥远了。马可还说，“当地人生活得像动物一样”。

尽管气候条件恶劣，但在采取一些必要的安全措施的情况下，还是有许多蒙古人会冒险来到这里。他们“骑着刚生过驹的母驴，并且把小驴放在他们所到之地的入口处由专人看管。母驴的嗅觉非常灵敏，它会循着小驴的气味找到归途”。马可发现，商人们冒着极大的风险来到这里，唯一的理由就是做貂皮和“其他贵重裘皮”生意，并从中获取高额利润。

让读者感到意外的是，马可竟然使用了一些很友善的语言来描述“这些住在暗无天日的地方的居民”。“当地居民相貌清秀，身材高大而且匀称，不过皮肤很苍白，没有血色，这可能与当地常年光照不足有关。”

虽然马可曾经见识过蒙古的恶劣气候，但据他说，一到冬天，俄罗斯“恐怕是世界上最冷的地方，让人觉得根本难以抵御当地的严寒”。他栩栩如生地描写了俄罗斯的严冬，就好像他真的经历过一样。他说：“冬天如果不生取暖炉的话，人肯定会被冻死。好在这里有很多精心建造的暖炉，就和我们医院里的暖炉差不多。行人一旦觉得冷，就赶紧奔向暖炉取暖。虽然路边设置了许多暖炉，但它们之间的距离差不多有 60 步。因此，常常会有行人在去某个地方或回家途中，还没来得及赶到下一个暖炉那里，就已经几乎被冻僵了。”

在路边设置暖炉的安排是不容置疑的，马可说：“经常会有行人因衣服单薄、年纪大行动迟缓、体质虚弱或是离家太远，还没来得及赶到下一个可以取暖的地方，便跌倒在地，冻僵甚至冻死。遇到这种情况，一旁的路人会赶紧把他带到炉子前，帮他解开衣服。等他暖和过来，体能慢慢恢复后，才会苏醒过来。”

马可肯定地说，这种奇特的暖炉很像桑拿设备。“人们将一些很粗的横梁垒起来，搭成一个方形的暖炉，横梁之间结合得非常紧密，不留任何空隙。为了防止雨水或大风倒灌进去，人们还要用石灰和其他一些材料将连接处密封起来，在暖炉顶部还留有出烟口。暖炉周围堆放着很多柴，以便人们随时往炉膛里添加，柴燃烧后产生的浓烟，可以从顶部的出烟口排放出去。”在俄罗斯，这种奇妙的取暖设备随处可见，而且据说“每个有钱人和贵族”都拥有自己的私人暖炉。

从冒险来到俄罗斯的商人们那里，马可得知俄罗斯人特别喜欢喝酒。无论男女老幼，无论出身高贵还是卑贱，有时甚至会有 50 多人一起狂饮“一种用蜂蜜调味的酒”。马可说：“很多人成天在专门出售这种酒的酒馆里喝酒。店主一般到晚上才会结账，这时男人们会将自己及老婆、孩子们喝掉的酒钱全部结算清楚。”

女人们在酒馆里喝酒会有不便。马可说：“有时候即便尿急，她们也不愿离开。于是两个女仆会拿来一块很大的海绵，两个女仆趁别人不注意的时候，一个假装和女主人说话，另一个则把海绵悄悄放在女主人身下，这样女主人就可以撒尿了。完事后，女仆便会把湿漉漉的海绵撤走，女人们用这种办法可以随时解决尿急的问题。”

马可对俄罗斯人最后的叙述，是一件他听说过的荒诞不经的事情。他说：“有对夫妻外出饮酒晚归，妻子突然尿急，便蹲在地上小便，由于天气太冷，她的体毛和地上的荒草被冻得黏在了一起，疼得她无法起身。”

马可给这个故事加上了一个很粗俗的结尾：“喝得醉醺醺的丈夫束手无策，只能弯腰去舔妻子的私处，希望能把冰给化开。但不幸的是，冻住的哈气又将他的胡子和妻子的体毛黏在了一起。结果他自己也痛得没法动了，只能弯腰趴在那里。”马可讲这个故事似乎是在刻意迎合某些读者。

“夫妻俩若想离开那个地方，必须得等到有人路过帮他们才行。”这个段子纯粹是马可为了让大家酒后一笑，所以恐怕没人听清他最后究竟说了些什么。

25年后重返故乡

马可想给读者留下这样一种印象：他想把自己所知道的历史事件、奇闻逸事、传奇故事、神话、笑话都讲给读者。他说：“我已经给大家讲述了有关鞑靼人、撒拉逊人及其他一些国家的各种风土人情。”但他似乎还落下了一项重要内容。

马可想给读者讲讲自己的海上之旅。久居陆地后，马可非常渴望清新的海风和随风飘扬的船帆。“虽然曾多次在里海上航行，但是我很少提到它”，马可本想引起大家对里海的兴趣，但似乎又突然改变了初衷：“每天都有很多来自威尼斯、热那亚、波斯和其他国家的商人在里海上出没，想必大家对里海早已有所了解，所以我觉得这里就没必要再赘述了。”事实上，在13世纪90年代，大多数人出行最多也就是离开故土几十里，而很少长途跋涉，所以知道里海的人并不多，但也许马可身边的人都知道里海。

“所以，我就不再说什么了。”如果有必要，也许以后再说。

最后，马可终于承认他个人根本无法改变自己的生命轨迹。他声称：“我相信我们重返威尼斯完全是上帝的旨意。而曾经发生的一切事情都应该为人们所知，正如本书开篇所说的：不管是基督徒、撒拉逊人、鞑靼人还是异教徒，没有人能比高贵而非凡的威尼斯公民尼科洛·波罗先生的儿子马可·波罗更见多识广。”

马可为大家献上了一部突破所有条条框框的、一部在不断自我更新的伟大著作。在他的游记里，他的行程完全超越了时空界限。沿着位于遥远的帕米尔高原边际的“丝绸之路”，马可来到了一个原始的世界，在那里接触到一些似乎还停留在史前时期、没有任何发展变化的人和社会。但是到了中国，历史似乎推进了数百年，马可发现自己来到了一个有着先进技术和文化的理想社会。然而，在高度文明的杭州城，接连而起的战争让马可对未来的美好憧憬再次破灭。在马可看来，商业繁荣与成功并没有给杭州人带来太多的好处，相反，迷信与淫乱而导致的道德沦丧使得他们难以主宰自己国家的命运。在咄咄逼人的蒙古勇士面前，杭州人根本不堪一击，他们宁可去全力防范诸如火灾这样的内部威胁，也不愿齐心协力去抵御来犯的外敌，最终落得丧权辱国的下场。马可预测，未来的中原仍然会和当下一样纷争不断。

来自东西方的人们在“丝绸之路”上亲历了“抢匪和战乱的纷扰、伊斯兰教崛起及蒙古和平时代的到来”，在这条重要的联系东西方的通途上，不仅有各种货物的输送，还有很多重要的宗教人物往来其间。也许“丝绸之路”的重要意义并不在于运送丝绸或其他有形的商品，而在于传播了一些曾被人误解甚至不为人所知的遥远国度的文化和信息。马可到过很多这样的地方，虽然他始终认为自己是一个专门从事织物、宝石和香料贸易的商人，但实际上，他算得上是传播世界各民族的文化与知识的使者。他通过对自己经历的记叙，引领东西方不断向未来迈进。

正如马可所经历过的和他所书写的那样，未来并不安宁。它表现得既真实又伪善，但有一点我们必须肯定：它与人类自身息息相关。人类生活在一个超越了地域、宗教和政治界限，但又相互联系的世界里。马可心目中的未来需要人们不断旅行、永不中断贸易往来，以及使用多种语言进行沟通和交流，才能成为现实，而不应该像中世纪时那样彼此隔绝。在这个世界里，基督徒可以和穆斯林、佛教徒及任何一个掌握了贸易要领的人做生意；在这个世界里，即便是强大统一的元朝政府与不同文化背景的个人进行接触和融合，也是为了实现一个共同的人类理想。在马可看来，将不同的人们联系在一起的不是政府，也不是宗教信仰，而是一种更为广泛和深刻的强大动力，那就是人类与生俱来的进行贸易的冲动和天性。

马可一行到达了特拉比松帝国，这个国家位于黑海沿岸，是拜占庭帝国的附庸国。

马可一行在这里没有遇到暴风雨、疫病或其他暴力事件，但他们成了窃贼的主要目标。尽管马可事先做了各种充分的准备，但都无济于事。在特拉比松，忽必烈汗所赐的金牌完全失去了保护效力，当地官府还没收了他们的 4 000 块拜占庭金币。我们很难估算那些拜占庭币在当时的具体价值，但它们至少可以买到 1 000 磅丝绸。换句话说，波罗三人冒着生命危险，在海外积累数十年的财产中的很可观的一部分被人强行掠夺了。

在《马可·波罗游记》中，马可省略了他们在特拉比松帝国的这段令人尴尬和痛苦的经历。数年后，马可的叔叔马费奥在遗嘱中提及了此事，他的这份遗嘱还涉及了有关波罗家族债务的敏感话题。马可之所以刻意略掉了这段经历，一来是他不想重提以往的痛苦回忆，更重要的是，他不希望这次经历破坏他在游记中塑造的三位波罗先生的光辉形象。

马可没有提及他们遭受的损失，而是罗列了他们沿途停靠的各个站点，表明他们离家越来越近了："我们从特拉比松出发，到达君士坦丁堡，然后又从这里到达尼加庞。在尼加庞，我们不但赚了一笔钱，还有很多人相继加入我们的队伍。感谢上帝使我们从艰苦的处境和无尽的灾难中重生！1295 年，在上帝的佑护下，我们搭乘的船终于安全抵达了威尼斯。"

24 年间，波罗三人冒着生命危险在异国他乡做生意，在完成艰巨的外交使命的过程中，多次死里逃生。他们的足迹遍及亚洲，最后在非洲结束了他们的冒险之旅。他们在海外的数十年间发生了很大的变化，以至于回到威尼斯后竟然没人能认出他们。他们的衣着打扮和蒙古人相似，连自己的家乡话都差不多忘光了。

13 世纪晚期的威尼斯人着装比较简单。妇女们通常身穿腰部打折的长裙，系一条绣花的腰带，她们用头巾或面纱遮住头部以示谦卑。而且威尼斯人的服装主要以原色织物为主，偶尔会用鲜艳的橘黄色或红色加以点缀。一般情况下，男子们在白色长袖的无领内衣上面套一件前面钉有一排扣子的无袖长袍，下身穿宽松的马裤，头戴窄沿软质帽子。

而三位波罗先生身上穿的却是他们在过去 20 多年里已经穿习惯了的蒙古服装，这与威尼斯人的服装形成了鲜明对比。蒙古人的服装一般是用大红色、黄色和天蓝色的绸缎做成，而且款式也比威尼斯人的服装复杂得多。蒙古男女都穿着外套式长袍，长袍带有前襟，而且袖子很长，以便在天冷的时候用来暖手，长袍下面还套着一条绸缎做的裤子，当然蒙古女子还要穿内衣。

当波罗三人身着色彩艳丽的蒙古服装漫步在威尼斯街头时，立刻引起了大家的关注和评论，如果他们还留着蒙古人的发式，肯定会更加引人注意。威尼斯人一般把头发藏在帽子底下，而蒙古人则习惯除了在额头上部留下一束头发外，剃光头顶其余的头发，还在耳畔梳着两根长辫。

在蒙古帝国期间，马可·波罗学会了克服心中那种身在异乡的感觉，可是回到故乡威尼斯后，他发现自己又一次变成了外乡人。

第15章

又变成了威尼斯的“外乡人”

围成圆圈，绕行三度，
心怀敬畏，紧闭双目，
皆因他已饮甘露，又喝过天堂的乳浆。

三位波罗先生在离开威尼斯25年后，终于回到了家中，但应声前来开门的人却把他们当成了陌生人。1559年，威尼斯学者詹巴蒂斯塔·赖麦锡记录了波罗三人重返威尼斯这件事，他说马可他们的经历与当年的奥德修斯相仿。当初奥德修斯在外多年，等回到伊萨卡的家中时，已经是一位白发苍苍的老人，家中早就没人认得他了。波罗三人也遭遇了同样的尴尬，由于马可及父亲和叔叔多年来杳无音讯，亲戚们认定他们已经不在人世了，便侵占了他们的房产。

让大家对他们的真实身份更为怀疑的是：三位自称姓波罗的陌生人看上去一点都不像威尼斯人。赖麦锡说：“他们不仅对威尼斯方言很生疏，而且言谈举止看上去更像是鞑靼人。他们身上穿的是鞑靼人式样的粗布衣服，而且已经破烂不堪。”

尤其是马可同父异母的弟弟马费奥·波罗，更是怀疑他们三人的真实身份。他们兄弟俩从没见过面，马可返回威尼斯后才知道自己还有个叫马费奥的弟弟，但马费奥之前就听人说起过马可。马可的另一个叔叔在15年前的1280年8月27日起草遗嘱时，委托嫂子及其继任丈夫管理自己的财产，并说：“如果我的兄弟尼科洛和马费奥返回威尼斯，就由他们来继承我的财产。”他在口述这份遗嘱时，根本没料到它将来是否会有用，现在尼科洛、马费奥和马可的突然出现，意味着这份遗嘱最终生效了。

即便不把马可算在内，这份遗嘱的内容至少也能保证波罗兄弟俩在波罗家族乃至整个威尼斯商界的合法地位。

波罗家族的传说

有个故事说，马可的叔叔马费奥回家后还遇到了另一件倒霉事。马费奥回家后，虽然他的妻子还认得他，但她实在无法容忍他拒不更换蒙古袍。为了让丈夫改掉这个习惯，她便偷偷地把他所有的旧衣服送给了一个过路的流浪汉。当晚马费奥一回到家中，便和往常一样问起了他带回来的蒙古袍。原来，在外漂泊多年使他养成了一个习惯，那就是为了安全起见，他把所有的珠宝都缝在了衣服的夹层里。

故事中还说，当马费奥得知妻子把自己的衣服送给了流浪汉时，顿时捶胸顿足，痛哭流涕，说要想尽一切办法找到那个无意中得到了他所有财产的人。好在威尼斯城并不大，第二天一早，马费奥便来到威尼斯贸易中心——里亚托桥等候那人出现。据说，马费奥拿着一个上面没有羊毛的空纺车，不停地转动，看上去像个疯子。很多人围着看热闹，旁边还有人不停地问他原因，他只是喃喃自语：“他一定会来的，这是上帝的旨意。”

老疯子马费奥·波罗在里亚托桥引得众人好奇围观的事很快传遍了威尼斯城，虽然那个拿走他衣服的流浪汉一直没有露面，但马费奥还是每天坚持守候在那里。终于有一天，那人突然出现了，马费奥立刻扑上前去，从他身上扒下衣服，摸索藏在夹层里的珠宝。

最后，他发现所有东西都还完好如初地藏在衣服夹层里，才把那个倒霉的流浪汉放走了。

赖麦锡还讲了另一个波罗家族的传闻。他好像很了解此事："后来成为波罗家祖屋的那幢房子，最早的主人是高贵、正直且具有非凡美德的梅瑟·加斯帕罗·马尔皮耶罗先生。"赖麦锡强调，此事是他从自己父亲、祖父及其他老人和邻居那里听说的。

赖麦锡先生在故事一开始就提到了波罗家族对长期在外的马可及父亲和叔叔三人真实身份的怀疑，而且大家对他们的归来并没有觉得宽慰或感到自豪，反而有些尴尬和难堪。为了树立在族人面前的威信，马可及父亲和叔叔决定在"前面提到过的那幢体面而华丽的大房子里"宴请所有亲戚。举办宴会那天，贡多拉把运河挤得水泄不通，客人们纷纷离船上岸，静候三位旅行家出场。所有应邀而来的客人除了希望能收到他们从远方带来的礼物之外，还希望他们拿出证据来证明他们曾深入"丝绸之路"腹地，就像对外界宣称的那样。结果，客人们却发现自己像是在参加一场不同寻常的服装秀。

三位旅行家等客人们都落座后才姗姗露面，他们身穿用昂贵织物做成的威尼斯式样长袍。到了傍晚，他们脱掉身上的长袍并将其撕碎，然后把碎布分给了仆人。客人们大惑不解，只得低头吃东西，而这时他们三人又换上红色天鹅绒长袍出现在大家面前，没一会儿，撕碎衣服的一幕再次上演。如果三人的做法就是为了给大家造成一种印象：亚洲之行让他们变得很富有，即便舍弃一些贵重之物也毫不吝惜，那么他们的目的达到了。

他们想要展示的还不止这些。宴会即将结束的时候，三人又换了衣服，并在客人们的赞叹声中当众将衣服撕碎。片刻之后，他们换上当初返回威尼斯时穿的蒙古袍，再次出现在众人面前。

他们的这种做法让人们对其身份更加怀疑。

按照赖麦锡的讲述，三人用刀把蒙古袍的边缝割开，“里面露出了大量的贵重珠宝，有红宝石、蓝宝石、红色的石榴石、钻石和祖母绿……外人根本无法想象他们竟然会把宝贝缝到衣服夹层里。原来他们离开中国前，将自己多年的积蓄全部换成了宝石和其他贵重珠宝，因为他们知道，携带大量黄金进行艰辛的长途跋涉是绝对不可能的”。

波罗三人的这次展示使客人们大为惊讶，从此对他们刮目相看。赖麦锡说：“应邀出席宴会的都是曾怀疑过他们身份的人，而且大多是波罗家族中备受尊重之人。这件事很快便在威尼斯传得沸沸扬扬，上至达官显贵下至平民百姓，几乎尽人皆知。人们纷纷跑到波罗家里，拥抱他们，表达对他们三人的关爱和仰慕之情，我们不难想象当时的热闹场面。”

赖麦锡为这个故事加上一个皆大欢喜的结局的同时，也表达了他对威尼斯人爱慕虚荣和肤浅的物质主义的批判。在马可、马费奥和尼科洛为大家上演戏剧性的一幕来炫耀自己的财富之前，威尼斯人根本不愿意承认他们的真实身份。

这次不同凡响的宴会标志着刚刚归来的波罗氏的东山再起。从此以后，他们赢得了同乡应有的尊重，马可本人很看重这点。赖麦锡称：“每天都有年轻人上门拜访富有魅力且和蔼可亲的马可先生，向他询问有关中国和蒙古大汗的事情，马可为他们逐一耐心解答，以至于后来大家都觉得有些过意不去了。”

没有马可·波罗中国之行，何来欧洲文艺复兴？

马可之所以能引起大家关注，原因并不难理解。他带回到威尼斯的一些中国发明，以及他后来在游记中讲述的这些发明的重要意义，再怎么强调都不为过。刚开始时，欧洲人很怀疑这些技术奇迹的真实性，但最终还是接受并认可了它们。

马可回到威尼斯后，欧洲人从他那里第一次听说的纸币还引发了整个欧洲金融界和商界的巨大变革。马可在中国时，煤是另外一样让他很感兴趣的东西，这种物质对时常出现能源危机的欧洲来说，是一种全新而且相对高效的能源。

在一些记载中说，马可还把眼镜的镜片带回了威尼斯，后来眼镜被人们用于弥补视力缺陷。望远镜和显微镜的出现也都与镜片有关。望远镜引发了海上战争的彻底变革：士兵能够利用它看到远方的船只。200 年后，伽利略使用望远镜进行科学观测，并在观测数据的基础上，证实了哥白尼的理论，从而彻底颠覆了当时的科学和宇宙学。

在中国有至少 300 多年使用历史的火药使欧洲的战争发生了巨大变化：军队打仗时，大炮、便携式火绳枪和手枪取代了长矛、剑和石弓。

马可把别人送给他的礼物也带回了威尼斯。其中包括忽必烈所赐的、曾陪伴他历经千辛万苦的、作为护身符的金牌，马可一直非常小心地保存着那块金牌。同时，他还把一个叫彼得的蒙古族仆人带回了威尼斯,他是马可在遥远的中国享受荣华富贵的见证人。

总之，如果没有马可·波罗在东西方文化传播中所起的作用，很难想象后来的文艺复兴乃至现代社会将会是什么样子。

马可回到故乡时，威尼斯共和国已日渐衰落。总督洛伦佐·蒂耶波洛在位期间，国内遭受了接二连三的打击：先是闹饥荒，然后又因为向外国船舶征税而与邻国发生了争执，导致威尼斯对外贸易收入的减少。差不多在同一时间，威尼斯共和国又和波洛尼亚发生了历时 3 年的军事冲突，而且与意大利北部各国的关系也日益恶化。

1282—1302 年，阿拉贡彼得三世国王与教皇马丁四世进行了一场旷日持久的战争，史称西西里晚祷战争，威尼斯在这场战争中拒绝支持教廷，导致共和国的处境变得非常尴尬。为了报复威尼斯，1284 年教廷宣布禁止人们在圣马可教堂做弥撒时发出任何声音，就连教堂钟楼上的钟也不能敲响，凡违反此禁令者死后必会受到惩罚。这一禁令意味着作为威尼斯人日常生活中一大亮点的宗教盛典，如婚礼、葬礼和洗礼都被严格禁止了，甚至连临终的祷告和圣诞节的庆祝活动也被禁止了。

面对教廷的禁令，威尼斯人对自己当初的做法后悔不已。仁慈的上帝好像也不再对威尼斯人生出悲悯之心，史学家约翰·朱利叶斯·诺威奇写道："20 年间，威尼斯人似乎事事不顺。无论是在陆战还是海战中，他们总是节节失利，船只和军队蒙受了重大损失，敌人乘此机会攻入威尼斯腹地。无奈之下，威尼斯只能加强国内的防守力量。昔日那些曾与他们有着频繁贸易往来的邻国，现在也变得不那么友好了。他们最主要的殖民地克里特岛也接连发生叛乱。"

上帝似乎想采取某种特别的手段来强化教廷禁令的效力。那年冬天，一场突如其来的大地震将不堪一击的威尼斯城变成了废墟，在地动山摇的同时，威尼斯还发生了洪灾。肆虐的洪水夺去了城里很多百姓的生命，致使无数人流离失所，为数不多的幸存者被迫在废墟中忍受饥寒。这次威尼斯遭受了严重灾难，但幸运的是，城市基础设施依然完好，所以它很快又恢复了往日的繁荣和强盛。不过在这种表面的繁华背后，威尼斯共和国举步维艰，前景不容乐观。

威尼斯人认为，导致他们的国家逐渐衰败的真正原因，并非地震、洪水等自然灾害，而是一些精英家族在困难时期的横征暴敛，以及共和国对其他国家不予援助，并与教廷和周边国家为敌等。所以威尼斯人认为丹多洛家族对此负有不可推卸的责任，因为在共和国举步维艰的岁月里，有两位威尼斯总督恰好出自丹多洛家族，其中包括在最艰苦的1280年—1289年间任职的乔瓦尼·丹多洛。

在乔瓦尼·丹多洛任职期间，民众在比萨的圣马可举行了一次公共示威游行，以支持和响应丹多洛家族的反对者蒂耶波洛家族。蒂耶波洛家族主张恢复共和国传统的民主制度，而且前总督之子贾科莫·蒂耶波洛信誓旦旦地宣称，要引导共和国走出危难时刻。马可认为，蒂耶波洛很可能遇到了与当年的忽必烈汗类似的压力。一方面，蒂耶波洛必须设法确保一些支持他的核心集团的利益，另一方面，他还必须让自己赢得大众的支持。知情人士警告说，威尼斯太民主了，已近乎暴民统治，而平民主义者却认为蒂耶波洛想在威尼斯建立一种世袭的君主专制政权。

来自各方的压力最终迫使蒂耶波洛逃亡到了欧洲大陆。1289年，38岁的出生于新兴商人家庭的彼得罗·格拉代尼戈以微弱优势当选总督。但无论是谁坐上总督的位置，也不管他是独裁者还是平民主义者，都已经无法阻挡威尼斯日益衰败的脚步。

1291年，埃及苏丹阿什拉夫·哈利勒终于实现了攻占阿迦城的夙愿，攻下阿迦城后，他下令屠杀了城中大部分居民。阿迦城是威尼斯商人重要的货品中转站，所以这一消息让数千英里外的威尼斯人震惊不已。

随着阿迦城和其他一些中东地区的信奉基督教的村落的沦陷，威尼斯人开始把关注点转向欧洲，所有商船的航行目的地也转移到了阿姆斯特丹、伦敦和马赛等一些欧洲城市。威尼斯商人还学会了让马戏团里的动物、小丑、乐师和杂技演员为当地封建王公贵族表演节目，讨得他们的欢心。总督也通过减免部分税收来鼓励本国商人与西方进行贸易。

在监狱中创作伟大的游记

马可·波罗回国后不久，便卷入了威尼斯共和国与对手在贸易和军事上的激烈竞争。威尼斯这次遇到的劲敌是热那亚，这个与威尼斯相仿的城邦共和国，不仅垄断着与印度的香料贸易，还与克里米亚进行着粮食、鱼、盐、皮毛甚至奴隶交易。在当时，似乎任何商品都可以成为促进热那亚经济发展的动力。

威尼斯和热那亚之间曾签署过一些协议来避免双方发生正面冲突，但由于双方都想控制阿迦城，所以阿迦城的沦陷打破了两国之间的利益平衡。为了备战，威尼斯联合了当时势力并不很强的比萨，两国这次的合作似乎很认真，宣布所有 16 至 20 岁身心健康的公民都有可能随时被应征入伍，此外，政府还要求有钱人出资装备一艘以上的战舰。虽然波罗家在当时还算不上大富之家，但由于马可醉心于战事，所以他们家也积极响应政府的号召。从某种程度上来说，马可的这一举动反映了当时威尼斯人心态上的变化。历经多年的衰退之后，威尼斯共和国突然下定决心，为捍卫自己的名誉和利益而战。

马可厌倦了回国后沉闷乏味的生活，他毅然决定投身这场战争。在威尼斯，马可成天被若隐若现的灰色、褐色和其他颜色的建筑物和发出阵阵恶臭的运河所包围，再也无法像以前那样骑着骏马驰骋在辽阔的蒙古大草原，或者与驼队一起在沙漠中旅行，所以他觉得特别压抑。威尼斯城内有些地方非常狭窄，马可不得不在其中穿梭往来，在这里，他无法看到一望无际的地平线，能看到的只有邻居家的窗户，成天看着邻居们在家中忙出忙进。当年在旅途中看到的壮观宏伟的景观早已从他的生活中消失了，取而代之的是一个普通的威尼斯商人每日的例行公事：处理往来账目、纠缠于令人反感的官司及家人此消彼长的矛盾当中。对于一个曾和蒙古人一同骑着骏马自由驰骋且信奉佛教的人来说，这些束缚简直难以忍受。

1298 年，马可年届 44 岁，他对遇到的任何突发事件都已经能够应付自如了。库尔佐拉之战本是一场威尼斯人不愿看到的战争，但对马可来说，这是一次能让他逃避现实的机会。在战争中，马可不幸被热那亚人俘虏，对他而言，牢狱生活其实是一种解脱，让他暂时摆脱了在威尼斯所受的一切限制和约束。

马可在狱中反倒觉得更加自由，衣食无忧不说，最重要的是，虽然身陷囹圄，但他的精神世界是自由的，他可以任由自己的思绪飞跃帕米尔高原、穿过茫茫戈壁和绿宝石一般的散落着蒙古包的大草原，最后来到位于上都和夏都的蒙古皇宫。枯燥的牢狱生活使得这位曾周游世界的旅行家逐渐静下心来，他夜以继日地给鲁斯蒂谦讲述自己的经历，鲁斯蒂谦将这些故事写下来奉献给了众多的欧洲读者。虽然人们曾怀疑马可那些漏洞百出的故事能否让喜欢辩论的威尼斯人和其他欧洲人信服，但事实是，他与鲁斯蒂谦的合作最后真的让大家心服口服。

作为一位以亚瑟王传奇和刺激紧张的战争场景为故事素材的作家，鲁斯蒂谦对如何加工润色马可的经历有着自己独到的见解。但阅历丰富的商人马可似乎更热衷于强调书中所有内容均为自己亲眼所见。马可的世界观和对基督教世界的看法与读者不同，因此他们对待事物的态度也有所区别。数十年的海外生活让马可接受了蒙古人的风俗、语言和世界观，他完全是从蒙古人的视角来看待生活的——充满活力、虔诚而又随心所欲。

比萨的鲁斯蒂谦是一位传奇作家，他出身于公证员家庭，他本人也具有公证员的从业资格。公证员在比萨享有很高的社会地位，早在古罗马时期，公证员就已经是令人敬畏的公职人员，有权起草涉及经济纠纷等方面的合同、记录并认可财产的交接，以及证明契据和遗嘱的合法性。公证员的名称最早源自一种被广泛使用的速记方法，这种方法据说是西塞罗的文书马库斯·图利乌斯·提洛在记录西塞罗长篇大论的过程中发明的。罗马帝国灭亡后，公证员要由教皇亲自任命，所以他们的威望逐渐渗透至整个基督教世界，并逐渐成为法律系统的组成部分。鲁斯蒂谦具有公证员的身份，所以他有证明马可经历的真实性的资格。

丰富的文学想象力使得鲁斯蒂谦喜欢并擅长描写激烈的战争场景、骁勇的武士及离经叛道的女子，同时法律方面的培训又促使他希望从马可嘴里得知所有事情的真相。怎样才能真实记录马可那些所谓的亲眼所见或亲身经历的离奇故事呢？针对这一问题，鲁斯蒂谦说：“马可只记下了他能回忆起的事情，而这些回忆根本无法与他的丰富经历相提并论。他可能从来都没有想到有朝一日会向蒙古大汗辞官，所以他只留下了很少的一部分记录内容。”

所幸，马可的笔记并没有完全遗失。在狱中，他派人回家取来笔记，并用这些笔记帮助自己回忆往事。“公元1298年，在一同被困在热那亚监狱的比萨公民鲁斯蒂谦先生的帮助下，马可为读者重现了自己以前的所有经历。”

除了威尼斯方言，马可还熟悉西方人根本不懂的波斯语和蒙古语，但是这三种语言都不适合用来撰写这部他和鲁斯蒂谦筹划的史诗，而专门用于撰写传奇故事的法语才是最理想的语言。没有任何史料可以证明马可懂法语，好在鲁斯蒂谦略懂一些，虽然他在使用过程中无法严格遵守语法规则（一想到要说法语，鲁斯蒂谦就会感到很头痛）。最后，两个意大利人决定用法语来撰写这部亚洲史诗，但法语的严谨是一件令马可的代笔人感到棘手的事。在写作过程中，鲁斯蒂谦完全背离了法语的语法规则，有时候他用第一人称来指马可，有时候又突然毫无理由地换用第三人称，而且他对作品本身的提法也不一致，一会儿称“他的书”，一会儿又称“我们的书”。鲁斯蒂谦经常对一个词使用多种拼写，甚至在同一页中也会出现这种情况。复杂的法语时态让鲁斯蒂谦在使用时难以得心应手，所以在撰写过程中，经常会出现一个句子中的时态在现在时和各种不同的过去时之间变换的情况。数百年来，鲁斯蒂谦不合语法规则的表述让那些试图揣测他的意图的译者们一筹莫展。

马可丰富的阅历和想象力及他的自负，远远超出了鲁斯蒂谦的写作能力，所以两位合作者经常无法达成一致。虽然鲁斯蒂谦试图把一些文学观点和基督教理想化的东西强加给桀骜不驯的马可，但是当他们正式开始合作时，他还是迁就了马可，而且对这位活跃的旅行家对神灵大不敬的做法听之任之。由于鲁斯蒂谦青睐于使用传统的叙事模式与风格来追求表达效果，所以他似乎缺乏一种“矫饰”的天分，也就是说缺少一种掩饰的技艺，而马可恰恰擅长于此，他聪敏、富有激情和感染力，擅长对故事进行巧妙的加工和提炼，结果到后来，业余的故事讲述者竟然比专业作家表现得还出色。由于合作者之间这种明显的差异，所以在全书的叙述中，我们先是感觉到他们之间的争执和分歧，继而当两人达成妥协时，叙述的语气就会发生突转，导致文本出现明显的不连贯。这有点像是由一群业余的工匠建造的一座中世纪教堂，看似很壮观，但由于理念上的杂乱无序，所以经过时间的淘洗后，它最终只能算是历史长河中的一处无关紧要的遗迹。

虽然困难重重，但鲁斯蒂谦还是顺利完成了任务。如果没有这位执着的比萨人强迫威尼斯旅行家静下心来坐在那里，滔滔不绝地讲述自己的经历，那么马可的游记绝不可能变为文字被人们传阅。他的经历最终也只能是那些行走“丝绸之路”的商人们闲来无事时的谈资，而他的故事也必将随他生命的终止而消逝。

尽管比萨人鲁斯蒂谦是一位经验很丰富的传奇作家，但他也会原封不动地将自己早期描写战争场景的内容用于对其他事件的叙述中。比如他借用了自己早期的一部亚瑟王传奇，用几乎相同的文字作为《马可·波罗游记》的引言。

鲁斯蒂谦开门见山地说：“君主、皇帝、国王、公爵、侯爵、伯爵、爵士及骑士们，所有愿意并希望了解世界上不同的民族和地区的人们，都会拿起这本书仔细阅读，你可以从中读到很多奇闻趣事，了解大小亚美尼亚、波斯、土耳其、鞑靼、印度和亚洲古国米底，以及欧洲的其他一些地方。本书将一一向大家讲述尊贵的威尼斯公民马可·波罗先生亲眼所见的一切。”

从这点上来看，马可的记述与传统的传奇故事有所不同，他一开始便以旅行家、蒙古大汗忽必烈的亲信，甚至差不多算是个蒙古人的复杂身份出现。两位合作者很快便沉浸于创作的兴奋当中，他们说：“不管是基督徒、撒拉逊人、异教徒、鞑靼人、印度人或其他任何人，谁也不可能像马可·波罗先生这样见多识广，像他一样到过世界上许多不同的地方，了解诸多的奇闻趣事。”正因为如此，他的故事肯定会具有难以预知的生命力。

虽然在马可的讲述过程中经常会渗入鲁斯蒂谦一贯的蛮勇，

但马可绝不像一般的税收官那样语言刻板严谨、缺乏生趣，他的语言表达能力仅次于辞藻华丽的寓言家，处处闪现着狡黠的光芒。他精力充沛且富有活力，所以我们就不难理解当马可出现在热那亚人面前时，俘获他的这些人反倒感到惊恐。只有马可才具有不寻常的经历，只有他才能坦然地接受命运或好或坏的安排，并充满激情地书写自己在蒙古帝国数十载的经历。

马可和鲁斯蒂谦在狱中完成的最初手稿没有被保存下来。因为他们的作品是在活字印刷出现之前完成的，所以这本书当时在欧洲流传的版本都是由僧侣们用不同语言誊抄的手抄本，然后又被贵族们收集起来作为藏书。在抄写过程中，原稿中的有些内容难免会被篡改，有时候是抄写者故意为之，有时候则是由于粗心或者无意识的原因。因此，书中有些内容顺序混乱，有的章节、段落甚至句子中频频出现的错误破坏了故事本身的流畅性。而且书中自始至终没有出现马可向读者承诺会讲述的一些逸事，这使得本书在完整性方面也有所欠缺，尤其是后面的部分章节。这些缺憾并不是因为马可精力不济，而是由于原稿中的有些内容整体丢失或被删除。因为没有权威的手稿做蓝本，所以数百年来，学者和译者们只能以宗教或是世俗图书馆和档案馆里保存的并不完整的版本为蓝本，以至于各个版本的内容出入很大，有些版本甚至会比其他版本多出很多章节。

实际上，也不可能存在让人感觉很完整的版本，它们犹如一些没有舞台指导的脚本，观众们必须自己提供指导，然后再尽自己所能去揣测马可在讲述一次偶遇或表明他的态度时，究竟身在何处。他是诚恳的还是在讽刺挖苦？他是高兴还是愤怒？虽然马可在原稿中清楚表达了自己的各种情感，但读者们却只能在鲁斯蒂谦支离破碎的法语表达中靠自己获取这些信息。尽管困难重重，但鲁斯蒂谦还是设法把马可那些不断变化着的，或做作或诚恳或粗俗的故事转换成统一的格调，并以此来传达马可的意图。马可兴致勃勃地讲述着自己亚洲之行的故事，还时常用一些粗俗的段子、双关语及旁白来粉饰自己为忽必烈汗效劳的那些岁月。他的讲述就像花岗岩上的涂鸦，为他的亲身经历和客观的历史事件勾画出了一个概略。

鲁斯蒂谦认为，马可是一个反复无常、喜欢自吹自擂、情绪易于波动的人。此外，他还抓住了马可记忆力强、语言表达连贯、爱夸大其词的特点，所以手稿中反映出来的马可是一个喜欢高谈阔论并善于模仿别人的人。马可和其他故事讲述者不同，他很少重复自己的话，而且他很清楚自己正在讲述一个史无前例的故事。故事中反映出一个完全不同的马可：一个有着出色理解力和非凡记忆力的人，他凭借自己在中国期间做的各种笔记和对细节的关注完成了自己的故事。尽管他也会产生某种狂热，比如对忽必烈汗的英雄崇拜、痴迷旅途中邂逅的女子。但从长远来看，他很少受到外界的影响，对周围的一切始终保持着怀疑态度。虽然这位真理的追求者也会产生感官上的冲动，但是追求精神上的满足才是他真正的人生目标。马可凭借自己敏锐的洞察力和理解力去评价自己遇到的人和事，并设法让读者去理解它们。他和所有的讲述者一样，精心安排故事中的人物、事件和地点。但是马可呈现时间的能力比较薄弱，除了到达亚洲和离开亚洲的时间外，他没能为读者提供自己在中国 20 多年间的具体时间表，基本上是按照主题来讲述自己到过的或听说过的地方，并在其中穿插一些沿途了解到的趣闻和历史事件。

这位充满激情的故事讲述者非常健谈，尤其是在讲述那些已经消逝在历史长河中的品行高洁的人时，更是口若悬河。鲁斯蒂谦写下的故事和马可当年在热那亚狱中给犯人们讲述的故事是一模一样，所以难怪许多读者会对它兴趣盎然。从外表上看，马可有着威尼斯人的相貌，但他却时常是一副蒙古人的打扮，这使他的故事别有一番韵味。迄今为止，还没有哪一部对中国之行的记录可以与马可投入的精力、使用的大量数据及丰富的想象力相媲美。

任何一个讲故事的人都不会执拗地认为，自己的故事一定能引起读者的极大兴趣。但马可对此非常自信，他觉得自己是在书写当下和历史，而他的目的就是扬名立万。如果他的初衷的确如此的话，那么他最终获得的巨大成功恐怕连他自己都始料未及，“马可·波罗”这一名字成为真实与假想中的旅游，以及用和平方式探索未知世界的代名词。

马可利用简洁的故事，充分表现出一种张扬的自我。他将自己置于当时所发生的一些重大事件，如战争和宫廷阴谋的舞台中央，而史料却表明，他在这些事件中发挥的作用要么微乎其微，要么就是纯粹子虚乌有，更多的时候他只不过是一个旁观者，而非当事人。与同期那些不爱出风头的旅行者和朝圣者相比，马可的这种膨胀的自我意识使他的故事充满了激情与活力。在很大程度上，读者之所以喜欢这本书，正是因为它淋漓尽致地表达了作者的自负与自信。似乎他遇到或听说过的任何事情都非同小可，同时他也试图把这种感觉传达给自己的读者。他小心翼翼地守护着自己在历史盛典中的特权，并以一种令人震惊的勇气和自信，自诩为学贯东西的史学家。

历史上总共出现了100多种互不雷同的《马可·波罗游记》的手稿版本。为了将所有版本中令人费解的部分进行分类，学者们采用传统的分组方式，将所有版本分为两组。第一组主要包括经过热心的译者添加或篡改的版本。比如，16世纪的一部由拉丁文译成的托斯卡纳语版本曾被认为是在最早的鲁斯蒂谦的法文版基础上翻译而成的，但不论是译作还是转译作，都没有传达出原作中马可对细节精微巧妙的处理，以及他幽默讥讽的语言风格。第二组版本的情况较为复杂，主要包括第一组中根本不存在的内容。有些学者认为，马可返回威尼斯后可能曾审阅过第二组版本，以满足读者寻求一部内容比他的狱中作品更加丰富的游记的好奇心。正如艺术家对同一主题所做的一系列不同演绎一样，每一个版本都自称忠实于原作，但没有一个版本可以称得上完美无缺。

马可在热那亚服刑期间，留在威尼斯的父亲尼科洛和叔叔马费奥一直为他的安全担忧，他们多次想把他从狱中赎出来。他们并不知道马可在狱中享受着优待，而且正与鲁斯蒂谦合作撰写他的游记。

同时，父亲和叔叔也在为马可的未来设想，即使他可能已经没有未来了。回到威尼斯后，他们一直在筹划着给马可举行一场体面的婚礼，以便将来有人继承家族财产。虽然马可一直在抵制他们的这种想法，但是在他入狱期间，家人还是在一边盼他平安归来，一边四处为他张罗婚事。

后来他们终于绝望了。赖麦锡写道："当家人看到把马可从狱中赎出的计划根本无法实现时，便商议让尼科洛先生再娶一房妻室。虽然尼科洛此时年事已高，但身体还硬朗，再娶应该不成问题。"如果马可知道了家人的这个决定，或者这个决定被实施了的话，他一定会感到烦恼。虽然同时期的各种文献对此事的记载有所不同，但是如果尼科洛真的再娶，那么他重组的新家庭就会有三个儿子。

马可·波罗和鲁斯蒂谦在热那亚狱中继续书写着他们的史诗，他们对自己将来的命运和正在合作撰写的这部作品的命运一无所知。

1299 年 5 月 25 日，热那亚和威尼斯达成“永久和平”意向，结束了彼此敌对的状态。虽然两个城邦国家进行了多年的战争，但始终没能分出胜负，所以双方都不必做出任何赔偿。事到如今，也没人能说得清楚引发战争的主要原因是什么，也许是因为各自固有的傲慢吧。

3 个月之后，也就是 8 月 28 日，马可·波罗和他的合作者比萨人鲁斯蒂谦被热那亚人释放。出狱后不久，马可就回到了威尼斯，而鲁斯蒂谦在完成写作任务后就淡出了公众视线。45 岁的马可决定接管波罗家族。几个月烦闷的牢狱生活使马可觉得威尼斯就像个安全的避风港，虽然这里不像蒙古帝国那样物质充裕、处处充满诱惑，但自从他开始旅行以来，威尼斯是带给他最多安全感的地方。

马可服刑这段日子里，波罗家族的生活水平和社会地位有了很大改观。他们买下了位于圣·乔瓦尼·克里索托莫街区的一栋整洁、考究并带有院子和塔楼的豪宅，马可后来在这里度过了余生。波罗家族为什么会有财力购买这栋豪宅，人们不得而知，有人说他们从投资中赚了钱，但也有人认为这幢房子是他们用带回到威尼斯的宝石买下的。

马可在威尼斯有了一定的社会地位，他的财产也没有遭受任何损失。此时，他的长辈们老话重提，开始给他张罗婚事。他将要迎娶的是一位与波罗家族社会地位相当的威尼斯女子，而不是他梦想中的某位印度女子或蒙古公主。在亚洲期间，马可了解到很多奇异的婚配习俗和行为，所以他并不完全赞同一夫一妻制。1300 年，家人给马可订下了婚约。

马可的未婚妻名叫多娜塔，是一位叫维塔莱·巴多尔的威尼斯商人的女儿。一般来说，威尼斯人都会精心操办婚礼，而且只有在举行过盛大的婚宴和其他庆祝活动后，双方的代表才会正式签订婚约。婚约签订后，新郎才能与新娘正式会面，按照罗马祖先留下的习俗，还要在新娘子的头上涂抹油脂。遵照事先签署的协议举行完婚礼后，还要举行一些其他仪式，仪式之后，新郎在前来贺喜的亲戚的陪同下，把新娘送回家中。之后，一对新人前往教堂举行仪式，在那里新人要交换婚戒并互相祝福。然后新娘向众人展示从娘家带来的满箱的珠宝、亚麻制品、锦缎、丝绸和珠宝首饰。多娜塔的陪嫁非常丰富，甚至包括一处房产（根据一份 1312 年 3 月 17 日的法律文书记载，多娜塔的叔叔将她的嫁妆全部转到了马可名下）。

按照威尼斯传统的婚礼习俗，婚礼后的第 8 天，新娘要回娘家拜望。按惯例，新娘家要举行盛大的宴会，并向赴宴的宾客分发礼物。这次宴会之后，马可和多娜塔的婚礼仪式才算正式结束。

婚后，马可·波罗开始了传统的威尼斯式生活。他和妻子接连生下三个女儿，分别取名叫凡蒂娜、贝莱拉和莫雷娜（在威尼斯，这是三个很普通的名字，法律文书中常会出现其不同的拼写）。马可的父亲大约在 1300 年前就去世了，文献中曾提到过“已故”的尼科洛·波罗先生，但没人知道他去世的具体时间。马可因自己的游记而闻名于世，而实际上，尼科洛曾成功完成过两次到中国的往返探险旅行，所以相比之下，波罗兄弟俩的探险事业比马可更加了不起。

虽然马可在游记中对父亲和具有同样探险精神的叔叔马费奥并没有着墨太多，但大多时候他还是把功劳归于他们三人共同的努力，而且他非常尊重自己的父亲。按照赖麦锡的说法：“父亲去世后，孝顺的马可把他葬在了一个条件非常好的墓地，存放马可父亲遗骨的石棺一直保存至今。石棺葬在圣·洛伦佐教堂的柱廊下面，左边的入口处刻有碑文，表明这里是尼科洛·波罗先生的墓地。”赖麦锡说这番话时，马可的父亲已经去世 250 年了。

尼科洛去世后，马可和叔叔马费奥继续做着生意，但他们的旅行生涯就此告终，他们可能再也没有离开过威尼斯的达尔马提亚省。马可再也没有重返“丝绸之路”，也没有到过亚洲，亚洲的一切从此与他毫无关系了。马可变得格外珍惜眼前富足而体面的生活。他与妻子、女儿、叔叔马费奥还有家里其他人一直住在威尼斯这栋略显拥挤的大宅子里，躲过了席卷共和国的各种政治风暴。

1300 年，新世纪到来之际，愤怒的威尼斯市民发动叛乱，反对总督彼得罗·格拉代尼戈。后来威尼斯军队镇压了起义队伍，并将叛乱的发起者马林·博科尼奥和他的 10 名追随者的尸体挂在圣马可广场的绞刑架上示众，威慑其他预谋叛乱的人。

平息这次叛乱后不久，威尼斯采取了一些恢复经济的措施，并利用邻国国内出现的灾祸为自己增加资本、发展经济。许多来自卢卡的心灵手巧的纺织工人因国内发生动乱，背井离乡来到了威尼斯，在里亚托桥寻找谋生之路。由于这些能工巧匠的加入，威尼斯生产的丝绸和丝绒很快便以其上乘的质地和富于变幻的色彩而闻名。威尼斯商业行会有着严格的行业标准，规定凡是质量不达标的产品都要被公开焚烧。

原本就在欧洲极具发展势头，而且富于创新的威尼斯商业，再次蓬勃发展起来。数百年来，像波罗家族这样的威尼斯商人一直用实物进行交易，也就是用自己的货物换回珠宝和织物。总督乔瓦尼·丹多洛上台后，积极鼓励威尼斯人使用一种后来在欧洲被普遍使用的新货币——达克特金币。达克特币开始流通后，丹多洛还提升了它的货币值，并下令：“一定要确保达克特金币的成色像弗罗林币一样好，甚至更好。”弗罗林币是佛罗伦萨使用的一种货币，它很快就因为威尼斯达克特币的出现而黯然失色了。达克特金币制作精美，正面是一位跪在圣马可面前的总督像，背面是耶稣像，看上去闪闪发光而且很有分量。达克特币在威尼斯大量发行以后，商人们便不再用宝石而是用达克特币来折算自己的资产了。

虽然马可最终慢慢适应了威尼斯人的生活方式和各种习俗，但他始终无法改掉在亚洲养成的一些习惯。

无论马可走到哪里，他都会随身带着游记的手稿。他不停地给大家讲述自己的经历，偶尔还会把手稿赠送给某位贵族，希望他能将其妥善保存在自己的图书馆内。除了在修道院里保存手稿，马可觉得找到一位对此书感兴趣的有钱的赞助人，是让自己的故事长久保存的唯一途径。一本早期手稿上的题字表明，1307年8月，他将此书赠给了“法国中北部小镇的一位郡主蒂埃博爵士”。根据手稿上的题字内容来判断，瓦罗亚王朝的查尔斯和阿拉贡国王都曾向马可索要手稿，我们不难想象，马可肯定是不胜欢喜地应承了下来。

一直以来，威尼斯共和国与教廷之间的宿怨严重影响着其国民经济的发展。1309年3月27日，教廷再次发布比以往更为严厉的处罚性的教皇敕令。新的敕令不仅将威尼斯及其全体公民逐出教会，而且还宣布威尼斯与外国签订的所有协议无效。这项敕令给威尼斯的对外贸易造成了灾难性重创——潟湖之外原本属于威尼斯的资产全部被教廷查封；各国基督徒也被禁止与威尼斯人有任何生意上的往来；所有设在海外的与威尼斯有关的银行、船只、工厂、仓库和商站全被烧毁。

刚开始，威尼斯还能从容应对这种混乱局面，但此时威尼斯军队又突然遭受疫病困扰，周边的敌国乘机大肆偷袭他们的舰队。

威尼斯共和国的统治似乎即将走向尽头，甚至连一贯自信的贵族商人们也纷纷破产，总督彼得罗·格拉代尼戈只好派出使团前去阿维尼翁拜谒教皇克莱芒五世，并恳请教廷的宽恕。他的这一低姿态取得了预期效果，教皇终于解除了对威尼斯的驱逐令。但在威尼斯人心目中，这位总督也因此名誉扫地。

贵族们开始密谋推翻格拉代尼戈，威尼斯城弥散着一股叛乱的气息。叛乱者这次的行动计划非常大胆，他们密谋于 1310 年 6 月 15 日在圣马可广场趁乱刺杀总督，然后再杀死他的亲信。也许老天不希望威尼斯动荡不安，所以一点也不配合他们的行动。一场暴风雨突然不期而至，潟湖上雷电交加，似乎预示着一场阴谋即将出现，暴徒们在街头喊出的“打倒格拉代尼戈”的口号完全被淹没在暴风雨中。总督的护卫很快就得到了叛乱的消息，他们立即采取行动制服了其中一个叛乱团伙，从而及时制止了一场阴谋。

叛乱分子还受到了一次令人不可思议的打击。叛乱首领之一本杰蒙特·蒂耶波洛带领一群暴徒到达里亚托桥附近时，由于他们的吵闹声惊扰了附近的居民，一位名叫朱斯蒂娜·罗索的妇女打开窗户，随手抓起一个笨重的、种有康乃馨的铁花盆扔出窗外，花盆径直砸向了蒂耶波洛，幸好他躲闪及时，否则铁花盆肯定会砸中他。但不幸的是，他的旗手却被飞出窗外的花盆砸中了脑袋，跌倒在湿漉漉的人行道上，顿时毙命。愤怒的居民们也将一些东西扔出窗外砸向叛乱者，蒂耶波洛手下的那群乌合之众见此情景，顿时陷入恐慌、四下逃窜。最后，蒂耶波洛本人只能被迫投降，以保全自己的性命，侥幸的是，他最终只受到了在达尔马提亚流放 4 年的处罚，而其他叛乱者却因此事付出了生命代价。

扔出那个致命花盆的威尼斯妇女朱斯蒂娜·罗索受到了总督的接见。当总督问她想要什么作为报答时，她不好意思地告诉总督，希望能在每年6月15日纪念威尼斯保护神圣马可的仪式上成为旗手，而且她还希望自己每年的房租不要超过15个达克特。

一场玩笑般的事件改变了整个威尼斯的命运。

马可只想看管好自己的财产，所以他对当时的政治纷争总是避而不谈。他仅有过一次与法律条令发生冲突的经历。1305年，马可曾在法庭上为一个声名狼藉的走私犯做免于受罚的辩护。有资料显示，此人的所作所为很可能是受到了马可的指使。

1310年2月6日，马可的叔叔马费奥自觉来日不多，他立下遗嘱后不久便去世了。虽然马费奥有家室，却没能留下一男半女，因此，他的大部分财产都留给了包括马可在内的侄子们。不久，马可同父异母的弟弟也去世了，由于没有儿子继承财产，他也将大部分遗产留给了马可。这两项遗产再加上父亲留给他的财产，使马可控制了家族资产中的最大份额。

得来的财产并没有让马可变得慷慨，或是使他的生活变得惬意。晚年的马可由以前那个富有激情的"故事大王"变成了一个好打官司而且小气吝啬的人，他脾气暴躁，变得越来越唯利是图，争强好胜。这种行为表现与他年轻时截然不同，由此也显示出他性格抑郁的一面。世界上最伟大的旅行家再也无法外出旅行了，晚年的他无法增加自己的旅行经历，便开始热衷于巩固自己的经济地位。有文献表明，马可变得特别贪婪，在他看来，财富越多越好。他偶尔也会借钱给陷入困顿的亲戚，但一定会收取利息，如果亲戚无法偿还债务，他绝不会延期或者免除债务，而是直接把他们告上法庭，一点都不念及亲情。

1319年，马可起诉自己的堂兄马科利诺，索要其父1306年欠他的债务。威尼斯法庭最终裁定：原告有权拿走被告等价于债务的货物、两倍于欠款数额的罚金，以及13年间累积起来的20%

的利息，这笔款项的总额超过了可怜的马科利诺的全部流动财产。同年 9 月 10 日，马科利诺被迫将自己在圣·乔瓦尼·克里索托莫附近的两处财产转到了马可·波罗的名下。这样一来，马可更有钱了。

不论纠纷大小,马可总会毫不犹豫地将别人告上法庭。有一次，他要求威尼斯同乡保罗·杰拉德返还帮他出售一磅半麝香所得的一笔不小的佣金。让事情变得有点复杂的是，杰拉德私下偷偷卖掉了一部分麝香，只向马可归还了剩余部分，马可在称重时发现麝香比原来少了 1/6 盎司。盛怒之下，马可将杰拉德告到了法庭。根据法律文献记载，“高贵的马可”胜诉，法庭判处杰拉德赔偿马可全部损失，而且如果不能在规定时间内完璧归赵，他可能要受到牢狱之罚。

在这起诉讼案及其他类似事件中,马可·波罗又一次声名鹊起。

曾有一度，马可引起了一位医学和哲学教授彼得罗·德阿巴诺的关注，两人曾多次见面谈论马可的海外之行。每次分手时，德阿巴诺都会对马可在《马可·波罗游记》中展示的广博的知识、超强的记忆力及非凡的观察力留下深刻印象。回到帕多瓦后，德阿巴诺撰写论文称赞“威尼斯人马可的游记蕴含了极为丰富的内容，他是一位非常聪明的研究者”，德阿巴诺还详细记述了他们之间有关天文学和其他领域的谈话内容。马可说,在旅行即将结束时，他们曾到过桑给巴尔岛。特别值得一提的是，在那里他看到过一颗“星星”。“后来，他在北极再次看到了这颗拖着一条长长的尾巴的星星，马可还将它画了下来。”

此后，充满好奇心的旅行家马可滔滔不绝地向德阿巴诺讲述了自己旅途经历中的每一个细节，就好像又找到了一个替自己记录旅行经历的鲁斯蒂谦。德阿巴诺写道：“马可还告诉我，他们到过一个小岛，那里气候炎热，人口稀少，但物产很丰富，盛产樟脑、沉香还有巴西木。此外，岛民们身材高大，就连岛上的羊也都体型庞大，羊毛粗糙得像猪鬃一样。”

德阿巴诺问马可，亚里士多德曾说居住在“热带地区的人生性怯懦，而寒带地区的人则更具男子汉气概”，这话是否属实，马可用自己的亲眼所见证实了亚里士多德的说法。

“我听威尼斯人马可说，当年他沿赤道旅行时，发现热带地区的人要比我们这里的人身材高大，他认为这很可能是因为常年炎热的天气不会使生活在当地的人们为了御寒而耗费体能，从而影响了他们的身高。”根据德阿巴诺的讲述，虽然马可在个人观察的基础上用一种下意识且不成体系的方式解释了一些经典理论，但德阿巴诺教授依然对他非常敬重，并且给予了很高评价。他认为，如果当初马可没能成为旅行家的话，他一定会是威尼斯享有盛名的智者。

1318 年，64 岁的马可看到自己人丁兴旺的大家庭而备感骄傲。长女凡蒂娜带着父亲给她的丰厚嫁妆与马可·布拉格丁结了婚；二女儿贝莱拉嫁给了出身威尼斯古老家族的贝尔图乔·奎里尼，在婚后育有两个孩子。只有小女儿莫雷娜几乎没留下什么记录，很可能是因为马可在世时她还没有出嫁。

两个女婿顺理成章地成了马可与波罗家族其他成员闹经济纠纷时的得力助手。马可不顾家中其他人的感受，选择与大女婿马可·布拉格丁合作，而且两人交往甚密，大女儿夫妻俩以及他们的四个儿子和两个女儿一直与马可住在一起。

年近古稀的智者马可在威尼斯人中间的影响力越来越小了。蒙古帝国的衰败导致“丝绸之路”无法通行，属于马可的那个时代也从此退出了历史舞台。而此时人们还没能理解马可游记的深远意义，换句话说，人们还不懂得如何去理解《马可·波罗游记》的真正价值。

每当马可漫步在威尼斯街头，总会有一些顽皮的孩童紧随其后，喊着："马可先生，给我们讲讲你那些唬人的故事吧！"当时威尼斯还流行着一个习俗，就是在假面舞会上，狂欢者总会假扮马可·波罗，煞有介事地给大家讲一些荒诞无稽的故事。

一代传奇落幕

1323 年，马可卧病不起。他的《马可·波罗游记》引起了一位名叫雅各布·德阿奎的多米尼加修道士的关注，他在自己的作品《世界的形象》中转述了《马可·波罗游记》中的一些故事，他说："马可在书中记录了许多具有重要意义和令人难以置信的事情，所以朋友们希望他能在有生之年将书中出现的一些失真的内容删掉。但马可对此的答复是：'朋友们，我记录下来的还不到我所见所闻的一半呢。'"

马可究竟在游记中遗漏了哪些内容？是发生在蒙古朝廷里的一些八卦新闻？还是一个背井离乡的年轻人的不当之举？显然这些内容都不会是马可上面那句话所暗示的。也许他并没有特指什么，他这番话也许只想说明虽然自己完成了游记，但它离自己心目中的理想还差很远。书中记录下来的所有的人生经历，他始终记忆犹新，历历在目。虽然他一回到威尼斯便着手记录这些经历，但游记完成之后，他并没有觉得轻松，反倒更加困惑。

如果德阿奎的评述可信，那么马可的这番惊人之语就是在告诉我们：撰写自己在"丝绸之路"上的经历对他而言，既是一种情感宣泄，也是一种负担，这次经历是他永生难忘的。虽然游记以马可被忽必烈汗放行、最终回到威尼斯为结局，但马可的故事本身就是一次永无止境的冒险旅行。亚洲幅员辽阔，变幻莫测，有着极为丰富的自然资源和多样的风俗习惯。这片土地上战事不断，各种思潮层出不穷，处处充斥着权术之争。在文化和科技方面，当时的亚洲要比欧洲先进很多，所以没有人能够在一本书中穷尽亚洲的一切。

眼见马可的身体每况愈下，家人给他请来了医生。在威尼斯，医生相当于牧师，可以帮助病人处理临终前的一些事情。虽然威尼斯医生的行医水平让人不敢恭维，但他们受人尊重，在威尼斯享有一定的社会地位。按照威尼斯法律，医生要建议饱受疾病之痛的病人起草或修改遗嘱，并帮助病人做临终前的忏悔。

1324 年 1 月 8 日，虽然医生百般努力，但马可还是到了弥留之际。这天的白昼似乎很短，苍白惨淡的阳光静静地洒在大地上，马可的家人请来圣・普罗科利的牧师兼公证员乔瓦尼・朱斯蒂尼亚尼，让他起草马可的遗嘱并对其进行公证。马可以商人惯有的精明立下了自己的遗嘱，这恐怕是他一生中最后一笔业务了。相关记录显示，朱斯蒂尼亚尼神父用拉丁文为马可起草了遗嘱，这份遗嘱注重细节但缺乏连贯性。

马可指定妻子多娜塔和三个女儿为财产的共同继承人，按照威尼斯传统，遗嘱中使用的全是程式化的语言。马可提出，教会可以按照法律对他的遗产征收什一税，由于“他死后想葬在圣・洛伦佐修道院”，所以他希望将额外的钱财捐给这所修道院。此外，他还开列了一份给其他亲属、宗教机构，以及自己所在的行会和兄弟会的遗赠名单。

临终前，马可还宣布：“免去我姐夫所欠的 300 里拉的债务。”他还依次免去了圣・乔瓦尼修道院、多明我会（天主教托钵修会主要派别之一），以及弗里亚尔·本韦努托和其他几个人的债务。同时，他指出“因为公证人要为这份遗嘱费心，而且还要为我做临终前的祷告”，所以还需要给公证人支付 220 铜币的酬劳。

提到从中国带回威尼斯的仆人彼得，马可表现得非常宽宏大量：“我要给具有鞑靼血统的仆人彼得自由，祈求上帝能够原谅我所犯的一切罪过。彼得以后可以靠自己的劳动生活，此外，我还要赠给他 100 里拉。”

然后，马可逐一为家人分配了遗产。多娜塔得到了一笔养老金和一处房产，以及家中包括三张床在内的所有陈设。马可要求三个女儿平分留给她们的东西，他还给尚未出嫁的莫雷娜留下了“一份等值于她两个姐姐陪嫁品价值的财产”。

马可的遗嘱中还附有他严格的训诫：“如果谁企图违反这份遗嘱，那么除了会受到万能的上帝和 318 位圣人的诅咒，还必须向我的妻女支付 5 磅黄金，我的这份遗嘱的所有内容仍然有效。”遗嘱的最后一句话是：“以上内容都是在马可·波罗先生的要求之下起草并签署的。”

从珍藏于威尼斯马尔西亚那国家图书馆中的相关资料来看，马可没有在遗嘱上签名，这一遗漏引起了人们的质疑，有人认为，当时马可的身体可能已经孱弱到无法做这一简单的动作了。其实，遗嘱上有无马可的签名并不重要，因为身为牧师和公证人的乔瓦尼·朱斯蒂尼亚尼完全可以替马可签署并且证明其遗嘱的合法性。为了防止有人伪造，乔瓦尼·朱斯蒂尼亚尼还专门使用了一种很特别的花体字来起草马可的遗嘱。

马可的遗嘱表明他拥有一大笔财产，其中包括他经营的织物等物品、一幢豪宅和一些他从别人手里买来的值钱的地产。此外还有一些可以见证他不寻常经历的、从国外带回威尼斯的物品，似乎每一样东西都可以为能读懂它的人讲述一个不寻常的故事。

第一件是马可离开大都时，忽必烈汗赐给他的金牌。这块金牌曾使他在蒙古朝廷享有很高的地位，马可去世的时候，那个曾威震一时的王朝已经不复存在了。这块金牌昭示了忽必烈汗与在元朝为官多年的威尼斯人之间耐人寻味的关系。

第二件是一串佛珠。马可的财产清单上记录着这串念珠是用黄杨木做成的，它足以说明马可在亚洲和印度期间曾热衷于寻求一种宗教文明。

第三件是用宝石和珍珠做成的蒙古头饰。这个头饰很可能是马可当年护送的蒙古公主阔阔真戴过的。在中国，主人把自己的饰物送给下人是很平常的事情，也许阔阔真送给马可这个头饰，是表达对马可将自己安全护送到新家的感激之情。马可曾提到，公主与他们挥泪告别，也许阔阔真就是在那个时候把自己的头饰送给了马可。

就财产本身而言，虽然马可这些记录在册的财富还不足以使他称得上威尼斯商界精英，但他的财富却有不凡的渊源。他最大的一笔财产是从亚洲带回威尼斯的宝石，马可曾对自己的商业竞争对手、税收官员甚至家人隐瞒了这些宝石。马可和父亲及叔叔将自己在蒙古生活数十年间积攒的珠宝悉数缝进了袍子的内衬，从马费奥因为妻子将那件看似普通实际却藏有大量珠宝的袍子送给流浪汉而差点发狂这件事，就足以推测这些隐藏起来的财富的价值。所以马可回到威尼斯后，甚至直到自己去世前，仍将宝石藏起来也是很自然的事。如果这一切都属实的话，那么马可的财产数量不仅躲过了威尼斯地方当局的注意，并且有可能永远都是一个谜。

太阳落山了，马可在这个世界上的时间也不多了。按照威尼斯的惯例，太阳落山标志着新的一天的开始，也就是说很快就是1月9日了。公证人在马可遗嘱上标注的日期是1月8日，意即马可的生命旅程结束于1324年1月8日太阳落山之后，1月9日来临之前。

这位世界上最伟大的旅行家，一生中绝大多数时间都是在做“囚徒”。数十年间，他经历了两种不同形式的监禁生活，一种是忽必烈汗在中国为他设置的极尽奢华的牢狱，另一种则是热那亚监狱。充满讽刺意味的是，这两个阶段是他人生最美好的时光，面对这些令人难堪的境遇，他显示出了无比的忍耐力。正是凭借着执着的信念，他经过长途跋涉终于安全返回家中，而且后来又在令人无法想象的环境中完成了自己的游记创作。这部始终贯穿着他的顽强精神、以一种超越时空的方式对业已不复存在的世界进行描述的《马可·波罗游记》，不仅是对一段历史的记载，也堪称一部艺术杰作。

受拜占庭文化的影响，威尼斯人的葬礼是一种公共仪式。人们把死者从他临终前睡过的床上抬下来，安放在撒着灰的地板或木板上。等丧钟响起后，牧师开始用拉丁文诵读祷文，死者的妻子则要在一旁捶胸顿足、痛哭流涕，因为按照当地风俗，她一定要在众人面前表现出无比痛苦的样子。裹着布单的尸体被抬往墓地的途中，遗孀还要设法不断拦住送葬队伍，紧跟其后的死者家属也要尽量表现得悲痛欲绝，到了墓地后，他们更要显得无比悲痛。威尼斯的穷人通常会把家人的尸体放在街上好几天，以求得路人的施舍。显赫的波罗家族在马可去世后不久，便在圣·洛伦佐教堂的公墓为他举行了葬礼，并把他安葬在曾与他一起周游世界的父亲尼科洛的墓地附近。多年之后的1348年，他的小女儿莫雷娜在遗嘱中也要求将自己“葬在父母的墓地旁”。

传统上人们认为，马可的墓地以他父亲的石棺为标志。这位在威尼斯具有极高知名度的公民凭借《马可·波罗游记》一书流芳百世，但死后竟然连自己的墓碑都没有留下。

尽管大多数同时代的人鄙视甚至想忽略马可·波罗的伟大功绩，但是历史却记录下了一切。

后 记

MARCO POLO

文化交流史上的奇书

《马可·波罗游记》的是是非非

尽管《马可·波罗游记》中记录的许多内容都非常翔实，但没有人把马可当作史学家，人们还是习惯称他为“百万先生”。1392 年，《马可·波罗游记》的佛罗伦萨译者阿马利奥·伯纳贵斯说，威尼斯人马可之所以写下自己的故事“纯粹是为了打发时间，排解内心的寂寥”。此外，他还提醒读者，“书中提及的内容都是些令人难以置信的事情，所以在我看来，它们即便不是马可杜撰出来的，也可能只是些奇闻逸事而已”。

伯纳贵斯的提醒也不无道理。马可的合作者鲁斯蒂谦曾篡改了几个有关基督教的奇闻，理由是他认为杜撰的故事会比真相更令人振奋。在《马可·波罗游记》的创作过程中，尽管纯粹的文学加工的内容并不多，但读者对马可的真实经历仍有所怀疑。伯纳贵斯还说：“也许马可讲述的经历都是真实的，但我本人并不认同。世界各国出现了很多版本的《马可·波罗游记》，我翻译它纯粹是觉得好玩，绝不是因为相信它的真实性。”

这种事听上去也不是不可能，因为一部由约翰·曼德维尔爵士编写的、与《马可·波罗游记》相仿的作品，便是用各种虚假故事和神话冒充事实的作品集。约翰爵士用法文写成的这部《游记》最早出现在1356年，因此有人称他为“英国的马可·波罗”。与马可不同的是，这位出身赫特福德郡骑士家庭的爵士，恐怕连自己藏书丰富的贵族图书馆都没离开过。但他自称于1322年（也有人说是1332年）启程去了圣地，后来又到过印度、波斯和中国，最后于1356年（或1366年）结束旅行返回家中。

他还声称，教皇看过他的游记后认为其中一切属实。而事实上，约翰只是对从别处收集来的各种故事进行了巧妙的编辑，这些故事取自普林尼、希罗多德等史学家的作品，以及有关亚历山大大帝的各种传奇和神话故事，其中甚至还包括了连马可都不能确定其真实性的祭司王约翰的故事。此外，约翰还吸收了一些不太知名的作家的作品，如阿尔贝特·艾克斯、威廉·的黎波里、奥多里克·波尔代诺内和文森特·博韦。后来，曼德维尔的作品还被其他一些一心想编出自己的历史巨著的人剽窃盗用。

曼德维尔虚构出来的《游记》在中世纪晚期和文艺复兴时期的英国成为一部广受欢迎的作品，15世纪的时候，曼德维尔作品的印刷量是波罗游记的5倍以上。在长达200多年的时间里，这两部游记同时被归为奇闻逸事类作品。到了18世纪早期，当人们再次评价曼德维尔的作品时，终于发现了其中的问题，认为该书纯粹是“骗人的”。

与曼德维尔杜撰故事的做法不同，马可坚称自己所说的每一个字都是事实，当然其中也融入了一些主观臆想甚至神话的成分，他之所以这么做，为的是将故事烘托得更具说服力。如果马可仅以事实为依据，那么他的故事也会和之前的文人遗留下来的作品一样索然无味。马可的故事虽有夸张，但绝非杜撰，他希望甚至要求读者相信自己说的每一句话。这种想法给他的创作带来了很大的压力，因为他必须证明自己所说的都是事实，并将自己的想法强加给读者。

20 多年的旅行使马可意识到，事实要比虚构更难让人接受，所以他一直设法说服别人接受事实。像马可这样有着丰富经历的作家有必要去吹嘘，或者恳求读者一定要相信自己所言都是事实吗？马可非常善于说服那些怀疑论者：他充分利用个人观点，以及关于强大的统治者忽必烈汗的历史文献来证明自己的说法。如果马可没有生动刻画这位传奇人物，那么他的故事很可能只是一部对“丝绸之路”上的生活经历的记述。曾经在蒙古朝廷长期供职的经历将他的作品提升到了一个完全不同的层次，这些经历不仅成就了马可旅行家的身份，而且让他能以东西方两种文明的见证人的身份来讲述这些故事。

不过马可也有盲点和不足。当忽必烈汗的统治开始走下坡路的时候，他没有向读者讲述昔日英雄的日渐衰退，却将笔锋一转，着力去描写女人、艺术甚至宗教。不过，他很快又摒弃了这些话题，就像一位集市中的商人，经过一番权衡和思考后，最终还是决定撤掉一件自己面前的商品。尽管马可试图表现出自己的博学，但他对历史的把握总有些令人难以信服，有时候他就像个门外汉，对很多事情的了解和把握并不深入。

马可去世 300 年后，弗朗切斯科·圣索维诺编撰的威尼斯指南谈到圣·洛伦佐教堂时，还提到了这位威尼斯旅行家，以及热那亚航海家、探险家哥伦布，“‘百万先生’马可·波罗被葬在了教堂的柱廊下，他是在发现新大陆的克里斯托弗·哥伦布之前第一位撰写新世界游记的人。”要是马可生前能听到这些赞美之词，他一定会欣然接受。不过也许他会指出自己并不是探险者，而更应该被视为一位游历甚广的商人，他沿着传统路线游历并仔细观察了亚洲和印度的一些古国。对欧洲人来说，马可在这些国家的所见所闻，都是他们以前闻所未闻的。

1685年，马可在威尼斯的声誉和地位终于得到了确认。托马索·福加佐尼在他的百科全书式的教会史中，记叙圣·洛伦佐教堂的修缮情况时说："柱廊的中间就是最著名的威尼斯贵族马可·波罗先生的墓地。"这句话足以让墓地主人的虚荣心得到满足了。

遗憾的是，马可的墓地没有被保存下来。1827年，埃马努埃莱·安东尼奥·奇科尼亚在撰写威尼斯人墓志铭的综合目录时，提到波罗家族的墓碑遗失之事。事实上，整个圣·洛伦佐教堂都曾遭到严重破坏，后来又进行了重建。最近的一些调查表明，掩埋在教堂墙体中的波罗家族成员及其他人的尸骨被收集起来统一埋在了一个墓穴中，后来可能被当作填充物垫在了整饬一新的教堂地下。不管是上述哪种情况，石棺以及标志着马可和家人安息之地的所有物品都没有被遗留下来。

如果说波罗家族后继有人的话，那么非马可的大女儿凡蒂娜莫属了。她不仅像父亲一样喜欢探险，而且同样总是官司缠身。有记录表明她时常出入法庭为自己争取从父亲那里继承来的遗产，1362年8月4日，她声称已故的丈夫在威尼斯的殖民地克里特岛去世前，用欺诈手段夺走了她的遗产。马可去世后的几十年里，波罗家族内部一直在乐此不疲地争夺黄金、香料、织物和房屋等财产，他们对马可留下的最大的遗产——《马可·波罗游记》反倒兴趣索然，似乎谁也不愿为该书的传播努力，于是，这一使命只能落在旁人身上。随着手稿在整个欧洲的传播，《马可·波罗游记》焕发出了新的活力。

有许多人都自发地誊抄马可·波罗与鲁斯蒂谦的合作成果。

《马可·波罗游记》最早的读者主要是学者、修士和对它感兴趣的贵族，而在威尼斯和其他教育程度低的地方，人们对此书的了解，主要来自对马可·波罗奇妙的记述的一些传闻。

《马可·波罗游记》大约共有 119 种不同版本的早期手稿被保存了下来，内容大相径庭。一部早期的托斯卡纳方言版本出现时，马可还健在，后来又相继出现了包括威尼斯语、日耳曼语、英语、加泰罗尼亚语、阿拉贡语、盖尔语和拉丁语等欧洲语言的《马可·波罗游记》版本。虽然在活字印刷出现前，《马可·波罗游记》的发行量就已经很大，但它的受欢迎程度远远低于其他书籍。而当时至少有 275 种约翰·曼德维利的《游记》手稿在读者中传阅。14 世纪和 15 世纪，读者可以读到不少于 500 种但丁的《神曲》手稿。

相比之下，威尼斯人对马可的经历的怀疑使他在本国并没有得到应有的重视，就连与马可同时代的但丁也从未提到过他（尽管有些学者认为，他曾非常隐晦地提到过这位旅行家）。在马可生活的威尼斯城，游记仅发行了两种版本的手稿，其标注时间为 1445 年和 1446 年，距马可与鲁斯蒂谦在热那亚服刑差不多 150 年之久。现在一些幸运的读者也许能查询到这本书的公开发行版本，据说这一版本还与位于威尼斯商业中心的里亚托桥有关——读过游记的读者与吵吵闹闹的商贩们聚在一起，期待着进入忽必烈汗生活的另一个世界，他们都渴望去见识一下大汗迷人的嫔妃和骁勇善战的蒙古大军。

马可的手稿后来终于轰动一时。赖麦锡说："仅仅几个月时间，意大利到处都有人在传阅马可的游记。"他的这句话似乎有点言过其实。事实上，这本书是逐渐被传开的，而且仅此一册。经过了一个多世纪，《马可·波罗游记》终于在欧洲历史和文学界赢得了一席之地。马可·波罗被人们誉为文化传播者和世界上为数不多的具有广泛经历的人之一，他的足迹遍及从亚美尼亚到桑给巴尔岛的各个地方，他为后代子孙传播了一种民族精神与文化。这种文化不仅包括这位世界旅行家和商人家乡的文化，还包括蒙古人、汉人、印度次大陆居民的文化，以及亚洲各部落的文化。马可对这些文化的描述，尤其是对中国文化的描述成了 19 世纪前欧洲人了解中国的主要的信息来源。马可为世人所展示的，不仅是书名字面上所指的“对世界的一种描述”，他还在试图重现一个已经失去的世界。在这个过程中，马可重现了许多重要的人物和事件，正是他使这些人和事没有被历史遗忘。

编者和学者们曾试图去整理那些凌乱不堪的手稿，以此来打消读者对相关细节的种种疑虑，并引导他们更深入地了解神秘莫测的亚洲和印度次大陆。这些人当中最著名的是一位僧侣。刚开始时，他还对把这部巨著翻译成拉丁文的差事感到很不满意，他说：“受神父和院长之命及各位教友之托，本人——博洛尼亚人弗朗西斯科·皮皮诺修士，只好接受了这份差事，把原本用托斯卡纳语和威尼斯方言写成的手稿翻译成拉丁文。”1310 至 1314 年，皮皮诺完成了翻译工作，这段时间也恰好是马可生命中最后的时光。皮皮诺所参照的手稿与原稿比较接近，但由于马可生前似乎一直在增加游记内容，所以皮皮诺除了担心他的译稿不完整外，还担心它会缺少“原文”带给读者的那种愉悦。

尽管心存顾虑，但皮皮诺还是在译作中掺入了一些明显的宗教思想。他在这部拉丁文译本中向去东方完成传教任务的僧侣们简要介绍了东方的各个教派，在修订译稿时，他还介绍了一些东方的礼节和教义，同时删减了原作中露骨的性描写和一些暧昧的段落。有时候，皮皮诺还会用自己的语言重新组织书稿内容，他希望虔诚的读者们明白“这些曾生活在水深火热的污秽环境之中的迷茫的非犹太教民族，应该感谢万能的上帝欣然召唤他们走出黑暗，奔向了美好的光明”。

马可在游记中表现出的宗教观点与皮皮诺的观点有所差别，有时候甚至截然相反。比如，皮皮诺每次提及穆斯林或者异教徒的时候，都会加上“仇恨”之类的形容词，从而使读者觉得马可似乎对伊斯兰教抱有成见。但实际上，对伊斯兰教心存敌意的并非马可，而正是皮皮诺本人，虽然马可并不欣赏伊斯兰文化中展现出来的那种圆滑，但他对伊斯兰教本身始终抱着中立的态度。《马可·波罗游记》的一些现代版本也明显受到了皮皮诺的影响。

1477 年，最早的《马可·波罗游记》的印刷本在纽伦堡出现，此时离鲁斯蒂谦动笔写作已经过去了 175 年。该版本的首页插画上整幅刊登了年轻的旅行家的画像，由于需求量一直在增长，4 年后奥格斯堡又发行该书的德语版，此后其他国家的出版商也相继刊印了各自的版本。1556 年，皮皮诺译作的法语译本出版，不久便成为最受读者欢迎的法语版本（从此，人们再也不用为鲁斯蒂谦所写的令人费解的法语方言犯愁了）。

意大利语版多年来一直沿用赖麦锡的译作并且多次再版，赖麦锡在帕多瓦城去世两年后的 1557 年，意大利语版大受读者追捧，而此时马可去世已经 200 多年了。满腔热情的赖麦锡并不太了解有关马可的种种流言蜚语，他为旅行家的神话赋予了新的活力，并且肯定了马可对帮助人们了解自己生存的这个世界所做的巨大贡献。赖麦锡写道，“直到今天，人们才发现马可当时对我们生活的世界的一些有趣的细节描写。我认为，人们需要借助完成于 200 多年前的不同版本来深入了解马可的原作是很有道理的。因为早期的不同版本内容非常准确，而且在很大程度上，要比现在的任何一个版本更忠实于原作。因此，人们不应该摈弃这些凝结着大量艰辛劳动和努力的伟大成果。”

在赖麦锡心目中，无论是在古代还是现代，马可·波罗都算是最伟大的探险家，他甚至比哥伦布还伟大，当然他也承认自己的这一论断可能有些偏颇。他之所以这么说，主要是因为哥伦布来自威尼斯的劲敌热那亚，而且他的航船上挂着威尼斯的对手西班牙的国旗。此外，赖麦锡觉得“因为陆上旅行比海上航行条件更为艰苦，所以相比之下，前者显得更为重要”，而且只有“伟大的灵魂才能经受沿途一连几天甚至数月缺吃少喝的严峻考验，才能沿着漫长而艰辛的道路完成如此艰巨的任务”。

哥伦布四次前往新大陆的途中，一直小心翼翼地随身带着马可的游记，但是这位热那亚航海家始终没有找到马可·波罗所说的中国（马可·波罗让哥伦布产生了一种误解，认为中国位于加勒比海附近）。哥伦布在他的那本意大利语版的《马可·波罗游记》的页边空白处所做的笔记表明，他特别关注马可曾提到的胡椒、肉桂、丁香等经济作物，哥伦布梦想能把这些东西带回欧洲大赚一笔。同时，他也非常希望能够到达波罗一行曾停留过的地方，他打算去拜见“大汗”，向他递交自己的资助人西班牙斐迪南国王和伊莎贝拉女王的文书，并且告诉“大汗”西方的情况，尤其是一些与基督教有关的事情。可是，哥伦布也许并不知道，蒙古帝国此时早已不复存在了。（有关哥伦布航海请见 *Columbus: The Four Voyages, 1492-1504*，中文书名《海洋征服者与新航路》）

另一位深受《马可·波罗游记》影响的航海家，是一个名叫安东尼奥·皮加费塔的年轻的外交官，他曾是费迪南德·麦哲伦于 1519 年开始的全球旅行的官方记录者。皮加费塔模仿自己的威尼斯同乡马可·波罗记录下了这次仅有 18 位幸存者的灾难性的环球之旅。因为《马可·波罗游记》中的一些故事既不完整也不连贯，所以人们认为它是一部没有完成的杰作，一部与后来的航海家和具有远见卓识者进行对话的杰作。

1797 年的一个夏日，塞缪尔·泰勒·柯勒律治由于“身体原因回到了位于波洛克和林顿之间的一个荒凉的农舍居住，这个地方属于萨默塞特郡和德文郡交界处的艾克斯木”。柯勒律治是一位乡村牧师的 14 个孩子中最小的一个，当时这个 25 岁的年轻人刚从剑桥大学耶稣学院毕业。由于没有拿到学位，他下定决心成为一名诗人和理想化的激进分子。极度的抑郁和糟糕的健康状况始终折磨着他年轻的身体，所以他只能靠鸦片来寻求解脱。

“由于身体不适，柯勒律治服下医生开的止痛药后，就开始阅读 1613 年出版的塞缪尔·珀切斯写的编年史《珀切斯的朝圣之旅》，在药物作用下，他竟然在椅子上睡着了……”珀切斯的这本书中吸收了马可游记中的很多内容，如“忽必烈汗在夏都修建了宏伟的宫殿”。珀切斯也许不会想到自己的作品竟然能催生出英国诗歌中一些最著名的诗句，而且这些诗句中的词汇出自他的笔下：“高高的宫墙围住了方圆十六英里的土地，宫墙内是葱郁的草场、沁人心脾的泉水和潺潺的小溪，还有各种可供狩猎的动物，中间有一座可以随时搬移的华丽的宫殿……”

读完这些文字后，柯勒律治睡着了，“至少从表面上看，他沉沉地睡了三个小时”。在梦中，他毫不费力地创作出“两三百句诗”。当他从药物引起的睡眠中醒来后，“立即把自己能回忆起来的在梦中所作的诗句记了下来”。因为柯勒律治入睡前正在阅读有关忽必烈的文字，所以他在梦中所作的诗可能都与忽必烈汗有关。

就在这时，“一个讨厌的波洛克商人”的来访打断了年轻诗人的工作。客人走后，诗人“重新回到自己房间，但令他感到惊讶和惭愧的是，虽然记忆当中还保留着一些大致印象，但除了不多的几行诗句和一些零散的画面外，他脑子中的其他东西就像是石子在水面上激起的涟漪，已经消失得无影无踪，再也回忆不起来了”。

经过一番对那些仿佛从梦中窃取来的材料的艰辛整理，柯勒律治写下了《忽必烈汗》的开头几句：

在大都，忽必烈汗
修建了宏伟的宫殿。
从这里，神圣的阿尔浮河
流过深不可测的岩洞，
注入幽深的大海。

诗人的情绪很快被调动起来，他在诗的结尾发出了对贪图享乐者的警告。他仿佛觉得别人正看着他和他的灵魂，于是写出了：

小心！小心！
他长发飘舞，目光如炬！
围成圆圈，绕行三度，
心怀敬畏，紧闭双目，
皆因他已饮甘露，
又喝过天堂的乳浆。

在那个时代，柯勒律治对权力与时空的美好愿望显得过于理想化了，所以他直到20年后才打算发表这首《忽必烈汗》，他的这首诗让忽必烈汗在西方人的心中永远占据了一席之地。

在性格方面，身为旅行商人的马可与患有神经衰弱的诗人柯勒律治截然不同，但伟大的蒙古帝国却对他们发出了同样的召唤。

因为服用药物，所以柯勒律治常会产生幻觉，但这正是他诗歌创作的源泉。不过，柯勒律治本人却没有意识到这一点，塞缪尔·珀切斯对此的解释是，诗人与马可一样受到了药物的控制。由于马可在阿富汗期间身患重病，所以他可能也用过鸦片，正因为两人都曾用过鸦片，所以他们才具有超强的洞察力，他们的作品才会如此生动鲜活。鸦片改变了马可，他的洞察力因此变得更加敏锐。

在这种意义上，我们可以说马可仅仅是把自己经历过的一切进行了加工和放大，而没有做任何的夸张与粉饰。因此，我们也才能理解为什么他的有些叙事详细而敏锐，而有些却显得不切实际。马可回到威尼斯后，就不再使用任何鸦片之类的药物了，这可能也促成了他从一位精力充沛的往来于各国的使者转变为一个充满复仇心理的纠缠于大小诉讼案的商人。

尽管人们几乎已经遗忘了马可·波罗本人，但他那部令人无法分清事实与虚构、囊括诸多国家的《马可·波罗游记》却让人难以忘怀。这种情况直到 19 世纪才发生了一些改变，研究者们试图对他书中混乱的内容加以整理，并修订出一部具有权威性的版本。人们之所以会对马可的游记产生浓厚兴趣，完全是出于一种痴迷亚洲艺术与哲学的东方情结，法国人在这方面表现得尤为突出。1824 年，总部设在巴黎的法国地理学会出版了经过精心改编的《马可·波罗游记》，从此以后，学术界不再考虑该书的内容是否有误，而是将研究的关注点转向了马可叙述的真实性问题。

大家最后得出的结论是，尽管马可在用词方面有所夸张，但总的来说，他笔下的大部分内容都经得起推敲，而且该书被认为是有关亚洲大陆上一些人类难以涉足地方的可靠信息来源。这部曾一度被认为是荒诞而虚幻的作品，终于被越来越多的人所接受，还被当成了历史资料。

40 年后，法国语言学家 M.G. 鲍狄埃对 1824 年重新修订的《马可·波罗游记》进行了研究，结果发现它并不是一部神话，也不是毒品刺激下的产物，而是一些非常精确的历史记录。在参照了蒙古人和汉人的历史记录后，鲍狄埃证实了马可描写的商业活动，皇宫内举行的各种仪式，以及各地奇异的宗教、丧葬和婚嫁风俗的真实性。

鲍狄埃的学术发现得到了两位后来的学者亨利·尤尔和亨利·科尔迪埃的进一步证实和润色，他们向全世界讲英语的读者大力宣扬马可的盛名。对这两位学者而言，《马可·波罗游记》的最大魅力不在于它的内容或独特的叙事方式，而在于其中蕴含的那些“难以回答的问题”。尤尔和科尔迪埃声称：“这是一部充满了谜团的作品，我们对其真实性很有信心，所以我们坚信每一个谜团都一定会有它的谜底。”于是，他们带着那个时代的热情和信心，动身去找寻这些谜底。

他们借助互联网，不知疲倦地查证了马可曾提到过的所有亚洲的人物和地点，还进一步证实了马可的记述可能来自直接的观察。尤尔和科尔迪埃认为，这一证据足以还他们心目中的旅行英雄以清白，但在某种程度上，他们的这种大规模的查证也让马可富于想象力的性格特点打了折扣。如果马可只是在撰写一部有关亚洲的百科全书的话，那么他的作品绝不会如此受欢迎，也绝不会有如此大的影响力。

尤尔和科尔迪埃做了注释的《马可·波罗游记》，长度是原作的 4 倍，他们在书中把马可塑造成了一位地理大发现时代的先驱、一位最成功的雄心勃勃的探险家。他们认为在某种程度上，马可甚至要比受到《马可·波罗游记》启发后才去探险的费迪南德·麦哲伦和克里斯托弗·哥伦布都要成功。因为马可与他们不同，他手无寸铁，没有挑起任何战争，没有俘获奴隶也没有残杀任何生灵。在所有欧洲探险家的旅行中，唯有马可的旅行最终成为一部有着持久影响力的文学作品的素材。“他是第一位纵贯亚洲的旅行家”，尤尔和科尔迪埃如此评价马可：

> 他记下了自己看到的所有国家的名称，并对其进行了详细描述。波斯沙漠、鲜花盛开的高原和巴达赫尚大峡谷，于阗盛产美玉的河流、蒙古大草原，还有在大都建都并曾盛极一时的新朝代。他是第一位向世人全面介绍中国的旅行家，他不仅描写了中国的辽阔疆域和宽广的河流、规模庞大的城市、先进的制造业、众多的人口，以及令人难以置信的强大的海上和内河船队，还为我们讲述了其他奇特的风俗和宗教信仰，西藏的佛教徒、缅甸的黄金塔和叮当作响的塔顶……

尽管尤尔和科尔迪埃的用词有些夸大，但这些话绝对是对马可卓越成就的准确评价。马可·波罗和阿列克西斯·德·托克维尔一样，都是那种身为异乡人却比当地人更了解当地的人。

在意大利，代表了《马可·波罗游记》研究最新成就的集大成者当属路易吉·福斯科洛·贝内代托，他将各种不同版本的手稿整理汇编成册后，于 1928 年在佛罗伦萨出版。

1932 年又出现了一部不寻常的版本，其中包含了更为详细的故事内容和更加新颖的材料，负责此项工作的是英国著名的收藏家和学者珀西瓦尔·大卫爵士，他同时还是一位研究中国陶瓷的专家。出于对《马可·波罗游记》的浓厚兴趣，珀西瓦尔亲自去西班牙的托莱多和红衣大主教弗朗西斯科·哈维尔·泽拉达的图书馆查找资料，当时的红衣大主教收藏着一份内容比其他版本多出一半的西班牙语译本的手稿。学者们认为这个版本大概是 15 世纪在意大利创作或翻译而成的，当时正是《马可·波罗游记》从手写稿向印刷版过渡的时期。现在人们把这个版本称为“Z 写本”，有时也称之为托莱多手稿。

为了将《马可·波罗游记》最完整的版本呈献给更多的读者，剑桥大学的 A.C. 穆勒教授和法国学者保罗·伯希和在“Z 写本”的基础上合作编写了一个“复合译本”，他们这么做是为了“将几乎所有的或所有现存的被认为是马可·波罗曾说过的话汇编在一起，并注明出处”。1938 年，他们的合作成果以英法两种语言出版，同时出版发行的还有两卷注释本。虽然这个“复合译本”是《马可·波罗游记》研究的最新成果，但还算不上是最完整的一部手稿，不过穆勒与伯希和紧紧抓住了马可在原作中传递出的愤慨之情，并融入了一些口头语和学术性内容。与前辈们的那些较为严肃的版本相比，他们合作的新版本可以使读者在阅读过程中更清楚地感受到马可反复无常的性格特点。

马可·波罗不仅是一位旅行家，也是那个时代重大历史事件的见证者，他从一个需要父亲、叔叔庇护的 17 岁懵懂少年，最终成长为世界上最强大的统治者麾下的一位经验丰富、充满自信的大臣。他讲述的故事就是他曾见证过的历史，从某种程度上来说，他的这种做法前无古人，可能也会后无来者。要完成一件既是文学创作又兼具重大历史意义的任务，在知识和阅历方面，任何一位 13 世纪晚期或 14 世纪早期的绅士都无法与马可相提并论。马可以自己大胆的尝试，极大地丰富了人类的知识、经验和想象力。

《马可·波罗游记》的终极意义就在于它始终会令仔细研读它的人觉得费解、饱受折磨甚至感到愤怒。当马可完成各种使命返回蒙古朝廷向忽必烈汗讲述途中经历时，他是在传达自己对自然世界的理解呢？还是在传达一些经他消化理解了的更有刺激性的东西？抑或是一种幻景，甚至是鸦片刺激下产生的幻觉？

多年来与蒙古人一起生活的经历，培养了马可特殊的敏感性。他在蒙古人当中成长起来，形成了与蒙古人一样的思维方式和世界观，所以他想当然地将自己看作他们中的一分子。因此，他在对亚洲的叙述中既表现出西方人长于客观描述的特征，又有蒙古人对包罗万象的宇宙的深深敬畏，他深信宇宙间存在一种超自然的力量在指引人类行为。马可努力使自己表现得像一位合格的基督徒，他的合作者鲁斯蒂谦，以及后来的皮皮诺和赖麦锡等手稿译者也一直在设法给读者留下这种印象。但事实上，在宗教信仰方面，马可和与他亦师亦友的忽必烈一样，是个折中派，他的信仰与蒙古人一样是多样化的。

西方怀疑论者认为，马可接纳了蒙古人的思维方式，这使他似乎可以尽情地将虚幻之物与现实结合在一起。这种奇特的混合体超越了历史的局限，在激起欧洲人好奇心的同时也让他们产生了种种猜疑。对那些愿意接受马可观点的读者来说，他的故事简直就是一个融汇了东西方文化的万花筒，向他们展示了许许多多鲜为人知的事情。

然而，从以目标为导向的现代科学层面上来讲，马可只是在机缘巧合之下到过一些地方，所以他算不上是一位真正的探险家。他对难以预知的事情总是采取一种开放的态度，根据具体的情况来调节自己对周围的一切人和事的看法与态度。由于他在旅行时不带任何功利心，所以他是一位心态最为平和的旅行家。尽管他始终自认为是一位基督徒，但他又在伊斯兰教、佛教和其他宗教之间摇摆不定。他通过一些实例证明了自我创造是没有止境的。

在马可看来，真实和令人惊异的事物总是融合在一起的，有时候它们能和谐相处，有时候则会产生矛盾和冲突。

正因为马可具有这些可塑性很强的想法，而且他对任何事情都没有抱着不达目的誓不罢休的态度，所以他与后来的探险家们完全不同。他的世界是一个魔幻世界，一个充满鬼怪精灵的世界，他的世界是一个基督教教义所不齿并竭力限制的世界，一个巫术与逻辑推理共存的世界。而这样的世界在现实中也许并不存在。在现实世界，人们为了生存，必须不断地与其他宗教和民族及无所不在的黑暗势力进行抗争。

虽然马可苦苦探寻的是一个被历史遗忘的世界，但他对这个世界的描述却带有明显的时代特征。作为商人，马可认为商业贸易是各国交往的核心内容，它能超越不同政治制度和宗教信仰的限制。在马可的世界里，人们遵循一定的政治和宗教法则来生活，同时他也承认，在一个不断变化的混乱时代，宗教信仰是人们应该遵循的唯一法则。

令人感到吃惊的是，《马可·波罗游记》竟然被应用到了地图学领域。马可在游记中插入了各种信息、奇闻趣事，以及历史和神话故事，但没有任何证据表明他希望自己的游记成为一部亚洲旅游指南。即便马可在游记中曾亲自绘制或者借鉴了别人的地图，他对世界的理解仍是非常传统的——他只知道三个大洲，并且坚信耶路撒冷居于世界上最重要的位置，而且他对后来被发现的新大陆一无所知，所以对那些想要追随他的足迹的人来说，马可在书中描画出来的地图根本没有太大价值。

马可使用的基本的距离单位“一天的路程”是一个有弹性的概念，而且他完全凭自己的主观判断来分辨方向，没有任何科学性可言。但是生活在马略卡岛的加泰罗尼亚犹太人却在没有参照其他任何作家和史学家作品来对照的情况下，仅通过仔细研究马可的游记，就为14世纪后期的航海家们绘制出了具有很大影响力的波多兰航海图和地图集，他们的地图集中吸收了马可在游记中列出的很多地方的特征。其他欧洲制图者也发现马可在书中提供的信息完全可信，并纷纷仿效和借鉴。坦率地说，与一些希腊、罗马作家的作品中的离奇内容相比，马可提供的信息的确算得上比较可信。弗拉·毛罗对马可在地理方面的才华给予了最高评价，他1459年绘制一幅著名的世界地图时，还借鉴了从《马可·波罗游记》中收集来的一些地形图资料，这幅地图至今还保存在威尼斯马尔西亚那国家图书馆内。

几乎在同一时期，威尼斯发行的由乔瓦尼·孔塔里尼绘制的世界地图和罗马发行的由约翰·勒伊斯绘制的世界地图也从《马可·波罗游记》中得到了一些启示。勒伊斯称，他的地图中包括很多东亚内陆地区的地形图，“他没有按照马里纳斯和托勒密的理论，而是在吸收一些较新的报告内容的基础上完成了地图的绘制，尤其是借鉴了《马可·波罗游记》中的一些内容”。

文艺复兴时期的地图制造者希望商人们能使用他们的地图，沿着马可在“丝绸之路”上的足迹前往大都，但遗憾的是，自从忽必烈汗驾崩后，蒙古帝国也很快瓦解了。于是中国西部一些小国的可汗们便宣布不再效忠元朝，转而信奉伊斯兰教。1368年，忽必烈汗的子孙们被迫放弃大都，蒙古王朝及蒙古和平时代的结束，意味着“丝绸之路”已经不再像波罗一行当年通行时那样安全了。刚成立的明朝政府对与欧洲商人和伊斯兰教国家进行贸易往来似乎没什么兴趣，忽必烈汗统治时期建立的与西方的贸易关系从此中断了，中国再次陷入与外界隔绝的状态。马可笔下那个富庶的蒙古帝国已不复存在，忽必烈汗走了，同时也带走了那些慕他之名前来蒙古朝廷的外国商人、科学家和知识分子。

本来人口数量就不多的蒙古人重新回到了干旱的北部草原上的故居，曾经辉煌一时的蒙古帝国最终成了汉人和蒙古人历史中的一个片段和《蒙古秘史》中被后人所颂扬的对象。马可在中国期间，元朝正处于鼎盛时期，所以他的《马可·波罗游记》中反映的差不多全是骁勇的将领、温婉的女子、频繁的战事及一些罕见的奇异风俗。

忽必烈的孙子，皇位继承人铁穆耳于1307年驾崩。他死后，整个元朝政权摇摇欲坠，陷入一片混乱。

在随后的50多年里，汉人再次崛起。1368年，明朝开国皇帝朱元璋将蒙古人逼退到他们以前居住的北部边界。就在同一时期，蒙古势力控制下的所有亚洲国家逐渐四分五裂，使得伊斯兰教传播到了整个波斯。由于没有军队确保“丝绸之路”上的安全，“丝绸之路”北部路段基本被废弃了。如果马可晚年还有机会重返亚洲，那么当他得知忽必烈汗赐给他的护身金牌如今只是一件普通的工艺品时，一定会感到困惑不解。他一定会为自己的《马可·波罗游记》的生命力比当年看似所向披靡的蒙古帝国的生命力还多出几个世纪而感到吃惊。时至今日，全世界的人们仍在追寻着马可·波罗的足迹。

在《马可·波罗游记》的真实性得到证实后的很长一段时间里，各种质疑声仍然此起彼伏。当然，其中有些质疑值得我们认真回应，但有些就显得很荒谬了。1995年，弗朗西斯·伍德在她的《马可·波罗到过中国吗？》中声称，马可最远都没走出过君士坦丁堡，因此，《马可·波罗游记》要么是马可根据其他旅行家的冒险经历编写而成的，要么就是他根据波斯人所写的旅行指南中的信息和资料写成的。

在伍德提出这一质疑很多年后，德国学者赫伯特·弗兰克也提出，马可的游记其实根本就是一些玩笑之词，而绝非事实。后来伍德借助大英图书馆的资料，对马可游记的真实性问题又一次提出质疑，结果遭到了对此极为不满的学者们的口诛笔伐，学者们驳斥伍德依据的是“根本就没有被写出过的波斯人旅游指南”。当伍德提出，为何中国史料文献中从未提及马可·波罗这个名字时，学者们则以中国当代学者杨志玖找到了有关波罗三人去波斯护送蒙古公主阔阔真的历史资料为论据与她进行争辩。

当伍德再次提出，如果马可真的到过中国，那么他一定会讲到长城，但是《马可·波罗游记》中对长城只字未提，而与马可同时代的其他记述中对长城却有所记载。针对这点，学者们给出的唯一充分理由就是当时长城还未建成。

亚瑟·N. 沃尔德伦曾在《哈佛亚洲研究学报》撰文指出，长城建于马可·波罗时代之后的明朝（1368—1644）。他得出的结论是“让我们关注一下有关长城的神话……400 年前，这个神话传到了西方，虽然它对研究民间传说和神话的学者来说是一个很有研究价值的课题，但它却误导了史学家”。澳大利亚国立大学的罗依果·拉赫威茨指出，直到 1579 年，中国的制图师才提到了长城，“这就意味着在 1579 年之前，就连中国的地理学家也忽略了长城的存在，因此，马可·波罗没有提到它也就不足为奇了”。

拉赫威茨严肃地指出，人们对《马可·波罗游记》的几乎所有误解，都不是因为该书是马可借用他人的资料拼凑而成，也不是因为它的结构不合理，而是因为原作内容遭到了人为改动和误译。拉赫威茨说：“在我看来，即便马可没有亲自到过中国，但他收集到了有关 13 世纪的亚洲的各种丰富而翔实的资料，这一事实本身就要比编出《马可·波罗游记》更了不起。”

虽然赫伯特·弗兰克也曾提出马可很可能没走出过家门，但他并不认可伍德的观点。尽管马可和他的合作人鲁斯蒂谦偶尔会歪曲某些事实，或者删掉一些读者觉得应该出现在游记中的内容，但按照马可那个时代的较为宽松的标准来评判的话，他们基本上为人们提供了一个真实的叙事文本。

这场世界性的争议中最有趣的问题，不是马可·波罗是否真到过中国，因为大量证据表明他的确到过中国，而是人们为什么会一直质疑他是否到过中国。这很可能与马可独特的世界观有关，他 17 岁时来到东方，并在蒙古帝国长成，他所讲的是沿途学来的各种语言，他生活的环境受到了蒙古人、汉人、佛教徒、聂斯托利派基督徒和印度人的影响，丰富的经历在增加他的词汇量的同时，也拓展了他的思维。他的游记反映出了一个蒙古成年人所具有的情感，也许这就是很多人会觉得它新奇而精彩，但也有人又对它产生怀疑的原因。

沿着马可·波罗当年的足迹前行的现代旅行家们，一路上会发现很多从 13 世纪保存至今的东西。在威尼斯，圣马可大教堂及钟楼等标志性建筑几乎没有发生任何变化，想进一步探寻马可时代证据的游客还会看到马可·波罗的故居。虽然波罗家族世代生活过的地方如今出现了一些新的建筑物，但波罗宅邸及周边地区依然保持着原貌，就连马可每天经过的起装饰性作用的拜占庭式拱门也保存完好，这道拱门现在是一件纪念曾经作为海上霸主的威尼斯与世界各国进行贸易的历史遗物。

阿富汗依然辽阔、美丽、危险重重而且到处盛开着罂粟花，似乎一切都保持着当年波罗一行翻山越岭前往巴尔赫城开始他们的“丝绸之路”旅行时的原貌。与 13 世纪时一样，今天的帕米尔高原仍然与世隔绝、遥不可及，就连卡车或轿车也很少去惊扰它的平静，在当地，毛驴还是首选的出行或运输方式。戈壁滩对于意志不坚定的旅行者来说几乎就是一块禁地。虽然全球定位系统可以帮助探险者在世界上最偏僻的地方找到一条最准确的路线，但鸣沙还是会使粗心的游客迷失方向。和马可第一次见到他们时一样，蒙古人对外来的影响始终怀着包容和开放的态度。与忽必烈汗统治时代一样，蒙古人仍然是大草原的主人，他们过着游牧生活，居住在蒙古包里，蒙古包周围放养着他们的牲畜。唯一不同的是，如今蒙古包周围出现了许多卫星电视天线。蒙古人正努力调整他们传统的游牧生活，以便逐渐适应现代生活的需要。

成吉思汗亲手缔造的、作为他统一蒙古各部落标志的旧都哈拉和林早已是一片废墟，成为一处证明蒙古大汗盛极一时的历史遗迹。一只巨大的大理石乌龟是蒙古帝国鼎盛时期遗留下来的为数不多的遗物之一，石龟所在地不远处的一座山就以此龟命名。在辽阔的蒙古草原上，除了起伏的山丘和早已随风飘散的昔日辉煌，人们再也无法寻觅到忽必烈汗奢华的上都的踪影了。

致 谢

MARCO POLO

因为许多人的帮助，这部追寻马可·波罗旅途的作品才得以问世。

我有幸得到了桑尼·梅塔（Sonny Mehta）、阿什贝尔·格林（Ashbel Green）和卡罗尔·詹韦（Carol Janeway）的支持，他们为我的作品投入了极大的热情和编辑智慧，我很感激这几位了不起的人给我的灵感。此外，我还要感谢萨拉·谢比尔（Sara Sherbill）和凯瑟琳·霍瑞根（Katherine Hourigan）。

我在威廉·莫里斯公司（William Morris）的文学代理人苏珊娜·格鲁克（Suzanne Gluck），从这个项目一开始就以坚定的信念鼓舞着我，从她那敏锐的洞察力中学习总是一件愉快的事。我还要感谢她能干的助手，包括克里斯汀·普莱斯（Christine Price）、艾琳·马隆（Erin Malone）和乔治亚·库尔（Georgia Cool）。

我要感谢纽约社会图书馆（New York Society Library）的马克·皮尔（Mark Piel）对这本书和我之前的书提供的帮助。我还要感谢罗得岛州普罗维登斯市（Providence, Rhode Island）的约翰·卡特·布朗图书馆（John Carter Brown Library），特别是图书管理员理查德·林（Richard Ring）的帮助；还要感谢纽约大都会艺术博物馆（Museum of Art in New York）的托马斯·J. 沃森图书馆（Thomas J. Watson Library）。我要特别感谢哥伦比亚大学（Columbia University）的图书馆，包括巴特勒图书馆（Butler Library）、巴纳德学院图书馆（Barnard College Library）和 C.V. 斯塔尔东亚图书馆（C. V. Starr East Asian Library），我写作本书时经常查阅他们的藏书。我 30 多年的朋友帕特里克·瑞恩（Patrick Ryan）慷慨地同意帮我审阅手稿，特别是有关教会历史的部分，我很感激他。

此外，我要感谢路德维希·W. 阿达米克（Ludwig W.Adamec）在阿富汗历史方面的专业知识；感谢卡罗琳·亚历山大（Caroline Alexander）、苏珊·贝宁森（Susan Beningson）、希拉·卡拉汉（Sheila Callahan）、金伯尔·陈（Kimball Chen）和克里斯汀娜·科德罗（Kristina Cordero），她们帮我翻译了书中用到的历史文献；我对丹尼尔·道金（Daniel Dolgin）永远感激不尽，因为他的慷慨和智慧无可替代；感谢美国国家航空航天局（NASA）首席科学家詹姆斯·B. 加文博士 (Dr.James B. Garvin)，他就马可·波罗穿越帕米尔高原时该地的地质特点向我提供了建议；感谢托比·格林伯格（Toby Greenberg），她的艺术史知识和敏锐的眼光，使她成为本书中图片的理想审阅者；感谢莱拉·哈伯（Lila Haber）在本书写作早期阶段为我提供的帮助；感谢杰克·希德里（Jack Hidary）和弗里茨·雅可比（Fritz Jacobi）；感谢特德·卡普兰（Ted Kaplan）在丝绸之路方面的专业知识；感谢劳拉·科普（Laura Kopp）优美的翻译；感谢布朗大学（Brown University）杰出的中世纪史学家詹姆斯·马尔登（James Muldoon）；感谢美国亚洲协会（the Asia Society, USA）名誉会长、美国李约瑟研究所（The Needham Research Institute, USA）所长罗伯特·B. 奥克南（Robert

B. Oxnam）；感谢我在巴黎的研究员和翻译艾丽丝·佩洛特（Alice Petillot）；感谢哥伦比亚大学（Columbia University）永远鼓舞人心的彼得·庞西（Peter Pouncey）；感谢哥伦比亚大学（Columbia University）的莫里斯·罗沙比（Morris Rossabi），他著有一部关于忽必烈汗的杰出传记，他对蒙古人的思想有着丰富的见解；感谢纽约城市大学（the City University of New York）的詹姆斯·D. 瑞安（James D. Ryan）；感谢美国李约瑟研究所董事会成员丹尼斯·辛克莱，她对中国科学有着深刻的见解；感谢耶鲁大学（Yale University）的乔纳森·斯宾塞（Jonathan Spence）；还有约瑟夫·坦豪泽三世（Joseph Thanhauser III）和伯纳姆·伍德（Byrnam Wood）那帮家伙，他们兴高采烈地分散了我的注意力。

在我写作本书的过程中，我的女儿萨拉（Sara）优雅地成了一名非正式的佛教顾问，而我的儿子尼克（Nick）则贡献了具有启发性的历史观点。

我非常感谢在英国研究访问期间慷慨帮助我的个人和机构：已故的大卫·帕特森（David Patterson），他是牛津大学希伯来和犹太研究中心 (Oxford Center for Hebrew and Jewish Studies) 的名誉主席；克里斯托弗·卡伦（Christopher Cullen）；剑桥大学李约瑟研究所的苏珊·J. 贝尼特（Susan J.Bennett）和约翰·P. C. 墨菲特（John P. C. Moffett）。在剑桥的古印度和伊朗基金会（Ancient India and Iran Trust in Cambridge）图书馆工作期间，我得到了维斯劳·米卡尔（Wieslaw Mikal）和詹姆斯·科米克（James Cormick）的指导。在伦敦，我查阅了大英图书馆 (British Library) 中有关马可·波罗的丰富藏书，它可能是同类图书馆中最大的。

在法国，国家图书馆（Bibliothèque Nationale）为我提供了关于马可·波罗和中国的更多资料。

最后，在华盛顿特区（Washington, D. C.），我在国会图书馆（Library of Congress）的研究为我提供了一扇了解全球图书馆馆藏的窗口。

我很幸运，在从东方和中东的角度研究马可·波罗时得到了令人钦佩的支持。我足智多谋的意大利翻译安娜·巴索利（Anna Basoli）在阿富汗待了几个月，追寻她的新闻目标，她甚至在没有被要求的情况下就找到了有关马可·波罗在该地区生活的文件。此外，她的丈夫肖艾布·哈里斯（Shoaib Harris）让我注意到了一些在西方不知名的、关于丝绸之路的文献和历史，并出色地翻译了它们，尤其是与马可·波罗同时代的波斯历史学家瓦萨夫（Vassaf）的相关评论。我还要感谢阿富汗研究和评论协会主任米尔·艾哈迈德·乔伊达（Mir Ahmad Joyenda）教授的协助。

我还在威尼斯的国立马尔西亚纳图书馆 (Biblioteca Nazionale Marciana) 进行过研究，这里的档案工作人员对我的帮助很大，他们帮助我从浩如烟海的历史记录中找到了相关文献。

我还要感谢热那亚国家保护协会（Società Ligure di Storia Patria）为我提供了有关马可·波罗在热那亚被监禁的资料。

在我 2005 年访问中国期间，北京大学专门研究马可·波罗的学者们让我了解了中国对马可·波罗的学术研究现状，并为我提供了许多相关资料。

2006 年在蒙古国旅行时，我有幸认识了诺敏（Nomin），她是我在蒙古国旅行时的导游和翻译，似乎无所不知。有时，她能干的妹妹库卡（Kuka）也会帮助我们，我们的司机兼机械师杜格里（Dugeree）也会帮忙。一天深夜，杜格里对我住的蒙古包里坏掉的炉子进行了至关重要的维修。我要感谢他们所有人，尤其要感谢丹·道金（Dan Dolgin）和洛伦·加德纳（Loraine Gardner），他们参加了这次冒险，并为记录冒险过程的影片增添了不少内容，包括一些激动人心的歌曲。

我还要感谢位于乌兰巴托（Ulaanbaatar）的蒙古自然历史博物馆（Mongolian Natural History Museum），那里收藏着元代官兵的盔甲和武器，这些武器的历史可以追溯到 13 世纪。此外，我还要感谢蒙古美术馆（Mongolian Fine Arts Museum），它收藏了大量的历史文物。

最后，我还要对我在乌兰巴托采访过的蒙古学者们表示感谢：蒙古考古联合会主席 Kh. Lkhagvasuren 博士，国际蒙古语研究协会（International Association for Mongol Studies）秘书长 Shagdaryn Bira 教授，成吉思汗（Chinggis Khan）大学副院长 O.Sukhbaatar 教授和蒙古科学院（Mongolian Academy of Sciences）的 S.Tsolmon 教授。

参考文献

MARCO POLO

Abu-Lughod, Janet. *Before European Hegemony: The World System A.D. 1250–1350.* New York: Oxford University Press, 1989.

Adamec, Ludwig W., ed. *Historical and Political Gazetteer of Afghanistan.* Vol. 1, *Badakhshan Province and Northeastern Afghanistan.* Graz: Akademische Druck–u. Verlagsanstalt, 1972.

Alexander, Caroline. *The Way to Xanadu.* New York: Alfred A. Knopf, 1994.

Allen, Mark. *Falconry in Arabia.* London: Orbis, 1980.

Allulli, Ranieri. *Marco Polo.* Turin: Paravia, 1924.

Annali genovesi dopo Caffaro e suoi continuatori. Genoa: Municipio di Genova, 1941.

Ariz, Ghulum Jilani. *Shah Rahai Afghanistan* [King's Roads of Afghanistan]. Peshawar: Afghanistan Resource and Information Centre (ARIC), 2000.

Avon Caffi, Giuseppe. "L'Arte cinese a Venezia." *L'Italia che scrive,* anno 37, no. 10 (October 1954).

Bagrow, Leo. "The Maps from the Home Archives of the Descendants of a Friend of Marco Polo." *Imago Mundi* 5 (1948): 3–13.

Balazs, Etienne. *Chinese Civilization and Bureaucracy: Variations on a Theme.* Translated by H. M. Wright. Edited by Arthur F. Wright. New Haven: Yale University Press, 1964.

Balestrieri, Leonida. "Le Prigioni della Malapaga." In *Cassa di Risparmio di Genova.* Genoa: Marzo-Giugno, 1960.

Bar Hebraeus. *The Chronology of Gregory Abû'l Faraj.* Translated by E. A. Wallis Budge. London: Oxford University Press, 1932.

Barraclough, Geoffrey. *The Medieval Papacy.* London: Thames & Hudson, 1968.

Barrett, T. H. "Marco Polo Did Go to China, So There." *London Review of Books,* November 30, 1995, p. 28.

Bertúccioli, Umberto. "Il ritorno via mare di Marco Polo." *Giornale economico della Camera di Commercio di Venezia,* March 1954. Venice: Officine Grafiche F. Garzia, 1954.

———. "Marco Polo: Uomo di mare." *Ateneo Veneto,* anno 146, vol. 139, no. 1 (January–June 1955): 1–15.

Bira, Sh. *Studies in Mongolian History, Culture, and Historiography.* Edited by Ts. Ishdorj and Kh. Purevtogtokh. Ulaanbaatar: International Association for Mongol Studies, 2001.

Boorstin, Daniel. *The Discoverers.* New York: Random House, 1983.

Boulnois, Luce. *The Silk Road.* Translated by Helen Loveday. Hong Kong: Odyssey Books, 2004.

Boyle, John Andrew. "Marco Polo and His *Description of the World.*" *History Today* 21, no. 11 (London, 1971): 759–769.

Braunstein, P., and R. Delort. *Venise; portrait historique d'une cité.* Paris: Éditions du seuil, 1971.

Bratianu, G. I. *Recherches sur le commerce génois dans la mer Noire au XIIIe siècle.* Paris: P. Geuther, 1929.
Brice, Catherine. *Histoire de l'Italie.* Paris: Hatier, 1992.
Brown, Lloyd A. *The Story of Maps.* 1949. Reprint, New York: Dover, 1977.
Brunetti, Mario. "Venezia al tempo di Marco Polo." *L'Italia che scrive*, anno 37, no. 10 (October 1954).
Buell, Paul. "Pleasing the Palate of the Qan." *Mongolian Studies* 13 (1990): 57–81.
Cable, Mildred, with Francesca French. *The Gobi Desert.* New York: Macmillan, 1944.
Calvino, Italo. *Invisible Cities.* Translated by William Weaver. New York: Harcourt, 1974.
The Cambridge History of China. Vol. 6. *Alien Regimes and Border States.* Edited by Herbert Franke and Denis Twitchett. Cambridge: Cambridge University Press, 1966.
Capusso, M. G. *La lingua del "Devisament dou monde" di Marco Polo.* Pisa: Pacini, 1980.
Carter, Thomas Francis. *The Invention of Printing in China and Its Spread Westward.* New York: Columbia University Press, 1925.
Cary, George. *The Medieval Alexander.* Cambridge: Cambridge University Press, 1956.
Castellani, Giuseppi. "I valori delle monete espresse nel testamento di Marco Polo." *Rivista mensile della Città di Venezia* 3, no. 9 (September 1924): 257–258.
Chamerlat, Christian Antoine de. *La fauconnerie et l'art.* Courbevoie: ACR Éditeur, 1986.
Cigni, Fabrizio. *Il romanzo arturiano de Rustichello da Pisa.* Pisa: Edizioni Cassa di Risparmio di Pisa, 1994.
Cleaves, Francis Woodman. "A Chinese Source Bearing on Marco Polo's Departure from China and a Persian Source on His Arrival in Persia." *Harvard Journal of Asiatic Studies* 36 (1976): 181–203.
———. "An Early Mongolian Version of the Alexander Romance." *Harvard Journal of Asiatic Studies* 22 (December 1959): 1–99.
Collis, Maurice. *Marco Polo.* London: Faber & Faber, 1950.
Colón, Fernando. *The Life of the Admiral Christopher Columbus by His Son, Ferdinand.* Translated and annotated by Benjamin Keen. New Brunswick: Rutgers University Press, 1959.
Cordier, Henri. *Histoire Générale de la Chine.* Vol. 2. Paris: Librairie Paul Geuthner, 1920.
Crane, Nicholas. *Mercator.* London: Weidenfeld & Nicolson, 2002.
Crawford, F. Marion. *Venice, the Place and the People: Salve Venetia; Gleanings from Venetian History.* New York: Macmillan, 1909.
Critchley, John. *Marco Polo's Book.* Brookfield, Vermont: Variorum, 1992.
Crouzet-Pavan, Elisabeth. *Enfers et Paradis: L'Italie de Dante et de Giotto.* Paris: Albin Michel, 2001.
———. *"Sopra le acque salse": Espaces, pouvoir et société à Venise à la fin du Moyen Age.* Rome: École Française de Rome, 1992.
———. *Venise triomphante: Les horizons d'un mythe.* Paris: Albin Michel, 1999.
Curtin, Jeremiah. *The Mongols: A History.* New York: Da Capo, 2003. First published by Little, Brown in 1908.
Daftary, Farhad. *The Assassin Legends: Myths of the Isma'ilis.* London: Tauris, 1994.
Dalrymple, William. *In Xanadu: A Quest.* London: Collins, 1989.
Dang, Baohai. "Cheetah and Cheetah-Hunting in the Mongol Empire" [in Chinese]. *Nationalities Studies* 4 (2002).
Dawson, Christopher, ed. *The Mongol Mission.* New York: Sheed & Ward, 1955.
Del Guerra, Giorgio. *Rustichello da Pisa.* Pisa: Nistri-Lischi, 1955.

Delumeau, Jean-Pierre, and Isabelle Heullant-Donat. *L'Italie au Moyen Âge.* Paris: Hachette, 2000.
"Did Marco Polo Come to China?" [in Chinese] *Science World*, vol. 8, November 11, 2003.
Dizionario delle strade di Genova. 3rd ed. Vol. 1. Genoa: Edizioni Culturali Internazionali Genova, 1985.
Dotson, John E. "Foundations of Venetian Naval Strategy from Pietro II Orseolo to the Battle of Zonchio, 1000–1500." *Viator: Medieval and Renaissance Studies* 32 (2001).
Dunn, Ross E. *The Adventures of Ibn Battuta, a Muslim Traveler of the Fourteenth Century.* Berkeley: University of California Press, 1986.
Dupree, Nancy Hatch. *An Historical Guide to Afghanistan.* 2nd ed. Kabul: Afghan Air Authority, Afghan Tourist Organization, 1977.
———. *The Road to Balkh.* Kabul: Afghan Tourist Organization, 1967.
———. *The Valley of Bamyian.* 3rd ed. Peshawar: Abdul Hafiz Ashna, 2002.
Edwards, Mike. "The Adventures of Marco Polo: Part 1." *National Geographic Magazine*, May 2001.
———. "The Adventures of Marco Polo: Part 2." *National Geographic Magazine*, June 2001.
———. "The Adventures of Marco Polo: Part 3." *National Geographic Magazine*, July 2001.
———."Genghis, Lord of the Mongols." *National Geographic Magazine*, December 1996.
———. "Sons of Genghis: The Great Khans." *National Geographic Magazine*, February 1997.
Fernández-Armesto, Felipe. *Columbus.* Oxford: Oxford University Press, 1991.
———. *Millennium: A History of the Last Thousand Years.* New York: Scribner, 1995.
Foglietta, Uberto. *Uberti Folietae clarorum Ligurum elogia.* Rome: Apud Josephum De Angelis, 1573.
Foltz, Richard C. *Religions of the Silk Road.* New York: St. Martin's Press, 1999.
Fong, Wen C., and James C. Y. Watt. *Possessing the Past: Treasures from the National Palace Museum, Taipei.* New York: Metropolitan Museum of Art, dist. by Abrams, 1996.
Forman, Werner, and Cottie A. Burland. *The Travels of Marco Polo.* New York: McGraw-Hill, 1970.
Franck, Irene M., and David Brownstone. *The Silk Road: A History.* New York: Facts on File, 1986.
Franke, H[erbert]. "Sino-Western Contacts Under the Mongol Empire." *Journal of the Hong Kong Branch of the Royal Asiatic Society* 6 (1966).
Frazier, Ian. "Invaders." *New Yorker*, April 25, 2005.
Frederick II, Holy Roman Emperor, 1194–1250. *The Art of Falconry: Being the "De arte venandi cum avibus" of Frederick II of Hohenstouffen.* Translated by Casey A. Wood and F. Marjorie Fyfe. Stanford: Stanford University Press, 1943.
———. *De arte venandi cum avibus.* Translated (into French) by Anne Paulus and Baudoin Van den Abeele. Nogent-le-Roi: J. Laget, 2000.
Friedman, John B., and Kristen Mossler Figg, eds. *Trade, Travel, and Exploration in the Middle Ages: An Encyclopedia.* New York: Garland Publishing, 2000.
Friedman, Thomas L. *The World Is Flat: A Brief History of the Twenty-first Century.* New York: Farrar, Straus & Giroux, 2005.
Frimmer, Steven. *Neverland: Fabled Places and Fabulous Voyages of History and Legend.* New York: Viking, 1976.

Gallo, Rodolfo. "Marco Polo; la sua famiglia e il suo libro." In *Nel settimo centenario della nascita di Marco Polo*. Venice: Archivio di Stato di Venezia, 1954.
———. "Nuovi documenti riguardanti Marco Polo e la sua famiglia." *Atti dell' Istituto Veneto di Scienze, Lettere ed Arti*, 1957–1958, tomo 116, 309–325.
Gaudio, Attilio. *Sur les traces de Marco Polo*. Paris: R. Julliard, 1955.
Gernet, Jacques. *Daily Life in China on the Eve of the Mongol Invasion, 1250–1276*. Translated by H. M. Wright. Stanford: Stanford University Press, 1962.
Gibbon, Edward. *The Decline and Fall of the Roman Empire*. Edited by J. B. Bury. 3 vols. New York: Modern Library, 1995.
Gil, Juan, comp. *En demanda del Gran Khan*. Madrid: Alianza, 1993.
Green, Peter. *Alexander of Macedon, 356–323 B.C.: A Historical Biography*. Berkeley: University of California Press, 1991.
Grossi Bianchi, Luciano, and Ennio Poleggi. *Una città portuale del Medioevo, Genova nei secoli X–XVI*. Genoa: Sagep, 1979.
Gulik, R. H. van. *Sexual Life in Ancient China*. Leiden: Brill, 2003.
Haeger, John W. "Marco Polo in China: Problems with Internal Evidence." *Bulletin of Sung and Yüan Studies* 14 (1978): 22–30.
Harley, J. B., and David Woodward, eds. *The History of Cartography*. Chicago: University of Chicago Press, 1987.
Hart, Henry H. *Marco Polo, Venetian Adventurer*. Norman: University of Oklahoma Press, 1967.
Hazlitt, W. Carew. *The Venetian Republic: Its Rise, Its Growth, and Its Fall*. Vol. 1. London: Adam & Charles Black, 1900.
———. *Marco Polo*. Paris: Fayard, 1983.
Hedin, Sven. *Across the Gobi Desert*. Translated by H. J. Cant. New York: Dutton, 1932.
———. *Overland to India*. London: Macmillan, 1910.
———. *Riddles of the Gobi Desert*. Translated by Elizabeth Sprigg and Claude Napier. New York: Dutton, 1933.
Heers, Jacques. "De Marco Polo à Christophe Colombe: Comment lire de *Devisement du monde*?" *Journal of Medieval History* 10 (1984): 125–143.
Heissig, Walther. *A Lost Civilization: The Mongols Rediscovered*. Translated by D.J.S. Thomson. New York: Basic Books, 1966.
Herodotus. *The Histories*. Translated by Robin Waterfield. Oxford: Oxford University Press, 1998.
Heyd, W. *Histoire du commerce du Levant au Moyen Âge*, 2 vols. Edited by Furcy Reynaud, 1885–1886. Reprint, Amsterdam: A. M. Hakkert, 1967.
Hildebrand, J. J. "The World's Greatest Overland Explorer." *National Geographic Magazine*, November 1928.
Hodgen, Margaret T. *Early Anthropology in the Sixteenth and Seventeenth Centuries*. Philadelphia: University of Pennsylvania Press, 1964.
Hourani, George Fadlo. *Arab Seafaring in the Indian Ocean in Ancient and Early Medieval Times*. Princeton: Princeton University Press, 1951.
Howard, Deborah. *Venice and the East: The Impact of the Islamic World on Venetian Architecture*. New Haven: Yale University Press, 2000.
Hsaio, Ch'i-ch'ing. *The Military Establishment of the Yüan Dynasty*. Cambridge, Massachusetts: Council on East Asian Studies, dist. by Harvard University Press, 1978.
Humble, Richard. *Marco Polo*. New York: Putnam, 1975.
Ibn Battuta. *Travels in Asia and Africa, 1325–1354*. Translated by H. A. R. Gibb. 1929. Reprint, New Delhi: Asian Educational Services, 1992.

Il romanzo arturiano di Rustichello da Pisa. Translated by Fabrizio Cigni. Pisa: Cassa di Risparmio di Pisa, 1994.

"I valori delle monete espresse nel testimento di Marco Polo." *Rivista mensile della Città di Venezia*, anno 3, no. 1 (January 1924): 257–258. Venice: Poligrafica Italiana, 1924.

Iwamura, Shinobu. *Manuscripts and Printed Editions of Marco Polo's "Travels."* Tokyo: National Diet Library, 1949.

Jennings, Gary. *The Journeyer.* New York: Atheneum, 1984.

Kahn, Paul. *The Secret History of the Mongols: The Origin of Chinghis Khan; An Adaptation of the "Yuan Ch'ao pi shih," Based Primarily on the English Translation by Francis Woodman Cleaves.* San Francisco: North Point Press, 1984.

Kedar, Benjamin Z. *Merchants in Crisis: Genoese and Venetian Men of Affairs and the Fourteenth-century Depression.* New Haven: Yale University Press, 1976.

Kimble, George H. T. *Geography in the Middle Ages.* London: Methuen, 1938.

Komroff, Manuel, ed. *Contemporaries of Marco Polo.* New York: Boni & Liveright, 1928.

Labande, Edmond-René. *L'Italie de la Renaissance: Duecento, Trecento, Quattrocento.* Paris: Payot, 1954.

Lach, Donald F. *Asia in the Making of Europe.* Vol. 1. Chicago: University of Chicago Press, 1965.

Lane Fox, Robin. *Alexander the Great.* New York: Penguin Books, 1986.

Langlois, J. D., Jr., ed. *China Under Mongol Rule.* Princeton: Princeton University Press, 1981.

Larner, John. *Marco Polo and the Discovery of the World.* New Haven: Yale University Press, 1999.

Lee, Sherman E., and Wai-Kam Ho. *Chinese Art Under the Mongols: The Yüan Dynasty, 1279–1368.* Cleveland: Cleveland Museum of Art, dist. by Press of Case Western Reserve University, 1968.

Lewis, Bernard. *The Assassins: A Radical Sect in Islam.* New York: Basic Books, 2003. First published 1968.

Li, Chih-ch'ang. *The Travels of an Alchemist.* Translated by Arthur Waley. London: Routledge, 1931.

Lister, R. P. *Marco Polo's Travels in Xanadu with Kublai Khan.* London: Gordon & Cremonesi, 1976.

Liu, Guojun, and Zheng Rusi. *L'histoire du livre en Chine.* Translated (into French) by Ann-Muriel Harvey and Olivier Pasteur. Beijing: Éditions en langues étrangères, 1989.

Liu, Xinru. *Silk and Religion: An Exploration of Material Life and the Thought of People, AD 600–1200.* Delhi: Oxford University Press, 1996.

Lopez, Donald S., Jr. *The Story of Buddhism: A Concise Guide to Its History and Teachings.* San Francisco: HarperSanFrancisco, 2001.

Lopez, Robert S. *The Commercial Revolution of the Middle Ages: 950–1350.* Cambridge: Cambridge University Press, 1976.

———, and Irving W. Raymond. *Medieval Trade in the Mediterranean World.* New York: Columbia University Press, 1955.

Lowes, John Livingston. *The Road to Xanadu: A Study in the Ways of the Imagination.* Princeton: Princeton University Press, 1986. First published in 1927 by Houghton Mifflin.

Man, John. *Kublai Khan: From Xanadu to Superpower.* London: Bantam Press, 2006.

Mandeville, John, Sir. *The Travels of Sir John Mandeville.* Translated by C.W.R.D. Moseley. Harmondsworth, Middlesex, England: Penguin Books, 1983.

Marshall, Robert. *Storm from the East: From Genghis Khan to Kublai Khan.* Berkeley: University of California Press, 1993.

Martin, Hervé. *Mentalités médiévales.* 2 vols. Paris: Presses universitaires de France, 1998.

McNeill, William H. *Plagues and Peoples.* Garden City, New York: Anchor Press, 1976.

Meibiao, Cai. "Marco Polo in China," translated by Wang Yintong, *Social Sciences in China* 14, no. 2 (1993): 171–179.

Ménard, Philippe. "Le problème de la version originale du *Devisement du Monde* de Marco Polo." In *De Marco Polo à Savinio; Écrivains italiens en langue française.* Paris: Presses de l'université de Paris-Sorbonne, 2003.

Miao, Wang, and Shi Baoxiu. *Tracing Marco Polo's Northern Route.* Beijing: China Intercontinental Press, 2004.

Miles, Keith, and David Butler. *Marco Polo.* New York: Dell, 1982.

Mingzhao, Cheng. *On the Shore of West Lake.* Translated by Tang Bowen. Beijing: Foreign Languages Press, 2001.

Mollat, Michel. *Les explorateurs du XIIIe au XVIe siècle.* Paris: Éditions J. C. Lattès, 1984.

The Monks of Kûblâi Khân, Emperor of China. Translated by E. A. Wallace Budge. London: Religious Tract Society, 1928.

Morgan, David. *The Mongols.* Cambridge, Massachusetts: Blackwell, 1990. First published in the United States in 1986.

Morgan, D. O. "Marco Polo in China—or Not." *Journal of the Royal Asiatic Society,* series 3, 6, 2 (1996): 221–225.

Morison, Samuel Eliot. *The European Discovery of America.* Vol. 2, *The Southern Voyages: A.D. 1492–1616.* New York: Oxford University Press, 1974.

Morris, Jan. *The World of Venice.* Rev. ed. San Diego: Harcourt Brace, 1993.

Moule, A. C. *Quinsai; with Other Notes on Marco Polo.* Cambridge: Cambridge University Press, 1957.

Mozai, Torao. "The Lost Fleet of Kublai Khan." *National Geographic Magazine,* November 1982.

Muldoon, James. *Popes, Lawyers, and Infidels: The Church of the Non-Christian World, 1250–1350.* Philadelphia: University of Pennsylvania Press, 1979.

———, ed. *Varieties of Religious Conversion in the Middle Ages.* Gainesville: University Press of Florida, 1997.

Needham, Joseph. *Heavenly Clockwork: The Great Astronomical Clocks of Medieval China.* Cambridge: Cambridge University Press, 1960.

———. *Science and Civilisation in China.* Vols. 1–3. Cambridge: Cambridge University Press, 1954–1959.

———, and Robin D. S. Yates. *Science and Civilisation in China.* Vol. 5, pt. 6. Cambridge: Cambridge University Press, 1994.

———, et al. *Science and Civilisation in China.* Vol. 5, pt. 7. Cambridge: Cambridge University Press, 1986.

Nel VII centenario della nascita di Marco Polo. Venice: Istituto Veneto di Scienze, Lettre ed Arti, 1955.

Norwich, John Julius. *A History of Venice.* New York: Alfred A. Knopf, 1982; Vintage Books, 1989.

Oliphant, Mrs. [Margaret]. *The Makers of Venice: Doges, Conquerors, and Men of Letters.* London: Macmillan, 1887.

Olschki, Leonardo. *Marco Polo's Asia.* Translated by John A. Scott. Revised by author. Berkeley: University of California Press, 1960.
Oriente poliano: Studi e conferenze tenute all'Is. M.E.O. in occasione del VII centenario della nascita di Marco Polo, 1254–1954. Rome: Istituto italiano per il Medio ed Estremo Oriente, 1957.
Parry, J. H. *The Discovery of the Sea.* Berkeley: University of California Press, 1981.
Pelliot, Paul. *Notes on Marco Polo.* Vols. 1 and 2. Paris: Imprimerie Nationale, Librarie Adrien-Maisonneuve, 1959–1963.
Phillips, E. D. *The Mongols.* New York: Praeger, 1969.
Phillips, J.R.S. *The Medieval Expansion of Europe.* 2nd ed. Oxford: Oxford University Press, 1998.
Pliny, the Elder. *Natural History: A Selection.* Translated by John F. Healy. New York: Penguin Books, 1991.
Plutarch. *The Age of Alexander: Nine Greek Lives.* Translated by Ian Scott-Kilvert. Harmondsworth, Middlesex, England: Penguin Books, 1973.
Polo, Marco. *La Description du monde.* Edited by Louis Hambis. Paris: Librarie C. Klincksieck, 1955.
———. *The Description of the World / Marco Polo.* Translated and annotated by A. C. Moule and Paul Pelliot. 2 vols. 1938. Reprint, New York: AMS Press, 1976.
———. *Le Devisement du monde.* Edited by Philippe Ménard et al. 2 vols. Geneva: Droz, 2001.
———. *El libro de Marco Polo / anotado por Cristóbal Colón.* Edited by Juan Gil. Madrid: Alianza, 1987.
———. *Le Livre de Marco Polo.* Translated into modern French and annotated by A.J.H. Charignon. 3 vols. Beijing: A. Nachbauer, 1924–1928.
———. *Le Livre de Marco Polo.* Edited by M. G. Pauthier. Geneva: Slatkine Reprints, 1978.
———. *Il Milione, prima edizione integrale, a cura di Luigi Foscolo Benedetto, sotto il patronato della città di Venezia.* Florence: Comitato Geografico Nazionale Italiano, 1928.
———. *Il "Milione" veneto.* Edited by Alvaro Barbieri and Alvise Andreose. Introduction by Lorenzo Renzi. Venice: Marsilio, 1999.
———. *The Travels of Marco Polo.* New York: Orion Press, 1958.
———. *The Travels of Marco Polo.* Translated by Ronald Latham. Harmondsworth, Middlesex, England: Penguin Books, 1958.
———. *The Travels of Marco Polo.* Translated by Aldo Ricci. New York: Viking Press, 1931.
———. *The Travels of Marco Polo.* Edited by Milton Rugoff. New York: New American Library, 1961.
———. *The Travels of Marco Polo: The Complete Yule-Cordier Edition.* 2 vols. New York: Dover, 1993.
———. *The Travels of Marco Polo, the Venetian.* Translated by William Marsden. Revised by Thomas Wright. Introduction by John Masefield. London: J. M. Dent, 1908.
Power, Eileen. *Medieval People.* Boston: Houghton Mifflin, 1924.
Prawdin, Michael [Michael Charol]. *The Mongol Empire, Its Rise and Legacy.* Translated by Eden and Cedar Paul. New York: Macmillan, 1940.
Prestwich, Michael. *Edward I.* London: Methuen, 1988.
Procacci, Giuliano. *Histoire d'Italie.* Paris: Fayard, 1968.
Rachewiltz, Igor de. "F. Wood's *Did Marco Polo Go to China?*" http://rspas.anu.edu.au/eah/Marcopolo.html.

———. "Marco Polo Went to China." *Zentralasiatische Studien* 27 (1997): 34–92.
———. *Papal Envoys to the Great Khans*. Stanford: Stanford University Press, 1971.
———, et al., eds. *In the Service of the Khan: Eminent Personalities of the Early Mongol–Yüan Period (1200–1300)*. Wiesbaden: Harrassowitz, 1993.
Rashid al-Din. *The Successors of Genghis Khan*. Translated by John Andrew Boyle. New York: Columbia University Press, 1971.
Read, Bernard E. *Chinese Materia Medica: Insect Drugs*. Peiping, China: Peking Natural History Bulletin, 1941. Reprint, Taipei: Southern Materials Center, 1982.
Renouard, Yves. *Les Hommes d'affaires italiens du Moyen Âge*. Paris: A. Colin, 1968.
Rosengarten, Frederic, Jr. *The Book of Spices*. New York: Pyramid Books, 1973.
Rossabi, Morris. *Khubilai Khan: His Life and Times*. Berkeley: University of California Press, 1988.
———. *Voyager from Xanadu: Rabban Sauma and the First Journey from China to the West*. Tokyo: Kodansha, International, 1992.
Rossini, C. Conti. "Marco Polo e l'Etiopia." *Atti del Reale Istituto Veneto di Scienze, Lettere ed Arti*, 1939–1940, tomo 99, pt. 2, 1021–1039.
Runciman, Steven. *A History of the Crusades*. Vol. 3. Cambridge: Cambridge University Press, 1966.
Ryan, James D. "Christian Wives of Mongol Khans: Tartar Queens and Missionary Expectations in Asia." *Journal of the Royal Asiatic Society*, November 1998.
———. "Preaching Christianity Along the Silk Route: Missionary Outposts in the Tartar 'Middle Kingdom' in the Fourteenth Century." *Journal of Early Modern History*, November 1998.
Saunders, J. J. *The History of the Mongol Conquests*. London: Routledge & Kegan Paul, 1971.
The Secret History of the Mongols. Translated by Francis Woodman Cleaves. Vol. 1. Cambridge, Massachusetts: Harvard University Press, 1982.
The Secret History of the Mongols. Translated by Urgunge Onon. Ulaanbaatar: Bolor Sudar, 2005.
The Secret History of the Mongols: A Mongolian Epic Chronicle of the Thirteenth Century. Translated, with commentary, by Igor de Rachewiltz. 2 vols. Boston: Brill, 2004.
Severin, Timothy. *Tracking Marco Polo*. 1st American ed. New York: Peter Bedrick Books, 1986.
Shor, Jean Bowie. *After You, Marco Polo*. New York: McGraw-Hill, 1955.
Silverberg, Robert. *The Realm of Prester John*. 1st paperback ed. Garden City, New York: Doubleday, 1972. Athens: Ohio University Press, 1996.
Smith, John Masson, Jr. "Dietary Decadence and Dynastic Decline in the Mongol Empires." *Journal of Asian History* 34 (2000), 35–52.
Spence, Jonathan D. *The Chan's Great Continent: China in Western Minds*. New York: W. W. Norton, 1998.
———. "Marco Polo: Fact or Fiction?" *Far Eastern Economic Review*, August 22, 1996.
———. *The Memory Palace of Matteo Ricci*. New York: Viking Penguin, 1984.
Spuler, Bertold. *History of the Mongols, Based on Eastern and Western Accounts of the Thirteenth and Fourteenth Centuries*. Translated by Helga and Stuart Drummond. Berkeley: University of California Press, 1972.
Staley, Edgcumbe. *The Dogaressas of Venice*. New York: C. Scribner's Sons, 1910.
Stein, Aurel. *Innermost Asia: Detailed Report of Explorations in Central Asia, Kan-su, and Eastern Iran*. 4 vols. Oxford: Clarendon Press, 1928.
Sze, Mai-Mai. *The Way of Chinese Painting, Its Ideas and Technique*. New York: Vintage Books, 1959.

Temple, Robert G. K. *The Genius of China: 3,000 Years of Science, Discovery, and Invention.* Paperback ed. London: Prion Books, 1998.
Thiriet, Freddy. *La Romanie vénitienne au Moyen Âge.* Paris: Éditions E. de Boccard, 1975.
Tuchman, Barbara W. *A Distant Mirror: The Calamitous Fourteenth Century.* New York: Alfred A. Knopf, 1978.
Tyler-Smith, Chris. "The Genetic Legacy of the Mongols." *American Journal of Human Genetics* 72 (2003): 717–721.
Vassaf al-Hazrat. *History of Vassaf* [in Persian]. Vol. 1. Edited by Abdul Hameed Ayati. Tehran: Cultural Foundation of Iran, 1346 Hijri Shamsi (1959).
Waldron, Arthur N. "The Problem of the Great Wall of China." *Harvard Journal of Asiatic Studies* 43, no. 2 (December 1983): 643–663.
Waley, Arthur. *The Secret History of the Mongols: And Other Pieces.* London: Allen & Unwin, 1963.
Watanabe, Hiroshi. *Marco Polo Bibliography: 1477–1983.* Tokyo: Tokyo Bunko, 1986.
Weatherford, Jack. *Genghis Khan and the Making of the Modern World.* New York: Crown, 2004.
Whitfield, Susan, ed., with Ursula Sims-Williams. *The Silk Road: Trade, Travel, War, and Faith.* London: British Library, 2004.
"Why Do Some Expectant Fathers Experience Pregnancy Symptoms?" *Scientific American*, October 2004.
Wiet, Gaston. *Baghdad: Metropolis of the Abbasaid Caliphate.* Translated by Seymour Feiler. Norman: University of Oklahoma Press, 1971.
Wilford, John Noble. *The Mapmakers.* Rev. ed. New York: Alfred A. Knopf, 2000.
Wills, Garry. *Venice: Lion City; The Religion of Empire.* New York: Simon & Schuster, 2001.
Wood, Frances. *Did Marco Polo Go to China?* London: Secker & Warburg, 1995; Boulder, Colorado: Westview Press, 1996.
———. *The Silk Road: Two Thousand Years in the Heart of China.* Berkeley: University of California Press, 2002.
Wylie, A. *Chinese Researches.* 1897. Taipei: Ch'eng Wen Publishing Company, 1966.
Yang, Zhijiu. "The Great Kublai Khan in Marco Polo's Eyes." *Historical Monthly* (Taiwan), November 2000.
———. *Makeboluo zai Zhongguo* [Marco Polo in China]. Tianjin shi: Nan kai da xue chu ban she, 1999.
———. *Yüan shi san lun* [Three Articles Concerning the Yüan Dynasty]. Peking: Ren min chu ban she: Xin hua shu dian fa xing, 1985.
Yamashita, Michael. *Marco Polo: A Photographer's Journey.* New York: Barnes & Noble Books, 2002.
Yü, Chün-fang. *Encountering the Dharma.* New York: Global Scholarly Publications, 2003.
Yule, Henry, Sir, tr. and ed., and Henri Cordier, rev. *Cathay and the Way Thither: Being a Collection of Medieval Notices of China.* Reprint of 1913 ed. 4 vols. in 2. Taipei: Ch'eng-Wen Publishing Company, 1966.
Zorzi, Alvise, ed. *Marco Polo, Venezia e l'Oriente: Arte, commercio, civilità al tempo di Marco Polo.* Milan: Electa, 1981.
———. *Vita di Marco Polo veneziano.* Milan: Rusconi, 1982.

GRAND CHINA

中　资　海　派　图　书

[英] 克里斯・托马斯（Chris Thomas） 著

张雪　译

定价：69.80 元

“挑衅”当今人类主流自然观
重新讲述人类纪与地球生命的故事

- 据统计，全世界每天有75个物种灭绝，每小时有3个物种灭绝……这场严重的生物多样性危机，难道真的毫无挽回余地了吗?
- 从过去的1万年至今，地球上是否一直持续发生着大规模的新物种起源，且演进速度不断加快?
- 为何人类如此不愿意接受新的物种?又为何要把人类行为从根本上定性为“非自然性行为”?

托马斯挑战了如今已被广泛接受的地球生物多样性衰退论，以不可争辩的事实和严谨的科学论断证明，人类不仅提高了世界大部分地区的生物多样性，并且加快了新物种的形成速度，事实上，人类已经开启了一场地球历史上规模宏大的进化革命。

GRAND CHINA PUBLISHING HOUSE

[美] 威廉・卡尔森 (William Carlsen)　著

朱鸿飞　译

定价：79.80 元

战争、密林和疟疾，石碑、浮雕和金字塔
全景描述前哥伦布时代的玛雅发现之旅

这是一个非凡而真实的，关于玛雅文明再发现的故事：继《迷失Z城》和《冰冻帝国》之后，我们又迎来了一段被人遗忘的探险史。

1839年，美国驻中美洲特使约翰・斯蒂芬斯与享有盛誉的英国建筑师兼绘图员弗雷德里・卡瑟伍德出发前往无人涉足的尤卡坦丛林。当时，《圣经》是历史的模板，许多人仍然相信世界文明存在不过6 000年。深入丛林后，斯蒂芬斯和卡瑟伍德克服了疾病、战争、自然和地形的困难，发现并且一丝不苟地记录了一个惊人文明的遗迹。

这个与古希腊和古罗马盛行于同一时期的美洲文明建立了媲美前两者的艺术、建筑成就和影响力，这一发现也改变了西方人对人类历史的认知。